A Case Study on Technique Curriculum Implementation in High School:
Feature and Cause on School Level

解月光/著

普通高中技术课程实施个案研究
——学校水平的特征与归因

教育科学出版社
·北京·

序

　　课程实施的系统研究在我国只有十几年的历史，本世纪初开始设计并实施的基础教育课程改革，促使人们广泛关注课程实施问题，使课程实施研究成为课程领域的一个热点。2004 年开始实施的普通高中新课程，由于其新的理念与模式，实施的问题更成为人们关注的焦点。而在新的高中课程方案中，技术第一次作为一个独立的课程领域出现，不仅包括近年来人们普遍关注的信息技术，而且包括对于基础教育领域的研究者和实践者来说比较陌生的通用技术课程。技术课程第一次走进普通高中课程与教学研究的视野。信息技术和通用技术课程的设计，是信息社会和知识经济视野下提高公民信息素养和提高学生社会适应能力的需要，是基础教育课程改革的重要内容。而这一新的课程领域，对研究者、管理者和教师都是新生事物，特别是实践层面上是一个巨大的挑战。因此，技术课程的实施状况如何，直接关系到高中课程方案的落实，也是课程实施研究的一个重要话题。解月光博士以普通高中技术课程实施为主题，对新的高中课程中信息技术与通用技术实施中的若干问题进行深入研究，无疑对课程研究领域和普通高中课程改革的推进有着重要的意义。

　　本书作者长期从事基础教育技术课程领域的研究，对中小学技术课程与教学问题有深入的理解与实践，在普通高中课程设计，特别是技术领域课程设计中发挥着重要作用，对这一问题的研究有得天独厚的条件和基础理论的支撑。近年来对中小学信息技术课程与教学的深入研究，也使她建立了较为广泛的实践基础和与第一线实施者之间的联系。同时，她在攻读博士学位期间系统地研究课程理论，建立了坚实的课程分析框架和研究方法论基础，使其研究能够在较高的理论视角下获得有价值的研究结论。

本书作者通过问卷调查、深入访谈和个案分析等方法，对普通高中技术课程的实施状况进行了深入研究，取得大量的第一手资料。在深入分析研究资料的基础上，对普通高中技术课程实施的一系列问题得出有价值的结论。揭示了学校实施技术课程表现的一些特征，包括学生、教师、校长和教研员对技术课程必要性的认同状况；学校的实施环境与课程的真实需要之间的差距；信息技术课程和通用技术课程在教室层面上的实施样态等。这些特征的分析，生动地展示了普通高中的文件课程在学校层面的实施状况，可使读者较为详细具体地了解普通高中技术课程实施的进程、效果和存在的问题。同时，本书作者也发现了在学校水平影响技术课程实施的因素。这些因素包括预期课程自身的特点；学校内部的管理者和教师的专业素养及对信息技术的认同程度；技术课程在学校教育中的地位；地方课程政策、社会团体的专业支持和课程的社会评价等都对技术课程的实施产生不同程度的影响。研究表明，在普通高中技术课程实施的诸多影响因素中，与内部因素相比，外部因素的影响力更大。

在上述特征和影响因素分析的基础上，作者对于进一步推进普通高中技术课程的有效实施提出了具体建议，包括运用"政令"干预改善技术课程实施环境、修改技术课程方案、加快解决技术教师的专业化问题、关注校长的专业发展以及教育行政部门应坚持"三种角色"同在。同时，明确提出通用技术课程应当成为实用性课程，为学生生活在技术世界做准备应当成为技术课程的主要价值。

本书是国内为数不多的以普通高中技术课程实施为主题的专著，其展示的对普通高中技术课程实施的深入研究所得出的结论，以及据此提出的推进普通高中技术课程实施的建议，对普通高中技术课程，乃至整个普通高中课程的设计与实施是十分重要的。本书的研究思路与研究结论，也为人们进一步思考和研究基础教育技术课程，乃至于对整个基础教育课程研究的理论与实践有重要的启示。

马云鹏

2012 年 12 月于东北师范大学

目　　录

导论 ……………………………………………………………… （1）

一、研究缘起 …………………………………………………… （1）

二、研究目的 …………………………………………………… （5）

三、研究问题 …………………………………………………… （6）

四、研究意义与价值 …………………………………………… （7）

第一章　相关研究综述 ……………………………………… （9）

一、核心概念理解 ……………………………………………… （10）

二、课程实施影响因素的研究 ………………………………… （28）

三、普通高中技术课程设计与实施的相关研究 ……………… （46）

第二章　研究的设计与方法 ………………………………… （61）

一、研究的基本分析框架 ……………………………………… （62）

二、研究方法的确定与研究对象的选择 ……………………… （63）

三、资料收集的方法与整理分析 ……………………………… （72）

四、研究的效度与信度 ………………………………………… （81）

第三章　实施者如何"看"技术课程 ……………………… （84）

一、对课程价值的认识 ………………………………………… （84）

二、对课程目标与内容的看法 ………………………………… （103）

三、对地方课程政策与课程制度的看法 ……………………… （127）

四、教师和学生的课程认同 …………………………………… （148）

第四章 教师怎么"做"技术课程的决策 …………………… (159)
一、对内容、资源的处理 ………………………………… (160)
二、对教学模式的设计、采用 …………………………… (180)
三、对学生学习评价的做法 ……………………………… (210)

第五章 学校内部因素的影响分析 …………………… (225)
一、教师专业素养的影响 ………………………………… (226)
二、学校文化氛围的影响 ………………………………… (251)
三、课程资源支持的影响 ………………………………… (265)
四、课程认同的影响 ……………………………………… (275)

第六章 学校外部环境因素的影响分析 ……………… (301)
一、行政的角色与作为 …………………………………… (302)
二、对行政干预保障性的呼唤 …………………………… (307)
三、对关注需求的专业援助的期待 ……………………… (311)
四、课程的社会评价与地方课程政策的影响 …………… (318)

第七章 预期课程因素的影响分析 …………………… (325)
一、预期课程的设计及其特征 …………………………… (327)
二、预期课程与文本的影响 ……………………………… (338)

第八章 结论与建议 …………………………………… (350)
一、本研究的结论 ………………………………………… (350)
二、推动技术课程有效实施的建议 ……………………… (363)

参考文献 ………………………………………………… (376)

附录 ……………………………………………………… (389)
附录一 "普通高中技术课程实施"调查问卷
（信息技术教师）……………………………… (389)

附录二　"普通高中技术课程实施"调查问卷
　　　　（通用技术教师）……………………………………（394）
附录三　"普通高中技术课程实施"调查问卷（高一学生）……（398）
附录四　"普通高中学生通用技术课程认同"学生问卷…………（403）
附录五　"普通高中学生信息技术课程认同"学生问卷…………（406）
附录六　高中技术课程实施情况调查——技术教师访谈
　　　　参考提纲……………………………………………（409）
附录七　高中技术课程实施情况调查——教研员访谈
　　　　参考提纲……………………………………………（411）
附录八　高中技术课程实施情况调查——校长访谈
　　　　参考提纲……………………………………………（413）
附录九　高中技术课程实施情况调查——学生访谈
　　　　参考提纲……………………………………………（415）

后记　…………………………………………………………（417）

导　　论

一、研究缘起

一项有价值的教育课题的确定和开展，都有其深刻的现实背景和重要的理论背景。本研究课题的开展也不例外，它所寄生的现实背景和理论背景如下。

（一）课程改革：我国教育发展的一大主题

在 20 世纪，教育改革此起彼伏。有研究者形容 20 世纪这幅教育的图景，对其壮观发出感慨——20 世纪是"躁动的百年"（陆有铨，1997）。这种躁动的重要标志，一方面是各种教育思想的纷呈交映，另一方面就是发生在基础教育阵营的教育变革。顾明远教授概括 20 世纪的教育经历了三次大规模的改革浪潮，即 20 世纪初的进步主义教育改革、五六十年代的"学科结构运动"和 80 年代以来持续不断的基础教育改革，并指出三次教育改革浪潮都发端于课程改革，并以其为核心（顾明远 等，2004）。21 世纪以来，伴随着社会转型和信息化浪潮，伴随着提高人才竞争力国策的制定，全球性的教育改革不断走向深入，其重要的标志之一就是轰轰烈烈的全球性基础教育课程改革运动。可以说，课程改革成为当今世界教育发展的一大主题，当然也是中国基础教育发展的大主题。

（二）教育诉求：技术教育的特殊机遇

当今世界新技术革命的挑战，使创新人才培养成为社会对教育的一种诉求。为了满足这种需要，各国纷纷把竞争的焦点投放在教育改革上。"而在世界性基础教育改革浪潮中，改造传统的技术教育、设置富有时代特征的技术类课程，又成为众多国家基础教育改革中的主流趋向。"（顾建军，2004a)[3-4]美国学者梅里尔·奥克斯等指出："使技术素养成为国家的优先发展战略在当今社会有着十分坚实的理论基础。我们应有能力对发展什么技术，何时以及怎样应用这些技术，还有对它们的使用会带来什么样的益处和结果等做出明智的决策，这是一项迫切任务。"（帕克 等，2004）因此，基础教育中的技术教育在世界范围内受到了空前的重视，让技术教育成为基础教育的重要组成部分，"已经成为现代教育的一个显著特征，并成为世界性教育改革的普遍趋势"（顾建军 等，2004a)[24]。各国都在课程改革中突出了技术教育的地位，美国、英国、法国、德国以及韩国、日本等都是其中的代表。

在我国第八次基础教育课程改革中，为了满足深入开展素质教育、培养合格创新人才的需要，在借鉴国际基础教育课程改革经验的基础上，对技术教育进行了全面的改革。1999 年 6 月，《中共中央国务院关于深化教育改革全面推进素质教育的决定》中就把劳动技术教育提高到了教育发展的战略高度，表明了技术教育是素质教育中不可或缺的内容。2001 年颁布的《基础教育课程改革纲要（试行)》中更明确地规定劳动与技术教育是小学至高中学生必修的综合实践活动课程的主要内容之一，并强调提出在高中阶段要积极创造条件"开设技术类课程"。同时，为了发展我国的技术教育，将技术确定为一个"基础的学习领域"，明确规定技术课程是中小学生的必修课，"并突破了原先的技术即技能、技术教育即技能培训的藩篱，将技术课程的目标提升为培养和提高学生的技术素养，为学生应对未来挑战，实现终身发展奠定基础"（顾建军 等，2004a)[25-26]。从此，在我国的基础教育中，确立了技术教育的特殊地位，即在高中开设的技术课程是一门以技术素养培养和提升为上位目标，拥有两个技术学习科目，立足实践、高度综合、注重创造、科学与人文融合的高中学生必修课程。

（三）课程领域：研究范式的转变

20世纪，课程领域的研究范式在经历了由经验走向科学的课程发展之路以后，科学取向的"技术理性"使课程的生命力开始远离课程本身。之后施瓦布（J. J. Schwab）根植于实践的课程开发理论，开始引导课程研究从"技术理性"走向"实践理性"。随后，伴着"理解课程"的声音，"解放理性"的课程取向开始显现并被倡导，多尔（Doll）的"4R"课程模式体现了对后现代范式课程的憧憬和对简单"理性"设计思想的超越。从"技术理性"到"实践理性"再到"解放理性"，记录了国际课程研究发展的路向，昭示了课程研究范式的转变。随着西学东渐，西方课程领域的变化对我国的课程研究产生了影响，并映射到我国课程实施的研究中。李子建在他的研究中总结与分析了前人的研究，在此基础上从后现代视角出发，提出了体现后现代课程思想的课程实施理论的基本特征。"第一，课程实施：开放与对话；第二，实施主体：赋权与参与；第三，课程知识：建构性与境域性（contextuality）；第四，课程实施的评价和研究：多元与宽容。"（李子建，2003）多尔在他的研究中也提出了基于后现代课程的教学实践与理论关系的观点，"理论不再先于实践，实践不再是理论的侍从。并非要使理论'实践化'，实际上是要将理论奠基于并发展于实践"。像杜威一样，假设"是"可以转化为"应该是"，由此转变课程材料、过程、思想和参与者。（2000）

在上述这种范式转型的宏观背景下，受到后现代观点的影响，我国对课程的认识与研究正经历着从科学理性的封闭的现代范式到开放的、互动的、对话的后现代范式的转变，课程研究也正走向课程开发与课程理解相结合的研究轨道。这种转变直接作用于新一轮课程改革，具体在文件课程中展现，也必然反映到实施课程之中。所以，如何认识和理解新课程实施的过程、特征及问题，以怎样的视角做出解释与回应，是新一轮课程改革背景下课程研究者应当关注的问题。课程改革的成效如何，课程实施过程是至关重要的，因为对于一个合乎时代发展的课程方案来说，它只有通过体现时代内涵的实施过程才能落到实处。

（四）高中新课程实施：中国课程改革的一大焦点

任何变革都有成功和失败两种可能，世界课程改革的历史警示人们，并且促使学者们从源头开始反思变革方案的实施过程，由此形成了课程研究中一个十分重要的范畴——课程实施。学者们发现，许多重大的课程变革之所以遭遇失败的结局，其主要原因不在于课程方案的设计完美与否，而在于实施上的种种问题。这些变革的倡导者过多地沉迷于描绘改革的理想蓝图，而很少关心课程实施过程，这使得许多改革方案并未在教育实践中得到深入的贯彻实施，甚至还只停留在口头上、文件中，根本没有被采用或实施（施良方，1996；冯生尧，李子建，2001；Fullan，1991；Snyder et al.，1992）。那么，改革方案在实际运行过程中究竟发生了什么，是什么引发了这些发生的和未发生的，到底应该发生些什么，怎样才能发生什么等，这些都是使改革最终走向成功所必须探索清楚甚至要回答明白的问题。因此，课程实施成为重要的课程研究课题，更成为课程改革过程中至关重要的研究课题。

在我国，规模宏大的第八次基础教育课程改革于2001年9月进入实施阶段，2004年9月普通高中课程改革开始在实验区进行实验实施。与义务教育阶段的课程改革相比，高中课程改革更受到社会的关注，因为它涉及高考这个与学生和家长的根本利益相关联的问题，所以高中新课程实施成为我国基础教育课程改革的一大焦点。

（五）技术课程实施：面临许多未知问题

相对而言，强度大、复杂程度高是本次高中技术课程变革的主要特征，这使得应然的需要与实然的需求之间形成较大的反差。同时，技术课程表现出的"四个第一"特点（第一次有技术"课标"，第一次出现通用技术概念，技术第一次单独作为一个学习领域，第一次将信息技术与通用技术包含在同一个学习领域中）使技术课程实施面临更多的问题，具体包括以下几个方面。

1. 对技术课程的认知

（1）对通用技术课程的整体认识处于萌芽状态。"通用技术"是本次课程改革中提出的一个新概念。《普通高中技术课程标准（实验）》是我国技术学科第一个以课程标准出现的国家课程文件。从社会到学校，人们对通用技术课程的整体认识处于萌芽状态，具有课程决策权的人们（教育行政、学校、教师、学生）对技术课程特别是通用技术课程持有的认识和态度还不清楚。

（2）每一门课程都有自己独特的价值，技术课程的价值到底是什么？实施者对技术课程的价值领悟、认同是怎样的？与地区经济和文化传统是否有关？无论在理论层面还是在实际层面，我们对技术课程的价值和我国在普通高中开设通用技术课程的意义都还没有全面的认识。

（3）通用技术与信息技术在课程价值上是否存在共性？其共性是什么？是否具有替代性？对此我们目前还没有很好地研究。

（4）教师对技术课程方案适用性的看法和感受是什么？学生体验的技术课程是怎样的？我们还不清楚。

（5）教师在实际课程运作中是怎样进行决策的？有什么因素影响到教师的课程决策？

（6）教师和学生对技术课程文本有怎样的看法等，这些都不得而知。

2. 实施基础与保证条件

（1）通用技术课程实施的条件性资源缺乏甚至没有基础（如校舍、设备、师资等），那么通用技术师资来源在哪？怎样建设稳定的技术师资队伍？技术教师如何发展？教育行政和学校层面对技术课程实施如何决策和有何对策？这些问题还不得而知。

（2）技术教师需要怎样的专业支持？保证技术课程实施的专业支持怎样提供、谁来提供等，还不清楚。

（3）学分管理制度对技术课程选修模块实施的保障性作用是怎样的？技术课程的教学/学习评价如何进行？我们不得而知。

3. 学生的课程经验与地区差异

（1）学生对技术课程是怎么看的？学生对没有学习经验的通用技术课程的接受状态是怎样的？

（2）学生的课程投入状态是怎样的？

（3）在不同的地区和不同的教育情境中，技术课程方案的适用性是怎样的？

二、研究目的

本研究的主要目的在于通过分析新课程实验区中实施者对技术课程的认识、看法、态度和教室中实际运作的课程样态与教师的课程决策，揭示技术课程实施的状况，认识技术课程实施的基本特征，发现主要影响因素，探寻成功实施技术课程的路径，为我国普通高中技术课程的有效实施提供理论指导，为普通高中技术课程方案的修订提供借鉴和决策依据。本研究的主要关注焦点是学校层面技术课程实践中实际发生的课程问题，研究的重点是影响技术课程实施的因素及其作用的特点。通过实地观察新技术课程在教室中的样态来知晓它到底带给了学生什么；通过了解教师、学生和校长等课程使用者心中的技术课程和实际感受的技术新课程，来认识实际的技术课程何以如此的缘由；以此为基础建立推动技术新课程价值目标真正落实的路向与线索。

三、研究问题

本研究根据研究的目的和关注的焦点，以及不同取向的研究在方法论方面所表现的特点，选择"工具性个案研究"（instrumental case study）这一具体研究方法。根据课程实施研究的相关理论，确定本研究的基本问题和具体问题如下。

本研究的基本问题是学校水平的普通高中技术课程实施特征与归因研究。其展开研究的基本思路是，从新课程实验区的教研员、样本学校校长、教师、学生对技术新课程的认识和教师的课程决策入手，了解地方教育行政和学校对技术课程实施做了什么，认识学校课堂中实际运作的技术课程的样态和教师进行课程决策的依据，在此基础上，深入了解技术课程实施的特征和影响实施的因素，探索如何消解或转化不利因素、改善技术课程实施条件的策略。

根据研究问题的需要，确定以下几方面的具体研究内容。

（1）实施者是怎样认识和如何看待技术课程的？

（2）教育行政和学校为技术课程的实施做了什么？

（3）教室中实际运作的技术课程呈现什么样态？为什么？

（4）实施者对技术课程的认同状况是怎样的？为什么？

（5）影响技术课程实施的主要因素是什么？

在这些具体研究内容中，有的还涉及更加具体的问题。例如，有关学校文化的问题，教师知识、教师信念的问题等。以上列出的是研究设计过程中进一步厘清研究问题和对研究线路深入思考的结果，是在实际研究中进行观察、深入访谈、探寻问题之间的联系、形成影响因素认识的基础线索，在实际研究中会根据具体情况有所调整。

四、研究意义与价值

本研究的现实意义和学术价值如下。

（一）现实意义

1. 有利于及时发现实施过程中的问题，对技术课程实践提供指导

技术课程设计的根本目的在于对学生成长与发展的特殊价值，课程方案中赋予技术课程的教育价值在实际中是怎样落实的？落实得如何？怎样影响和改变学生的发展？问题是什么？要回答这样的问题，需要了解技术课程实施的真实过程，如实施的程度、范围、水平、效果、影响因素等，以发现实施中实际存在的问题。

研究表明，目前改革是世界各地教育最迫切关心的问题，但是更多的改革往往面临着失败的结局。许多重大的课程改革之所以总是"轰轰烈烈开幕，凄凄惨惨收场"，其主要原因不在于课程方案的设计是否科学、理想是否完美，而在于实施上的种种问题（Fullan，1991；Snyder et al.，1992；冯生尧、李子建，2001）。可见，如果没有对课程实施深入细致的研究，就不可能及时发现实施过程中的问题及其原因，自然就难以对课程实践进行适时、恰当和有效的指导。

2. 有利于认识实施过程中的复杂关系，为技术课程方案的调整和修订提供依据

课程方案与课程实施之间存在着课程理想与课程现实、预期的结果与实现结果的过程之间的一系列关系，这些关系是复杂的，也是多元的，有些甚至是难以预料和控制的。有研究表明，"采用一项新方案并不意味着如方案计划和规定的那样进行实施。同样，一种好的教育效果也绝非仅仅是因为好的方案，即使不太好的方案，对于高水平的实施者也可以取得较为理想的成效"（李臣之，2001）[14]。这正说明课程实施过程影响因素的复杂性。因此，要对技术课程方案做出新的修订，就必须通过研究学校水平的技术课程实施，认识和理解实施过程中的各种复杂关系，明确这些复杂性产生的过程与原因，并能客观地解释这些复杂性，以便为技术课程方案

的调整和修订提供参考依据。

3. 有利于把握影响实施成功与失败的原因，为技术课程实施深入推广提供借鉴

改革的关键在于探索如何促成成功的变革。对于任何课程改革，其成功的关键标志都在于学校水平的实施。所以，通过对学校水平的技术课程实施过程的研究，可以探索影响技术课程实施成败的真实变量，确定各变量对课程实施的影响程度和作用方向，明确技术课程方案在不同情境中运作的可能状况，以便为技术课程在其他地区采用呈现一个尽可能接近真实的过程，并提供借鉴。

（二）学术价值

迄今为止，我国学者在课程基础、课程目标、课程内容、课程设计、课程评价等领域进行了许多有意义的探索，取得了显著的成绩。相比之下，对影响课程目标达成的过程却关注较少。这就是说，对课程实施过程开展的系统性研究还很少，针对某门具体学科课程实施的研究就更少。

自 2004 年 9 月，普通高中课程改革方案在四个实验区开始实施，技术课程作为本次课程改革的一个亮点在实验区中开始"亮相"，引起研究界的高度关注，参与研究的人很多。从学科课程的角度出发，围绕技术课程研制过程的有关理论问题的研究较多，针对技术课程推广、技术课程评价、技术教师培训等实施过程的具体问题研究较多，但尚未见到从课程实施的理论出发，从学校水平的课程实施问题切入，采用个案的方法对技术课程实施过程进行的系统研究。因此，本研究除上述三方面的意义外，还有利于填补技术课程实施研究的空白，在一定层面上完善课程实施研究的理论。

第一章　相关研究综述

　　本研究针对普通高中技术课程方案进入学校，转化为教室中的实际课程这一过程展开研究，试图通过这项研究认识技术课程实施的特征，发现影响实施的相关因素，为普通高中技术课程方案的修订与深入实施提供依据与借鉴。因此，本研究是一个关于具体课程问题的研究，属于课程实施领域。根据本研究问题的属性以及对本研究问题进行分析、解释的特征，需要从课程实施研究的成果或已经形成的理论中获得支点，以构成对本研究的启示和理论指导。

　　课程实施理论经过三十余年的发展，已经形成了一个内容众多的知识体系。按照学者张善培的认识，课程实施理论主要涉及四方面问题，即"课程实施过程理论、测量与评定课程实施、影响课程实施的因素，以及比较不同实施策略的成效，并且这四个问题内部又包含很多具体的研究课题"（张善培，1998）。依据张善培对课程实施理论体系的划分来看，有关课程实施过程理论和课程实施影响因素的理论，可以对本研究基本分析框架的形成提供直接的启示与依据，此外还需要有关课程观的基本理论为指导。

一、核心概念理解

对核心概念的界定与理解是整个研究的理论基础。本研究重点阐述以下两组概念：一组是关于课程本身的概念，包括课程、课程价值；另一组是关于课程研究的概念，包括课程实施、课程决策。

（一）课程

对课程问题进行研究，首先涉及的就是课程认识问题。研究一门具体学科的课程实施问题，也必然涉及对课程的基本认识问题。因为只有在对课程的本质属性、内涵与外延的认识基础上，才能够开展满足理论要求、符合客观规律的研究。在长期的课程实践活动中，人们形成了丰富的关于课程的种种认识，本研究接纳怎样的课程认识，也就是研究者秉承怎样的课程观的问题，是本研究开展的基础。

1. 几种具有代表性的课程定义

像教育的许多其他术语一样，课程是一个复杂的概念。当人们使用课程这个概念时，只有在使用者自己对其做出解释之后，才能知道使用者指的是什么意思。课程是从拉丁语"currere"派生出来的，意为"跑道"。英语中的课程术语出现在中世纪，意为"学习的进程（a course of study）"。由于跑道是有起点和终点的，所以课程可以被看做一条教育之路，它引领学生走向一种特别构想的美好生活。波尔泰利（Portelli）指出，教育文献中存在120多种课程的定义。"课程可以被解释成有教养的人的愿景，通往美好生活的教育旅程计划，或学生在课堂上实际进行的认识观念和认知方式的学习。课程也可以被理解成集中体现了某一社会特定的社会—政治观念（social-political conceptions）的价值和知识传统的积累。课程还可能指特定的学科内容或认知方式。大多数课程通常是指教师的教育活动——教室里实际发生的一切。根据国家、州和地方的政策，课程也可以被理解成教学大纲、教案、一套课本或测验。"（亨德森 等，2005）这是从课程定义本身出发而形成的课程意义的认识。

人类自有教育活动以来就有课程和教学的问题。几千年来的人类文化历史中有关"教什么"和"如何教"的内容多有文字记载，即关于课程的主张和讨论早已存在，但是关于"课程的系统研究却是20世纪初期以后的事"（钟启泉 等，2003b）。"从 20 世纪初至今近一个世纪以来，'课程'作为教育研究领域中最活跃的也是最复杂的概念之一而得到关注和讨论。作为一个研究的领域，一直被认为具有难以把握、离散和含混不清的特点。"（奥恩斯坦 等，2002)[9] 尽管如此，人们在研究具体的课程问题时，总是需要找到自己研究的理论立足点，换句话说，总要从概念和定义出发对课程进行一番认识。本研究也是如此。

在众多研究文献中，关于什么是课程，其目的是什么，它是如何影响学校、学生和教师的，对这些基本问题的回答与讨论表明，对课程的概念存在多种不同的理解。人们在不同的社会背景、不同的研究角度、不同的发展阶段下，形成了对课程的不同认识。下面是关于课程概念的定义或理解的具有代表性的几种观点。

（1）认为课程是一种行动计划，或是一种书面文件。这是以法托拉尔夫·泰勒（R. Tyler）和希尔达·塔巴为代表的观点。这种观点认为，"课程的步骤是预先按顺序安排好的，包括目标或目的，以及由起点到达终点的策略、过程（或手段）"（Dewey，1938）。泰勒把课程研究的基本课题概括为四个方面：一是学校应该达到何种教育目标；二是提供哪些教育经验才能实现这些目标；三是怎样才能有效地组织这些教育经验；四是我们怎样才能确定这些目标正在得到实现。（R. Tyler，1994）这种课程即计划的定义反映的是一种线性课程观。

（2）把课程定义为对学习者的经验所做的处理，认为课程是儿童在教师指导下所获取的所有经验。这源于杜威对经验和教育的定义，以及卡斯威尔和坎贝尔（Campbell）的观点。这种观点把学校中几乎所有的事情乃至校外的事情都看做课程的组成部分，是一种广泛意义上的定义。

（3）认为课程是一种社会文化的选择。持此种观点的代表主张，在制定与实施课程的过程中，应尽可能地发挥教师的作用。教师运用自己对哲学、社会等方面问题的看法来认识课程、组织课程，每一位教师都可以按照自己的方式进行选择（Lawton，1985）。也就是说，教师对在课堂内执行课程有选择权，而教师所做的选择与教师自身的背景、教师的能力、教师的知识水平、教师对相关问题的理解，以及教师对待课程的哲学观点等方面的因素有关。因此，在不同的课堂教学中，就可能出现不同的教师选择和确定的不同课程。在这种课程认识中，强调了教师在实施课程中应该拥有更多的课程选择权力。"而且在一个具体的课程发展模式中，不论是否赋予教师以课程选择权，在实际课程运作中，教师都会在不同程度上依据自己对课程的理解做出相应的课程判断与决策处理。"（马云鹏，2003a）

（4）认为课程存在不同的水平。不同水平的课程之间会出现某种矛盾，或者说，一种水平的课程在另外一种水平上就可能不被接受，可以在不同水平上理解和分析课程。持这种观点的代表者古德兰德（Goodlad）提出了五种不同水平的课程，分别是理想课程（ideal curriculum）、文件课程（formal curriculum）、理解课程（perceived curriculum）、实施课程（operational curriculum）和经验课程（experiential curriculum），并认为对课程进行研究分析，首先要明确是什么水平上的课程（1991）。古德兰德的观点告诉我们，课程专家所阐述的理想的课程，与教师在具体教学过程中对课程的理解，以及在教室中所实施的课程是不同的。对课程进行研究可以从不同的角度和不同的水平进入。

对于课程水平还存在一种三分法的划分，即预期课程（intended curriculum）、实施课程（implemented curriculum）、达成课程（attained curriculum）。"第一水平为教育系统水平，由课程指导（course outlines）、教学大纲（official syllabi）和教材组成（textbooks）；第二水平为学校和教室水平，指在第一个水平上所确定的目标与内容在教室中实际的实施情况；第三水平是指学生所达到的实际水平，学生实际获得的知识和态度。"（Travers et al.，1989）

2. 对本研究的意义支点

分析上述对课程认识的观点，可以得出对本研究有指导意义的几点认识。

（1）文件规定和实际实施是课程的重要组成部分。课程作为一种文化的选择，具有不同层次、不同水平的表现形式，人们对课程概念的理解有不同的角度和不同的层次，也在不断地发展和延伸，应该从广义的角度和不同的水平来理解课程。课程是按照一定的社会需要，根据某种社会取向，为培养下一代所制订的一套有目的的、可执行的计划，应该规定培养目标、内容和方法，有相应的具体实施策略和恰当的评价方法。这些作为规定好的文件课程而存在，但这不是课程的全部，应当将学校和教室层面的实际实施情形作为课程的重要组成部分。在教室中实际运作的课程是一个师生的再创造过程，教师会按照自己对课程的理解，以自己的观点和方法来处理教学中的各种问题。因此，同样的文件课程，在不同的学校和不同的班级可能有完全不同的实施，在教室中最终达成什么样的课程目标，取决于教师在课堂教学中实际实施了什么样的课程，教师和学生在课堂中的实际表现是确定课程实际达到水平的重要依据。

（2）文件和实施是认识课程问题的两个重点层面。古德兰德提出的五种不同水平的课程，有利于全面认识和理解课程。但是正如马云鹏指出的，从具体研究的角度看，五层划分过于烦琐和精细，不易明确界定和把握。分析五个水平的课程可以看到彼此之间的涵盖关系。首先，古德兰德主张的理想课程实际是制定文件课程时所基于的前提，可以从某种程度上体现于文件课程之中。其次，经验课程与学生的学习状态和学习结果的评价存在许多重复，与国际教育成就评价协会研究架构中的达成课程的特征也有类似。而理解课程包括实施者对课程的认识，这可以看做影响课程实施的一个因素，这样，理解课程和经验课程可以一起在实施层面的课程中体现。因此，我们要研究和认识课程问题，文件课程和实施课程是两个重要的层面。也就是说，除了考察规定的文件课程的发展和特点外，必须考察在教室中具体实施的课程，这是认识具体课程不可或缺的重要方面。

（3）可以从某一个层面入手来具体认识课程的有关问题。对课程问题进行研究可以有不同角度、不同层次。可以从理论角度对理想的课程进行阐述，可以从文件课程角度对课程特征进行分析，可以从学校的课堂层面了解和认识实际实施的课程。例如，教师、校长是怎么看的？怎样认识的？实际做了什么？如何做的？学生获得了哪些实际知识和经验？等等。

（二）课程价值

从前面对课程认识的分析可知，不同水平的课程涉及不同的主体。如文件课程的主体主要是课程设计者和课程编制者，实施课程的主体主要在学校层面，包括教师、学生和校长。不同层面的主体都追求和向往着他所理解的课程的价值和意义，以求使课程认识与课程实践趋于一致。因此，研究学科课程实施，需要认识课程价值取向及其对主体进行课程实施活动的影响。

1. 课程价值的内涵和分类

马克思认为，价值是个普遍的概念，是在人们对待满足他们需求的外界物的关系中产生的。课程作为学校教育中最富有意义的领域之一，其在质的意义上"是人类对学校教育及人的发展的应然状态的把握"（刘旭东，2002）[12]，因此，它必然受到价值观的引导，价值关涉性是课程的显著特点。比切姆（Q. A. Beauchamp）曾说"课程设计的问题，首先要考虑价值"，即便是课程工程问题"也要考虑价值"。（1989）根据马克思和比切姆的价值论观点，课程价值是满足人们需要关系的属性，是以实现教育目的的具体化的课程目标来展示的。

关于课程价值的认识有多种，主要争论形成如下观点：课程价值的工具性与内在性；课程价值的永恒性与流变性。工具性即课程的工具价值，内在性即课程本身的价值，工具价值在于实现课程目标，进而实现教育目的。

西方在课程价值方面所讨论的问题主要涉及课程价值的对象、课程价值的主体和课程价值的辩护等。课程价值的对象主要是学习领域，讨论的内容包括什么学习领域最有价值或较有价值（课程价值的对象）、有什么价值、对谁有价值（价值的主体）、为什么有价值（价值的论证）。

施良方在他的《课程理论——课程的基础、原理与问题》中对课程的价值进行了这样的分类：按照主体需要即社会需要和学生需要，课程的价值可以划分为两大类，即社会价值和个人价值。社会需要的多样性决定了课程社会价值的多样性，同样，学生需要的多方面决定了课程个人价值的多样性。"一般而言，可以把课程的个人价值分为课程的认识价值、育德价值、审美价值和健身价值。课程的社会价值和个人价值是密切联系的，二者共同构成课程价值的完整体系。"（施良方，1996）

2. 课程的价值取向

对课程价值取向的认识也有多种。从课程使用者的角度所诠释的意义，说明了课程价值的表现形式、内容与课程条件相关，随课程条件的不同而不尽相同，进而形成课程活动的多重性及课程价值取向的多维性等课程活动特征。如刘旭东就是这种认识的代表之一，他认为"课程的价值取向是课程主体在课程活动中根据自身需求进行价值选择时所表现出来的价值性倾向。换而言之，它指同时存在若干种课程价值方案或意向时，课程主体从特定的背景和立场出发，选择或倾向于某一方案或意向，以实现自己所追求和向往的价值理念和目标。在不同的条件下，课程的价值表现形式及内容不尽相同，表明课程活动的多重性及课程价值取向的多维性"（刘旭东，2002）[10]。

从"课程即教学"的课程认识出发进行的意义阐释，也说明了课程价值取向的多维性。例如，米勒（J. L. Miller）认为课程价值取向是关于教和学的基本态度，它包括教育目的、对学习者的认识、对学习过程的认识、对教学过程的认识、教师的作用以及怎样评价学习。人们对这些问题的不同认识形成了不同的课程取向。

艾斯纳（Eisner）和麦克尼尔（McNeil）的研究归纳出五种基本的课程价值取向，即学术理性主义取向、认知过程取向、人本主义取向、社会重建主义取向和技术学取向。学术理性主义取向主张学校课程要帮助学生学会怎样学习知识，为学生提供学习的材料。重点强调知识、技能和学科的整体价值，倾向于以教师为中心，重视讲解的方法。认知过程取向强调学生学会如何学习的必要技能和过程，最重要的学习内容是那些能使人们理性地面对世界和解决问题的能力。强调学生中心和教师中心相结合。人本主义取向主张学校课程应该向学生提供有利于促进人的发展的经验，教师要提供一个良好的情境，促进学生自我学习，强调人的成长，重视过程评价，常采用观察、谈话、日记、参与和轶事记录等。社会重建主义取向认为，学校的课程要适应社会的需要，必要时要加速课程的变化以适应社会需要。学校的课程是为了理解社会的需要，在课程中要表现社会需要、社会问题，让学生参与评价。技术学取向强调运用各种设备和媒体，确定使用更有效的方法完成时限所期望的任务，在内容的选择和组织上常借用其他取向的观点。

这些课程取向可以影响课程理论研究工作者设计和分析具体的课程，也可以决定课程使用者如何在实践中实施一项具体的课程方案。对任何一个从事教育工作的人，无论是理论工作者还是实践工作者，无论人们是否意识到，在课程计划的执行过程即课程实施过程中，都会带有某种倾向性。因此，对技术课程实施进行研究，必须关心课程使用者的课程价值认知，因为使用者的课程实施行为受到其课程价值取向的影响。

3. 课程价值取向在课程活动中的作用

已有的研究表明，课程价值取向对课程使用者进行的课程活动来说，作用主要表现在以下两个方面。

（1）对整个课程活动进行定向和调控。课程的价值取向会影响课程目标、课程结构、课程内容和课程实施等领域，并通过对这些领域的影响而对整个课程起到定向和调控作用。

（2）使课程活动趋于多样化。课程的价值取向通过对课程主体的影响，使课程活动多样化，且使课程评价更具内涵。

当一个主体以一定的课程价值观去审视课程活动时，就必然出现怎么样、凭什么进行课程评价的问题，以表达课程主体的价值理念，这使课程评价不能不带有一定的倾向性。因此，每个课程主体所理解的课程价值取向是课程活动多样化的前提。而对一门具体学科课程来说，使用者对该课程的认识、理解一定带有自己的课程价值取向，这种倾向性显然会影响到主体对课程的认同。

4. 影响课程价值取向的因素

以上有关课程价值的理论研究让我们认识到，在课程实施中，主体对课程的领悟或认同程度对于课程价值的实现（主要指工具性价值或社会价值）有重大影响。那么，是什么因素在影响主体的课程价值取向呢？刘旭东在他的研究中对此问题有以下观点，即课程主体对课程本质及其属性的认识、对自身需要的理解和所处的时代条件等，都是影响课程的价值取向的主要因素。

（1）课程主体对课程本质及其属性的认识影响着课程的价值取向。对课程本质及其属性的认识是确立课程价值取向的基础，它关系到课程目标的确定、课程功能的认识、课程政策的制定等。从这个意义上说，技术课程的设计者、编制者乃至使用者等对课程本质及其属性的正确认识，都对技术课程的实施起到很关键的作用。

（2）受课程主体对自身需要的认识和理解的制约。作为课程的主体，学生需要什么？需要越强烈、越直接、越根本，对课程价值取向的影响就越大。课程主体的个人能力越强、认识与领悟的程度越深刻，其对课程认同与否的反应就越明确。

需要是激发主体意识活动的直接诱因，是构成价值取向的主观基础。

需要作为一种心理活动，它的强度与范围影响着课程价值取向的强度与范围。在一定程度上，课程的价值取向依据主体对课程需要程度的变化而发展。当主体认识或理解到自己的需要，并且认识到自己需要的满足与课程相关且相关性很大时，他原有的课程价值取向会随之发生变化。就技术课程来说，学生对其需要的认识和理解，受其对技术课程价值的认识和理解的影响，学生在该课程的学习活动中能够感受和体验到技术课程对其个体需要的某种满足时，就会发展自己对技术课程需要的认识，并会提升对技术课程的认同感。在这个过程中，教师的作用和影响是明显的。教师通过设计与组织的课程活动所传达出的课程价值，无疑对学生关于技术课程与自身需要关系的认识，具有启发引导和促进理解的作用，同时对学生形成与课程设计者的课程价值取向相一致的倾向，也起着重要的影响作用。

因此，主观需要是课程价值取向的重要影响因素，但不是终极因素。影响主体课程价值取向的终极因素在于课程实践活动本身，这种活动为课程需要及课程价值取向的产生提供了必要的社会历史条件。在课程实践活动中，主体对课程的本质及其属性进行着不间断的把握，其更深层面的本质及新的属性不断被发现和认识，社会也在不断对课程活动提出更新、更高的要求。

由此可见，教师作为课程实施的主体之一，对学生课程价值取向的产生及其对课程属性的深层次认识起着重要作用。

（3）受到课程主体所处的时代条件的影响。

"任何一种课程价值观都生长于一定的政治、经济、文化背景中。"（刘旭东，2002）[11]课程主体抉择课程的价值取向时，除了依据自身的需要外，更重要的是必须同其所处的社会历史时代的主流精神相一致，这是课程的价值取向赖以存在的客观条件。

5. 对本研究的意义支点

由此可见，要对技术课程实施的特征和影响因素有深入的认识，就必须关注教师对技术课程价值的认知，同时需要在教师的具体课程运作活动中，以及学生的学习活动中进行考察。此外，我们还要从人的全面发展的高度来把握技术课程的价值，扭转长期只谈"实施"不谈"理解"的课程观。课程价值取向不仅对课程理论及课程实施起指导和规范作用，还应能转化为课程主体的自主意识。因此，本研究过程必须重视教师、学生对技术课程的价值、功能的理解，了解他们对课程存在的意义和需要的理解。

（三）课程实施

课程实施（curriculum implementation）是课程研究领域一个较新的概念，人们从不同的角度来认识和理解它。随着对课程实施研究的深入，形成了多种对课程实施的认识和理解，但就其本质的认识而言，目前尚无定论。

1. 本质与内涵

通过分析有关课程实施研究的资料可以发现，研究者主要从两个角度理解课程实施的内涵，一是从研究的角度形成的多种诠释，二是从变革的角度形成的意义理解。归结起来主要有以下几种认识。

（1）课程实施是将方案付诸实践的过程。

在有关课程实施的定义中，这是一种比较具有代表性且为人们所普遍接受的观点。例如，"课程实施是把新的课程计划付诸实践的过程，或是把书面的课程转化为具体教学实践的过程"（汪霞，2003a）[5]；"课程实施的研究问题就是一个课程方案的执行情况。对课程实施的研究所关注的焦点是课程计划在实际上所发生的情况以及影响课程实施的种种因素"（施良方，1996）；"课程实施是一个动态的过程。课程实施是研究'一个预期的课程是如何在实际中运用的'。因此，课程实施问题不只是研究课程方案的落实程度，还要研究学校和教师在执行一个具体课程的过程中，是否按照实际的情况对课程进行了调适"（马云鹏，2001）。这种把课程实施看做新课程计划付诸实践的动态过程的观点，关注的是课程计划在实际中发生的情况，涉及实施者的课程理念和个性化的工作，甚至创造性地对课程方案进行补充、修改和调整的工作。

这种观点基本上是对加拿大课程学者富兰（Fullan）等在20世纪80年代对课程实施本质认识的理解。富兰从变革的视角对课程实施的内涵做出诠释，认为课程实施是指任何课程革新的实际使用状态，或者说是革新在实际运作中所包括的一切。这种定义把课程实施作为一种变革的过程加以对待，指出了课程方案与课程实施的区别。"课程编制的目的是要促进变化，是要使学生们达到学校和社会的要求，也许最重要的是要使之达到自己的目标。课程实施是课程编制的必要组成部分，它给现实带来期望的变化。简言之，课程实施活动是一种变革性活动。"（奥恩斯坦 等，2002）[12]事实上，人们意识到课程实施是课程变革中的重要环节，并将其视为重要的教育问题仅有 20 来年的历史。

富兰在《教育变革新意义》（第三版）（*The New Meaning of Educational Change*）一书中提出了成功实施教育变革的基础，即应当确立的 10 条假设（富兰，2005），具体如下。

① 不要假设你所要进行的变革是应该实施和可以实现的。相反，应该假设实施过程的主要目的是通过实施者与有关因素的相互作用来转变你对应该做什么的认识。

② 假设任何有意义的变革要取得成效，都需要实施者按照他们自己的理解去做。

③ 假设冲突和不同的见解不仅是不可避免的，而且是变革成功的基础。

④ 假设人们需要变革的压力，但是只有在这样一些条件下才会有效：允许他们反对；允许他们形成自己的想法；允许他们与其他实施者合作；可以获得技术扶助等。

⑤ 假设有效的变革需要时间。这是一个"运用中求发展"的过程。

⑥ 不要假设不能实施的原因是完全拒绝改革所主张的价值观，或与全部改革内容相对抗，而要假设有许多原因所致：价值冲突；支持实施变革的资源不足；时间不够；抵制者拥有良好建议的可能性等。

⑦ 不要希望所有人或大部分人或群体都发生变化。当我们采取能增加受变革影响的人数的步骤时，进步也就随之产生。

⑧ 假设你需要有一个基于以上假设的计划，这个计划要面对已知的各种因素。

⑨ 假设并没有更多的知识使我们完全清楚应该采取什么样的行动。行动的决策是正确知识、政治考虑、现场决策和直觉的联合体。

⑩ 假设变革机构的文化是一个实际的议程，而不是单为变革的实施而设的。

富兰提出的这些假设为我们认识和理解课程实施的本质，明确研究课程实施问题时所应采取的态度、策略与方法提供了极好的参照。

（2）课程实施就是教学。

除了上述典型的认识视角之外，还有一种从课程本体论角度出发的认识，认为课程实施的本质就是教学。这是在讨论课程与教学或者处理课程论与教学论关系时出现的观点。有学者认为"教学过程是对课程计划的实施过程"（黄政杰，1995），凡是依照教育部颁布的课程标准进行的教学就是正常化的教学，否则就不是，是应该加以改变的，这实质上是将课程实施过程等同于教学过程。这种观点与"课程与教学整合论"有着内在的联系。教学总是特定内容的教学，它内在地包含着课程，课程是教学的主要内容，而课程的实施又内在地包含着教学，教学是课程实施的主要途径，即教学与课程是内在统一的。这种观点解决了课程与教学相分离的困境，打破了20世纪教育研究领域课程与教学、内容与过程、目标与手段的二元对立的思维定式，有助于教育过程的展开，但是"课程实施不可能与教学完全重叠，彼此都有对方不可以包容的范畴"（李臣之，2001）[15]。

（3）课程实施是缔造新的教育经验的过程。

这种观点认为课程并不是在实施前就固定下来的，真正的课程是教师与学生联合缔造的教育经验。因此，"课程实施本质上是师生在具体教育情境中共同缔造新的教育经验的过程，既有的课程计划和教学策略，只是提供给这个经验缔造过程所选用的资源和工具而已。这是课程实施研究中的新兴取向"（尹弘飚 等，2005b）。

（4）一种对课程实施本质的再认识。

学者李臣之在他的研究中对课程实施本质进行了深入探讨，提出从外部和内部进行本质认识的观点，即研究课程实施可以从课程实施与外部关系的方面进行，也可以从课程实施内部进行。他认为，从外部整体上看，课程实施是课程发展这项系统工程中的一个关键环节。从课程实施与课程计划的关系来看，二者是理想与现实、预期结果与实现结果的过程之间的关系。课程计划制订得越完善，就越有利于实施，实施的效果也就越好；但是计划制订得再好而不付诸实施，也不会有实际意义。而且，即使将课程计划付诸实施也不一定能够收到预期效果，因为影响实施的因素极为复杂。从课程实施的内部看，包括了课程采用、调适和应用三个环节，采用不等于实施的完成，调适代表着一种努力，"应用"的方案才是实际运作的课程方案。这种方案与最初的课程方案相比已经发生了根本的变化，是一种发展了或者发展中的计划。在此基础上，从目标上、操作上和效果上三个层次对课程实施的本质展开进一步的阐述。"在目标上，课程实施是在众多复杂性中求得平衡，系统考虑影响实施的现实因素，最大可能地发挥每一个因素的功能以期产生最佳功效。在操作上，课程实施是一种采纳、调适和应用的再创造过程。在效果上，课程实施是课程理想的落实、变革以接近区域教学文化的过程。"（李臣之，2001）[16]

综合上述这些观点，本研究对课程实施的本质与内涵形成了如下认识与理解。

① 课程实施是一个将新课程计划付诸实践的动态发展的过程，是一种将课程理论转化为课程实践的特别活动。

② 新课程计划总是蕴含着对原有课程的变革，课程实施总是要力图将课程变革引入教育实践中。

③ 课程实施过程中一定涉及实施者的课程理念、价值取向和富有个性化的课程决策，在不同的课程层面涉及对课程方案的调整、修改和补充，甚至创造教学新文化。

④ 课程实施过程是制定课程的一部分，也是课程形成的一部分。

⑤ 课程实施具有现实情境性，是课程改革成败的关键阶段。

2. 研究取向及其特点

课程实施过程的本质具体表现为人们对课程实施取向的探讨。怎样认识课程实施的状况，怎样看待实际运作的课程，这其中涉及价值取向的问题。对课程实施本质与内涵的不同认识和理解，产生了研究课程实施问题的不同思考方式和不同的研究取向。有学者在回顾了教育改革的有关文献后认为，可以从三个角度来认识课程的实施问题，即科技的角度、政治的角度和文化的角度，并归纳了课程实施研究的三种取向，即忠实取向、互动适应取向、创生取向（House，1979）。事实上，课程实施研究的取向也是课程实施的取向，前者是从研究者的角度而言，后者是从课程实施者（包括课程的推广者或领导者和课程使用者）的角度而言。

（1）忠实或精确（fidelity perspective）取向。

这种取向把课程实施过程看成忠实地执行课程方案的过程。在课程实施问题刚被提出并开始研究的初期，人们主要持这种实施研究观。根据这一取向，预期课程方案的实现程度就是衡量课程实施成功与否的基本标准。实施的课程越接近预定的课程计划，则认为是越接近成功。忠实取向的课程实施研究具有四方面特点。

① 强调课程设计的优先性和重要性。认为课程实施是教师执行课程变革计划的线性过程，其理想的成果就是教师按照新课程的原本意图在课堂中落实这些新的教学活动，如果新的课程计划得不到忠实的实施，则投入了可观人力、物力、财力的最佳设计将付诸东流。

② 坚信好的课程方案应该是"防教师的"（teacher-proof），即"不管谁教都一样"，并且"应该给教师的课堂实践提供详细的说明和指示的"（尹弘飚 等，2005b）。课程专家就像建筑设计的"工程师"，负责完成主体工程的设计，教师就像施工的"工匠"，在教学中具体实施。

③ 具体研究面向两个基本问题，一是测量课程实施对预定变革计划的实施程度，二是确定影响实施程度的基本因素。

④ 研究的基本方法论是量化研究。

（2）互动适应（调适）（mutual adaptation）取向。

这种取向强调课程方案的使用者与学校情境之间的相互适应，主张根据学校或班级实际情境在课程目标、内容、方法、组织形式诸方面对课程方案进行调整和改革，包括课程计划为适应具体时间情境和学生特点而进行的调整，以及课程实际情境为适应课程计划而可能发生的改变。互动适应（调适）取向是20世纪80年代人们试图理解忠实取向的课程实施失败的原因时总结出来的。持这种取向的实施者容易将课程实施的本质理解为"协调中的变革"，"是课程的设计者和课程的实施者'讨价还价'、共同进行调解、互相协调的过程"（汪霞，2003a）[7]。人们相信，课程实施不可能只是一个事件，更重要的是一个过程，"在过程中实施者不可能不对课程方案进行修订，甚至改变，以适合其自身的目的"（李臣之，2001）[16]。

最初，互动适应（调适）是作为一种教育研究方案的实施策略而提出的，麦克劳夫林（McLaughlin）是首先提出这一策略的人（1976）。在他的研究中发现，方案的实施不只是策略和技术的直接应用，而且是一个研究方案与具体的实施者之间的一个互动过程。只有在这种互动调适下才能是一种成功的实施。由于美国在20世纪六七十年代所进行的一些课程改革的失败，人们逐渐重视了这种互动调适的课程实施研究取向。人们感到，不能忽略"人们在实际中做了什么和没有做什么"（Fullan，1982）这一关键性变量。大量的研究表明改革失败的主要原因在于实施。一个对于研究者和设计者来说是好的改革方案，在实际执行过程中并没有体现出设计者的真正意图，这说明"改革是一个过程，不是一个结果"（Fullan，1982）。

互动适应的课程实施研究具有以下四方面特点。

① 强调课程实施不是单向的传达、接受，而是双向的相互影响与改变。

② 研究主要关注两个问题：一个是从社会科学中借鉴新的方法和理论以发现那些关于教育问题的详尽的描述性资料，一个是确定促进或阻碍课程计划实施的因素，特别是各种组织变量，以提高变革方案与课程实施之间互动的效果。

③ 按照这种取向的研究，需要"描述人们在学校中的感观和行为，而且关心在学校实践中的基本假设和社会价值，以及它们是怎样对改革产生影响的"（马云鹏，2001）。

④ 与忠实取向相比需要更宽广的方法论，既包括量化研究，也包括质的研究（qualitative research），以便把握课程实施过程的深层机理。

（3）课程创生（缔造）（curriculum enactment）取向。

这种取向给课程实施研究赋予了丰富的主观含义，把课程实施过程看成是师生在具体情境中联合缔造新的教育经验的过程。在缔造的过程中，已经设计好的课程方案仅仅是教师和学生进行或实现"再造"的材料或背景，是一种课程资源。同时认为教师的作用、师生关系都呈现出新的特点。教师不再"按图索骥"或"小修小补"，而成为课程开发和设计的主体，其价值观、兴趣、教学经验、个性特征、教学才能都得到充分体现。师生不再单向授—受，教师与学生成为合作者、互助者，彼此配合，共同制定课程目标和课程内容。

创生取向的课程实施研究具有以下主要特点。

① 研究的基本内容是对教师和学生共同创造教育经验的过程进行有意义的深入考察，以理解课程创生过程的实质。

② 研究的方法更倚重质的研究的运用。

③ 研究的宗旨更在于为课程实施过程中的个性发展和主体的解放提供指导。

张华在其研究中对三种取向进行了评价，分析了它们存在的价值和各自的优势及局限性，并将其用一个"连续体"图进行示意，表明课程实施的三种取向是一个共成的"连续体"关系（张华，1999）[32]，如图 1 - 1 所示。

计划的课程	修改的课程	创生的课程
（planned curriculum）	（adapted curriculum）	（enacted curriculum）
忠实取向	相互适应取向	课程创生取向

图 1 - 1　课程实施的三种取向的连续体

在图 1 - 1 中，"计划的课程"与忠实取向相对应，表明忠实取向所揭示的课程实施的本质就是把课程变革视为忠实地、一丝不苟地实现"计划的课程"的过程，"计划的课程"就是课程实施的唯一标准和尺度。这种实施取向的优势在于强化了课程政策制定者和课程专家在课程变革中的作用，其局限性是把课程变革看做一个线性的技术化、机械化过程，这就抹杀了课程变革的直接参与者的主体价值。

"修改的课程"与互动适应取向相对应，表明互动适应取向所揭示的课程实施的本质是把课程变革视为变革的计划者与执行者相互改变、相互适应的过程，因此，根据特殊情境的需要把"计划的课程"变为"修改的课程"是成功的课程实施的基本要求。这种实施取向的优势在于把外部专家所开发的课程与对这种课程产生影响的学校情境、社区情境的因素均予以考虑，其缺陷在于"本身是比较模糊的，带有折中主义色彩，它在兼具了另外两种取向的优点的同时也不可避免地具有了它们的局限性"。（张华，1999）

"创生的课程"与课程创生取向相对应，表明课程创生所揭示的课程实施的本质就是把课程变革视为变革的参与者（学生与教师）的个性获得变化、发展与成长的过程，因此，个性发展才是课程实施的标准。这种实施取向的优势在于解放了处于具体教育情境中的教师和学生在课程开发、课程创造中的主体性，其局限性是"具有浓厚的理想色彩"，对教师和学生的期望过高，决定了它在实践中推行的范围有限。

3. 对本研究的意义支点

从以上分析可以看到，三种取向所揭示的课程实施的本质虽然有很大不同，在对课程知识的产生、对课程变革的假设、研究方法以及教师角色的理解上有很大的差异，但各有其存在的价值或合理性，在具备各自的优势的同时，也各有其局限性。这三种实施取向之间存在着明显的层次性，但不是绝对排斥和对立的关系，而应该是相互补充、包容和超越，"特别是互动适应取向兼容了忠实取向和创生取向的因素，是两种取向的中介"（张华，1999）[32]。其研究的观点有些偏向于忠实取向，有些偏向于创生取向。

鉴于此，本研究认为，需要以多元的实施研究取向来对技术课程实施过程所呈现的现象和事实进行认识、分析和考察，因为教育和社会情境是复杂的，教育变革的需要也是多种多样的，在不同情境中三种取向的价值都有可能得到体现。同时，研究的重点放在考察实际中发生了什么，以及哪些因素影响着技术课程实施的过程。一方面关注技术课程方案中哪些内容在实施中执行了，另一方面更关注在执行过程中实施者做了哪些调整。对技术课程采用这样的研究思路，既符合课程变革与课程实施的理论，也符合我国目前推行新课程的实际。具体来说，包括以下内容。

① 国家规定的课程通常都经过一段时间的研究、实践和论证而形成，总体上具有一定的科学性和可行性。

② 不存在十全十美的课程改革方案，也不可能存在适合所有地区的课程方案。

③ 不同地区之间存在明显差异，比如农村和城市，发达地区和欠发达地区等。因此，对技术课程实施过程进行研究不应该只采取某一种单一取向。

（四）课程决策

在课程实施研究中，课程决策是作为影响课程实施的因素之一而被提出的。课程实施涉及很多方面的内容，也存在许多影响因素，在具体实施中，不同的因素有不同的影响。许多研究表明，作为重要的课程实践者的教师是课程实施的核心，特别是在课堂层面，教师更具有举足轻重的作用，即在课程实际运作过程中通过课程决策起作用。

1. 内涵与类型

课程决策（curriclum decision）是课程研究领域的一个重要概念，也是与课程政策密切相关的一个概念。它直接决定课程政策的制定并影响课程实践的方向。奥伯格（A. A. Oberg）曾经给出课程决策的意义界定，是"对有关教育或社会化的目的和手段的一种判断，往往在学校范围内采用，并且以教学大纲为中心（而不是以认识、预算等为中心），这种判断是某种有意识思考的结果，代表了以一种特殊的方式行动或产生一个带来预期结果的意向"（江山野，1991）。由这个定义可知，课程决策首先是一个判断，判断的结果使决策者将自己的意志体现在一定的载体中，最终影响的是课程实践的行动或结果。因此，可以说，"课程决策是人们对有关课程问题所做的判断"（马云鹏，2003a）[42]。

课程决策包括不同的层次与类型。"一般而言，课程决策可以划分为三种类型，即自上而下的课程决策、自下而上的课程决策和示范型课程决策。"（杨明全，2003）[132]这三种类型实质上表明了课程决策可以在三个不同层次上进行。有人认为，课程决策的三个层次与"决策者"依次是：课程教学层次的决策，是由教师在课堂中做出的；教学机构层次的决策，是由学校的管理者做出的；社会层次的决策，是由教育机构、政府部门和其他有兴趣的人做出的。（Gay，1995）也有学者将课程决策分为四个层次，即社会层次的、机构层次的、教学层次的和个人层次的。（McNeil，1996）在机构层次上，学校的管理者起着突出的决策作用。在教学层次上，主要是教师依据学生的具体情况对课程目标等方面所做的决策。对于个人层面上的决策，是将学生自身在课堂学习过程中的对学习目标和意义的认识看做一种决策，认为学生不只是消极地接受所学的课程，而是在学习过程中有对课程决策的成分。

显然，在不同层次上的课程决策所涉及的范围和侧重点是不同的。在社会层次上的决策主要是课程标准的制定、课程的目的和目标的确定以及教科书和其他教学材料的编写等。在教学层面上的教师决策，主要是具体的教学目标、内容和方法的决策。同时，由于不同层次的具体情况不同，在做决策时的侧重点以及决策的程序会有所不同。

2. 教师课程决策

对技术课程实施研究的重点是要深入认识学校水平的技术课程实施的

特征和发现影响因素，所以，对教师因素主要关注的重点是教师在课堂中的课程教学行为。因此，笔者在文献阅读中特别注重有关教师决策及影响因素的研究与分析。

（1）对内涵的理解。

在课程研究领域，对教师课程决策的认识存在一种被普遍接受的观点，就是教师不是一个被动的执行者，而是一个主动的决策者，并认为"教师需要根据不同的情况随时做出相应的专业判断，这种专业判断就形成了教师在课程实施过程中的决策"（马云鹏 等，2002）。

虽然对教师课程决策的系统研究并不多见，但对其内涵或定义却存在不同的理解，主要体现在以下一些研究者的隐喻性说法之中。例如，教师在课程实施过程中"总是作为一个课程的决策者，因为课程的编制和运用都需要教师的思考和行动"（Huberman et al.，1994）；"任何教学行为都是决策的结果，不论是有意识的还是无意识的"（Shavelson，1973）；"教师的决策是一种深思熟虑的行为"（Marland，2003）；等等。

克拉克（Clark）和彼得森（Peterson）对若干种教师课程决策的定义进行研究后，综合了几种观点，给出了这样的理解：在课堂教学中经常发生的是一种互动决策，这种互动决策是"教师在继续以前的行为还是改变不同的行为之间的一种有意识的选择"，是一种"为执行一个特殊的行动计划而做出的谨慎的选择"。（1986）在这里，选择的性质是最重要的。

（2）层次与范围。

有研究认为，"教师的课程决策主要发生在课堂层面，是教师在对课程文件、课程标准和教科书等进行理解的基础上，为更好地实施教学而进行的课程调试。而且，教师的课程决策贯穿于课程实施的整个过程"（杨明全，2003）[132]。

杰克逊（Jackson）的研究对教师课程决策的理解范围进行了扩展，认为教师的课程决策不只是在课堂教学层面所发生的互动决策，而是可分为不同的阶段和类型（1968）。他将教师的教学活动分为前行动教学（preactive）和互动教学（interactive），在制订教学计划中所做的决策称为反映式的决策，发生在课堂教学师生互动中的决策称为自发式决策。不同阶段的决策有其不同的特点和制约因素。教师在制订教学计划过程中的决策一般是经过深思熟虑而做出的，而在课堂的师生互动过程中所做的决策是即时的且因素复杂的。一方面表现为来不及深思熟虑，另一方面表现为教师头脑中的教学常规，这种常规成为必然的行为反应，无须进行深入思考。马云鹏认为，那些深思熟虑的行为和立即做出决定的行为，都应当作为教师课程决策的一部分。因此，应该把教师在课前和课堂中做出的各种有意义的、影响教学进程的行为都理解为教师的课程决策。

对于教师的课程决策范围，西弗尔森（Shavelson）的研究认为，应该界定在关系到具体教学的一些方面。按照这种认识，教师的课程决策范围主要应体现在五个方面，即有关学生学习和行为目的或目标、现有的状态、可选择的教学行为、学生要达到的结果、教师对这些结果的运用。教师在教学计划阶段和课堂教学阶段都要面对这五个方面的问题，并且对于不同方面的问题将做出不同性质、不同取向的决策。这些不同的决策会在教师将文件课程转化为具体课堂教学任务的过程中，反映到具体课程范围、内容取舍、教学策略采用以及学习评价等方面。

3. 对本研究的意义支点

以上认识对本研究的启示是，在考察教师因素时，主要关注的重点应该是教师在课堂中的课程教学行为。在课堂层面，教师无疑是课程决策的权威，并具有很大程度的自主性，在将"规划的课程"转变为"学生在课堂中接受的课程"方面起着关键的作用。第一，教师可以对课程目标进行解释；第二，教师能够为学生提供适当的学习机会；第三，教师可以对课程内容进行解释；第四，教师能够对学习结果进行评价与解释。因此，研究技术课程实施的特征和归因时，教师在课程运作时做了什么、怎样做的、背后的基础或依据是什么等成为主要的介入点。

二、课程实施影响因素的研究

研究课程实施的一个重要问题就是发现并分析影响课程实施的因素。不同的课程、不同的课程实施环境，其具体的影响因素是不相同的。但从总体上来说，影响课程实施的基本因素或一般性因素还是存在一致性的。

（一）影响因素的分类及分析

近年来，一些课程研究学者在这方面提出了一些有益的见解。综览国内外有关课程实施影响因素的研究成果，有学者把其归纳为文化背景、实施的主体、实施的对象、实施的管理、实施的环境和实施的理论六大方面；有学者归纳为三大类九个因素（Fullan，1991）；也有学者在综合富兰的研究成果和其他一些研究实例的基础上，列出影响课程实施的四大类十五个因素（马云鹏，2003a）[36]。以下是国内外一些有影响的学者对课程实施影响因素的研究与分析，如表1-1所示。

表1-1　课程实施的影响因素及分析框架

富兰 （Fullan，1991）	黄政杰 （1991）	汪霞 （2003）	马云鹏 （2004）	施良方 （2004）
一、改革本身的特点 1. 改革的需要和改革的建议 2. 明确性 3. 复杂性 4. 计划的质量和实用性	一、使用者本身因素 包括教师对课程改革的态度、能力及时间	一、课程计划的特征 1. 合理性 2. 明确性 3. 复杂性 4. 实用性	一、课程本身的因素 1. 地方、学校与教师对改革的需要 2. 实施者对改革的清晰程度 3. 改革本身的复杂性 4. 改革方案的质量与实用性	一、课程计划本身特性 1. 可传播性 2. 可操作性 3. 和谐性 4. 相对优越性
二、学区层面上的特点 5. 尝试变革的历史 6. 采纳过程 7. 学区行政管理部门的支持和参与 8. 教职员工的提高 9. 时间和信息系统 10. 校委员会和社区的特点	二、课程因素 包括课程设计的实用性、明确性、复杂性等	二、教师的特征 5. 教师的参与 6. 教师的课程决策 7. 教师的态度 8. 教师的能力 9. 教师间的合作	二、学校内部的因素 5. 校长 6. 教师	二、交流与合作 5. 课程编制者与实施者之间的交流与合作 6. 课程实施者之间的交流与合作

—学校水平的特征与归因

续表

富兰 （Fullan，1991）	黄政杰 （1991）	汪霞 （2003）	马云鹏 （2004）	施良方 （2004）
三、学校层面上的特点 11. 校长的特点和领导地位 12. 教师的特点和关系 13. 学生的特点和需要	三、实施策略因素 包括在职进修、资源支持、参与决定、信息反馈	三、学校的特征 10. 校长的工作 11. 学校行政的工作 12. 学校的支持系统 13. 学校的环境（物质的和心理的） 14. 学生的学习		三、课程实施的组织和领导 7. 教育行政部门的组织和领导 8. 学校领导的负责程度与实效
四、学校系统外部的情况 14. 政府部门的作用 15. 外部资金	四、实施机构因素 包括采用新课程的原因、学校气氛、学校领导、学校环境、学校特质等 五、大的社会政治单位因素	四、校外环境的特征 15. 学区或地区的支持程度 16. 社会各界的理解、支持与帮助	三、学校外部的因素 7. 社区与家长的影响 8. 政府部门的影响 9. 社会团体的影响	四、教师的培训 包括正规与非正规培训 五、各种外部因素的支持 包括新闻媒介、社会团体、学生家长的支持，也包括政策的倾斜、财政和物质资源、技术支援等

　　马云鹏的研究指出，上述这些因素在不同水平上以不同的程度对课程的实施产生着影响，但不同的因素可能在课程实施过程中的不同时期、不同阶段具有影响作用，而且不同的因素对一个确定的课程所产生的影响也不相同。例如，"在初期的实施过程中，都会受到来自地方政府、学校领导以及家长等因素的影响。当这些因素产生积极的影响时，一项改革方案就能够比较顺利地在学校和课堂层面上得到实施……当有关部门已经采纳了这个课程，在这种条件下，政府和学校领导的影响因素就会有不同的表现，不是在决策的层面上，而是在实施的指导环境的优化与具体政策的制定上表现出来。其他一些因素对课程实施的作用可能会比较突出，如教师的因素、不同地区学校的特点以及学校内部和外部环境等"（马云鹏，2003a）[37]。另外，实施影响因素之间存在着复杂的相互作用关系，它们并不是单独发挥影响作用的。

　　上述影响改革成功与否的四个主要因素中，教师是主要的，影响课程的诸多因素要通过教师反映到具体的课堂教学中，教师在课堂内有至高无上的权威性和一定程度的自主性。

　　鉴于此，本研究在探寻我国普通高中技术课程实施的影响因素上，将主要关注三方面的因素及其相互之间的作用与影响。三个方面包括学校外部的因素、学校内部的因素和课程自身的因素，而在学校内部的影响因素中，应更突出对教师影响作用的关注，同时也要特别关注学生对课程实施的影响。

（二）学校内部的影响因素

　　许多研究表明，学校内部的因素对于课程实施会产生直接而重要的影响。从学校层面的影响因素来说，影响主要来自课程使用者，具体包括校长、教师、学生等，其中教师是最为关键的因素。在影响课程实施的诸多因素中，教师是课程实施的核心，特别是在课堂层面的实施。对课程实施产生影响的其他因素，一般都要通过教师发挥作用。以变革的视角对课程实施的实证研究表明，校长对课程实施的积极支持越多，变革的课程计划实施程度越高；在实际课程实施的过程中，教师之间相互支持、信任、互动和开放式的交流越多，变革的课程计划实施程度越高；教师的自我效能感越强，变革的课程计划实施程度越高。因此，对教师影响因素的研究备受关注，成果丰富。

　　1. 教师对课程实施的影响

　　（1）教师在课程中的作用和角色。

　　早在 1902 年，杜威的《儿童与课程》（*The Child and the Curriculum*）一书中就论述了教师的指导和对课程的理解是实现教材心理化的重要条件，从而彰显了教师在课程组织和课程编制中的作用。这种教师在课程中的作用观引来了后来学者的持续关注和探讨。拉格的"教师规划课程"（1926）的重要思想就是基于杜威对教师在课程中的作用的理解而提出的。这一思想在 20 世纪 20 年代之后继续发展，并推动了人们在实践上的探索，如"丹佛计划"和"八年研究"。（杨明全，2003）[15-31]

　　在 20 世纪 80 年代，课程研究领域的学者们开始关注教师的角色，探讨教师的课程功能，进入 90 年代，继续探讨教师在课程变革中的作用与角色。越来越多的学者关注教师与课程之间的关系，如里德（W. A. Reid）、格伦迪（S. Grundy）、米勒等人。

　　里德从不同的视角下分析教师与课程的关系，系统论证了教师在课程中的四种地位和作用：从系统的视角看，教师是课程的实施者；从激进的视角看，教师是霸权的工具；从存在主义的视角看，教师是个体生长的促进者；从审议的视角看，教师是制度和实践之间的调解人。格伦迪从技术的观点出发提出了教师作为课程编制者的角色；米勒用"三棱镜"比喻课程研究，提出了教师作为课程创造者的角色。这些研究成果对教师角色的丰富认识，揭示了教师与课程的密切关系和对课程的重要作用，即课程的成功与失败，都应该在教师方面找原因。"教师的权力是独特的，它能够决定课程从制度向实践的转化是否成功""教师要承担起课堂层面课程开发的责任""教师知识和教师对课程的理解是教师创造课程的关键"等（杨明全，2003）[37-43]，这些观点都昭示了教师对课程实施的重要影响。

　　研究也表明，教师对课程实施的影响主要体现在对课程的教学转化过程以及课堂教学实施过程，前者是课程准备，后者是实际的课程运作。在这两个阶段，教师要不断地对课程教学问题做出判断和处理，这些判断和处理的结果直接影响到学生的课程学习过程和结果。

　　目前，国内并不多见针对各个不同层面的课程决策影响因素的有针对性的深入研究，而在针对课程实施层面的教师的课程决策影响因素进行系统深入研究的学者中，马云鹏自 1996—1999 年的研究堪称经典。"国外学者如 Calderhead（1996）、Clandinin（1986）、Clark & Peterson（1986）、Pajares（1992）、Hargreaves（1992）等在这个问题上都做过相应的研究，他们的研究是从不同角度和不同学科进行的，每一项研究都列出过影响教师课程决策的各种因素。"（马云鹏，2003a）[47]

从教师课程决策的范围和所做决策的性质和取向的分析发现，对教师的课程决策产生影响的因素可能来自多个方面。马云鹏在对 Smylie（1994）、Calderhead（1996）、Clandinin（1986）、Clark & Peterson（1986）等 9 位学者关于教师课程决策影响因素的研究成果进行综合分析后得出结论，认为"虽然在教学层面影响教师课程决策的因素有很多方面，但主要因素包括教师的知识、教师的信念、学生的情况、学校文化、教学资源和家长与社会的影响"（马云鹏，2003a）[47]。

（2）教师知识的影响。

对教师知识影响课程决策乃至影响到具体课程实施的研究有很多，都表明了其影响的复杂性。下面通过对教师知识本身的研究分析来透视其对课程实施的影响。

教师知识是教育改革实践中的一个重要因素，也是教育研究中的一个重要问题。在教学、教师教育、教育心理、课程等很多教育领域，都有学者对教师知识的理论和实证的研究成果。对教师知识的认识与理解主要有三种观点（徐碧美，2003）[47]：第一种观点认为，教师知识是在教学行为和对具体环境的回应过程中发展起来的个人的、时间的和缄默的知识；第二种观点认为，教师知识扎根于教师工作的具体环境之中，并集中研究教师工作环境的特点以及由此发展起来的知识；第三种观点来自对教师知识领域的考察，认为教师知识是指教师的学科知识和向学生有效地表征这种知识的知识，后者称为学科教学法知识（pedagogical content knowledge）。提出这种观点的研究者舒尔曼（Shulman）给出了内容知识的定义，它包括学科知识和学科教学法知识，是教师知识的重要组成。这些观点从不同的角度昭示了教师知识的重要本质，前两种观点揭示了教师知识的经验性、情境性本质，第三种观点揭示了教师知识的理论性和分析性的本质。

在教师知识的研究领域，以舒尔曼为代表的教师知识理论有着非常广泛的影响。特别是在教师的知识类型方面，舒尔曼（1986）提出了教师需要具备的七种知识，并且特别关注了教师的学科知识（subject knowledge）和学科教学法知识（二者统称内容知识）。这七种类型的教师知识是：学科知识、一般教学法知识（general pedagogical content knowledge）、课程知识、学科教学法知识、学习者及其特征的知识、教育情境的知识以及教师的哲学和历史根源方面的知识。舒尔曼的这一研究引起众多研究者的重视，成为分析教师知识结构的一个基本模式（马云鹏，2003a）[49]，特别是教师的学科知识、学科教法知识是舒尔曼教师知识理论中最重要的两个内容。

从舒尔曼和考尔德黑德（Calderhead）的教师知识分类、约翰逊（Johnson）等人对教师的个人实践知识组成的认识，以及马云鹏、韩继伟等学者的有关分析中可以看到，就教师知识的内容和结构而言，它是宽泛的、情境性或环境依赖以及个人化的。从前面的回顾与分析中可以看到研究者的一个共识，那就是教师的学科知识被清晰地识别，并能与教师知识的其他部分相分离。这种观点也受到诸多学者的质疑，认为学科知识与学科教学法知识相互交织，难以分开。特别是在复杂的教学任务中，这些知识基础之间的界限并不明显，在实践之中它们常常相互联系，密不可分。徐碧美在她关于教师知识重构的研究中提出教师知识的整合性本质及其与工作环境的辩证关系的认识（2003）[65-73]。如果接纳上述观点，并从具体的环境和情境中来看待教师的知识，我们可以借用教师专业知识的概念，将学科知识和学科教学法知识统称为专业知识，这样，教师知识总体上分为两大方面，即教师的专业知识和个人实践知识。按照舒尔曼的观点，学科教学法知识表现为对有关内容的教学能力，教师的个人实践知识主要包括教师的经验、常规和习惯等（1986）。

至此，我们得到这样的认识，教师知识是一个复杂的综合体，由教师的角色所决定，教师需要用充分的知识和有效的方法培养学生。同时，我们也可以获得如下启示。如果考察教师知识，可以遵循以下几点。第一，教师知识在教师课堂行为中的体现是一个整体，不能分成截然不同的知识领域，应该综合地、整体地进行考察与分析。第二，教师个人的教与学的理念在他们的教学和学习处理中扮演着重要的角色。这些理念受到个人生活经历、学习经历、教学经验、学术背景和专业发展（包括专业培训课程的学习）的影响。第三，教学行为之中体现的学科教学法知识，可以从两个主要的相互渗透的维度进行考察，即学习处理和课堂中的课程实施。第四，教师知识和他们的实践行为之间存在辩证的关系。当教师回应工作环境和反思实践行为时，会逐渐形成对教与学的新理解。在这一过程中获得的知识构成了他们工作的部分环境并指导着他们的实践行为。

（3）教师信念的影响。

有关教师信念的研究表明，教师的信念是影响教师课程决策的一个重要因素。在课程实施的研究中，关注教师的信念对教师课程决策的影响，对于我们深入地认识课程实施的特征具有重要意义。

① 信念、教师信念。

信念是一个复杂且易混淆的概念，对它进行概念界定很困难。由于受到众多不同学术背景的研究者的关注，所以至今有关"信念"的定义十分丰富，但尚未在这一术语上达成一致的见解。分析已有研究发现，诸多研究结果表现出一种共识，那就是信念与知识、观念、情感、假设、态度、价值观具有密切关系。可以说，信念兼容着认知成分、情感成分、观念成分、评价成分，更多的是与个人经历、态度和判断相关的假设。可以说，信念是一个哲学概念，主要与知识论相关；信念也是一个心理学概念，包含着认知、情感等各种成分。它可能在性质上属于认知领域，但在情感领域中发挥着重要作用。基于这样的认识，研究者们形成了信念界定的维度，即认知维度、判断取向、情感维度以及情感—认知—评价混合取向。

关于教师信念的研究是教育研究中一个新兴的领域。目前有关教师信念的内涵理解和概念界定，如同信念的定义一样很丰富但没有达成共识。但已有研究表明，在借鉴信念的研究基础上形成了一些关于教师信念定义的基本视角。例如，"把教师信念看做知识或教育观念的一部分""关注教师信念的评价成分及其功能""关注教师信念的实质性特征——假定性""关注教师信念的确认程度及其与思想、行为之间的关系""关注教师信念的情感成分""关注教师信念的存在形式、确认程度及其与实践之间的关系"（谢翌，2006）[44-46]。可见，已有的关于教师信念的研究多数是关注了信念的部分内容。

在教师知识的研究中，教师信念（teacher beliefs）是一个经常使用的与教师知识密切相关的概念。一些研究者把信念等同于知识，或者认为二者是不易区分的事物，也有一些研究者认为两者显然不同。这种情形的归因是他们对教师知识本质的理解不同。"如果认为知识本质上是命题性的（propositional in nature）并依赖于真实条件（depend on truth conditions）而存在，那么它与信念就不同……然而，如果教师知识被看成是个人化的、特有的，并具有高度的情境性，就如教师的个人实践知识一样，那么知识与信念之间就有相当大的重叠，尽管它们不是同义的。"（徐碧美，2003）[68]

在考尔德黑德对教师信念的研究中，对教师的信念分为五个方面（1996），即关于学习者和学习的信念、关于教学的信念、关于学科的信念、关于如何学习教学的信念、关于自我和教师作用的信念。耐施珀（Nespor）对教师信念的特征及其有关信念的基本假设进行研究，归纳出教师信念的四种特征（1987）：一是关于存在的假设（existential presumption），认为在教师的信念系统中包括关于现实中存在什么和不存在什么的认识；二是选择性（alternativity），认为在教师的信念系统中包括许多可供选择的对象、事件或情节；三是情感与评价，认为教师的信念比知识更依赖于情感和价值因素；四是情节存储（episodic storage），认为知识是以语义网络的形式存储的，而教师的信念主要是由个人经验、文化或知识转换成的教学来源而形成的以情节的方式存储的，情节的记忆更需要以个人经验、情节或事件来组织。

从以上的概念解读中可以认识到，教师信念是一个十分复杂的系统，从教师信念来源的认识来看，一般不能通过直接观察获得有关教师信念的认识，也不能从教师对自己信念方面的直接表述而获得认识。有研究认为，教师对信念方面问题的直接表述与实际观察到的在课堂教学中的情况有明显差异。主要原因是，教师通常并不了解自己的思想和信念，常常也不能把自己的思想用语言表达出来，而且，"一个人不能简单地从行动中表现出信念和认知，因为教师可以用很不同的理由应用于相同的教学实践"（Kagan，1995）。

② 教师信念的影响因素。

美国学者奥恩斯坦等在其著作《当代课程问题》中指出："一个人的

哲学观是逐渐形成的，而且只要他或她还在成长和发展，还在从经验中学习，这个形成过程就仍会继续。"（2004）教师的哲学观反映着他们的生活经验、知识修养、所受教育、社会和经济背景以及对于人的一般信念。

在徐碧美的研究中认为，教师的信念、隐喻、形象、假设和价值观都包含在更宽泛的教师教与学的理念之中。按照徐碧美的思路来认识教师信念形成的影响因素，可以从对教师教与学理念的影响因素的考察中获得。康乃利和科兰蒂宁指出，教师的个人价值观和信念主要由他们自身的经历所塑造（1994）。因此，在理解教师的课堂行为以及这些行为所体现出来的知识时，理解他们教与学的理念及其影响因素是极为重要的。已有研究表明，学科背景、教学经验、个人生活经历等对教师信念有着重要的影响。

由此可见，教师都有着自己的教与学的理念，也可以说都有着自己的信念。它受到个人自身的生活经历、价值观以及学科背景和教与学的经历等因素的影响。教师个人拥有的教与学的理念强烈地影响着教师对自己工作的理解，当教师获得更多的经验或遇到过一些重大挑战时，这些理念可能会发生变化或被修正。"如果参加过专业培训的话，那这也是一个不可忽视的影响因素。"（徐碧美，2003）[70]

上述这些影响因素启示我们，要认识和理解教师的课程决策行为，考察教学信念这些影响因素是重要的维度。

③ 教师信念对课程决策的影响。

国外相关研究都指出，教师可以依靠许多知识来源，如教育专家、课程权威、书籍和经验等。但是无论依靠多少来源，听取多少权威意见，他们的决策都将取决于所有曾经影响过他们的经验和他们所认同的社会群体。这些决策都建立在他们已经形成的价值观、态度和信念的基础之上，涉及知识以及对原因、事件和结果的解释等。换句话说，哲学观决定着指导行为的原则。

国内相关研究（马云鹏，2001；唐丽芳，2005；谢翌，2006；等）都更加具体地指出了教师信念对课程实施的影响，认为教师是课程实施的关键人物。"应该实施什么样的课程"和"实施了什么样的课程"，教师是课程实施最终的"守门人"，他们的认知（特别是教师信念）对"课程的理解和实施"起着十分重要的过滤作用。课程能否进入课堂，需要经过教师的理解、判断和选择，经由教师知识和信念等个人理论的筛选和过滤；课堂上可能发生什么和发生了什么，同样与教师角色的信念有着十分密切的关系。徐碧美的研究也指出，"信念"常与假设（assumptions）、观念（conceptions）、个人哲学（personal theories）互换使用。这三者是相互关联的命题，应该将三者看做融合为一体的"整合网络"（integrated network），这种网络影响着教师诠释教学事件的方式，以及以此为基础所进行的教学决策。也有研究将技能、经验、信念、记忆和假设都包含在教师知识之中，这些知识影响了教师建构自己的学习环境和课程任务的方式。

哲学对于课程决策的各个方面都是重要的。美国学者奥恩斯坦等在他们的著作中精彩地论说了哲学是课程决策的基础这一命题。哲学赋予我们的决策和行动以意义，哲学观念从来就一直影响着学校和社会。没有哲学，教育家们会容易受外来的强制规定、时尚和虚饰、权威的规划以及形形色色的"主义"的摆布，教师在确定和实施所要达成的目标时会无所适从，既不知道"什么"是适当的，也不知道"怎么做"是适当的。"教育哲学影响并在很大程度上决定着我们在教育方面的决策、选择和可能的备择"，更具体地说，"哲学决定着学校和教室里应当强调的经验和活动。同时也为教师提供一种决策的基础，如决定使用什么练习册、教科书或者还要利用哪些认知和非认知的活动以及如何利用它们；布置什么样的家庭作业及布置多少；怎样测试学生及怎样使用测试结果；强调哪些课程或学科等等"（奥恩斯坦，2002）[4]。

托马斯·霍普金斯（Thomas Hopkinse）对哲学在课程决策中的重要性也做了经典的说明："哲学已经深入到课程与教学的所有重要决策之中，而且还将继续作为每一重要决策的基础……教师在学校里时刻都会面临着一些场合，在这些场合中，哲学是行动的不可缺少的组成部分。"（1941）

古德兰德也指出："哲学是课程决策的起点，而且是后继的所有有关的课程决策的基础。哲学已经成为决定课程目标、手段和结果的标准。课程目标就是以哲学信念为基础的价值声明；手段是学习过程中使用的方法，它反映了哲学的选择；结果是学生习得的关于事实、概念和原理的知识或行为，在这里，哲学指示着什么是重要的和值得学习的。"（1979）

从上述研究者的研究论述可以看到，几乎课程的所有要素都建立在哲学的基础之上。这告诉我们，哲学对于课程决策的各个方面都是重要的，无论它的作用是明显的还是隐蔽的。教师在实施课程的教学过程中，必须面对多方面的决策或决定，教师具有怎样的哲学信念或有没有与新课程较为一致的课程观作为决策的基础，就将直接影响到课程的实施。

2. 学生和校长的影响

关于学生和校长对课程实施的影响的研究，在近几年的课程研究中开始得到关注。校长因素在一些教育课题中都有所关涉，只是像对教师因素那样专门的、系统化的研究文献并不多见；而对学生因素的关注相对更少，"成为课程实施研究的一个盲区"。尹弘飚、李子建在《论学生参与课程实施及其研究》一文中提出了这个论题，并从学生参与课程实施及其研究的理由、学生参与课程实施及其研究的形式进行了较为系统的阐述。（尹弘飚 等，2005）[12]

另外见到的国内的研究文献是刘启迪的《试论学生与课程实施的关系》（2002），该文献指出学生与课程实施之间存在着密切而必然的联系，如课程实施的目的在于促进学生发展，课程实施要照顾学生的可接受性和学生素质的完整性。

国外学者费尔丁（Fielding）、高德曼和纽曼（Goldman & Newman）分别于 2001 年和 1998 年的课程实施研究项目中，对学生参与课程实施问题进行了研究，其研究成果反映了学生作为共同研究者参与课程实施的形式。前者介绍的是英国一所中学进行的"学生作为研究者的计划"在三年中的进展，后者介绍了给学生赋权的评定学校变革的"优质学生领导计划"。

就现有研究来看，对学生参与课程实施的研究总体上是非常有限的。"学生仅仅作为数据来源出现在几篇新课程实施研究文献中，而且学生数据也只是教师数据、校长数据的一个补充或注脚。"（尹弘飚 等，2005）[12]事实上，为了保障课程改革的成功，同时也为了拓展我们对课程实施的理论认识，我们必须充分关注学生，要尝试以多种形式将学生纳入新课程实施的研究中。

有关校长对课程实施的影响的研究随着我国基础教育新课程实施的深入而逐渐增多。从一些研究文献可以看到，有关校长对课程实施的影响的主要观点是校长的课程决策对学校层面的课程变革具有影响。认为成功的课程实施离不开学校对课程改革方案的管理、领导的各种行政配合。第一，校长的工作强烈地影响着改革的可能性，并促进或阻碍新课程的实施；第二，学校的行政方面的工作态度和工作策略影响着课程实施，如果"工作人员不管新课程实施工作或未领会课程实施的重要性，课程实施工作就会软弱无力"（汪霞，2003a）[8]；第三，学校的支持系统包括经费、人力和活动上的支持与师资培训的支持，这些关乎着校长的决策支持，对课程实施的深入与否起着重要的影响作用。

本研究针对学校水平的技术课程实施开展研究，校长作为一所学校的掌门人必然是考察的对象，但本研究主要关注校长对技术课程的态度、所做的决策和学校对技术课程所提供的实施条件等。

3. 学校文化的影响

国内外很多研究已经表明，学校文化作为一种组织的文化，是影响课程实施的重要因素，更是课程获得有效实施的前提和保障。按照美国社会学家欧内斯特·R. 豪斯（Ernest R. House）的观点，课程改革不是如何拟定目的、如何使教师达到目的的问题，而必须考虑实施机构的制度规则及其成员的价值、观念才能落实。这正说明了学校文化对课程实施影响的重大性和根本性。"当文化反对你的时候，想做成任何事都几乎是不可能的"，"没有学校文化的支持，改革只能是肤浅的、表面的和形式化的。学校文化才是学校发展和学生学习的关键。它通过教师、学生、家长和管理者在无意识中所形成的行为规范，默默地、强有力地影响着学校的发展，激发人们共同完成改革的使命"。（唐丽芳，2005）[10]

学校文化对课程实施的具体影响表现在对教师课程决策的影响上。任何教师在教学活动中所做出的课程决策都不是孤立的，从表面上看是教师的个人行为，实际上在很大程度上受到他所处的环境和周围群体文化的影响。

（1）影响教师教学计划的制订。

已有研究告诉我们，学校文化对教师教学计划的制订会产生影响。哈格里夫斯（Hargreaves）的研究（1992）认为，"教师并不是完全独立地发展他的教学策略和风格的。教学策略不是一个完全个人化的东西。教学策略不只是来自直接的具体情境的指令与压力，它来自教学的文化，来自一组教师群体中的信念、价值、习惯和处理事情的方法……教师文化、教师与其同事的关系就是教师的生活与工作的最有教育意义的方面。它们提供教师发展的丰富的环境"（马云鹏，2003a）[58]。教学策略的设计或选用是课程准备阶段教学计划制订中的重要内容，哈格里夫斯的观点指向了学校文化对教师课程决策的影响。

有研究者在专门研究影响教师制订教学计划的因素时发现，学校及学校运作的系统对教师制订教学计划能够产生影响。学校的运作系统存在着特定的运作机制，包括各种制度、行政命令和长期形成的工作方式和习惯的运作方式等。这样会形成一种特定的学校文化氛围，这种氛围对教师会产生很大的影响，包括心理的和思想观念的，所以运作系统可以看做一种学校文化。"每一所学校，学校中的某一群体都会有属于自身的独特的文化，这种文化对于认识这个群体的特征，认识影响这个群体中个人行为的模式是一个重要的因素。"（马云鹏，2003a）[58]

（2）影响教师的心理。

富兰等有关学者的研究认为，学校文化对教师的课程理解和认同也会产生影响，这种影响的一个体现方面就是心理地位。富兰认为，"教师个人的特征和教师集体的因素对课程实施起着重要的作用。心理地位可以作为一个参数或可变的特征，这与个人或条件有关。有些研究表明，一些学校的教师比另外一些学校的教师有更高的改革取向。这当然与选择有关，但也不能否认与一所学校的文化和气氛对教师所形成的心理素质的好坏有关"，"学院气氛、开放的交流、信任、支持和帮助、在工作中学习、分享成果和工作的满足、道德感都是密切相关的因素。"（Fullan，1991）

（3）影响教师的文化。

教师文化（teacher culture）是学校文化的重要组成部分，承载着学校文化最为隐蕴的特征。根据哈格里夫斯的观点，教师文化有两个方面，即内容和形式（content and form）。内容包括"实际的态度、价值观、信仰、习惯、假设和行事的方法，它们存在于某一特殊的教师小组或规模较大的教师共同体之中"，"而形式包括这些教师文化各要素之间的联系形式和相互关系的典型模式（characteristic patterns relationship）……它通过教师及其同事之间的关系的连接方式表现出来"（Hargreaves et al.，1996）。可见，教师文化的形式会对教师的教学行为产生影响。研究课程实施的影响因素，需要认识学校文化，需要从表现文化特征的不同层面入手。不同形式的教师文化表现不同的特点，对教师的教学行为会产生不同的影响。

哈格里夫斯对教师文化的形式进行了分类，即个人主义文化形式（indivi dualism）、巴尔干（小团体）文化形式（balkanization）、合作文化形式和人为营造的协作文化形式（1992）。有研究者认为，个人主义具有的是消极的品质，而哈格里夫斯认为它有积极与消极的双重特点（Hargreaves，1996），并且"特别适合理解革新的学校文化"（亨德森 等，2005）[167]。一些研究者认为合作的文化形式对学校的教育改革具有积极的作用。真正的合作意味着做出选择，区分彼此的理解、观点、信仰和实践，全面参与合作解决问题、创造性规划、相互支持和专业发展活动。显然，这种文化使教师"以一种相互依赖的小组式工作为基础的价值观受到开放式的氛围所感染，但人们之间相互尊重，个人具有独立的人格和不同的专业观点"（Nias et al.，1989）。由此可见，当一所学校的教师群体具有一种或几种这样的价值观时，他们会愿意共同地分享学习的成果，共同建立一种教育的团体，在这个共同体中的每个教师个体，都会在其教学决策行为方面带上合作共同体共享的价值印记。

（4）革新的学校文化。

学校文化的课程意义，让它富有革新的意义和变革的价值。有研究认为，学校文化是课程理性的生存环境所在，是课程改革的前提和保障，其变革是课程改革的最深刻的境界。詹姆士·G. 亨德森、理查德·D. 霍索恩对传统的学校文化与革新的学校文化进行了比较，如表1－2所示。（亨德森 等，2005）[168]

表1－2　传统的学校文化与革新的学校文化之比较

传统的学校文化	革新的学校文化
课程哲学：高度的学术成就	课程哲学：思考的头脑、强烈的自我意识和民主价值观
以标准和评估为驱动	渗透标准、以学生为中心、以道德为指导
自上而下的、外部施加的决策与规定	所有利益主体参与协商和决策

续表

传统的学校文化	革新的学校文化
支离破碎的个人主义；分裂敌对主义（即派别之争）	合作对话；共同体构建
传统的反思性实践；行政评估	5C框架的反思性实践与持续不断的教师探究和教师责任制［作者注：5C即创新的、关爱的、批判的、沉思的和权力分享（较少强调教与学的关系，更多强调专业的认同）等五种类型的反思］

表1-2中的比较项目表明了革新的学校文化如何融入教育、教学、设计、规划、学校发展、共同体发展等相互重叠的七个改革主题之中。这正说明了学校文化对课程的全面的深刻的影响。

唐立芳对课程改革中的学校文化的研究认为，以新课程所要求的理想文化来看，现实文化生态环境在学校的价值追求、教师的行为表现、家长与社会的期望三个方面表现出一定程度的滞后。而适应新课程的学校文化呼唤由封闭走向开放、由接受走向学习与探究、由竞争走向合作、由反对话走向民主对话的学校文化转型。

利伯曼（Lieberman）和米勒的研究提供了许多促进学校变革的专业文化和合作文化的具体例子，"这些例子表现了革新的学校文化具有的共同特征，如人际关系与所参与人员之间的相互信任是根本；广泛协商课程、教学、学生、学校风气和评估问题；对教育、教学和学习的实践及其意义的探究成为一种生活方式；合作设想未来、合作问题解决和合作决策渗透到专业工作的所有方面；共同的权威建立在实践、知识、技能和关爱的道德标准的基础之上等等。这些特征让我们充分感受的是合作的文化、民主开放的价值观"（亨德森 等，2005）[170-173]。

在詹姆士·G. 亨德森、理查德·D. 霍索恩的研究中，还特别提出了变革的学校文化的形塑过程的策略，包括变革个人的和专业的信仰与行为，培养维持对话和批判性反思的组织能力，发展理解和参与政治改革的能力。

认识革新的学校文化的特征，对于本研究考察和分析学校文化对技术课程实施的影响具有重要的启示。

（三）学校外部的影响因素

在富兰（1991）、马云鹏（2004）、施良方（2004）、黄政杰（1991）和汪霞（2003）等学者关于课程实施的研究文献中（见表1－1），对影响课程实施的因素中都论述了学校层面以外的因素，具体提法如"学区层面上的特点""各种外部因素的支持""大的社会政治单位因素""学校外部的因素""校外环境的特征""学校系统外部的情况"等。在具体内容的阐述中，主要涉及了支持、理解、援助等意义。其一，教育行政部门的作用，包括政策的倾斜、财政和物质资源、技术支援等；其二，学区或地区的支持程度，也包括社区与家长的支持；其三，社会各界的理解、支持与帮助，包括新闻媒介、社会团体等。这些因素都是学校之外的环境因素，构成了课程计划使用地区和社会的总体氛围。

一些研究表明，学校外部氛围与学校的课程实施有着千丝万缕的联系。对于学区或地区方面的影响，一般来说其支持程度及政治的稳定性越高，课程实施的程度则越高。富兰通过研究指出，如果学区或地区注意做好五方面的工作，就能极大地推动课程实施工作。例如，确立目标并提供训练和跟踪计划，鼓励校长担负起校内实施教育创新的责任；按照变革的需要建立教师帮助制度，并在实施期间不断给教师以技术上的指导；理解实施过程需要假以时日，放宽时间限制，并且配合实施建立一整套监管系统和信息收集系统；采取必要的措施减轻教师的工作负担等（1991）。研究表明，政府或教育行政方面的组织、政策的倾斜和财政、资源、技术等作用，可以成为课程变革成功的重要保障。对于社会方面的影响，主要针对学校外部的大环境来说。研究认为，社会各界的理解、支持以及帮助，可以成为推动课程实施的巨大动力。

通过上述研究可见，学校外部环境的构成因素是多方面的，对学校内部课程实施的影响是复杂的，但有关文献对影响实施的因素分析主要是从课程改革的角度加以阐述，是从一个新课程方案的实施过程来进行说明的。在这种情况下，一些因素具有较大的影响，一些因素可能影响并不明显。对于本研究来说，对高中技术新课程实施的特征与归因进行探索，学校外部环境因素是考察的重要内容。但是，对这样一项具体的课程研究来说，不可能对外部环境所涉及的所有因素都进行研究，需要做出某种选择，以便对其进行具体深入的研究。

（四）课程自身的影响因素

在富兰（1991）、马云鹏（2004）、施良方（2004）、黄政杰（1991）和汪霞（2003）等学者的有关研究中（见表1－1），都论及了课程自身对课程实施的影响。具体提法如"改革本身的特点""课程计划本身特性""课程本身的因素""课程计划的特征"等，在具体内容上主要涉及了与课程改革本身的性质或课程计划本身的特征相关的因素，包括课程改革需要与相关性、计划或方案的明确性、合理性、复杂性、实用性等课程自身的特征。这说明了研究课程实施问题，不能忽视课程本身因素的影响。

许多研究表明，实施者对一项课程改革的需要认识越高，其实施的程度就越高。特别是当学校和教师有改革的需求时，就使课程实施更有利。课程计划或方案的明确、清晰程度对实施者有很大的影响，使用者对改革的目标、意义和技术操作越明确，在实际中实施的程度就越高。如果缺乏明确性，造成使用者的混淆，就会增加使用上或操作上的困惑并产生挫败感，导致实施不完全。复杂性表示课程改革本身的难度和需要使用者改变的程度。一些研究表明，如果计划过于复杂，需要改变的东西越多，"如在教育观念、教学方法、师生关系、学校组织、行政措施等方面需要做出大的调整，课程内容涉及的范围和深度大幅度增加，则越不易为使用者理解或接受，或造成转化上的困难和问题"（汪霞，2003a）[8]。一些研究也表明，课程计划中所提供的可用的文本或材料的质量与实用性对课程的实施也会产生影响，如是否方便教师的操作、是否符合实际需要和具有效用、是否满足教学实践的需求并引起师生的积极反应等。

普通高中技术课程方案有着复杂程度较高的特征，课程标准等文本都是以往所没有的。因此，课程本身对实际课程实施的影响应该成为本研究关注的重点。

三、普通高中技术课程设计与实施的相关研究

（一）信息技术课程的相关研究

1. 有关课程设计的研究

（1）课程地位确立之前。

在高中信息技术课程地位确立之前，信息技术课程的定位经历了从计算机文化论、计算机工具论再到计算机文化论的历史演变。1984 年的《中学电子计算机选修课教学纲要（试行）》规定的课程目标是："初步了解计算机的基本工作原理和它对人类社会的影响；掌握基本的 BASIC 语言并初步具备读、写程序和上机调试的能力；逐步培养逻辑思维和分析问题、解决问题的能力。"这一目标规定体现着"计算机文化论"的理念，显示了对语言学习和"程序思维"能力培养的重视。1987 年的《普通中学电子计算机选修课教学大纲（试行)》，其课程目标在强调程序逻辑思维能力的同时，开始关注计算机使用能力、语言使用能力等。1994 年的《中小学计算机课程指导纲要（试行）》的课程目标体现了"计算机工具观"的影响，明确了计算机的工具性定位，同时强调计算机技能以及态度、道德等相关内容。1997 年，对《中小学计算机课程指导纲要（试行)》的修改中，体现了对"计算机文化论"的某种回升，成为计算机教育走向信息技术教育的前奏和序曲，在课程定位上，已经显现了对人的内在品性的要求向信息能力、信息素养方向发展的必然取向。

这一时期的相关研究主要是围绕实验研究课题和信息技术教育基本理论展开的。在课程的实验研究方面，以上海和东北师范大学的研究尤为突出。1999 年 3 月，上海市教委出台了《上海市中小学信息科技课程标准》，组织出版了《信息科技》等三种版本的教材，并开始在上海市中学实验。此外，上海师范大学的黎加厚主持的《现代信息课》也在上海市闵行区部分学校开始进行实验研究。1999 年年初，由董玉琦主持的"中小学信息教育的实证研究"课题，通过对发达国家和地区中小学信息技术课程的比较研究，提出了初高中信息学科教育课程要点，根据这一课程要点编写了初高中信息学科实验教材《信息基础》，并从 1999 年开始在东北三省的 37 所实验学校进行实验研究。在课程理论研究方面，主要是这期间散见在一些杂志上的研究成果，主要代表者包括董玉琦、祝智庭、

黎加厚等人，主要围绕信息技术教育的有关内容展开探讨，标志性成果有董玉琦等人的《日本中小学信息教育的现状与课题》（1999）和《信息教育的概念与课题》（1999）、祝智庭的《世界各国的教育信息化进程》（1999）、黎加厚的《学校兴起信息教育》（1999）等。

（2）课程地位确立至课程标准出台前。

2000 年 10 月，教育部召开了"全国中小学信息技术教育工作会议"。"此次会议的召开，特别是《中小学信息技术课程指导纲要（试行）》的发布，标志着我国中小学信息技术课程的正式诞生。"（董玉琦，2003）在课程目标中明确使用了信息意识、信息处理、信息活动等概念，彰显着培养学生的信息素养的目标。

《中小学信息技术课程指导纲要（试行）》发布之后至课程标准出台前的这段时间，有关信息技术课程的相关研究主要是围绕中小学信息技术教育的基本理论展开的。相关的研究论文包括邓立言的《中小学信息技术学科建设之我见》，论述了信息科学与中小学信息技术学科的关系（2001）；李艺、殷雅竹的《中小学信息技术教育的文化内化问题》，认为信息技术课程的最终目标是文化内化，即将信息技术文化内化为个人的自然意识（2001）；李艺、张义兵的《信息技术教育的双本体观分析》，论述了信息技术课程设计的双重取向即技术取向和文化取向，指出不同的取向会在课程内容的设计上有侧重，比如小学侧重于技术，初、高中侧重于文化（2002）。除了研究论文，这一时期有代表性的著作主要有王吉庆编著的《信息素养论》，比较详细系统地论述了"信息学科课程与信息素养的培养"（2001）。之后是董玉琦编著的《信息技术课导论》，基于比较研究和实践研究的成果，提出了信息技术课程研究论框架（2001）。再之后是祝智庭主编的《信息教育展望》（2002），比较客观地审视了信息教育（包括课程）领域的发展动态，为信息教育在我国的未来发展提供了有价值的启示。

（3）关于课程标准的研究。

2003 年 3 月，由教育部组织研制的《普通高中技术课程标准（实验）》（简称《标准》）的研究工作完成并公布，主要研究成果如下。

形成了新的课程理念：信息技术课程设计遵循了五个方面的理念（具体见表 1-3）。

表1-3　信息技术课程理念及分析概览

	信息技术课程理念	分析说明
1	提升信息素养,培养信息时代的合格公民。	宗旨是提升信息素养。强调合作解决实际问题,在信息获取、加工、管理、表达与交流的过程中,掌握技术、感受文化、增强意识、内化伦理。
2	营造良好的信息环境,打造终身学习的平台。	强调整合教育资源,营造良好信息氛围,关注当前学习,重视可持续发展。
3	关照全体学生,建设有特色的信息技术课程。	考虑起点水平和个性差异,强调自主选择和自我设计;提倡内容的合理延伸和拓展;鼓励因地制宜、特色发展。
4	培养问题解决的能力,倡导运用信息技术进行创新实践。	强调结合学生的生活和学习实际设计问题;鼓励学生将所学积极应用于生产、生活及技术革新活动中,在实践中创新,在创新中实践。
5	注重交流与合作,共同建构健康的信息文化。	鼓励学生结合生活和学习实际,运用合适的技术,恰当地表达思想,进行广泛交流合作,共同构建健康的信息文化。

　　提出了课程的总体目标:《标准》中明确提出,普通高中信息技术课程的总目标是提升学生的信息素养。对高中学生信息素养的内涵界定强调了对信息的获取、加工、管理、表达与交流的能力;对信息及信息活动的过程、方法、结果进行评价的能力;发表观点、交流思想、开展合作并解决学习和生活中实际问题的能力;遵守相关的伦理道德与法律法规,形成与信息社会相适应的价值观和责任感等方面。很明显,高中信息技术课程标准超越了唯技术观点,将目标定位于信息素养的培养与提升。这正体现了"信息文化观"对信息技术课程发展的影响。

　　确定了课程的本质属性:高中信息技术课程的性质表现为三点:基础性、综合性和人文性。(顾建军 等,2004a)[47]

　　基础性表现在它是信息技术在各个学科中应用乃至全部教育活动的基础,是学生在今后工作与生活中有效解决问题的基础,是学生在未来学习型社会中自我发展、持续发展的基础。综合性表现在其内容既包括信息技术的基础知识、信息技术的基本操作等技能性知识，也包括应用信息技术解决实际问题的方法，对信息技术过程、方法与结果评价的方法，信息技术在学习和生活中的应用，以及相关权利和义务、伦理道德、法律法规等。人文性表现在课程为实现人的全面发展而设置，既表现出基本的工具价值又表现出丰富的文化价值，既有恰当而充实的技术内涵，又体现科学精神，强化人文精神。

设计了模块化的课程结构：高中信息技术课程包括必修与选修两个部分，共六个模块。必修为一个模块即"信息技术基础"，选修部分包括"选修1：算法与程序设计""选修2：多媒体技术应用""选修3：网络技术应用""选修4：数据管理技术"和"选修5：人工智能初步"五个模块。在课程标准中，"信息技术基础"模块的内容建议部分由"信息获取""信息加工与表达""信息资源管理"和"信息技术与社会"四个主题组成，既暗示了某种内容组织的线索，同时真正体现出信息技术教育的内容特点。

（4）围绕课程设计的理论研究。

《标准》出台以后，相关研究主要是针对高中信息技术课程设计在价值取向、理念、目标、内容建设等方面的理论分析，为课程理解和课程发展构建理论指导。从公开发表的论文来看，主要代表有李艺、张义兵的《"信息素养"新界说》（2003），朱彩兰、李艺的《信息技术课程内容建设任务分析》（2004）及《信息技术课程技能化倾向的原因分析及对策研究》（2005），钟柏昌、李艺的《工作主线：信息技术课程体系建设的新进展》（2004）和《重塑任务驱动教学理念》（2004）等。课程实施了一段时间后，对课程设计的相关研究走向了用多元化的视角来理解课程，其中典型的研究包括张克松的《中学信息技术课程的后现代转向》（2011），用后现代观来解读高中信息技术课程的课程目标、课程内容、课程实施、课程评价；刘向永、董玉琦的《价值哲学视野下的信息技术课程的价值体系构建》（2011），从宏观的哲学视角来研究信息技术课程的价值体系。此外，有2篇博士学位论文，即董玉琦的《信息教育课程设计原理：要因与取向》（2003）、朱彩兰的《文化教育视野下的信息技术课程建构》（2005），是到目前为止有关信息技术课程设计的较为系统的理论研究成果。

2. 有关课程实施的研究

2004 年 9 月，高中信息技术课程进入实验阶段。一时间，与高中信息技术课程实施相关的研究很多。对万方中国学位论文全文数据库、中国期刊网博硕论文数据库、PQDD 学位论文数据库、中国期刊网全文数据库等进行检索发现，有关研究的主要论题涉及了课程实施的取向、实施现状、教师、学生、教学设计、课程资源、学习评价等几个方面。

（1）关于课程实施取向的研究。典型的研究如下：董玉琦的《信息技术课程实施：取向、教学与教师》一文认为目前的课程实施是忠实取向，应该进入适应或创生取向（2004），而钱旭升等的《信息技术课程实施过程的文化阐释》则认为信息技术课程实施过程是一个文化博弈、文化交互、文化共生的过程（2010）。

（2）关于课程实施现状的研究。课程实施以来一直都有研究关注着课程实施的现状，只是角度不同，有某一地区课程现状的研究，如徐福荫的《普通高中信息技术新课程改革与实践研究》（2005）、魏雄鹰的《浙江省高中信息技术新课程实验的现状、问题与对策》（2008）；还有王吉的《高中信息技术课程的现状、问题与对策》，从课程目标、课程内容、课程实施三个方面来分析课程实施现状（2011）。

（3）对课程实施过程中教师的研究。研究的视角包括教师的课程认同、教师情感状态、教师职业倦怠、教师课程适应性、教师专业知识。例如，解月光的《高中信息技术课程实施阶段的教师课程认同研究》（2006），米伟娜等的《新课程实施中教师的情感状态研究——来自宁波市高中信息技术教师的调查》（2009），孙淑晶等的《高中信息技术教师职业倦怠的现状调查及对策分析》（2008），底亚楠等的《浙江省高中信息技术教师对新课程的适应性研究》（2010），张燕等的《高中信息技术教师专业知识来源的调查与分析》（2011）等。

（4）关于教学方式方法的研究。如王克胜的《高中信息技术教学中的五种"流行病"及其防治》认为信息技术课程实施过程中出现了几个典型问题：小组合作形式化、教学目标统一化、教学内容删减随意化、教学评价模糊化、选修模块包办化（2008）；刘向永、董玉琦的《高中信息技术教学方法的评析与应用策略》对目前四种主要的高中信息技术教学方法进行了分析与比较，并提出了"理性看待、多样采用、创新应用"的教学方法应对策略（2009）。还有一些硕士论文，如林雪芬的《高中信息技术课程中"问题解决"教学的设计与试验》（2005）、许连玉的《普通高中信息技术学科网络化课堂教学模式的设计与研究》（2006）等。

（5）关于课程资源的研究。韩忠强的硕士论文《普通高中信息技术教师课程资源选择策略研究》探讨了课程资源选择时要关注的五大要素，即学生发展、社会因素、教学环境、课程标准以及课程资源属性，和课程资源选择所应依据的三大原则，即最优化原则、量力而为原则以及适切性原则（2006）。杜海琼、张剑平的《人工智能教育专题网站的构建与研究》论述了人工智能模块课程资源的建设与使用情况，为人工智能课程的实施与推进提供了网络平台（2008）。吴秀杰的《高中信息技术教材对课程实施的影响因素分析及对策研究》中提出教材阻碍了信息技术课程的实施（2003）。王爱胜的《高中信息技术教材中存在的问题与思考》提出了高中信息技术教材建设中应确定一定的核心内容、技术价值和课程魅力（2006）。

（6）关于学习评价的研究。主要有以下两个方面的研究：一是关于考试形式的研究，如李艺的《高中信息技术会考研究的价值》（2003）、郭凤广的《山东省高中信息技术会考与学业水平考试的比较与启示》（2006）；二是关于评价方法的研究，如宋光辉、周媛的《高中信息技术学习评价的实践意义及若干原则》（2004），黎福祥等的《电子学档在信息技术课程评价中的应用》（2009）。

很明显，相关讨论是围绕高中信息技术课程实施中的具体问题进行的，而不是从课程研究的理论视角出发，针对课程实施过程进行的系统研究较少。

（二）通用技术课程的相关研究

1. 有关课程设计的研究

（1）课程标准出台前。

通过对新中国成立以来我国通用技术（劳动技术）课程标准或教学大纲中课程内容变革的梳理和考察发现，"我国的通用技术教育曾表现为综合技术教育、基本生产技术教育、劳动技术教育等具体形式"（顾建军等，2004a)[21]。20 世纪 50 年代初的《中学暂行教学计划（草案）》提出"生产劳动应有计划地配合正课进行"，这时的课程以对学生进行综合技术教育为目的。1955 年，国务院召开全国文化教育工作会议，正式决定在全国中小学有步骤地实施"基本生产技术教育"。1956 年 5 月，教育部颁布了《关于普通学校实施基本生产技术教育的提示（草案）》，明确提出"我们培养出来的学生，不仅需要具有文化科学的知识，同时还要具有现代生产的基本知识和技能"。20 世纪 80 年代初，教育部颁布的教学计划中明确提出了开设劳动技术教育课的要求，这是我国正式使用"劳动技术教育"概念的开始，目的在于"培养学生的劳动观点、劳动习惯和热爱劳动人民的思想感情；使学生初步掌握一些生产劳动或通用的职业技术的基础知识和基本技能"（陈桂生，1989）。1992 年 8 月，国家教委颁布《九年义务教育全日制小学、初中课程计划》，再次明确小学劳动课、中学劳动技术课为国家规定的必修课，并且颁布了教学大纲，规定了中小学劳动技术教育目标、内容及要求，这一时期的通用技术课程以劳动技能为主兼重基本素养培养。2001 年，我国颁布了《基础教育课程改革纲要（试行）》，明确规定劳动与技术教育是小学至高中学生必修的综合实践活动课程的主要内容之一，并提出在高中阶段要积极创造条件"开设技术类课程"。正是在该纲要的指引下，最终研制出了《普通高中技术课程标准（实验）》。

　　课程标准出台前，对通用技术课程的研究以经验和理论的探讨为主。例如，20 世纪 50 年代《教育译报》中的一篇文章《综合技术教育问题讨论的几个结论》对当时我国实施的综合技术课程中的课程内容、目标等几个关键问题进行了讨论；进入 20 世纪 80 年代，毛广夫在《天津教育》发表文章论述"劳动技术教育是中学教育不可缺少的组成部分"（1983），黄济先生在 1986 年《教育与职业》第 1 期发表《普通中学如何开展职业技术教育》，认为在普通中学开展职业技术教育应当走综合技术教育的道路；20 世纪 90 年代，顾国麒的《普通高中劳动技术教育的探讨》提出了劳动技术课程内容与体系的设想（1996），魏振楠的著作《劳动·技能·素质——中学劳技课教学经验谈》论述了当时劳动技术课既要注重劳动技能教育也要注重基本素养的培养（1996）。课程标准公布前夕，于慧颖的《深化劳动技术教育课程改革的思考》对如何深化劳动技术教育改革进行了思考，认为有必要对我国已经进行了 20 年之久的中小学劳动技术教育进行全面总结、分析与再认识，要转变劳动技术教育的知识观、课程观和教育观，同时要深化劳技教育的内涵，拓展它的外延，特别要提高其科技含量（2001）。

（2）关于课程标准的研究。

2003 年我国《普通高中技术课程标准（实验）》（通用技术部分）研究完成并公布，有关研究成果如下。

形成了新的课程理念：通用技术课程设计遵循了五个方面的理念（具体见表 1-4）。

表 1-4　通用技术课程理念及分析概览

	通用技术课程理念	分析说明
1	关注全体学生的发展，着力提高学生的技术素养。	宗旨是提高技术素养。强调面向全体学生，充分考虑学生差异，鼓励课程、教材、教学及其评价的多样性和选择性，以满足不同需要和个性发展。
2	注重学生创造潜能的开发，加强学生实践能力的培养。	鼓励想象、怀疑和批判，营造民主、进取的氛围；培养学习兴趣，激发创造欲望；强调通过技术设计、实验等活动，培养探究能力和创造的精神与勇气。
3	立足科学、技术、社会的视野，加强人文素养的教育。	强调通过具体的技术实践使学生理解技术与科学的联系与区别以及两者对社会发展、人类生活所具有的同等意义上的重要作用。
4	紧密联系学生的生活实际，努力反映先进技术和文化。	强调联系实际选择内容，注重基础性、通用性、先进性。
5	丰富学生的学习过程，倡导学习方式的多样化。	强调技术学习过程的主动建构和能力拓展；强调自主学习、合作学习、网络学习。

提出了课程的总体目标：普通高中通用技术课程总目标定位是，进一步提高学生的技术素养，促进学生全面而富有个性的发展。具体包括以下三个方面。

第一，通过学习，使学生进一步拓展技术学习的视野，学会或掌握一些通用技术的基本知识和基本技能，掌握技术及其设计的一般思想和方法；具有一定的技术探究、运用技术原理解决实际问题以及终身进行技术学习的能力；形成和保持对技术的兴趣和学习愿望，具有正确的技术观和较强的技术创新意识。

第二，养成积极、负责、安全地使用技术的行为习惯，发展初步的技术能力和一定的职业规划能力，为迎接未来社会挑战、提高生活质量、实现终身发展奠定基础。

第三，高中通用技术课程在实现以上目标的同时，注重学生创新精神和实践能力的培养，并着力在以下几个方面形成目标上的独特追求：技术的理解、使用、改进及决策能力；意念的表达与理念转化为操作方案的能力；知识的整合、应用及物化能力；创造性想象、批判性思维及问题解决的能力；技术文化的理解、评价及选择能力。

确定了课程的本质属性：高中通用技术课程的性质表现为以下五点。① 培养综合素养。技术素养的培养是高中通用技术课程的追求。通用技术课程在向学生传授技术方面的知识和技能的同时，为学生提供动手实践的机会，实现综合素质的培养与提高。② 培养实践能力。通用技术课程是一门实践性很强的课程，技术的学习离不开亲自观察、动手实验、技术设计和技术操作等活动。③ 开发创造潜能。技术的本质就在于创造，技术课程是一门以创造为核心的课程。学生通过设计任务的完成、问题的解决，使得创造性思维能力得到发展和完善。④ 联系生活实际。通用技术是信息技术以外体现基础性和通用性并与专业技术相区别的技术，是广泛应用于日常生活的技术，通用技术课程的教学，需要联系生活实际进行，不应单纯讲授理论知识。⑤ 丰富学习过程。学生的技术学习过程应该是丰富的，是充满探究乐趣的、生动活泼的过程，在这个过程中学生是学习的主体，教师是学习活动的指导者、帮助者。

设计了模块化的课程结构：通用技术课程的必修内容为技术与设计，它包括"技术与设计 1"和"技术与设计 2"两个模块。选修课程是在必修课程的基础上，针对不同地区、不同学校的条件，为满足学生的不同兴趣和不同发展需要而开设的课程，共有七个模块，包括"电子控制技术""建筑及其设计""简易机器人制作""现代农业技术""家政与生活技术""服装及其设计"和"汽车驾驶与保养"。每个模块 2 学分。这些模块为并列关系，没有层次之分和顺序要求。

（3）围绕课程设计的理论研究。

在高中通用技术课程的地位确立之后，与信息技术课程的理论研究相比，通用技术课程的理论研究较少。主要代表者是南京师范大学的顾建军教授（普通高中技术课程标准研制负责人），其较有影响的研究成果有《普通高中通用技术课程的目标》（2005）、《普通高中技术课程设计中的几个基本问题》（2005）、《普通高中技术课程设置及改革的国际趋势》（2005）、《关于高中技术课程评价探讨的几点思考》（2005）等。此外，还有戈立的《对普通高中技术课程目标的解读》（2005）、解玉嘉的《对通用技术课程的理解与实践》（2008）、张来春的《六国技术教育比较分析（上、下）》（2005）、吴畏的《欧盟五国中小学技术教育的评价研究——基于 Virtanen 技术教育课程分析框架》（2011）。邢志芳在其博士论文《普通高中通用技术课程价值及实现研究》中提出课程价值是课程赖以存在的前提和基础，并构建了高中通用技术课程价值体系的框架（2011）。马开剑的博士论文《普通高中技术教育研究》从课程目标、课程活动、课程资源、相关知识等方面构建了我国普通高中技术课程模型（2006）。这些研究主要是以课程标准设计的理论解读为前提展开的，涉及的主要内容包括如何进行课程设计、如何选择课程内容、如何形成积极有效的课程评价、课程的国际比较、课程价值、课程的构建等方面，已成为通用技术课程理解与实施的理论引导。

2. 有关课程实施的研究

高中通用技术课程进入实验实施阶段以后，与高中通用技术课程实施相关的研究很多。根据本研究对万方中国学位论文全文数据库、中国期刊网博硕论文数据库、PQDD 学位论文数据库、中国期刊网全文数据库等进行检索发现，通用技术课程实施研究涉及的论题丰富，主要包括教师专业发展、课程资源、教学设计、学习评价、学生、课程史等方面。

（1）关于通用技术教师专业发展的研究。这方面的研究涉及了教师现状、教师知识和教师的培养。例如，吉敏的《普通高中通用技术教师专业发展问题与对策研究》论述了通用技术教师的转型、个性化和可持续发展等问题（2006）；刘畅的《北京市通用技术教师现状研究》指出北京市兼职通用技术教师人数比例较高，教师对实践性能力培训需求强烈，教师技术素养总体水平不高（2009）；任远的《普通高中通用技术教师知识结构建构的研究》建构了通用技术教师知识结构的理论模型（2007）；崔鑫治等的《通用技术教师培养问题的解决》认为教育技术学在通用技术教师培养上有一定优势（2010）。

（2）关于课程资源的研究。主要涉及了课程资源的开发与利用、教学环境的设计和教材的编写等。例如，赵利华的《技术试验及其课程资源的开发与利用》从标准化课程资源、因地制宜、优化整合以及共享资源等方面，提出了课程资源开发与利用的策略（2005）；张芳的《通用技术课程教学资源的选择与应用》认为教学资源的选择与应用应该立足于学生、教材和教师的特点（2011）；管光海的《普通高中通用技术专用教室装备及室内空间设计的研究》提出本着开放性的理念配备专用教室，以学生为中心设计室内空间（2006）；戈立的《普通高中新课程技术教科书编写探索》认为教科书应秉承以学生为本的基本理念，把握技术课程的实质（2005）。

（3）教学设计的相关研究。主要集中在教学方法与策略、教学模式的研究上。例如，戈立的《高中新课程技术教学模式的研究综述》梳理了 20 世纪 70 年代以来的教学模式（2005）；黄志红、吴晶的《关于普通高中通用技术教学实施若干问题的探讨》认为教学设计要注意创设情境，将学生的技术学习、技术设计过程融为一体（2006）；陈伟强的《通用技术课程实施中的若干关键问题》认为在教学实践中，要发挥多学科整合作用，强调技术创新和科学、人文思想的渗透（2010）。此外还有一些相关的硕士论文，如高茹的《技术思想和方法及其教学策略研究》（2005）、黄洪杰的《任务驱动教学模式在通用技术课程中的应用研究》（2009）、王小亮的《高中通用技术课程中项目引导教学模式的研究》（2011）和张瑞梅的《基于问题的学习（PBL）在通用技术课程教学中的应用研究》（2011）。

（4）对学习评价的研究。主要以评价方式的研究为主，如冯蔚蔚的《普通高中通用技术课程终结性评价的研究》提出纸笔测试、技术作品测评及技术实验测评三种评价方式（2008）；冉磊的《通用技术课程中技术设计学习的表现性评价研究》制定了技术设计表现性评价基本要素量表，并应用于课堂教学实践（2011）；此外，陈伟强的《通用技术课程教学评价应把握的几个要点》提出教学评价的关键是评价功能的促进性、评价主体的多元性、评价方式的多样性、评价内容的综合性（2011）。

（5）关于课程实施现状与影响因素的研究。例如，王秀红的《普通高中学生技术素养现状调查及教育对策研究》发现学生的技术知识、技能、思想与方法、情感态度与价值观都不令人满意（2005）；邢志芳的《普通高中学生通用技术课程认同现状研究》认为影响学生对通用技术课程认同的主要因素是教师、评价方式和教材（2006）；王瑞荣的《学生参与普通高中通用技术课程实施的现状与问题》发现学生在参与课程实施时存在未参与课程准备、动手实践机会少、评价范围有限、缺少课程实施环境等几个问题（2006）。

此外，一些研究从历史的角度关注着课程实践。例如，刘猛的《基础教育中的劳动与技术教育》发现我国以往"劳动技术教育"中普遍存在"有劳无技"和"劳动即德育"现象（2003）；穆静的《基础教育中的技术教育范式研究》认为在通用技术课程发展过程中经历了技能取向、职业取向、劳动取向和素养取向四种课程实践范式（2004）。

上述研究中没有发现以高中通用技术课程实施过程为研究对象，展开质性研究的成果。

（三）国外普通高中技术课程设置、借鉴与启示

在世界性基础教育课程改革浪潮中，改造传统的技术教育、设置富有时代特征的技术类课程，成为当今许多国家基础教育改革中的主流取向。许多发达国家在普通高中设置技术类课程的做法对我国技术课程的改革具有重要的借鉴意义。

本书中仅就有关发达国家设置的技术类课程加以列举，以便透视出世界各国普通高中技术类课程设置的共同趋向。不同国家使用不同的术语指代"技术教育"，如工艺学、设计与技术、科技教育以及技术教育等，本书将其作为同义词看待。

1. 技术类课程设置列举

技术类课程设置的基本简况见表1-5。

表1-5　国外高中技术课程设置简况

课　程		国　　　家			
		美国	英国	法国	日本
信息技术课程	课程名称	信息学（p6）	信息与通信技术	信息与通信技术	信息
	设置时间	2000 年	2000 年	1985 年后	2003 年
	价值定位	注重信息意识和信息能力的综合培养，以活动课程为主要形式，重视信息交流和思维能力的培养，强化实际操作技能。	以信息能力培养为主，课程内容具有综合性和发展性，强调信息技术的应用、学生的全面发展，注重批判思维和主动精神。	使学生在职业生活和公民生活中了解信息自动处理的可能性和局限性，懂得合理使用信息和通信技术，学习在各种活动中隐藏着的与信息处理有关的基础知识。	开发学生认知的潜能，以学生为中心组织课程内容，重视学生实践能力的培养和开放式教学中的德育培养。
通用技术课程	课程名称	技术（职业）教育	设计与技术课程：技术、设计与交流、设计与实物制作	手工、技术课（必修），5 门技术类课程（限定选修）	技术类课程：家庭基础、生活技术、信息、工艺
	设置时间	20 世纪 70 年代	1989 年	1975 年后	2003 年
	价值定位	重视技术学习的过程，注重培养学生适应未来工作的能力，强调普遍性的技术原理。	掌握必要的技术知识和原理，以及运用技术知识解决问题的意识和能力，为学生未来生活和进入社会成为合格公民做准备。	目标是阐明工作、产品、人类生活以及技术对社会、文化的作用之间的相互关系，学生学习技术时，必须面对具体的情境。	培养学生在未来的技术社会中的生存能力，培养学生的创造能力。

2. 国外技术课程的共同特征

张来春编译了雅琪·雷森南（Aki Rasinen）的文章，该文对澳大利亚、英国、法国、荷兰、瑞典和美国六个国家的技术教育课程进行了比较研究（2005）。她选择这六个国家进行考察的理由是，他们的技术教育在过去十年里发展相当迅速，并且进行了深入的研究和验证，学习材料的研制也有一定程度的发展。特别是澳大利亚、英国、荷兰和美国。文章从课程基本原理、国家课程目标和实施情况等几个主要方面进行了比较，并以一个两维的分析模型进行了系统分析。该模型的一个维度是课程的外部影响者，包括社会、学校和个人三个因素；另一个维度是课程的内在因素，即目标、方法和内容。分析结果表明，这六个国家的技术课程表现出的共同特征主要有以下几点。

（1）虽然设置的技术子科目各不相同，但没有显著的差别。"法国技术课程似乎特别关注计算机处理技术，将其作为技术课程的重点，然而其他国家则更加倾向于将计算机作为其他技术的一种工具。"（Aki Rasinen，2005）

（2）他们有着一致的技术教育理念，即有必要指导学生为进入一个充满变化的技术世界做准备。普遍强调技术问题的设计和解决，强调使学生对技术有鉴别力，成为见多识广的使用者和具有创新精神的革新者，赞成通过实际动手操作和问题解决的方式进行技术学习。

（3）在课程目标、方法和内容方面具有相同之处。

在目标方面，技术素养的培养是一个基本的课程目标，其他主要目标还包括理解科学和技术在社会中所扮演的角色、技术发展与环境之间的平衡关系和诸如设计、制作和评价、社会/道德/伦理思考、创新精神等具体技能的发展。使学生达到目标的主要方法是让他们投身于设计、分析、创造、革新、制作和评价的具体工作中。

在学习内容上，主要有系统和结构、技术和工业中的职业、安全习惯、人体工效学、设计、建筑技术、评价经验、技术发展的历史、问题解决策略、评估评价社会与自然之间的关系等。

雅琪·雷森南还有以下几个观点，一是六国的技术课程的内容非常广泛，把它们列举完全非常困难，同时在所有国家的技术课程中，内容的广度和深度问题也是一个长期以来争议不休的话题；二是初中和高中阶段的技术教育，通常由专业科目教师来担任教学，但各个国家都普遍强调不同学科之间、技术和社会之间的整合；三是六个国家中，技术教育在中等教育阶段最为发达，即使是在这个阶段，也仍然存在着很多必须克服的障碍，直到在实施现行课程时能充分意识到技术课程的目标和理想（2005）。

3. 借鉴与启示

（1）未来技术课程发展趋势。

通过技术类课程设置的状况比较，我们可以看到以下趋势。

首先，关于技术课程的目标，其核心目标在于提高技术素养和创新能力，尤其是让学生成为技术的创造者，而不仅是技术的使用者。

其次，在技术课程的内容设置上，既要考虑到技术的大众性特征，也兼顾新技术的发展需要，融合技术的原理与思想、技术的应用、技术的道德伦理三方面的内容。

最后，未来的技术课程形式应该有三种：第一种是继续以必修课或选修课的形式存在；第二种是将技术内容整合到不同的学科中，进行课程整合；第三种是随着技术的变革，在学校中发展一门新的技术科目。

（2）对我国技术课程的启示。

各国技术类课程设置给我们的重要启示有以下几点。

一是在高中课程的整体体系中，应该平衡学术类课程与技术类课程，使学生在高中阶段形成基本的学术思想和创造性思维。

二是既要注重技术课程的通用性和实用性，也要在技术的专业性上突出课程特色。当有些技术或方法在技术课程之外就已经被掌握时，专业性的技术内容或新一代技术内容应该被纳入技术课程中。

三是技术课程是一个开放性课程，应该在人、技术、社会三者的关系上突出课程的创造性。技术课程不能停留在问题解决的水平，人在技术不断变革的社会中的适应性与未来发展是技术课程的新价值。

第二章　研究的设计与方法

对课程实施的研究涉及怎样认识实施状况和怎样看待实际运作的课程等问题。对此不同的认识和理解形成了三种研究取向，即忠实取向、互动适应取向和创生取向。不同的研究取向在研究问题和研究的思维方式上存在差别，所以在研究方法上也有所不同。忠实取向的课程实施研究主要探讨两个基本问题，一个是测量课程实施对预定变革计划的实施程度，另一个是确定影响实施过程的基本因素——促进因素或阻碍因素。"忠实取向研究的基本方法论是量化研究。"（张华，1999）互动适应取向的课程实施研究主要关注两个问题，"一个是从社会科学中借鉴新的方法和理论以发现那些关于教育问题的详尽的描述性资料，另一个是确定促进或阻碍课程计划实施的因素，特别是各种组织变量，以提高变革方案与课程实施之间互动的效果"（尹弘飚，2005）。按照这种取向研究课程的实施，其重心不是测量课程实施的程度，而是把握课程实施的具体过程，需要"描述人们在学校中的感观和行为，而且关心在学校实践中的基本假设和社会价值，以及它们是怎样对改革产生影响的"（Snyder et al.，1992）。因此，它要求更宽广的方法论，既包括量化研究，也包括质化（qualitative）研究，以便把握课程实施过程的深层机理。创生取向研究的问题与忠实取向、互动适应取向有着很大的不同，它的研究重心转移到教育经验的实施创造过程，包括创生的经验是什么，教师与学生是如何创造这些经验的，课程资料、程序化教学策略、各级教育政策等外部因素对创生的课程有怎样的影响，以及实际创生的课程对学生有怎样的影响等。由于创生取向的特征集中体现在对课程、课程知识、课程变革、教师角色的认识方面，所以，该取向的研究者更倚重质的研究，特别是对个案的深度访谈。

一、研究的基本分析框架

基于本研究的目的，根据研究问题的分析与解决的需要，本研究以课程实施理论为基础，提出了以下关于高中技术课程实施影响因素的基本假设作为本研究设计的基础，并在此基础上形成研究的基本思路和基本分析框架。

（一）研究的基本假设

（1）课程实施者对技术课程的认识和态度，对文件课程的理解和领悟程度，对学校层面的技术课程实施有着直接的影响，进而影响到课程实施的效果。

（2）教育行政部门和学校层面的决策是技术课程实施的制约因素。决策涉及的方面包括开设不开设、什么时候开设、以什么样的方式开设、由谁来开设，学校在具体实施技术课程时的决策表现还涉及教学设施条件、教师的配备和培训等方面。

（3）教师知识、教师信念是课堂层面教师课程决策的主导因素。课程的物质性资源和信息资源是课堂层面教师进行课程决策的两个重要保障性因素。教师的课程决策涉及课前教学设计和课堂实际运作两个阶段。在这两个阶段中，学科专门知识和学科教学法知识，以及教师关于学科和教学等方面的信念对教师课程决策起着决定性作用。

（4）学校文化对技术课程的开设与建设产生直接的影响，如学校、学生对技术课程的价值认定、技术教师自身对课程价值和地位的认定、技术方面的文化传统、运用技术的文化氛围、学校对技术教师发展提供的支持（如校本培训投入、对外交流投入、对教改教研的投入）等。

（5）技术课程的专业支持将成为技术课程建设和有效实施的重要影响因素，并且在专业支持的内容与形式方面有着特殊的要求，如以操作技能表现的学科专门知识、以实用性课程特性表现的学科教学法知识等。

（6）地方课程政策和高考导向是技术课程实施外在的起制约和导向作用的影响因素。

（7）技术课程改革方案本身的特征，如明确性、实用性，技术课程实施对物质条件的强依赖性，对技术课程实施有着重要的影响。

（二）研究的基本分析框架

根据研究假设和研究的问题，本研究形成了如图 2－1 所示的研究思路和基本分析框架。

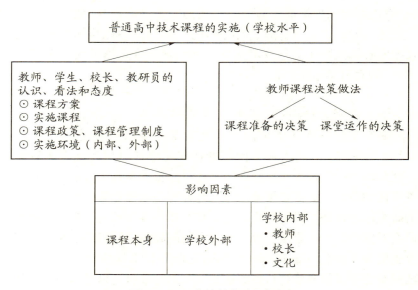

图 2－1　研究的基本分析框架

二、研究方法的确定与研究对象的选择

课程研究的方法丰富多样，选择什么样的方法应根据具体研究的问题、目的、对象和研究的时空情境等各种因素来确定。研究方法本身只是一个手段，应该服务于特定的目的。因此，在考虑用什么方法进行研究时，必须以回答研究的问题为主要前提，而不是为了方法本身而选择方

法。"我们可以有意识地寻找研究问题与方法之间的相互匹配关系。"（陈向明，2002）[94]

（一）采用文献法研究文件课程

本研究的重点是课程实施问题。对文件课程的研究是作为对课程实施研究的准备和基础，主要通过对有关课程文本的分析，梳理课程的理念、目标、结构、内容等方面的设计特点，认识普通高中技术课程的一些基本特征，以便为分析实施的技术课程特征做参照。分析的文件主要包括《普通高中技术课程标准（实验）》（中华人民共和国教育部，2004 年 4 月）；普通高中课程标准实验教科书通用技术必修模块《技术与设计 1》和《技术与设计 2》（江苏教育出版社）；普通高中课程标准实验教科书信息技术必修模块《信息技术基础》和信息技术选修模块《多媒体技术应用》（教育科学出版社）。

（二）采用工具性个案法研究实施课程

从研究问题的阐述中可以看到，问题的提出主要是"怎么样"或"为什么"方面的。对大部分问题的认识需要通过对实施者的看法、想法、课堂教学运作过程的实际做法来获得。特别是有关影响因素作用的特点等方面的资料，更需要细致、深入地在有关教师和学生群体中做实际现场的研究才能得到，要从倾听、对话和自然教学活动观察中，在整体上理解研究对象的做法和想法。综合考虑研究问题的实际需要，对实施课程的研究主要采用质化（qualitative）的研究取向和工具性个案研究方法，同时辅用量化等多种方法进行数据信息的收集与分析，以便从整体上认识技术课程实施的状况、影响因素和基本特征。具体来说，要回答前面提出的问题，要认识以下几方面的情况：（1）目前校长、教师、学生、教研员对高中技术课程的认识和态度；（2）不同地区、不同学校的课堂运作技术课程的实际表现、特点；（3）不同实验区的教育行政和学校，对技术课程实施的条件性资源提供所做出的具体决策及其产生的效果或影响等。以回答前面所提出的问题，选择这种方法的具体理由如下。

第一，有关质化研究方法的理论指出，质的研究主要遵循现象学和解释学的传统，采取现象学、象征互动论和人种方法论的观点，注重人类行为的主观意义、当事者的内在观点、自然情境的脉络以及理解人们解释其经验世界的过程，强调研究的过程性、情境性、具体性，并具有意义的"解释性理解"、研究的演化发展过程、使用归纳法和重视研究关系等特点（陈向明，2002）[8-9]。学者黄瑞琴曾将质化研究方法和过程归纳为以下主要特征（1991）："（1）质的研究是'描述的'（descriptive），质的研究丰富地描述场所和人群现象的过程；（2）质的研究是统整的（holistic），研究者将现场的人、事、物看做一个整体来研究；（3）质的研究是自然式（naturalistic inquiry）的，研究者在自然的情况中搜集现场中自然发生的事件资料；（4）质的研究注重情境脉络（context），从现场的关系中去看事件发生的连续关系和意义；（5）质的研究注重现场参与者的观点（participant perspectives），从现场局内人的观点去了解他们如何看世界；（6）质的研究是归纳的（inductive），从资料收集的过程中归纳概念和发展洞察力；（7）质的研究是有弹性的（flexible），持续地参照现场的情境定义研究的方向和焦点；（8）质的研究不做价值判断，研究者着重于了解人们的观点；（9）质的研究是人性化的，研究者亲自去经验人们的内在生活和人性特质；（10）质的研究是一个学习的过程，研究者向人们学习他们观看世界的方式，并对自己的价值观有新的觉知。"（黄瑞琴，1991）[6] 在这里可以看到，质化研究十分不同于以演绎逻辑为基础的实验、调查的方法。它产生于对实际现象的考察、分析和归纳，而且不一定要论证什么，重要的是从实际的实物中发现什么（Bogden & Bikien，1992）。质化研究取向的这些特征正能够满足本研究的需要。

　　本研究的重点是学校层面技术课程实践中实际发生了什么，为什么发生，受到什么因素影响及其影响因素作用的特点。这些问题的探讨需要在实际情境中，通过观察、访谈、听课等方式，了解实施者的所想所做。质化研究策略能够适应这种研究的需要，运用这种研究策略，有利于深入细致地了解技术课程实施过程中实际发生的事情和实施者对相关问题的认识和理解。另外，技术课程实施问题是一个新的问题，从目前的文献看还没有与之相关的翔实的研究成果，所能参考的文献主要是一般的课程理论方面和数学教师课程决策方面的研究成果。这些成果对于我们认识课程实施的一些基本问题有帮助，可以依据这些成果建立对问题的一般性认识，在课程实施的基本问题和影响因素方面提出一个基本研究假设，但对我国普通高中技术课程实施的特征及影响因素，还没有可以成为支持性的研究成果，这就意味着研究者很难提出具体的研究假设。因此，这项研究不能是一个验证假设的问题，而是一个需要从具体的研究资料中描述和概括出一些特征的问题。对于这样的问题，运用质化研究策略来解决是合适的。

第二，质化研究中个案是重要的方法。"质化方法的深度和详尽特征，典型的源于小数目的个案研究，其数目小到不足以做有信心的类推。个案被选择来做研究，乃因其在研究目的之下具有特别的意义。"（Patton，1990）[53-54]在个案研究中我们所关心的是能够从单一的个案中学到什么特殊的东西，特别是工具性个案更是以此为目的。"个案研究注重研究对象自身的特点和对周围环境的深入考察。重点在于描述对象的自然变化过程。"（马云鹏，2003a）[90]学者尹（Yin，1994）指出，"一般来说，当提出的问题是'怎样'或'为什么'时，当研究者对事件只有很少控制时，以及当重点是一些真实生活情境内的当代现象时，个案研究是较可取的策略。"个案研究有本质性个案研究、工具性个案研究、集合性个案研究三种。其中，本质性个案研究关注的是对某一特殊个案本身的认识；工具性个案旨在通过研究某一个特定对象去了解某一研究问题或疑难，这时的个案被作为解决问题的工具；集合性个案同样属于工具性个案，旨在探寻多个个案之间的联系。个案可以是某个人、某个团体、某个组织或某个地理区域。

本研究的技术课程实施问题涉及真实的学校生活情境内的当下现象，而且现象和情境之间界限并不明显。同时，所关注的重点不是个案本身，而是将个案作为一个或一组认识特定问题的工具，通过描述、归纳和解释的方式，概括出研究问题的一些特征，从这些特征中得出一般性结论。因此，工具性个案方法适合于本项研究的主要问题，本研究运用工具性（instrumental）个案方法，并以新课程实验区整体作为个案抽样是恰当的。

（三）采用量化的方法辅助研究

由于技术课程的特殊性，特别是通用技术课程刚刚出现，本研究需要了解实验区中实施者对技术课程的认同倾向，如对有关共性问题的总体态度和共同看法，不同实验区之间在共性问题上的态度和看法倾向有无一致或差别等，以便从实施者整体的认识和态度层面，理解技术课程在实验区中当下的实施状态。因此，本研究也采用了量化的方法，如问卷调查和统计分析来辅助研究。

对技术课程的实施进行研究，必须涉及具体教室中实际运作的课程情况分析，而这一分析要通过教师的课程决策的性质和影响因素来进行。技术课程有其自身的特殊性，如对设施、设备、场地等的特殊依赖，有着实用性课程的属性等，这些对学校、教师的课程决策都有着密切的关系。有关研究表明，影响课程实施的因素在不同背景的学校中会有不同的表现，本研究的目的在于认识实验区中技术课程实施的基本特征，揭示影响因素。因此，本研究将整个实验区作为一个整体系统，从不同实验区的学校在课程实施层面上所表现出来的独特性出发来进行总体上的认识与把握。收集和分析资料的重点在于了解不同学校的教师、学生、校长的认识和看法，教师在实际运作课程过程中的决策和影响决策的因素，教师、学生、校长对技术课程的态度与课程行为意向的关系，课程行为意向与学校文化、校外环境因素、课程的材料和教学设备条件的关系等，进而分析实验区整体在课程实施初期阶段所表现出来的特征，以及理解何以表现这样特征的原因。因此，在收集和分析资料时，也涉及实验区的教研员对相关问题的认识与看法。按照这样的思路，在四个实验区中各选择两所学校作为研究对象，每所学校中选择全体技术教师、校长和若干名学生进行详细研究。在问卷调查中，将技术教师对象扩展到所选择的学校以外，按照整个实验区的整体分布进行，这样形成了本研究如图2-2所示的数据获取的基本架构。

质化方法与量化方法相结合，超越已有课程研究在研究方法运用上的局限性，以实际的思考方式探讨课程问题也是本研究的一方面追求。我国目前课程研究中存在着理论化趋势。施瓦布曾经批评课程研究过度地、毫无批判地依赖理论的做法，强调从实际的思考方式包括方法、问题、内容和结果等方面重新探讨课程问题。他指出课程处理的是具体个案中真实的事件、真实的师生行动，而理论化课程研究忽视了每个具体事件的特别性、个性和非一致的部分。因此，课程研究需要"实际"的艺术。"课程是实际"的观点倡导了课程研究走出书斋文化，走进田野，增加对田野文化的关照，使课程研究摆脱理论与实践严重疏离状态，改变课程研究空洞和薄弱的局面。作为技术课程实施的研究者，也希望自己的研究走进实际，走进课程生活，走进教师和学生中去获得课程的体验。

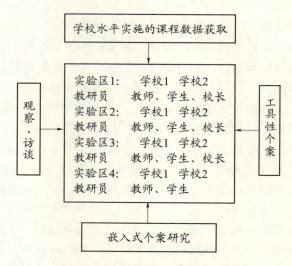

图 2－2　数据获取的基本架构

（四）研究对象的选择

1. 个案选取

本研究主要采用的是以质化研究为取向的工具性个案研究的方法，主要目的是通过对个案的考察回答所提出的问题，并不是以追求概括化的结果为目标。因此，在个案选择上以质化的个案研究对象的选择标准来确定。斯塔克（Stake，1995）认为，个案研究中样本选择的"首要标准是我们能从中学到最多的东西。根据我们的目标，确定哪些个案可以使我们理解，使我们做出结论，甚至能使我们得出概括性的结论。我们进入实地工作的时间总是有限的，如果可以的话，我们需要选择那些能够更容易进行我们研究的个案。"这就是说，可以作为研究对象的个案应该使研究者能够从中了解到最多的信息，而不一定要求它具有多大程度的代表性。个案所承载的信息越多，对研究者而言就越有意义。Patton 提出质化研究主要采用"立意抽样"或"目标抽样"的方式，"立意抽样在于选择信息丰富的个案做深入的研究。这样的个案是指样本中含有大量对研究目的至关重要的问题的信息"（1990）[169]。

　　根据研究的问题和上述确定质化研究的个案研究样本的标准，在个案选取时主要采用的是"目的性抽样"，即按照研究目的抽取能够为研究问题提供最大信息量的研究对象。在质化的研究中，研究对象的抽样不仅包括被研究者，还包括时间、地点和研究者收集的原始资料。按照研究希望、研究问题的特点和回答研究问题所需原始信息的获得途径，形成了以下四条选择原则。

　　（1）实际开设了技术课程（特别是通用技术），并且学生至少学完一个必修模块。这条原则可以满足从个案中了解到最多的能够回答研究问题的信息。

　　（2）在本学区（或本市）办学条件相对较好、技术课程开设相对稳定的学校。这条原则能够满足从个案中获得让我们理解个案并使我们做出某些结论的更多信息。

　　（3）有专任通用技术教师的学校，或上通用技术课的教师相对较多的学校，同时，信息技术教师队伍相对较强的学校。

　　（4）校长能够支持此项研究的学校。这条原则是保证所获得的个案信息的正确性和可信性。黄瑞琴指出，研究者进入机构现场的最有利策略是获得机构主管的信任和信心，机构主管愈支持研究，研究者愈可能进入该现场成为参与观察者，并且研究者只有和现场的人们建立与维持信任和合作关系时，才可能收集正确和可信的资料，从而可以改进资料的品质（1991）[57,68]。

　　2. 研究对象抽样

　　第一批高中新课程实验区共有四个，即山东（S）、广东（G）、海南（H）和宁夏（N）。根据上述选择原则，在每个实验区选择省会城市，海南省选择 3 所学校，其他每个城市各选择 2 所学校，这样共有 9 所学校。按照质化研究的取向，要对人员进行深入细致的研究。因此，在研究设计阶段所确定的考察和研究对象的类型、分布与数量如下：

　　（1）四个实验区 9 所学校技术科的全部教师；

　　（2）每个样本学校的校长共 9 人；

　　（3）每所学校 10 名学生，共 80 人；

　　（4）每个实验区的技术科教研员各 2 人，共 8 人。

　　另外，为回答课程认同状况的需要，本研究对 S 实验区的 60 名信息技术教师、G 实验区的 60 名通用技术教师、N 实验区的信息技术教师和通用技术教师各 30 名进行了问卷调查。同时，在每个样本学校各选择高一年级的两个班的学生（70 人）进行问卷调查。这样，问卷调查的人数为教师共 180 名，学生共 560 人。

在具体研究中，详细考察的学校共 5 所，现场访谈的教师 23 人，网上访谈的教师 3 人，教研员 6 人，教学校长（或教导主任）5 人，观课 17 节，其中通用技术课 8 节，信息技术课 9 节。详见表 2 - 1 至表 2 - 4。

表 2 - 1　受访教师一览表（主要为正式访谈，不含网上访谈）

教师	性别	访谈资料代号	职务或任教学科	职称
HT1	男	访 1 - H - HX - HT1	通用技术、物理	略
HT2	男	访 1 - H - HX - HT2	信息技术	略
HT3	男	访 1 - H - HX - HT3	通用技术、信息技术	略
HT4	男	访 1 - H - HN - HT4	通用技术、物理	略
HT5	男	访 1 - H - HX - HT5	信息技术	略
HT6	男	访 1 - H - HX - HT6	通用技术、数学	略
HT7	男	访 1 - H - HN - HT7	通用技术、信息技术	略
HT8	女	访 1 - H - HN - HT8	信息技术	略
HT9	女	访 1 - H - HN - HT9	信息技术	略
HT10	男	访 1 - H - HN - HT10	信息技术	略
HT11	男	访 1 - H - HK - HT11	信息技术	略
ST1	男	访 1 - S - FZ - ST1	通用技术、物理	略
ST2	女	访 1 - S - FZ - ST2	信息技术	略
ST3	男	访 1 - S - FZ - ST3	信息技术	略
ST4	女	访 1 - S - FZ - ST4	信息技术	略
ST5	女	访 1 - S - JN - ST5	通用技术、英语	略
ST6	男	访 1 - S - JN - ST6	通用技术、体育	略

续表

教师	性别	访谈资料代号	职务或任教学科	职称
ST7	男	访1－S－JN－ST7	信息技术	略
ST8	男	访1－S－JN－ST8	信息技术	略
ST9	女	访1－S－JN－ST9	信息技术	略
GT1	男	访1－G－SY－GT1	信息技术	略
GT2	男	访1－G－FZ－GT2	信息技术	略
GT3	女	访1－G－SY－GT3	信息技术	略

表2－2 受访教研员一览表（主要为正式访谈）

教研员	性别	访谈资料代号	职务或任教学科	职称
JY1	女	访2－H－JY1	H实验区教研员（通＆信）	略
JY2	男	访2－S－JY2	S实验区J市教研员（通）	略
JY3	女	访2－S－JY3	S实验区J市教研员（信）	略
JY4	女	访2－G－JY4	G实验区G市教研员（信）	略
JY5	男	访2－G－JY5	G实验区Z市教研员（通＆信）	略
JY6	男	访2－N－JY6	N实验区N市教研员（信）	略

表2－3 受访校长一览表（主要为正式访谈）

校长	性别	访谈资料代号	职务或任教学科	职称	备注
XZ1	男	访3－H－HX－XZ1	HX中学教学校长	略	
XZ2	男	访3－H－HN－XZ2	HN中学教学校长	略	
XZ3	男	访3－S－FZ－XZ3	FZ中学教学校长	略	
XZ4	男	访3－S－JN－XZ4	JN中学教学校长	略	
XZ5	男	访3－G－FZ－XZ5	FZ中学教导主任	略	

表2-4　教师观课资料编号

授课教师	学　　科	对应资料编号
HT1	通用技术、物理	观2-H-HX-HT1
HT3	通用技术、信息技术	观2-H-HX-HT3
HT4	通用技术、物理	观2-H-HN-HT4
HT5	信息技术	观2-H-HX-HT5
HT6	通用技术、数学	观2-H-HX-HT6
HT7	通用技术、信息技术	观2-H-HN-HT7
HT8	信息技术	观2-H-HN-HT8
HT9	信息技术	观2-H-HN-HT9
ST1	通用技术、物理	观2-S-FZ-ST1
ST2	信息技术	观2-S-FZ-ST2
ST3	信息技术	观2-S-FZ-ST3
ST4	信息技术	观2-S-FZ-ST4
ST5	通用技术、英语	观2-S-JN-ST5
ST6	通用技术、体育	观2-S-JN-ST6
ST7	信息技术	观2-S-JN-ST7
GT1	信息技术	观2-G-SY-GT1
GT3	信息技术	观2-G-SY-GT3

被访学生的编码分别为 HS1 ~ HS20、SS1 ~ SS20、GS1 ~ GS20、NS1 ~ NS20。

三、资料收集的方法与整理分析

作为实际的操作方法，质化研究的操作方法由五大方面组成，"具体包括进入现场的方式、收集资料的方法、整理和分析资料的方法、建构理论的方式、研究结果的成文方式等"（陈向明，2002）[94]。这五个方面实际是研究操作的不同阶段。在每个阶段都存在方法选择与采用问题。进入现场与资料收集关系密切，进入现场前的准备、针对研究对象特点选择恰当的交流方式、确定自我角色等，这些在一定程度和范围里会影响到研究信息的收集效果和品质。

在本研究中，采用"直接说明意图地进入"的方式进入现场，并采用访谈、观察、实物分析等多种方法收集研究资料和研究信息。

（一）进入现场

作为研究者，在进入现场这一环节是顺利和成功的，这得益于前期的准备，更得益于笔者的一种特殊身份。这两者使笔者与研究现场的"守门员"的接触变得自然，并且使自己拥有"局外人"和"局内人"的双重身份。

"守门员"是指那些在被研究者群体内对被抽样的人具有权威的人，他们可以决定这些人是否参加研究。由于本研究是将新课程实验区整体作为个案，具体研究对象涉及不同实验区的五所学校，这样，第一现场的"守门员"就有五名校长，这些校长是本研究的"正式的合法守门员"（陈向明，2002）[151-152]。在正式开始研究前，笔者对所选择的四个省会城市的技术课程实施准备和初期阶段实施的一些基本情况比较了解，其原因主要有以下三个。第一，笔者是普通高中技术课程标准研制组的核心成员之一，H 实验区和 G 实验区的技术教研员都是普通高中技术课程标准研制组的核心成员，这两个省份成为新课程的实验区后，我们之间保持着密切的联系与沟通。第二，2004 年 9 月，笔者参与了教育部新课程实施准备工作评估小组的工作，到 S 实验区进行了为期五天的考察走访，对 S 实验区的新课程实施准备状况有较为全面的了解，并与该实验区基础教育处和教研室建立了联系。第三，笔者作为课程专家参与了新课程国家级培训者培训工作，在培训过程中与 N 实验区的信息技术教研员建立了联系并保持着合作与沟通。对于学校来说，省市教研室的教研员是他们的"守门员"，虽然没有纯粹的隶属关系，但是在某种意义上他们之间保持着某种默契。因此，在进入现场阶段，四个实验区的教研员成为笔者的熟人、朋友，有的甚至成为"同事"，他们帮助联系满足个案选取原则的学校，使本研究没有"守门人"的障碍。第一研究现场的"守门人"非常配合本研究，为笔者大开研究的方便之门，无论是课堂听课、课后访谈、召开学生座谈会，还是教师、学生填写调查问卷，以及查阅教学档案等，都按照计划和需要提供所有可能的便利与支持。

技术课程标准研制者的身份和技术课程实施研究者的身份，为田野研究带来了极大的方便。在技术课程实施的初期，学校校长、教师和学生对这种大幅度的变革有着复杂的情感，挑战、困境、焦虑、担心、困惑等变革"综合征"使他们期盼自己能有倾诉对象，笔者的身份恰好符合这种需求，可以作为倾听者和交流者。一方面，他们渴望让课程标准研制者明白技术课程实施的真实情境和高中教育的实际状况；另一方面，他们也期待能够听到某些理解和看法，甚至获得某种程度的支持。这样，笔者与被研究者的关系在相互需要的前提下被确定，彼此之间较为信任，从心理上消除了被访者的戒备，形成了笔者在研究现场的双重角色定位，既有"局内人"获得被研究者接受和信任的权利，又有"局外人"可以保持自己与大多数人不同的行为和思考方式的权利。在质化研究中，对研究者与被研究者之间关系的认识，持不同科学范式的人有不同的看法。汉莫斯里（M. Hammersley）和阿特肯森（Atkinson）的研究表明，"可以被接受的边缘人"，即"局内人"与"局外人"的双重身份是最理想的选择，两种角色之间所形成的张力使研究者既有一种归属感，又有一定的个人空间。

这种双重身份为研究带来了便利。对教师的深度访谈和对校长与教研员的访谈都异常顺畅，他们没有顾虑、没有担心。对一些教师是在晚上或午休期间完成访谈的，最长时间的交流仅录音记录就长达 4 小时之久。

访谈工作是在两个时间段进行的，即 2005 年 6 月和 2005 年 12 月，分别是两个学期的期末。这样做的原因是，对于四个实验区来说，信息技术开课的时间和开课的范围几乎没有什么差别，而通用技术的开课情况就很不同了，就开课时间来说，不同的实验区相差一个学期。对访谈学校的选择要求是，通用技术两个必修模块"技术与设计 1"和"技术与设计 2"已经开课，教师和学生已经有了必修模块实际课程的体会和经验。

（二）资料收集的主要方法

质化的研究中收集资料的方法有多种，如访谈、观察、实物分析、口述史、叙事分析、历史法等。在本研究中主要采用了访谈、观察、实物分析，同时还有问卷调查等方法。通过在研究现场的听和问、课堂观察、现场感受、深度访谈和实物收集来尽可能充分地收集研究资料。

　　主要分为两个阶段对 5 所学校进行实地研究，原因主要是 S 实验区的高中在整体上晚一学期开设通用技术课。第一阶段是于 2005 年的 5 月末到 6 月初，为期 9 天，在 H 实验区和 G 实验区进行实地研究；第二阶段是于 2005 年 12 月初，为期 6 天，在 S 实验区进行实地研究和在 N 实验区进行问卷调查。共获得教师、校长、教研员等 34 人的访谈录音，40 名学生的座谈录音，17 节课的观察记录及部分录音，回收学生问卷 480 份。

　　为了对共性问题进行整体分析，以区域整体进行了教师问卷调查，回收问卷共 163 份。其中，S 实验区的信息技术教师问卷 60 份，G 实验区的通用技术教师问卷 58 份，N 实验区的信息技术教师问卷 30 份，通用技术教师问卷 15 份。

　　为了多角度地发现问题，收集了许多实物资料，包括教师教学设计方案、教师自己开发的数字化教学资源、学生学业评价方案、学生制作的作品或产品、学生提交的设计型作业、考试试卷等。

　　此外，还拍摄了 40 余张照片，以便提供教育场景中丰富、细腻的信息记录。将资料进行统一的数字化整理后，共有录音资料 250 兆（约 47 小时），各种文档资料 132 兆（教案、教师自己开发的数字化课程资源、学生的作业作品、学生考试试卷等）。

　　1. 访谈

　　访谈是本研究运用的主要方法之一。通过深度访谈，能够直接了解到新课程实验区中教研员、校长、教师和学生有关技术课程的一些具体认识、理解和看法，以及他们的态度与感受，学校、教师在实际运作课程时做了什么、为什么采用那样的做法，是什么因素影响了教师、学校的具体做法，等等。访谈方式有正式和非正式两种，本研究主要采用正式访谈方式。访谈类型分为开放式、半结构式和结构式访谈，本研究中主要采用的是开放式的访谈，也有少量的半结构式或结构式访谈。对研究对象背景方面的问题是通过结构式访谈来了解的，希望研究对象无拘束地表达个人的想法、看法时，就运用开放式的访谈来了解。对学生的访谈采用半结构式访谈居多，对教师的访谈采用开放式访谈居多。对教师和学生的访谈多数是在听课之后，这样便于切入交流的话题，并有共同熟悉和理解的现场情境作为依托，容易将有关焦点问题引向深入。对每位教师的访谈基本上都持续了 1 小时以上，50% 以上的访谈超过了 2 个小时。有几位教师接受了 2 次以上的访谈，如 HT1、ST1、HT5 老师。

2. 观察

观察也是本研究中使用最多的方法之一。根据本研究的目标与特点，主要采用非参与型观察的方法。质化研究中的实地观察分为两种，即参与型观察与非参与型观察。非参与型观察不要求研究者直接进入被研究者的日常活动，研究者通常置身于被观察的世界之外，作为旁观者了解事情发展的动态。这种观察比较客观，但会受到"研究效应"的影响。参与型观察是研究者和被观察者一起生活、工作，在密切的相互接触和直接体验中倾听和观看被观察者的言行。这种观察比较开放、自然和灵活。

观察内容主要是在课堂上的课内观察，也有一些课外观察。课内观察主要是对教师和学生的课堂教学活动的观察，具体观察内容包括教学的主要环节、主要教学目标、教学内容类型、师生角色关系、教学活动的形式、种类和时间、学生主要的学习方式、教师主要的教学方法等，以了解教师在课程决策方面的特征，如对教学预案的落实或遵循情况，针对实际教学情境有无理性或自觉的调整、做了什么样的改变、对学生的情绪或投入状态与主要学习进程有些什么样的影响等。课外观察主要是针对技术课程实际教学的支持环境的观察，如教室或实验室环境和条件、教学的设施设备数量和质量、学校的校本教研情况、教研组集体备课情况、学生课前和课下的主要活动等，以了解影响技术课程实施的主要因素。

3. 问卷调查

问卷调查作为一种量化研究方法的运用，是对访谈、观察、实物分析的一种辅助研究手段。根据研究问题的需要，本研究分别设计了有关技术课程实施的能够反映共性问题的教师和学生问卷（见附录），问卷内容包括结构性问题、半结构性问题和开放性问题三类。同时，借鉴国内外有关课程认同问题研究的调查问卷编制的方法，设计了有关技术课程认同感的学生问卷（见附录）。问卷设计主要包括这样几个指标：对技术课程的态度与看法、行为意向、对课程价值的认识、对课程目标的认识等，并采用 5 等级量表的形式进行了调查。

4. 文献资料

除了观察、访谈、问卷调查外，也注意收集各种文献或文件作为研究的辅助性资料，以有助于从整体上了解与学校层面课程实施有关的问题。这些文献的来源主要是学校、教师和学生，具体包括教师的教学计划、教案；学校和教研组的管理和教学的有关规定和计划；教师使用的各种资料；学生作业、学生作品或产品、考试试卷、教师开发的教学资源、学生的学习心得等。这些资料一方面指引着本研究的观察和访谈，另一方面也是佐证本研究解释的重要资料。

（三）资料的整理与分析

"质的资料分析过程就像穿过森林发现一条路径，是对于研究者思考能力的一种测试……这些认识组成了通往学校深处的'小径'，它们虽然模糊，但给了我们走出'森林'的信心。"（黄瑞琴，1991）[173]

在第一现场收集到的资料是十分丰富的，真正构成了枝叶茂盛辨不出路径的原始森林。只有通过反复阅读、一点一滴地梳理才能发现透着阳光的缝隙，然后在阳光的引见下找到认识技术课程实施的小径。

1. 录音转换整理

首先听访谈的所有录音资料并整理成数字化文档。整理过程中做了两件事情，一是全部原样地将录音转换为文字，二是对与文字发生互动或碰撞的内容加上注释或标示，以记下研究者此时的认识或想法，为以后的分析提供信息。

对于回答提出的问题能够给予丰富信息的录音资料则反复听好几遍，对课堂录音资料听了一遍。因为在信息技术课堂中，教与学的活动主要都表现为与计算机的操作互动，教师讲授很少，教师与学生之间通过语言对话的交流也很少，所以录音资料很难全面反映出课堂的实际状况。典型的体现实用课程特性的通用技术课堂也是如此，学生动手成为主要的教学活动，所以主要靠观察记录来发现问题和提供解释与分析问题的佐证信息。

2. 资料分类编码

在整理完录音资料后，以资料获得来源的属性进行分类和编码。整个资料分为访谈类（分类码为访1）、观察类（分类码为观2）、文献类（分类码为献3）、问卷类（分类码为卷4）四类。如访谈类的编码形式为"访1 – S – FZ – ST1"，其中"访1"是分类码，"S"为省份代码，"FZ"为学校名称，"ST1"为教师代码。

3. 资料分析

在对资料分类整理后，主要集中精力进行资料的分析。分析资料的主要过程如下。

（1）反复阅读文本的资料，通过与文本资料进行对话，"漏斗式"地筛选，找出对研究目标与回答提出的问题有意义的内容和本土概念，建构出其中的意义结构。这是资料分析的初步，在此阶段对被研究者所述内容的分析角度是发散的，甚至是焦点不清晰的，因此，对资料的标注内容也是广泛的。但是，在阅读和标注资料的过程中，始终有一个明确的想法，就是将现有的现场获得的资料与有关课程实施研究的理论进行"匹配"和"对接"，以便从已有理论的角度来认识资料中的深层意义，发现对达到研究目标有价值的问题，让"本土"意义与理论分析框架进行交集，形成对资料进行综合分析的类别结构。

（2）对多主体的访谈资料按照前面析出的类别结构进行综合归类，并将课堂观察资料整合在其中。综合归类的过程实际上是一个信息选择、理解多主体和多主体再次对话的过程。在这个过程中，将多个主体的访谈资料全部打乱，按照类别结构进行归类和编码，具体结果如下。

［专业背景、个人经历等］　　O

　　［实施基本概况］　　O1

　　［个人背景、经历］　　O2

［怎么看的——认识、看法］　　A

　　［关于课程价值］　　A1

　　［关于课程目标、内容］　　A2

　　［关于教材］　　A3

　　［关于课程评价］　　A4

　　［关于加入高考］　　A5

　　［关于教师培训］　　A6

　　［关于技术教师的素质与能力］　　A7

　　［关于师生角色关系］　　A8

　　［关于学分管理］　　A9

　　［关于课程在学校中的地位］　　A10

　　［关于资源、条件、环境、氛围等］　　A11

　　　　［关于教学状态、学生状态的感受］　　A12

　　［怎么做的——技术课程决策］　B

　　　　［对内容的处理］　B1

　　　　［对课程评价的做法］　B2

　　　　［决策的依据——价值的、学生的、条件的、文件课程的、政治的］　B3

　　　　［备课时主要准备的：例子、资源］　B4

　　　　［教学法采用、教学模式、策略］　B5

　　　　［学生的参与、学生基础差异］　B6

　　　　［资源开发的做法］　B7

　　［实施环境：外部条件、氛围和支持］　C

　　　　［学校（校长）的态度、做法、决策］　C1

　　　　［关于课程资源］　C2

　　　　［关于专业支持、行政支持］　C3

　　　　［关于文化氛围］　C4

　　　　［教研做法、角色］　C5

　　［教室中的技术课程样态］　D

　　　　［学生状态］　D1

　　　　［教师行为］　D2

　　　　［课堂模式］　D3

　　［技术课程认同：教师和学生的态度］　E

　　　　［教师、学生、校长的态度］　E1

　　　　［学生的态度、积极性］　E2

　　　　［教师专业身份认同状况］　E3

　　［实施影响因素］　F

　　　　［文件课程：目标定位、模块内容、课程计划］　F2

　　　　［学校支持、重视程度和提供的资源条件］　F1

　　　　［教师能力（专业的、教学方法、教学设计等）专业认同］　F3

　　　　［考试文化、学校文化、社会氛围、社会课程评价］　F4

　　　　［学生、教师的课程理解］　F5

　　　　［社会宣传、领导认识］　F6

［课程资源］　　F7

［行政命令、政策、制度、监督机制］　　F8

将所有的访谈资料进行综合的类属分析是一项十分复杂的工作，这一过程持续时间最长，也最为艰辛，其间需要细心和技术，也需要仔细的初期阶段的资料整理工作。这一阶段的分析还需要发掘资料背后的结构，以便形成研究结果表达中有关细节或深层的逻辑和内容。一个类属可以有自己的情境和叙事结构，而一个情境故事也可以表现一定的意义主题，所以在进行资料分析时，力求将这两者有机地结合起来进行。

（3）对问卷进行统计与分析。统计处理按照两个维度进行，一个维度是结构化问题和开发性问题，另一个维度是信息技术教师、通用技术教师和学生三类主体，这样统计的结果能够清晰地反映多主体对技术课程的认同倾向。对问卷的处理基本上是采用概率统计学的思想进行量化分析。没有采用某种分析算法进行量化处理也是达成本研究目标所允许的。

（4）对课堂记录和教学设计方案进行分析，从课堂教学模式的视角形成总体认识，并利用表格技术进行表达。按照研究目标的需要，还有一些需要从访谈资料中获得总体认识的问题，也在分析的过程中采用表格表达技术进行处理。在本研究中涉及多主体，并期望在某些课程问题上得到总体状态的认识，此时采用这种表格式的分析和表达方式是很有效的。

（5）耐心扎根资料中，细读编码资料，在资料对话的过程中不断与问题和理论对话，记录碰撞时生成的概念、主题、认识或结构，努力寻找它们之间的关系，不断从整体上把握问题、资料提供的信息和理论能够提供的解释。

在面向具体问题进行资料的分析中，主要采用了以下方法。

① 把课程标准作为参照系，采用规定的与实然的做对比的方式。例如，对于课程价值的认识等，具体方法是：以关键词作为比照对象，分别找出文件课程中对问题或对象规定的文本描述中的关键词，和不同主体访谈的数据信息中对相关问题或对象的认识与看法的陈述中的关键词，然后列表呈现出描述主体对问题或对象的认识与看法的关键词，以及被提及的频度（即教师、学生、教研员等提到该关键词的人数）。

在教师、教研员、校长和学生的访谈数据中，分析他们对技术课程价值的认识主要涉及的关键词和提及相应关键词的人数。然后，按照频度高低和提到该关键词的人员类型的多少进行价值认同分析。

② 从实践观察的角度进行同一事物或对象的分析。例如，课程价值从文本描述下的规定走进主体的认识，再从认识内化为一种课程或学科的信念，最后体现在课堂运作的课程之中被学生所体验。这样的一个过程之后，主体关于课程价值的认识就不再是文本之中单纯的意义，对于教师来说课程价值的"关键词"成为一种被运用的信念，有了新的意义和功能，对于学生来说也是如此。所以从实践观察的角度进行同一事物或对象的分析是本研究采用的另一种方法。

"动手"是技术课程对学生能力培养的价值表达所使用的关键词。在主体对课程价值的认识中都使用了这个词，但这时该词不再仅是书面的意义，而且还有体现受主体个人信念的影响所赋予的新的意义。因此，按照新的意义分类进行主体对于课程价值的领悟分析就会在信念层面深入一步。

例如，"动手"是最普遍的价值认识，但是不同的主体谈到动手的价值时却反映了信念层面带来的差异：有的主体把"动手"作为课程学习的目的来认识，有的把"动手"作为创造力、实践力培养活动的载体来认识，有的则认为"动手"不能理解成劳动技术课中的模仿意义上的"动手"等。因此，从实践观察的角度进行分析的方法，能够探悉到深层的意义和背后的信息。

③ 以量化的和统计的数据与质化的信息互为印证，对问题或对象进行分析。例如，用来自不同主体和不同实验区的问卷统计的量化数据，说明学校在教学资源建设方面的支持不够而使技术课程实施艰难的现实，同时，用同类主体访谈信息中抽取的对该问题的具体看法或态度的统计意义上的倾向或趋势加以印证；或用统计的量化信息表明某个问题的普遍性，同时用典型的访谈信息加以印证，表明某种意义上的特性等。如课程认同分析、影响因素分析等都采用了该方法。

四、研究的效度与信度

对研究质量进行检测是研究者必须重视的问题。研究结果的真实性、可靠性、代表性以及有关的伦理道德问题是研究设计阶段和研究完成阶段都要考虑和讨论的问题。效度和信度都是品质测量的概念。在传统的实证量化研究中，效度是一个判定标准，目的是通过可观的测量和量化推论寻求一种普遍的法则。"而质的研究所遵循的思维范式与量化的研究不同，关注的不是客观的分类计量、因果假设论证或统计推论，而是社会事实的建构过程和人们在特定社会文化情境中的经验和解释。"（陈向明，2002）[99]这就是说，这两个术语在质化研究中，其意义有所变化。质化研究中的效度主要是指研究结果的表述是否真实地反映了在某一特定条件下，某一研究人员为了达到某一特定目的而使用某一研究问题以及与其相适应的方法对某一事物进行研究的活动。"当我们说某一研究结果效度较'高'时，我们不仅指使用的方法有效，而是指该结果的表述再现了研究的所有部分、方面、层次和各个环节之间的协调性、一致性和契合性。"（陈向明，2002）[389-390]因此，可以这样理解质化研究对效度的认识，即效度是被研究者所看到的"真实"，他们看事物的方式、角度以及研究关系对理解这一"真实"所发挥的作用。信度也是来自量的研究中的概念，只研究结果的可重复性。目前，"大多数质化研究者有一个共识，就是量的研究意义上的信度概念对质的研究没有实际意义"（陈向明，2002）[100]。因为质的研究要求以"人"作为研究的工具，强调研究这个人的独特性和唯一性。因此，即使在同一地点、同一时间、就同一问题、对同一人群所做的研究，研究的结果也可能因不同的研究者而有所不同。因为在观察及解释中难免加入个人倾向。质化的研究终究没有办法可以让人完全抛开他们的人性，以了解这个世界的"真实"模样。

在本研究的过程中，主要是在研究对象的选择、研究过程的描述、收集丰富的研究资料以及恰当的分析方法方面，通过注意改善威胁效度的因素，利用相关检验法等检测手段来提高研究的效度。研究效度的影响因素主要包括描述的准确性、解释的确切性等两个方面。对描述准确性的影响主要来自于研究工具和研究效应的影响。另外，被研究者的记忆问题，研究者的表现、文化前设以及资料来源等都会影响质化研究的效度。

为了保证本研究能够接近技术课程实施初期阶段的"真实"，一方面在研究抽样时尽量扩展主体群和主体的多元性，听取不同的声音，以确保研究的效度；另一方面，用多种不同的方法收集资料，使资料之间形成互证；再有就是在深度访谈和实地观察过程中，注意访谈和观察技巧的利用，以恰当的方式进入研究，并在征得研究对象同意的情况下，使用录音和拍照技术进行访谈及课堂观察的真实记录，以保证资料的丰富和准确，而资料的准确、翔实是提高研究效度的重要环节；最后是通过资料分析的过程，并采用三角测量的方法，综合运用观察、访谈、调查问卷和文件多方面的资料来解释本研究的发现，以使研究的效度得到提高。

　　然而，尽管有着上述提高研究效度的努力，由于田野研究在信度方面潜在的问题，笔者在回顾研究过程的众多环节中，仍然看到研究者作为研究工具所无法摆脱的对研究结果的影响。例如，对访谈观察获得的原始研究信息的呈现，难免带入个人主观信息的色彩。因为，在研究过程的多个环节都涉及对信息的分析、运用、组织，即使在信息获取环节采取的是撒网捕鱼式的做法，尽量避免了个人主观在信息获取阶段的干扰，但在后三个环节，由于研究论文中对信息承载容量的局限，以及个人驾驭能力的限制，必然涉及对原有信息的筛选、过滤和运用，特别是根据原有信息分析想看到什么这一环节，个人主观的判定和取舍必然会体现在其中，尽管有理论指导作为决策的依据，也无法完全保证判断和取舍的客观合理性。这对于通过质化研究得到结论的部分结果不能不构成某种倾向性的影响。

第三章 实施者如何"看"技术课程

　　对规定的技术课程价值的认识与理解直接影响到实施的技术课程的样态和水平，所以，技术课程价值既是课程研究者最关心的问题，也是课程实施者和课程决策部门最关心的问题。本章主要从实施者对课程价值、课程目标与内容、地方课程政策与课程制度的认识以及教师和学生的课程认同四个方面，揭示教研员、校长、教师和学生对技术课程的认识、看法和态度。在本研究访谈的对象中有 40 多名学生、21 位教师、5 位教研员和 4 位校长。

一、对课程价值的认识

　　价值关涉性是课程的显著特点。价值是在展现人的主体性的活动中现实地形成的。在课程实施活动中，每一位课程主体都追求和向往着他所理解的课程价值和意义，而且当每一个实施主体以一定的课程价值观去审视课程活动时，都会产生"怎么样""凭什么"等课程评价的问题。"实施主体对规定的课程价值的认识或理解不是从文件课程中背诵而来，而是受到其对课程本质及其属性认识的影响，也受到其对自身需要的认识和理解的制约，还会受到实施主体所处的时代条件和民族文化的影响等。"（刘旭东，2002）[71]

　　学生对学科课程价值的认识是以其自身体验到的实际课程的感受为基础的，与其自身需要和教师实施的课程活动密切相关；校长和教研员对学科课程价值的认识则主要基于其对文件课程的理解、对实际课程的观察和个人的教育信念；教师对规定的学科课程价值的理解就是他对学科知识的传授过程应该体现的价值的感悟，是以他个人实际运作的课程和个人的学科信念为前提的。正如奥恩斯坦和费朗西斯·P. 汉金斯指出的，"已学的知识是通过个人的社会和哲学角度来处理的，因此它充满价值"（2002）[12]。也就是说，教师教什么和不教什么依据于一个选择过滤的过程，这一过程本身是以价值为基础的。教师如何解释知识，如何构建知识以及如何在教学中通过活动、实践问题运用它，都部分地反映了教师对课程价值的评价和他个人所强调的价值结构。

（一）对通用技术课程价值的认识

　　课程标准关于技术课程的价值赋予主要包括五个方面，其中主要关键词包括"融入与适应""创造与创新""手脑并用""实践""文化理解""交流与表达"和"学习方式"。在"交流与表达"和"学习方式"两个方面，特别强调了信息技术的价值作用，而在"手脑并用""实践"和"创造与创新"方面，则突出了通用技术的价值作用。

　　在对访谈数据的分析中发现，教师、教研员、校长和学生谈到对通用技术课程价值的认识时，主要涉及的关键词也有五个方面，依照频度从高到低的次序是"动手""生活""思维""创新"和"素养"，使用频度最高的关键词是"动手"和"生活"。其中，"生活"主要是学生提到的价值关键词，"动手"是教师、学生、教研员、校长等都提到的关键词，具体见表 3 – 1。

表 3 – 1　课程实施者对通用技术价值认识分析表

典型认识	价值	频度
1	提高学生的动手能力	HT1、HT6、XZ3、ST1、JS1～JS5
2	手脑并用，启发思维	HT4
3	基于问题解决的思维和动手	JY1

续表

典型认识	价　值	频　度
4	培养技术素养	JY2
5	课程的核心是动手和活动，鼓励和培养的是创新	XZ1、JY2
6	感受到日常生活中技术的存在	SS1、SS2～SS4、HS3～HS7
7	培养学生的各种能力是一个平台	XZ3
8	动手和对生活中技术的感知	S 实验区 FZ 中学的 40 名学生

与技术文件课程中关于价值阐述所使用的关键词相比较，我们发现，"创造与创新""手脑并用""实践""融入"与教师和学生等使用的关键词"动手""思维""创新""生活"可以做同域概念来理解。这样，通用技术课程标准赋予课程的五个方面的价值，在实施课程中被认识和感知的则主要在三方面。从这个角度，我们可以得出四个方面的推论：第一，文件课程中的课程价值没有被教师和学生全面认识或感知；第二，教师、学生、校长和教研员等表达出来的关键词代表着他们最认同的课程价值；第三，教师运作的课程缺失了适应性、文化理解等重要价值；第四，计划的课程与教师运作的课程、学生体验的课程在价值体现或价值落实层面存在差异。

1. 课程的关键价值——"培养动手能力"

在本研究的访谈中，"动手"是教师、学生乃至教研员对通用技术课程价值认识所使用的频度最高的关键词，可以说，通用技术课程这方面的价值得到最普遍的认识，但是对"动手"的内在含义在不同的认识个体中却有着不同的层面和内容。在学生的认识里，"动手"同劳动技术课中的"动手"一样，是作为一种待培养能力，所以"动手"成为一种目的，这当中，"动手"带来的"做"体现在模仿层面。教师和教研员认识的"动手"，有的作为课程学习的目的，有的作为课程的体验学习的手段，作为创造力、实践力培养活动的载体。这当中，"动手"带来的"做"体现在基于个体的创意层面，而不是模仿。校长认识的"动手"还有教学方式、方法的含义，为的是激发学生的兴趣、帮助学生思考。

（1）"动手"作为课程学习的目的。

① 教师认为"动手"是学生未来的重要生活能力。

H 市的 HX 中学是本研究走进的第一所学校，访谈的第一位教师是一位年富力强的有着多年物理教学经验的老师（HT1）。实际上在正式访谈之前，笔者与 HT1 老师就有过交流，第一次感受通用技术课就是在他的课堂上。所以，我们不陌生，开门见山地就进入了放松的交谈中，让 HT1 老师谈谈上完两个通用技术必修模块后对课程的感受，他首先触及了对通用技术课程价值的认识问题。

HT1 老师说："从我本人来说，我认为通用技术课程这样开，特别是对提高高中学生的动手能力方面，这个课程是最合适的。"

HT1 老师对通用技术课程价值的知觉是学生取向的，是在他把握立足实践、高度综合、注重创造的学科课程性质的基础上，在学生实际状态的一种假设前提下，通过课程实践获得的课程价值认知。HT1 老师认为"动手"是学生整体素质发展的一部分，关系到学生的成长和发展，也关系到学生未来的生活能力，而现在的学生"动手能力"极差，太懒惰。

对于学生未来的生活能力，在以往的课程价值体系里是很少关照的，或许与社会生存需要的其他方面的能力相比，生活能力在学校课程学习中就显得微不足道了。所以笔者按照自己的意识流追问道："你觉得这个课程的重要价值在于动手能力，这个动手能力对于现在的学生有那么重要吗？为什么？"HT1 老师毫不犹豫地说出了对这一课程价值的评价和理由："重要。因为现在的小孩子懒，动手能力特差，有的小孩子家里面柜子上面的螺丝松了，他都不知道怎样动一动（把它拧紧）。在上一章中，我用了一个圆珠笔的例子，需要 42 支圆珠笔，现在有 32 支是装好可以用的，我要求学生把其他 10 支装好。有的小孩半个小时都装不起来，两个弹簧卡进去就掉下来了……这样的例子太多了。高中生了，家里面的保险丝烧了都没办法弄。"

在 HT1 老师的技术课程价值体系里，学生的动手能力培养是第一位的，从他运作的技术课程中获得的体验是通用技术课程最适合培养学生的动手能力，并且在他的认识里，"现在的小孩子懒，动手能力特差"。所以，通过通用技术课程培养动手能力，提高学生未来的生活能力成为他的一条重要的学科信念。

在后来的访谈数据中可以看到，这种课程价值认知和由此形成的学科信念成为 HT1 老师课程决策的重要依据。他在教室中运作的技术课程始终是以解决生活中的实际问题为主线索，突出"学生动手"，强调动手又动脑。当然，HT1 老师在教学活动中所传达的课程价值也最终会影响到学生对课程的理解和态度，即通用技术课程就是"动手做"，不动手做就不是通用技术课程了。

HT1 老师是物理专业出身，同时承担着物理教学和通用技术教学。在物理课程中有物理实验教学，在物理实验的学习活动中学生也要动手操作。为了探知 HT1 老师所知觉的技术课程价值结构中的其他内容，我借助这样的话题进行了解："您在上物理实验课时，是否也强调学生动手？您认为物理课的动手是一个什么样的动手？和您在技术课程中强调的动手有什么不同？"

> HT1 老师说：实验设计的能力与通用技术课的动手能力相辅相成，通用技术强调设计，但物理实验强调验证，这里的动手是在实验操作层面上的……换句话说，最大的差别在于物理实验事先已经给学生安排好了，实际上就是让学生按照步骤去做一做，而通用技术设计的动手能力还包括根据自己的设计进行器材、材料的选择，甚至对设计对象再提出新的功能和要求等。例如门铃的设计除了门铃本身的外形是否美观，还有声音是否好听悦耳，这些都是通用技术课程中的动手的内容……

看来，技术课程中的"动手"具有更多内涵，与物理实验的动手相比，有更多的文化信息和艺术审美等人文精神方面的意义，这样的动手体现了科学与人文的一种融合，而中学物理实验的"动手"只强调科学验证。这或许就是学术性课程中的动手与实用性课程中的"动手"之区别的真谛吧！

对通用技术课程价值的这种评价，在我所访谈的其他老师那里也有体现，如 HT6 老师认为如果能够按照规定的课程进行实施，通用技术课程能够培养学生"多方面的动脑动手能力"。

② 学生的"动手"能力正在提高。

在对学生的访谈中，百分之百的学生都反映现在通用技术课"动手"太少，他们较普遍地认为这个课程最大的特色就是"动手"，通用技术课程带给他们最深的感受之一也是"动手"。因此，目前学校运作的通用技术课程最主要的价值之一就是学生动手能力的培养。以下是 S 实验区 JN 中学、FZ 中学和 H 实验区 HN 中学部分学生对通用技术课程这方面价值的认识。

> X：上课以来，你们对这个课程的最大感受有哪些？
>
> SS2：可以发散思维，让我们"动手、动脑"。
>
> SS11：平时在别的课程中只是简单地学，从没有亲自动手去设计一样东西。通用技术课程让我们自己设计一个有目标、有尺寸、与生活相关的实用性的作品，我觉得我们的"动手"能力有所改进。
>
> HS7：自己"动手"操作的机会多了。老师讲的是一些基本的理论和方法，我们必须自己动手做。所以，我们普遍感觉到"动手"能力提高了。

在对 40 多名学生的访谈中，当问及学生对通用技术课程的功能、作用的认识或学生的最大感受时，他们几乎全部都集中在动手和对生活中技术的感知方面。这从一个侧面告诉我们，实施的通用技术课程的价值体现是不充分、较单一的，另一方面，也告诉我们学生对"动手"这一价值体验的认同。由此我们对课程实施中的一个现象开始有所理解，即当进入模块二的学习时，由于"动手"的要求在教材内容中很少甚至不见了，所以老师觉得"学生学习的热情、激情都没有了，降下来了"。可见，教师和学生对技术课程本质和价值的理解情况影响到技术课程实施的水平，充分地认识和理解课程、提高课程认同感是技术课程有效实施的重要前提。

（2）"动手"作为课程价值实现的方式、方法。

① 教师认为"动手"能够"启发思维"。

"手脑并用，启发思维"是教师对技术课程价值认识的另一种表达。笔者发现这种认识虽然也涉及动手能力培养的价值功能，但更是作为手段、方式或方法来体现通用技术课程在创造力、实践力培养方面的功能的一种认识。

H 实验区 HN 中学的 HT4 老师是笔者访谈的一位通用技术老师。他性格开朗、健谈，有着很执着的专业想法和很强的技术课程专业身份认定，他个人的教学经历给笔者留下了深刻的印象，如同 HT1 老师一样，让笔者怀有一种由衷的敬意。

HT4 老师对技术课程有着很多感受和看法，在他告诉笔者一些课程实施以来的总体感受时，他首先谈到的就是对通用技术课程价值的认识。

> HT4：我认为给高中生开通用技术课非常有必要，它的价值在于让学生会手脑并用，启发思维。在第一学期的"技术与设计"模块中，最主要的就是要学生动手体验，特别是制作小凳子这节课，我总共花了三周时间。包括小节、评价、还有学生动手做等，我把每个学生的作品都用相机多角度地拍下来，让学生自己评价作品的优缺点在哪里，学生都真正参与进去了……第二学期的"技术与设计"模块主要是设计的原理与方法等，通用技术课给了这个理论，让理论指导行动，跟劳动技术课相比，在价值上我觉得最大的区别是劳动技术课只培养了学生"动手"操作的技能，缺少理论。通用技术课也有培养学生"动手"能力的功能，要通过设计环节启发学生的创造性思维，使"动手"更好。

很明显，HT4 老师对课程价值认识的"动手"与 HT1 老师认识的"动手"有着内涵上的区别，前者作为手段或载体，目的在于"启发学生的创造性思维"，学生动手能力得到培养是学习活动过程中生成的课程价值，而后者则将动手能力作为课程学习的目的。虽然两者都可以归结为技术课程的"动手"价值，但在目标层面却显现出不同的层次，这在课程决策中所体现的教学活动设计、关注的学习重点和让学生经历的学习过程就会有所不同，进而带来教室中技术课程价值功能在不同层面上的实现。

事实上，在 HT4 老师实际运作的课程里，他把每个学生的作品都用相机多角度地拍下来，花比较多的时间让"学生都真正参与进去"，让"学生评作品优点在哪里"，这一过程是在设计学习、体验学习之后发生的一种学习方式，即观察学习、交流学习。因此，在 HT4 老师的通用技术课程价值体系中还有一个重要的部分，那就是改善学习方式和提高表达能力。关于这一价值，在 ST1 老师运作的课程中也是有明显体现的。但在访谈中，老师们都没有明确提到这一价值。

通用技术课程的教师队伍几乎都是"转行"过来的，很多老师是第一次经历专业上的变换。而 HT4 老师不是第一次"转行"，他从电教到计算机，再到劳动技术、通用技术，一路走来，都是在学校教育的新生学科中打拼。不过，他所经历的学科具有相近的教育性格，那就是都是实用性而非学术性的课程，这也许是 HT4 老师对通用技术课程的价值领悟能够达到某种深度，能够在这些学科之间进行"跨越"而没有过重的专业障碍的根本原因之一。

② 教研员认为"动手"是为了问题解决。

教研员这支队伍是新课程实施中不可忽视的专业支持力量，扮演着促进和指导学校层面的课程实施的重要角色。他们对技术课程价值的认识，对学校课堂中运作的技术课程产生着直接或间接的影响。那么，他们对通用技术课程的价值有着怎样的理解和看法呢？从 4 位被访谈的技术教研员的陈述中看出，他们几乎都是从对技术课程的属性、定位和本质等进行辨析和思考的角度，来反映其对技术课程价值的认识和理解，这从中体现了他们的某种课程价值取向。"基于问题解决的思维和动手"是教研员对通用技术课程价值的典型认识。这个"动手"区别于劳动技术课的"动手"的价值，与"手脑并用，启发思维"所反映的"动手"价值有着同样的内涵与层次。即通用技术课程的"动手"更强调技术制作中的设计能力，制作过程承载着问题解决能力的一种训练。与劳动技术课相比，这之中的本质区别就在于对"思维"的强调，劳动技术课的"动手"制作是纯粹的，而通用技术课的"动手"制作强调的是在"做"的结果中充分体现自己的思考，要按照自己设计的不同方案做出作品来。

JY1 是一位身份特别的 H 实验区的教研员。她既是通用技术课程教研员，也是信息技术课程教研员，既是通用技术课程标准研制的参与者，又是通用技术课程教材的编制者，同时她又是一位十分敬业而出色的技术课程网站建设的组织者和开发者。正是她的这种特殊的经历吸引了笔者，让笔者两次访谈她。她对技术课程建设与发展所倾注的心血、付出的努力与艰辛，使笔者在第一次与她接触时就下定决心涉足通用技术课程实施的研究。

对 JY1 的第二次访谈是在 2005 年 6 月 2 日的下午，实际上相当于一个小型座谈讨论，因为这次访谈还有 HN 中学主管新课程的教学校长 XZ2。这样的三个身份形成了一个必然，即对技术课程价值认识的问题成为一个重要的论题。以下是讨论中 JY1 对通用技术课程价值方面的认识与见解。

> JY1：我认为，通用技术课程强调的是基于问题解决的思维和"动手"能力，这是技术课程和其他课程的区别。确定了问题以后，立足去解决，让学生在解决问题的过程中发现问题、提出问题，最终侧重的是解决问题……通用技术和劳动技术有一个本质的区别，就在于前者不是纯粹的制作，即便从技术制作的结果上来说，两者也是不一样的，通用技术课程在"做"的结果中强调体现自己的思考和创新，可以按照自己设计的方案和期望的结果做出作品来。所以，它不能仅仅是技能，也不能纯粹是设计。而技术课程中的文化传承是渗透在技术知识、技术设计、技术创造之中的，它不是脱离技术情境来教文化，我始终是这样理解的。

③ 校长鼓励通过"动手"培养创新能力

XZ2 是 H 实验区第一中学的一位教学校长，主管学校新课程实施的所有工作，按照 JY1 教研员的说法，他是从"课标走来"的，是新一轮课程改革的最早参与者。笔者从访谈中感受到了他作为课程领导者所具有的那种意识，他特别关注技术课程，尤其是通用技术课程，甚至有着要上通用技术课的想法和打算。笔者也能够感觉到他对课程标准有着较好的理解和认同感，思考了一些"很好的问题"。

对于"动手"这一课程特征，XZ2 校长也有同样的认识。"技术课程主要的教育方式是动手和活动，鼓励和培养的是创新"，这是校长对通用技术课程价值认识的典型表达。只是在校长的认识里，"动手"不仅是创新、创造力培养活动的过程，还有着另外一层含义，即作为教学方式、方法的含义。

　　XZ2：我觉得动手可以更好地增强这个课的吸引力，从而使学生能更多地关注技术的思想，纯粹的技术不能让它有那种魅力。

　　XZ2 校长认识的"动手"有着增强课程吸引力的作用，这是把其作为教学方式、方法层面的意义理解。事实上，很多学生喜欢或认同技术课程的"动手"价值，也是他们在课程中体验到了"动手"带给他们的兴趣与新颖感。在早已习惯的学术性课程样态中，出现这种"动手"的课程，自然会让他们感到新鲜并投注热情。

　　XZ1：我认为用"设计与技术1"和"设计与技术2"把有关原理说清楚，之后这个课程就是动手的课、活动的课，鼓励和培养的是创新（作者注：能力），我觉得这样这个课就会有生命力。原理是重要的，我认为设计与技术中的原理有些是做事的规则，规则要掌握，再有是运用规则的思维，会运用规则，还有就应该是会做事了。我觉得通用技术课程要培养学生生活、工作中会做事情的素养或能力。

　　这是一个课程领导者对技术课程本质的一种理解。在访谈中，笔者曾经给老师们提出这样的关涉课程理解的问题，也看过同学们写的实验报告，包括实验目的、实验要求、实验步骤、具体方法以及结果，那么技术课程的流程的思维方法是不是和物理、化学的实验流程是一致的？如果不一致，那通用技术课程的流程方法与它的区别是什么？在什么层面能够予以区别？除了 HT1 老师给出了他的看法，其他老师都没有作答。HT1 老师说："通用技术课的流程方法不是强调这个流程过程本身，而是强调在这过程中的每一个具体环节的事情怎么办，在怎么办的思路有了之后，每个人要做的'实验'中可能已经有一个目标结果，……要说区别应该是通用技术课程既把流程方法本身作为学生要掌握的内容，也把流程方法的运用作为要掌握的内容，当然更把每一环节的事情具体怎么办的思维作为学习的重点，而物理、化学等实验课程中的流程方法则不是。"我听了两次 HT1 老师的课，他把流程方法的内容作为技术课上学生思维培养的重要组成部分。

　　HT1 老师有着较好的课程意识，他基于文件课程思考着技术课程本质上的一些问题，具有这种课程意识和课程自觉的技术教师还不多。技术新课程的建设、发展和完善需要教师们的课程意识觉醒，能以专业的精神来研究课程、理解课程乃至反思课程。

（3）不能把"动手"理解成劳动技术课的"动手"。

从前面的价值认识讨论中，我们感受到对"动手"这一价值的理解是个关键，因为"动手"是劳动技术课程的本质特征之一。从通用技术教师和学生的话语体系中给了笔者这样一种回馈，即他们对通用技术课程有着这样一种理解：通用技术就是劳动技术。显然，这种课程理解对通用技术课程的价值评价是不利的。特别是教师的课程理解会直接影响学生的课程领悟，影响到学校乃至家长、社会的课程价值认识和判断。而访谈的教研员则十分强调通用技术与劳动技术的区别，不能把通用技术课程的"动手"价值理解成劳动技术课的"动手"。

JY2 是 S 实验区 J 市的通用技术教研员，他有着多年的劳动技术教研员的工作经历。对他的访谈是 2005 年 12 月 14 日上午进行的，他对通用技术课程价值的认识与理解主要体现在两个方面，即技术课程目标的定位和通用技术与劳动技术课程的关系。其主要观点是"技术素养的定位准确""通用技术和劳动技术不是继承关系""不能把'动手'理解成劳动技术课的'动手'"。

> JY2：我认为本课程的定位还是比较准确的。因为让高中生专门地去学习某一类或者某一项具体技术是不合适的，而通用技术课程的定位放在技术素养的培养、技术方法的掌握和技术思想的理解把握上，我觉得是合理准确的。当然，我这里理解的技术素养是广义的，作为一个现代人，在学习、工作、生活中离不开技术，没有技术能力，没有技术素养，可以说不是一个合格的现代人……另外，我觉得要坚决抨击通用技术课就是劳动技术课这种思想，只有坚决打破这种思想，才能使得这一课程发展进步。我原来就负责劳动技术课，我感觉到通用技术确确实实是适应社会发展需要而诞生的一门新的学科，它的价值和目标就是基本技术素养的培养，这与原来的劳动技术课是完全不同的，所以本课程的"动手"绝不要理解成劳动技术课的"动手"。

这是 JY2 教研员对通用技术课程价值的一种理解，这种理解建立在他对劳动技术课程有着深入了解的基础之上，建立在对通用技术课程与劳动技术课程比较认识的基础之上，也建立在他对通用技术课程目标和课程定位的认识基础之上。

访谈过程中，几乎百分之百的学生都在说，目前通用技术课"动手"太少，老师们也这么反映。"那是不是动手应该成为我们这门课程最大的特色呢？"H 实验区的 JY1 教研员这样说过："如果没有以前的劳动技术背景，你这样讲就对了。现在我们国家有以前几十年劳动技术课的背景，如果仅把'动手'理解成通用技术课程的本质特征，这是不对的。通用技术课程的价值在于培养学生基于动脑的那种'动手'能力，基于解决实际生活中问题的那种思维和'动手'。"

以上关于通用技术课程"动手"这一价值认识的讨论，对"动手"加以辨析是必要的。在考察基础教育课程体系和课程实践时我们发现，"动手"作为课程话语在学术性学科中也是广为存在的，只是在那些课程里"动手"不是存在于课程规定的价值之中，而是存在于运作的课程之中，不是作为目的，而是作为教学手段、方法或活动载体。

学术性课程中的"动手"，如数学课程，动手有时作为一种教学方式、方法，目的是为了激发学习兴趣，帮助学生思考。在这种情况下，动手得以实现的载体通常是各种学具、游戏等。

物理、生物课程中的"动手"常作为课程的一部分，作为一种实验能力的一部分来学习和培养。这种情况下，动手是学习的目的，同时也是实验技能培养的一种手段。

通用技术课程中的"动手"应该是体验的手段，是创造力、实践力培养的活动方式，动手不是目的，而是强调通过动手这种方式或手段，培养技术制作中体现自己思考的设计能力，让制作过程承载着问题解决能力的培养和训练。

信息技术课程中的动手是操作的技能，同时也是技术设计和制作视觉效果或虚拟实在的技能。动手是学习的目的，也是学习的手段。

在课程意义、课程价值上对"动手"进行辨析，对通用技术课程中"动手"内容的理解和课程价值的全面领悟具有重要的意义。

2. 课程的关键价值——"感受生活中的技术"

在关于通用技术课程价值的认识和评价中，除了"动手能力"被普遍体验并被认识之外，"感受生活中的技术"是学生广泛认识的课程价值。

学生甲：感觉这门课挺有意思的，它涉及生活的许多方面，像设计流程就比较实用，让我们感受到技术离生活这样接近，联系紧密。还了解了一些与木工活有关的木材和器材。

学生乙：我觉得学习这门课的价值体现在让我们处理好生活中复杂的和系统的事情上。我现在感受到了日常生活中处处存在技术问题。通过这个课程，我们能了解到生活中一些事故发生的原因。

学生丙：比如垃圾桶的设计，每个同学的想法不一样，然后设计出来的东西不一样，就可以让我们通过设计获得一些相关的经验或者知识，并设计出实用的作品。

"引导学生融入技术世界，增强学生的社会适应性"，"使学生感受到日常生活中技术的存在，更好地了解社会、了解生产、了解职业、了解它们之间的关系，以亲近技术的情感、积极探究的态度利用所学技术更为广泛地参与社会生活，提高对未来社会的主动适应性"，是技术文件课程中"赋予"技术课程的价值之一。从对学生的访谈中感受到，通过课堂运作的技术课程，学生广泛体悟到了课程的这一价值。但是在对 21 位教师的访谈中，只有一位教师特别谈到了课程的这一价值；在对校长访谈时，有 2 位校长谈到了"生活"这一课程价值。

S 实验区 JN 中学的 XZ4 校长对通用技术课程价值有这样的评价："通用技术课程的价值在于对学生基本技术素养的培养。对一个学生来讲，将来他能够做什么，谁也说不上来。从我的角度来讲，学生在学校就得全面发展。"他认为，通用技术与学生的未来生活关联更大，"通用技术应该说更实用，更能牵扯到生活，与生活的基本素质关系更密切"。

ST5 老师是一位仅有三个月教龄的年轻教师。她是英语专业出身，正在承担通用技术课程的教学。在访谈中，她也认为通用技术课程的价值在于"课本内容真的很好，实用性很强，与生活联系特别密切，能让学生感受生活中的技术"。

　　分析以上访谈数据可以看出，对通用技术课程价值的认识与理解是以对技术课程本质的认识为基础的。"动手"和"生活"是实施课程的主体体验和认识课程价值的关键词。通用技术课程的"动手"和劳动技术课程的"动手"的区别到底在哪里？和学术性课程中的"动手"的区别是什么？"动手"可以分成两类：一类是自主思考后按照自己思考的结果去做的动手；另一类是模仿别人或在别人指挥下的动手。科学类课程中的动手应该主要属于后者，培养的是一种科学发现、科学验证的逻辑性思维，而技术课程中的动手则属于前者，培养的是一种规划设计、问题发现和问题解决的"怎么办"的思维，这里的动手是体验的手段，是创造力、实践力培养活动的载体，动手既是目的，也是"怎么办"思维和实践能力培养的一种方式、方法。再者，说到区别是否也可以从层次的角度来考虑，前者强调了高层次的实际问题解决过程中的技术素养层面，后者则指低层次的动手操作层面？不管怎样，无论从学生培养的角度还是区别于其他学科的角度来说，通用技术课程的价值认知都是一个值得探索的问题，这也是技术课程标准未来修订的一个基础的和重要的前提。

（二）对信息技术课程价值的认识

　　从访谈数据的分析中发现，教师、教研员、校长和学生在谈对信息技术课程价值的认识时，主要涉及的关键词有3个方面，依照频度从高到低的次序是"处理与交流""创造"和"思维"，使用频度最高的关键词是"处理与交流"和"创造"。其中"处理与交流"和"创造"是师生共同使用最多的价值关键词，"思维方式"是教师、教研员等都提到的关键词（见表3－2）。

表3－2　信息技术课程价值认识分析表

典型认识	价　值	频　度
1	训练一种思维，改善学生的学习方式	HT5、HT2、HT9、GT3、ST10、JY1
2	激发学生的创造欲望和创造性	HT9、ST10、JY1、学生问卷若干
3	提高学生信息处理和信息交流的能力	ST10、ST8、HS2、HS1、SS1～SS10

课程标准中技术课程价值在"文化理解""交流与表达"和"学习方式"方面，突出强调了信息技术课程的作用。对"增进学生的文化理解，提高学生交流和表达的能力"这方面价值的具体阐述是"无论信息技术，还是更为宽泛的通用技术，都具有丰富而深刻的文化内涵，注重意念的表达与传递。信息技术更是培养学生信息素养的课程载体，它可以提高学生信息处理和信息交流的技巧，可以提高学生对大众信息文化的理解。贯穿于技术活动中的设计与制作、交流与评价也充分体现了这一价值"（教育部，2004）[4]。在技术学的角度，一般意义上的信息处理包括信息采集、存储、加工、表达、发布等环节，显然，在这里的表达成为信息处理的内容或环节，从表达和交流技巧的层面赋予了信息技术课程对学生这方面能力培养与发展的独特价值。

同文件课程价值表述所使用的关键词相比，教师和学生等对实施的信息技术课程价值的认识所使用的关键词缺失了"融入与适应""手脑并用""实践"和"文化理解"。从对"增强学生的手脑并用，发展学生的实践能力"这条价值内涵的具体阐述中可以发现，这条价值主要针对通用技术而言，因为"通过'动手做'，学生的技术设计与制作能力、技术实验与技术探究能力以及利用所学技术解决实际问题的能力都得到了增强"（教育部，2004）[4]。这之中的技术设计与制作、技术实验与技术探究都是通用技术课程内容中所使用的术语。同时，通用技术特别强调心智技能与动作技能的结合，强调理论与实践的统一。从这个角度来说，实施的信息技术课程只缺失了"融入与适应"和"文化理解"这两个价值关键词。"文化理解"的价值在一定层面能够蕴含在"表达与交流"之中，这样实施的信息技术课程缺失的价值认识主要在"融入与适应"方面。

从以上的分析我们可以得到这样的认识：第一，教师与学生对信息技术课程的认识与感知是比较全面的；第二，如果将文件课程中特殊强调的价值作为信息技术的独特价值来看，教师和学生等最认同的课程价值是课程最为独到的价值；第三，教师运作的信息技术课程缺失了"融入与适应"方面的价值体现或价值落实，或缺少对学生技术情感、技术使用态度和价值观方面的引导和培养。作为以培养信息素养为上位目标的信息技术课程，"融入与适应"方面的价值的具体内涵是："使学生更加理性地看待技术，以更负责、更有远见、更具道德的方式使用技术，以亲近技术

的情感、积极探究的态度利用所学技术更为广泛地参与社会生活，提高对未来社会的主动适应性。"（教育部，2004）[4]

1. 课程的关键价值——"培养信息处理与交流能力"

信息技术具有丰富而深刻的文化内涵，注重意念的表达与传递，是培养学生信息素养的最好载体，可以有效地提高学生信息处理和信息交流的技巧，提高学生对大众信息文化的理解能力。课程实施主体对信息技术课程所体现的这方面的价值基本上有所认识，在笔者访谈的众多对象中和所观察到的课堂现象中也有所体现。

> ST10 老师谈了他对信息技术课程价值的看法："从信息技术对学生的作用来看，主要是收集资料、获取信息、增强交流，所以，提高学生信息处理和信息交流的能力应该是信息技术课程的另一独特价值。"
>
> 学生：我们都能理解信息技术课的价值，身处信息社会，最基础的就是每个人都要知道如何上网，知道一些电脑知识，会用信息技术收集信息，检索、查找信息和快速便捷地交流信息。

2. 课程的关键价值——"激发创造性"

在规定的文件课程中，对信息技术课程赋予了这样的价值认定，即"激发学生的创造欲望，培养学生的创新精神"（顾建军 等，2004a）[298]。在访谈中，实施主体对课程的这一价值有着较明确的认识。信息技术教师在课程价值方面能够同规定的课程有着比较一致的看法，"激发学生的创造欲望是信息技术课程的一个独到价值"。

> HT9：我觉得信息技术课程除了在很大程度上培养一种能力，如逻辑和抽象思维能力、动手能力，还能激发学生的创造欲望和创造潜能。信息技术课程学习跟学术性文化课学得好坏关系不是很大。有一些学生文化课成绩不好，但是在信息技术这方面却显示出非常有潜力的一面。比如有一个学生，他的数学向来只能考 30 分，但是在我的课堂上却表现出非常有创意的思维。比如，他在做 Flash 动画的时候采用逐帧动画方法做了一个投篮的动作，他问我这是什么动画，我没

有直接告诉他，仅是给了一个提示，后来他告诉了我逐帧的概念。在我的课堂上他享受到了自主学习和创造的乐趣。

或许这个例子能够证明信息技术课程具有激发学生欲望和个性潜能的独到特性，无论从学生的价值取向还是从社会的价值取向来说，信息技术的这种价值都需要在课程中得到体现。

ST10 老师是 H 实验区 HN 中学一位资深的信息技术课程教师，身兼多职，信息技术和通用技术同属一个共 9 人的学科组，他是该学科组组长。访谈是在 2005 年 6 月 1 日下午进行的，ST10 老师很深沉，不愿多言语，对他的访谈笔者多是开门见山地提问。对信息技术课程"激发学生创造性"的这一价值，ST10 老师也有类似的感知与评价。

问：您对信息技术课程的独特价值有什么看法？

ST10：独特价值就体现在创造性培养上。比方说我们要做一个问题，解决它所用的数学或物理方法可能是非常全面的，但是只是想一想实际上永远解决不了，而是要借助一种工具，看在操作的过程中你怎么样去实现它。比如，我要学生找某种图片，有的学生找到一个，有的学生能找到很多个，想到一种方法的学生思维当然受限，而有的学生却能把许多方法结合起来用。信息技术训练的是一种思维方式，多种形式、多种渠道开发学生的创造性潜能。任何一种信息技术开发出来的功能，你应用它的地方越多，你的思维就越高级。

在 ST10 老师的认识里，既有对创造性这一课程价值的认定，又有他个人对创造性本身的理解和基于这一理解来认定这一价值的论证。显然他对学生"创造性"的具体理解是很个性化的，他把学生学习信息技术的行为同信息的思维关联起来，把判断、选择和方式、方法的多层面运用同创造性潜能联系起来，这应该是信息技术课程对创造性思维培养和创造性潜能开发的作用。

在学生问卷调查中，有一个问题是"你认为高中信息技术课程的开设_____。A. 非常必要，每个人都应该学习　B. 应该变为选修性内容　C. 没有必要学"，并追问选择 A 选项（非常必要，每个人都应该学习）

的理由，问题为"信息技术课选择 A 的理由是＿＿＿＿＿。A. 对生活及将来的工作有帮助　B. 培养动手操作及创造能力　C. 在技术课堂上展示自己的特长和才能　D. 全面发展的需要　E. 其他（请写出）：＿＿＿＿"。

N 实验区的问卷显示，120 人中选择 A 的人数为 82 人，约占总人数的 73.9%，对此选择理由的回答显示，有 46.8% 的学生认为信息技术课程能够培养动手操作及创造能力。

S 实验区的问卷显示，120 人中选择 A 的人数为 96 人，约占总人数的 80.0%，对此选择理由的回答显示，有约 41.0% 的学生认为信息技术课程能够培养动手操作及创造能力。

G 实验区的问卷显示，85 人中选择 A 的人数为 61 人，约占总人数的 71.0%，对此选择理由的回答显示，有约 64.0% 的学生认为信息技术课程能够培养动手操作及创造能力。具体见表 3-3。

表 3-3　学生对开设信息技术课必要性的认识及其理由

实验区	必要性		理　由	
	A. 非常必要，每个人都应该学习		B. 培养动手操作及创造能力	
	人数	百分比（%）	人数	百分比（%）
N	82	73.9	52	46.8
S	96	80.0	39	41.0
G	61	71.0	39	64.0

3. 课程的关键价值——"改善学习与思维方式"

HT2 老师是 H 实验区 HX 中学的一位信息技术教师，很年轻，却有着很丰富的专业经历和职业阅历。他作为高中信息技术教师的教龄不长，却有着执着的学科信念，他善于交流，言谈中透着无法掩饰的自信，这种自信来自他的专业能力或者说专业功底。笔者对他的访谈是在 2005 年 5 月 30 日下午 1 点钟进行的，就在我们饭后，他首先告诉了我他那一段既精彩又满含波折的经历：高中时成绩非常好，高考不会选专业上了某商学院的计算机专业，上了才知道这个专业只有专科，毕业就职时很多都要本科文凭，不得已做了三年物业管理，之后靠自己边工作边进修当上了北京某电脑公司的培训教师，最后拿到几个世界范围内承认的国际认证，在奠定了扎实的专业基础和专业能力后应聘做了高中信息技术教师。

在告诉我这段经历的过程中，他反复强调培养自学能力或学习能力的信念。HT2 老师说："学习能力的培养对于现在的学生太重要了。新知识是学不完的，尤其是信息技术领域的知识。所以我现在特别强调学生的自学能力，要培养他们的学习能力，因为我就是通过这些年不断学习学到了许多别人学不到的东西。"

HT2 老师还说："我如果设计信息技术课程，就是通过课程达到促进学生思维方式的改变。如果通过信息技术课程达到改变学生的思维方式是最好的。"

这是一种很特别的认识，出自 HT2 老师应然的思考，他把信息技术课程的价值定位在思维方式的改变上。

于是笔者顺着这种假设追问道："信息技术课程能训练一种思维，这种思维能够促使学生学习方式的改善吗？"

HT2：我觉得信息技术课程不是单独的，是融入其他学科的。如果信息技术学好了，如果学生能够领会那种思维方式，一定能带动其他学科更上一层楼……有些老师都没有这种认识，就是教学生学会操作的东西。不是的，思维方式是重要的，如果你能把思维方式培养认认真真贯彻给学生，对学生一生有益。

所以说信息技术课不是单纯的一个操作，它贯穿一个思想，一种独特的思维，思维的训练就体现在算法挖掘的过程中。

HT9 老师是 H 省 HN 中学的一位信息技术教师，他认为："就抽象思维的培养来说，信息技术比数学快多了。信息技术课程的程序设计其他学科没有，是信息技术科特有的。比如说我们画流程框图，实际这就是一个逻辑思维的过程，然后把这个逻辑思维结果转换成算法的过程，就是一个抽象思维的过程，然后再往上写代码。代码出来后再去调试，调试的过程又是一个试验的过程。这个过程中整个思维能力都得到不同于其他学科的训练。这就是我们信息技术课一个很特别的地方。这种思维培养过程具有不可替代性。"

H 实验区 HN 中学的 HT10 老师也认为信息技术要训练一种思维，即与创造性能力发展联系紧密的那种思维方式，信息技术课程教学在于培养学生的这种思维方式。"所以，它的独特性体现不仅仅是一种工具，更多是一种创造的意识和创造的思维。"

信息技术课程从计算机课程走来，在新的时代背景和新的教育理想追寻下，建立在信息技术本体特性基础上的信息技术课程的价值发生了变化，这在文件课程中有着明确的阐述。但是，在课程实施主体方面，他们对技术课程似乎有着自己的价值诉求，特别是信息技术教师，一方面他们基于自身的专业体验和专业信念表现出对规定的课程价值进行质疑，另一方面他们又基于具体运作课程的体验进行课程价值的反思，这与通用技术课程形成了较大反差。信息技术课程的独到价值到底应该是什么？怎么看？为什么？这些的确需要进行深入的思考和探索。

二、对课程目标与内容的看法

目标是预先设定的意欲达到的状态。学科课程目标就是预先设定的、要求学生通过该门学科课程的学习而在相关素质或特征方面所应呈现的状态。它受国家为基础教育规定的教育目标和培养目标所制约，是总的人才培养目标在某个阶段的某个方面的具体体现。

技术课程目标是根据技术课程的设置目的和基本理念提出的，以提高学生的技术素养、促进学生全面而富有个性的发展为基础的目标体系。它是技术课程性质、价值及课程观念的具体体现，同时也是技术课程编制、课程实施、课程评价及课程管理的出发点和基本依据。在技术课程标准的文本中，技术课程目标体系包括总目标、具体目标，通用技术还包括了需要重点关注的目标。对于具体目标是从知识与技能、过程与方法、情感态度与价值观三个维度呈现的。

课程内容作为概念上的理解体现在三个层面，一是在课程标准层面上，它是课程目标的具体化；二是在教材层面上，它是课程标准的具体化；三是在课堂教学层面上，它是实际教学过程中实施的课程内容。有研究者对其进行了区分，认为"后两个层面上应该称为教材内容和教学内容"（俞洪珍，2005）。本研究认为，就主体内容来说三者应该是一致的，是在同一课程目标下，后者以前者为根本或依据，为走向学生经验课程所做出的具体化或转化，"而差异的存在在于课程标准研制者、教材编者和教师在进行具体化或转化中对课程内容选择的不同"（袁海泉 等，2006）。

从这种认识出发，技术课程内容涵盖了课标、教材和教学三个层面。技术课程标准中的内容是对有关学习内容与要求的规定的一个基准，课标"所规定的学生的课程学习内容及应达到的基本水平，是教材编写者编写教材、任课教师设计教学过程以及学生的学业成就评价的重要依据"（顾建军 等，2004a）[165]。比如，信息技术课程标准规定的内容包括 6 个模块 18 个学习主题共 83 条具体学习内容，这是信息技术教材编写的依据，6 个模块对应 6 本教材，6 本教材中涵盖了课程标准规定的 18 个主题所涉及的全部内容。在实际课程实施中，教师主要依据教材的内容进行教学的设计与决策。所以，技术课程实施初期阶段，教材是课程开发的重点，也是教师将预设的文件课程转化为课堂运作的课程的重要依托。

（一）信息技术课程的内容与目标

对访谈与调查问卷等数据的分析发现，对信息技术课程的内容与目标的看法主要集中在这样几个方面：对目标的看法主要表现在对信息素养目标定位的分歧上，对内容的看法更多集中在基础模块和两个选修模块上（数据管理技术和多媒体技术应用）。

按照对象分类整理来看，教师的看法主要集中在内容的难易、内容的选择与组织，以及目标适当与否等方面。学生对课程内容的看法主要来自他们的实际体验，集中在课堂教学与教材方面，涉及内容的实用性、生动性、新颖性和操作实践机会等方面，在目标上特别表现了对加强动手操作和创新能力培养的诉求。总体来看，学生和教师对课程目标的具体看法较少，但在"信息素养"这一上位目标定位方面，有部分教师和教研员存在着不同的看法，并表现出较大的分歧，具体情况见表 3-4。

表3-4 信息技术课程内容与目标典型看法一览表

角度		典型看法	频 度
课程标准	1	内容非常简单，他们都会	XZ2
	2	规定得太笼统、内容跳跃性太大，模块设计超出中学生的理解能力	JY4
	3	把一些选修的内容适当地加到必修模块，基本技术下放到必修模块，增加欣赏和评价	HT11、HS2
	4	有点重复，过程很好，要求过高	HT10、HT8、ST2、ST4
	5	数据库技术难，但对学生今后有好处	HT2、GS3
	6	学生未来最有可能运用到的知识就是信息获取，信息加工、表达方面	教师开放题、11位教师
教材	1	可操作的东西确实是太少了，好像蜻蜓点水	GT1
	2	教材有些空洞，必修模块教材很难教	ST2
	3	教材还是深一些，对学生来说不太好接受。	HT5
	4	教材让老师感到不知道该怎样上课	HT11
	5	有一个学习知识对白好，综合活动有些不适合学生	ST2
	6	教师不讲、学生不用，这教材等于是没用	教师开放题、学生问卷开放题
	7	技术的成分，学生反映太少	GT2、GS2
课堂教学	1	课程内容应生动有趣、实用，便于实践；教学方式应活泼一些	S实验区FZ中学的40名学生
	2	进行实践训练，培养学生的动手能力、创新能力	（学生问卷开放题-[2][A2]）
	3	应该更加注重培养学生的动手能力和亲身体验	学生问卷开放题
	4	信息技术课上老师应少讲点，让我们多练习	学生问卷开放题
	5	内容应该生动、新颖，教学方式应该灵活多样	学生问卷开放题

续表

角度		典型看法	频　　度
课堂教学	6	多实践，多操作，加强动手操作能力	学生问卷开放题
	7	内容应更实用	学生问卷开放题
	8	要新颖、有趣，多一些自由空间	学生问卷开放题
	9	课堂多留时间给学生实践	学生问卷开放题
定位		信息素养课程目标定位认识的分歧	JY4、G 实验区 4 位教师

以下是教师、学生、教研员和校长的一些典型看法。

1. 课程内容和目标的难易程度："简单""过高""跳跃性大"

（1）"内容非常简单，他们都会"。

这是 S 实验区 JN 中学校长 XZ2 对信息技术课程内容的一种看法，主要针对的是必修模块的内容。这种看法在学生访谈中也有反映。对课程内容难易程度的判断或认识，从实施层面反映了高中信息技术课程的现实适应性。由于义务教育阶段信息技术教育作为综合实践活动课程的一部分，而不是独立设课，以及实施条件等方面的因素，其实施的效果差异很大。特别是信息技术的学科特点，决定了其对实施设施条件的强依赖性，使得城市学校和农村学校、重点学校与普通学校之间的实施状况差异更大，结果反映在学生方面就是信息技术学习经验水平上的现实差异。所以，尽管高中信息技术课程必修模块考虑义务教育阶段信息技术教育的实施现实，采取了"非零起点"的设计，但是对于一些城市学校特别是那些重点高中，很多学生仍然会有"内容简单"的看法。XZ2 的说法是："现在高中的信息技术课程很难开，原因在于学生的水平差距非常大，现在教学内容有好多都非常简单，尤其对城市学生来讲。在一个班里的学生的水平差别还是很大的，但大部分学生水平是不错的。"（XZ2－[8]［A2]）

（2）数据管理技术模块"要求太高了"。

数据管理技术模块整个过程很好，但"要求过高"的看法来自于 S 实验区 FZ 中学的信息技术教师。这学期他们开设了数据管理技术选修课。这所学校的校本教研、教师合作氛围较好，信息技术教研组都是集中备课，在充分研讨的基础上形成教学决策方案。所以，以下看法虽然是

ST2 老师所言，但是代表了全教研组教师的看法。

> ST2：我是教必修模块的。学生老是要我告诉他们怎么做，他们自己做出来需要很长时间。我感觉数据管理技术这个模块，首先是不一样的。对文科班学生来说学数据库是一件好事，他们以后可能要从事一些微机管理或者数据分析工作。这个模块的思路是很好的，但构建如何制作数据库的过程的要求太高了。（ST2 – ［9］［A2］［B3］）

（3）"内容跳跃性太大，超出中学生的理解能力"。

对于"跳跃性大和超出学生理解能力"的看法，主要针对的是选修模块的内容和目标要求。前者指网络技术应用模块的"网络技术基础"主题中主要的知识内容和后继主题"网站设计与评价"的内容，与目标要求之间在内在知识与技能方面的不连续或断层现象；后者指多媒体技术应用模块有关"虚拟现实"专题的目标要求过高，也指人工智能初步模块和"ISO 七层模型"的知识内容与高中学生的理解能力不符合。以下是G 实验区 G 市教研员 JY4 在访谈中的说法。

> JY4：同一模块里面的内容跳跃性太大。例如，网络技术应用模块中有 ISO 七层模型的内容，但没有说 FrontPage，这和会制作动态网页的要求差距很远；多媒体技术应用模块这一部分，按理应该说是学生比较感兴趣的，如果要让学生知道什么是虚拟现实，可能还不是太难，可是你要他们理解并会做的话，这个要求是不是有点太难了……有些模块的设计，我认为是不是超出了中学生的理解能力，比如人工智能……（JY4 –［5］［A2］）

JY4 教研员的认识，一方面反映了实施初期阶段，人们对课程标准的认识和对信息技术课程的理解状态，以及教师依据课标进行课程教学转化时的不适应问题。教师还没有从教教材的传统框架中走出来，还不能进入基于课程标准和教学实际条件进行课程设计与课程决策的情境中去。弹性的课程标准体现了新的课程观念，给老师和学生更大、更容易个性化发展的空间，给老师参与课程设计和课程建设提供了机会和可能，但同时也给教师带来了挑战与不适应。另一方面也启发我们，应该从内容与培养目标、学生心理发展水平和课程价值定位的适切性等角度来反思课程内容。事实上，课程知识内容内在连续性方面的跳跃，反映的是课程开发中对课程内容选择、课程目标总体把握以及学生学习经验基础关照方面的问题。作为信息技术课程标准研制的主要成员，笔者深刻知道课程标准研制过程中缺失或不足的环节。例如，对信息素养基本理论深入研究的缺失，对我国教育现实研究得不够充分，以及对国外信息技术教育发展和实施状况的研究与借鉴不足等。

当然，这也有课程理解方面的问题。在技术课程实施的初期阶段，技术教师和技术教研员队伍普遍缺乏课程方面的基本理论与知识，课程观念的更新还没有开始，只按照知识与技能单一向度来理解信息技术课程的现象还很普遍。很明显，如果按照传统的课程观念来认识、理解信息技术课程，则信息技术课程只是知识和技能的传授载体。按照这种课程观，人工智能的系统化知识和原理对于高中生来说可能是难以接受和理解的，因为这样会走向大学课程。但是按照新的课程观设计的信息技术课程，不再只是知识和技能的传授载体，信息技术课程是以信息素养的培养和提升为最终目标，对信息技术的理解，对信息技术与人和社会的关系的理解，对利用信息技术、发展信息技术以促进人类社会的进步与生活质量提升的愿望的形成和可能性的预知，以及对创新信息技术的意识的培养和对信息技术本体兴趣的形成等，都需要让高中学生了解、知晓甚至是体验。人工智能初步选修模块价值的定位就在于了解、知晓和体验到神奇并触及到可能。体验感性层面的技术是这个模块的主要目标，也成为课程总体目标达成所需内容的一个组成部分。

2. 模块化课程内容的组织："下放到必修、上放到选修""重复"

（1）"基本技术下放到必修模块"。

把一些选修的内容适当地加到必修模块，把某些基本技术下放到必修模块，这是信息技术教师在课程内容组织方面反映比较集中的看法，也是学生从实际课程体验中感受到的问题。教师这种看法的依据是他们的一种认识，即必修模块就应该强调技术层面的基本技能的培养，而信息能力则在选修课程中培养与提升。H 实验区 HK 中学的 HT11 老师就是有此种看法的典型代表。

HT11：把一些选修的内容适当地加到必修模块。比如，对学生来说经常使用的技术应当让他们必须掌握。像收发电子邮件这个技术就不要放到网络技术应用模块里面再去讲。这是很基础的技术内容。基础就强调技术层面，然后选修里再去提高他的信息能力方面，这样可能会比较实际一点。比如说，在讲压缩这部分内容的时候。为什么它会出现那么多的图像格式？主要就是因为有压缩的存在；是因为有各种压缩技术，它就产生不同的压缩格式。而在课本上并没有很明确地说它有这么多格式。（HT11 –［13］［A2］）

（2）"视频制作、图像处理、数据库应放在选修模块"。

把"视频制作""图像处理""数据库"等更专业的内容放在选修模块中，这是部分学校的学生对内容组织的一种看法。

HS2 是一名基础良好的学生，他希望信息技术课能够让他们进行较为系统的技术应用和作品制作："我觉得，像在必修模块里面，把选修模块如一些像网页制作的内容放在里面就会更好。可能现在都会说，我们到了大学要制作自己的网页，实际上并不是所有人都这样认为。"

HS5 是一名女学生，她来到高中才真正学习到信息技术，所以她的看法与 HS2 有些对立："必修模块分为学习资料检索、处理、学习数据管理，这些内容非常好。我们以后可能不会真的制作网页，但不管我们在什么地方工作，我们都会面临很多数据，数据管理、资料查询，这些是最基础的。"

HS8 对内容安排的看法与实用性紧密关联起来："我们更应关心的是文档的处理。基础是基础，但文档处理要讲一下文字的编排。因为无论在什么地方，都会涉及做些文字的工作。像在外贸公司做会计，需要处理文字报表；如果是在体育文化部门，那要用数据库来管理每位运动员的资料。而像视频制作、图像处理、数据库这些更专业的东西就应该放在选修模块。"（HN 中学 –［13］［A2］）

笔者能够感觉到，这些看法与学生们的实际课程体验有关，与他们自己的技术学习基础有关，同时也感觉到在一所一流高中学校，学生在信息技术学习基础方面的偌大差异。基础好的学生希望把必修模块中的制作技术内容增加，如完整制作网页的技术与要求等；基础薄弱的学生则希望增加更为基础的训练，如文字编排等方面。而在必修模块中涉及的专业性较强但目标要求并不高的内容，如"视频制作""图像处理""数据库"

等，他们都认为应该放在选修模块中。在必修模块中，尽管对这些内容的目标要求较低，只要求做到"尝试、了解和体验"，但由于实施中的课时总量和每节课课时的局限，仍然让基础薄弱的学生感到困难，基础好的学生感到"蜻蜓点水"一般。当然，这种情况下，教师实际的课程运作十分关键，但多数老师也比较难以做出满足全体学生需要的课程设计和教学决策。不过，在信息化课程资源的支持下，关照基础差异的课程教学与学习还是可以是实现的，如 S 实验区 JN 中学的 ST7 老师，利用自己开发的数字化教程较好地实现了尊重差异的教学（详见第五章）。

（3）"内容上有些重复"。

在内容的组织处理上有些重复，是很多老师的看法。这种重复包括选修模块与必修模块对衔接内容的处理和同一模块之中前后内容的组织。分析这些看法的来源发现，主要是基于教材或者是从教材的使用中形成的看法。H 实验区的信息技术教师在这方面的看法最为集中，笔者发现他们"依据教材教"的课程现象最为明显。

> HT8：必修模块的内容与选修模块的内容有些重复。有些练习题我们在必修模块已经做过了，但选修模块中还有。

HT10 认为，选修模块与必修模块两者互为补充，形成一个整体。也就是说，在必修教材中主要以解决认识、了解等一般性知识为主，但在选修教材中就主要是解决技术问题。要在选修教材中看到一个完整的信息问题的技术解决方案，要比泛泛的讲解来得有效。教师对某一版本的必修与选修教材就有关多媒体的内容进行了比较，从目录分析看到了重复的表现，见表 3-5。

表 3-5　有关多媒体的内容在必修与选修教材上的目录比较

必　　修	选　　修
5.1　图像信息的采集与加工	2.1　多媒体作品中的图形、图像
5.1.1　多媒体技术的发展与应用	2.2　图形、图像的获取与加工
5.1.2　数字化图像的设计与加工	——
5.1.3　数字化图像的采集与加工	——
5.1.4　数字化图像的简单合成	——
5.2　音频、视频、动画信息的加工	3.1　多媒体作品中的声音

续表

必　修	选　修
5.2.1　数字化音频的采集	3.2　音频信息的采集与编辑
5.2.2　数字化音频的简单加工	4.1　多媒体作品中的动画、视频
5.2.3　视频、动画信息的简单加工	4.3　计算机动画制作
	4.4　数字视频信息采集与加工

可以看到，在技术课程实施的初期阶段，教材即课程的观念是教师课程认识形成的基础，也是教师课程教学决策的依据。从这个意义上说，教材或教科书是至关重要的，在教师的课程意识和课程知识获得良好发展之前，"教教材"或"照教材教"的课程实施行为会一直存在。因此，一方面要加快信息技术教师的专业发展，另一方面要有效提高信息技术课程教材建设质量。从某种意义上说，前者更为重要。在 S 实验区的 FZ 中学，几乎没有教师提到这方面的看法，他们的课程决策以课程标准为依据，集中教研、集体备课，而不是照着某一版本的教材来教学。他们对信息技术课程在整体上有着较好的把握和理解，课堂运作的课程在一定程度上收到了预期的效果。

3. 课程内容的构成：必修模块内容"技术成分少"，选修模块内容"偏难、偏多"

技术成分太少，是学生和教师对必修模块内容选择方面最为突出的看法。正是出于这种看法，在实施初期阶段，某些信息技术教师认为可以不在机房上课，而像其他学术性课程一样，在多媒体教室中讲课就可以了。因此，学生体验到的是信息技术课程"没什么好学的"，从而对信息技术课产生了"应该注重动手操作能力的培养"的强烈诉求。

（1）"技术成分太少"。

对必修模块"技术成分太少"的反映在某些实验区的学校比较突出。这种情况的出现，一是与学校整体的教育信息化水平和信息技术教育实施状况有关，二是与学校信息技术教师的课程决策能力有关，三是与学生的技术兴趣有关。

G 实验区的 FZ 中学是教育信息化水平与信息技术教育实施水平都很

高的学校，他们对信息技术必修课内容的技术分量的看法就是"太少""蜻蜓点水"。可以发现，这种看法与实施中的课时、教材以及教师的课程设计直接相关。

> GT2：从新课标实施过程来说，如果说必修模块很平淡、很容易的话，学生来上课，就不是来学习的。但是从我们这一个学期的实施过程来说，我能保证80%的学生都能有所收获吧。我们对学生做了一些简单的调查，他们也写了一些东西。技术的成分、可操作的东西学生反映太少，什么都是蜻蜓点水，介绍一下就算了。但如果技术部分过重，必修只有36个学时，课堂上完成是不可能的，所以，我们把相关的技术放在选修里面可行。(GT2－[7][A12][A2])

H 实验区 HX 中学的学生的看法主要是针对选修模块的

> HS10：实际上，我们的课程、教材如果比较深入讲解Macromedia 公司的 Dreamweaver，而且讲得比较实用，那么我们就可以通过这个软件和我们的创意、加上课本上介绍的技术，做出一个相对来说更加精美、更加漂亮的网页。如果每个软件都点一下，而功能却差不多，就是在做重复工作了。换一个软件、换一个步骤而已，这很没有意义。(H 实验区 HX 中学－[6][A2])

这是信息技术课程就是软件操作这种传统课程认识的典型表现。

在访谈中，给笔者印象最深的是学生对课程内容的看法。很多学生都认为技术操作的内容偏少了，他们的愿望和兴趣就是掌握软件，学会网页制作的技能，特别是电脑基础好的学生，更表现出对利用工具软件开发制作的强烈要求。他们认为现在的信息技术课理论性太强，对于操作或制作的举例不够，"不应该弄一些理论的东西让我们去掌握"（H 实验区 HX 中学－[8][E1][A2]）。显然，学生的这种看法来自教材，并与教师的课程运作直接相关。如果教师没能理解课程的目标和教材中本内容选择与表达的真正意义的话，就会发生这样的结果。在实施初期阶段，学生对课程形成的认知与理解，直接会影响到他们对课程本身的认同感。而学生对课程的认知与理解的主要渠道应该是在课堂学习环节，在这个环节中，教师对课程的理解与实施的课程决策方案，成为学生课程认知和理解的直接影响因素，所以教师的课程理解和课程决策能力十分重要。

（2）"数据库偏难了"。

H 实验区 HX 中学的 HT2 老师，在这学期为学生上了数据管理技术选修课。他认为同其他模块相比，数据管理技术的内容偏难了，这样会影响到学生的学习兴趣。很多学生都需要在老师的帮助下完成作业。

> HT2：多媒体技术应用模块比较简单，数据管理技术选修模块这部分，我感觉有些难了。多媒体技术应用模块一节课不听，下一节课还可以跟上。但数据管理技术不行，内容间联系不大，一堂课不听就不会做。很多学生都需要在老师的帮助下完成作业。（HT2－［04］［A2］）

（3）"概念性、理论性的内容偏多了"。

在访谈 G 实验区 FZ 中学的 GT2 老师时，他用"不感冒"一词表达了他们学校多数信息技术教师对教材的看法。

> GT1：实际上我们的老师一拿到教材的感觉就是容量多，而且概念性的东西多了，理论的东西多了。对我们来说，要慢慢把教材读了之后，自己再来处理。（GT1－［10］［A3］［B3］）

这种看法在 H 实验区 HN 中学的信息技术老师中也普遍存在。他们从学生的角度出发认为，教材给出的内容不够具体，理论性内容太多，涉及的都是点到为止，"哪一个都学不到点子上"，学生所需要的是有比较具体的例子，容易看懂并能指导操作的教材。从教师角度他们认为，课程教材的内容过多，教师又是按照教材上课，这样就容易"完不成教学任务"，如果要完成教学任务，"学生真的就学不到比较具体的东西"。

研究发现，对技术内容偏少、理论性内容偏多的看法，无论在教师中还是在学生中都是较为广泛存在的。这不能不让我们有这样的思考，第一，可以判定这种看法是技术操作主义的信息技术课的认识，这种课程认知如此深刻地存在，并影响着信息技术的课程实施。第二，可以认为以信息素养为目标的信息技术课程还没有很好地被理解或没有被接纳，同时，教材和课堂教学两个方面都没能有效地体现信息素养目标下的信息技术课程。第三，可以判断以信息素养培养为目标的信息技术课程在内容的选择、规定和组织方面需要全面反思，并要弄清楚技术操作主义的信息技术课程与信息素养主义的信息技术课程之间的关系，特别是在内容和实施层面的关系，是相悖的还是兼容并蓄的。第四，需要弄清楚是一些外部因素致使教师和学生没能够理解信息技术新课程，还是信息素养主义的信息技术课程定位脱离我国实际，教师和学生接受信息素养主义的信息技术新课程的时机还没成熟。这些需要我们思考，更需要我们研究。因为信息素养的理论还不成熟，可操作的信息素养目标体系还没有形成。这些基本问题使信息技术课程的实施与发展受到困扰，教师和教研员等对信息素养课程定位的质疑足以说明这一点，它预示着信息技术课程研究任重而道远。

4. 课程价值定位："是否太强调文化了"

在信息技术文件课程中，信息素养是一个基本的且核心的概念。在课程的基本理念和课程目标中都涉及这个概念，"信息技术更是培养学生信息素养的课程载体"，"信息素养是信息时代公民必备的素养"，"提升信息素养，培养信息时代的合格公民"是课程的基本理念之一。"普通高中信息技术课程的总目标是提升学生的信息素养"，这是课程设计的主导思想和基本观念。文件课程中还对学生的信息素养表现做了这样的界定："对信息的获取、加工、管理、表达与交流的能力；对信息及信息活动的过程、方法、结果进行评价的能力；发表观点、交流思想、开展合作并解决学习和生活中实际问题的能力；遵守相关的伦理道德与法律法规，形成与信息社会相适应的价值观和责任感。"（教育部，2004）[5-10]

信息素养培养既是高中信息技术课程基本定位的出发点，又是高中信息技术课程目标的最终归宿点，是高中信息技术课程方案设计研制在学科方面的基本理论支点。因此，在课程实施阶段，实施者通过规定的课程的文本认识和理解新课程时，就特别关注信息素养理论及其体现在课程中的相关问题。在访谈教师和教研员时，信息素养这一课程价值定位不断被提出、被询问、被质疑，这使人感觉信息素养是信息技术课程实施中很多问题存在的间接根源，即人们对信息素养的理解，影响到对课程定位和课程目标的理解，影响到课程教材的开发，也影响到使用者对课程教材的理解等。

在访谈中发现，教师、教研员和校长等表现出了对信息素养概念理解上的差异，和由此迁移到课程价值定位认识上的分歧。在访谈 HT10 老师时他就直接提到："对信息素养这个概念的理解大家是不一样的、有分歧的。"其实，这不是对信息素养本身认识的分歧，而是基于信息素养的课程价值、目标定位等认识上的分歧。这告诉我们，国内从课程的角度对信息素养的基础研究做得还不够。针对我国的实际对信息素养的理解、解读和诠释到底应该是什么？这是一个值得深入探讨的问题。同时也提醒我们应该对信息技术课程的根本性问题进行反思。

G 实验区 G 市的教研员 JY4 是对课程定位和课程价值的信息素养取向最有看法的人之一，是在理论和实际两个层面思考相应问题最多的人之一，也是对课程实施最富于激情的教研员之一。

（1）"用技术去解决问题，而不是单纯地讲文化"。

> JY4：这个技术学科课标里面说信息技术课程的总目标是提升学生的信息素养，对这个观点，我有认同它的地方，也有不完全认同的地方。认同的地方就是这门课不应该只用来教这个软件说明书。我认为我们还应该强调用技术去解决问题，而不是单纯地讲文化。举一个例子，文件管理怎么才能有效、高效呢？好像有很多人用电脑都是这样的，一打开电脑，桌面上一大堆快捷方式按钮，这个是不是反映没有对文件进行管理？这个意识不是我们教了 Windows 操作大家就可以知道的，这些我觉得应该可以在教学里面渗透、去支持。（JY4－［8］［F5］［A2］）

（2）"目标定位是不是有点偏颇"。
JY2 是 G 实验区 Z 市的教研员，他有着与 JY4 相近的看法和认识。

> JY2：……信息素养培养我觉得不是单单一个学科的老师能够完成的。语文阅读的时候，你需不需要信息素养，我认为需要的，或许信息存在形式不是一样的。所以我觉得，我们学科的定位是不是有点偏颇？我认为定位主要是用信息技术去解决生活中的实际问题，能够

很好地利用信息技术来获取、加工、表达、交流信息。首先是侧重用这个技术。第二是用好这个技术。要用得好这个技术肯定要知道好多东西，好像你做好一个人起码先知道什么素养、道德这些一样，而不是为了培养道德就是单单教你这个道德。（JY2－[10]［A2］［A12]）

两位教研员均认为，信息素养培养蕴含在所有的学科教育中，特别是那些基本的信息素养。信息技术教育对信息素养培养是否应该关注某些重点或体现某些特殊性呢？这样才可能有利于技术学科的发展。根据教研员的理解和认识，信息技术学科教育在信息素养培养的价值定位上，应该放在利用并用好现代信息技术工具、手段和方法，解决在日常生活、学习、工作中所发生的有关信息的采集、收集、获取、加工、表达、传递、发布等问题。按照这个逻辑起点，信息技术课程就要学习技术工具的使用，技术方法的选择和利用，一些解决表达、交流、发布等一般性信息问题解决的思想、原理和技巧，以及综合利用信息技术解决更为基础和具体的实际问题。事实上，无论是在工具层面的技术技能的掌握学习中，还是在利用信息技术解决实际问题的思想方法、技术方法的学习中，或者在判断、选择、运用信息的学习中，都包含着对技术文化的学习和体验，因为技术文化的具体构成要素就包括了技术的操作方法、技术运用的思维方法、人们目前对技术的认识与理解、对技术使用的价值倾向，以及技术能够解决实际问题的原理等。

（3）"素养不是单纯靠课堂教学去教"。

JY4：现在无论从课标到教材的文本，其中所体现的东西在经过人们的理解后就出现了这样的结果：我们的老师把这个课上成了不需要计算机就能上的课，而且就能上得以为达到课标要求一样，所以，也就不用去利用具体的技术解决实际问题了。这是不是那个文化或者信息素养的定位和理解造成的呢？素养是一种日积月累才能形成的东西，不是单纯靠课堂教学去教，我要你过马路一定要看红绿灯，老师可以教，可是不是通过课堂上重复一百遍就能做到？一定是通过你从细节上面经历和体验……那我们用好技术这个东西，首先，要想到可以用，就是想到要用计算机；第二，想到之后你会用它，你能够用

它；第三，你能够用好它，发挥它最大的长处。我认为这可能就是我个人对这个学科及其定位的理解。（JY4－[5][A1]）

（4）目前的课程"定位上是不是太强调文化方面"。

    JY2：我们以前所谓教计算机，会停留在会用层面上，导致不是一种灵活运用，比如要做编辑的事情，老师说"我们现在居中"，学生就按一下关于居中动作的按钮，似乎是为了做这个操作而做这个操作。但是现在不是，有些时候这个版式是希望它是居中，还是居左、居右，这是根据个性的需要去做的。所以，从问题出发，去引导学生使用技术。我觉得高中信息技术可能在定位上是不是太强调文化方面，而把这个不属于技术课程定位方面的东西突出了呢？这是我的第一个感觉。

    G 实验区教研员对信息技术课程学科定位的这种认识与理解，对信息素养课程目标定位的再思考具有很好的启示性，也反映了课程实施者目前对课程标准等文件课程本身及其作用和价值的关注与理解的一种状态。事实上，很多教师也有着同样的困惑或疑问。当然，在与信息素养、技术工具与技术文化等理论相关联的一些课程问题上，也存在理解的困难和认识上的偏颇，只是没能像 G 实验区教研员这样能够充分地进行论说。

    另外，从课程实施的角度看，教师、教研员对依据课标进行课程教学转化的过程还不能很好地适应，还没有真正从教材的传统框架中走出来，对依据课程标准和实际教学条件进行课程设计和课程决策还存在障碍。弹性的课程标准体现了新的课程观念，给教师和学生更大的便于个性化发展的空间，给教师参与课程开发提供更多的机会和可能，这应该说是新课程改革所带来的一种教育效益和价值。但是，课程实施本身的特性，以及专业方面的支持和变革前的准备等问题，使得课程实施者还处在新与旧的冲突之中。这应该是技术课程实施初期阶段的一种必然。

（二）通用技术课程的内容与目标

对访谈与调查问卷等数据的分析发现，对通用技术课程的内容与目标的看法很多，主要关注的是内容，较少直接涉及目标问题。因为选修模块还没有开设，所以对内容的看法主要集中在必修模块"技术与设计1"和"技术与设计2"上。

从按照对象分类整理的资料来看，教师和教研员的看法主要集中在知识体系、内容选择方面；学生对课程内容的看法也主要来自他们的实际体验，集中在课堂教学内容方面，具体涉及内容的生动有趣、与生活的联系、实用性、动手机会等，在目标上特别强调了"动手能力和亲身体验"，表现了对增强课程学习中动手机会的强烈诉求。学生、教师和教研员对通用技术课程内容与目标的典型看法汇总见表3-6。

表3-6 通用技术课程内容与目标典型看法一览表

角度		典型看法	频 度
课程标准	1	技术内容体系，感觉到凌乱	JY2、XZ3、HT1
	2	太宽泛了，显得分散了	XZ3
	3	应该增加高尖端技术的知识，由浅入深，激发学生的探究能力	教师开放题-[1][A2]
	4	应加强日常生活中需要的技术操作能力培养及技术素养知识	教师开放题-[1][A2]
	5	比较实用	S实验区JN中学4名学生
	6	通用技术必修模块一、二，感觉没有必要学	HS4
	7	课程中关于设计的原则部分，有助于学生进行设计创新	教师开放题-[2][A2]
	8	关于使用说明书的学习，能帮助学生解决日常生活中的电器使用问题	G省教师开放题-[2][A2]
	9	关于系统设计的内容，对今后做事情起到指导作用	教师开放题-[2][A2]
	10	内容比较多，必修模块有的内容没有必要	ST5、ST6

续表

角度		典型看法	频　　度
课堂教学	1	希望通用技术课多动手，经常做一点东西	HS1
	2	不要把通用技术当必修课来上	学生开放题
	3	应加强实践、加强实用性	学生开放题
	4	内容太简单了；动手太少了；不要再讲那些枯燥的理论	HT7 老师的学生、HT1 和 HT4 的学生与之相反
	5	加强实践，加强实用性，内容更加有趣，贴近生活，课堂多留时间给学生实践，增强课堂动手的能力，多实践，多操作，加强动手操作能力；多一些实践，更贴近生活一些；课程内容应生动有趣，实用，便于实践，教学方式应活泼一些；应该更加注重培养学生的动手能力和亲身体验	对课程内容的建议（学生问卷开放题－［2］［A2］）
教材	1	是一个百科全书了	XZ4
	2	用起来感到不太实用	ST1、HT4
	3	有些案例太侧重科学	HT4
	4	现在这个工具还用吗？落后了	HT1
	5	概念讲得太多了，没有用最简单的话把问题说清楚	XZ1、ST1
	6	相应知识的案例，应该逐层分析让学生深入探讨，案例太浅显了，上课无法展开	教师开放题－［1］［A2］
	7	例子太大了，离我们的生活太远了	HT4
	8	这个练习题，根本就没有太多的意思	HT1
	9	多了就有点灌输性，会考的时候就是拿回去做	ST6、HS2
	10	流程优化的内容和系统的流程优化实质上是差不多，可以合在一起成为一章	HT4

以下是具有普遍性的典型看法。

1. 课程内容的组织："还是感觉到凌乱"

（1）教研员认为"体系凌乱""跨度大"。

对通用技术课程的这一看法，教师、教研员和学生都存在，他们有着不同的角度，但都有着接近的意见。

就在笔者访谈 S 实验区 J 市 JY2 教研员的前一周，他参加了一次由省教育行政部门组织的涉及艺术、体育、健康、技术、综合实践等学习领域的课程实施情况的调研。调研采取的方式包括听领导汇报、与教师座谈、课堂听课、看材料，对学生进行抽查、测试、调查测试等。他告诉我，这次调研做得比较扎实，了解了很多有关技术课程实施的切实情况。

> JY2：从教材所反映出的课程内容来看，虽然说比起原来的可以说有了很大的进步，但是根据现在的教学实践，感觉还有点问题，就是技术内容体系还是感觉到凌乱。选修模块选择的内容是固定的某一项技术，而必修感觉课与课间的跨度、章与章之间的跨度都大。章和章的内容之间没什么关系，让人感觉很突然。对内容的组织有个建议，相近的那些内容，就把它们分成一些学习专题，这样在教学上也好把握，有些专题甚至不一定是课堂教学，可以以讲座的形式来进行。（JY2 – [21] [A2]）

JY2 关于"内容体系凌乱"的看法似乎主要来源于教材，因为他对必修内容的"章与章之间的跨度""相近的内容分成学习专题""在教学上也好把握"和"以讲座的形式来进行"等这些说法，都表明了形成这种看法的依据并不是直接来自课程标准的内容。但是，教材的内容体系和范围是要依据课程标准确定的，因为课程标准中规定的课程学习内容及应达到的基本水平，是教材编写者编写教材、任课教师设计教学过程的重要依据。

（2）校长认为内容"太宽泛，显得分散"。

在 S 实验区 JN 学校访谈主管教学校长 XZ4 时，他对通用技术课程的内容也有"太宽泛了、显得分散了"的看法。

S 实验区 FZ 中学的校长 XZ3 也有类似的认识：总体来说，定位是恰当的。但是内容太宽泛了，显得分散，像百科全书一样。有些内容应该是纳入职业教育之中的……（T - XZ3［2］［A2］）

（3）教师认为"系统性不够"。
H 实验区 HX 中学的 HT1 老师对通用技术课程也有类似的说法。

HT1：在"技术与设计 2"模块中，条条框框比较多，我是通过大量的例子让同学了解这些概念的，我认为如果学生不掌握好概念，这个课就等于白上。所以，我就感觉通用技术课程在这方面还是比较凌乱，有些系统性不太够，有些学生学完以后不知道学了什么……（HT1 -［02］［A2］）（HT1 -［33］［A2］）

2. 课程知识的性质："比较实用"
"比较实用"主要是学生对课程知识内容方面的一种评价，是学生站在自己未来生活和就业的立场上来这样看待课程内容和目标。
（1）学生认为"与生活联系紧密"。
在访谈 S 实验区 JN 中学的学生时，他们对通用技术课程内容的"实用性"有比较高的认同感受。

SS1：感觉这门课挺有意思的，它涉及生活的许多方面，比如设计流程，比较实用，与生活比较接近，联系紧密。了解了一些与木工活有关的木材和器材。可以有动手的机会，在流程那部分，老师要求我们对学校的校徽进行了设计，最后每个人都设计出来一个作品。此外，觉得老师上课有意思，觉得讲得比较好玩。

（2）教师认为"有助于学生解决生活中的问题"。
对课程内容"比较实用"的看法，在笔者问卷调查的 G 实验区教师中得到了佐证。在问卷中有一个开放性问题："13. 您感觉通用技术必修模块中，学生未来最有可能运用到的知识有哪些？理由是什么？"很多老师写下了他们的看法，例如：

"计算机辅助制图，将来每个新型人才都必须会使用计算机，而且在一定领域里都应很专业"；

"课程中关于设计的原则部分，有助于学生进行设计创新"；

"关于使用说明书的学习，能帮助学生解决日常生活中的电器使用问题"；

"关于系统设计的内容，对今后做事情起到指导作用"；

"关于系统分析的内容，对设计制作技术产品有意义，对了解技术产品本质有作用"。（G 实验区教师开放题－［2］［A2］）

3. 课程内容的难易程度："太简单，动手太少了"

关于内容"简单"和"动手太少"的看法，主要来自学生的课程体验，与教师的课程理解和课程运作直接相关，也与学生的个人喜好有关。笔者研究发现，不同老师的教学带给学生不同的技术课程体验，这使不同老师所教的学生之间对课程内容的看法有着很大的不同，有的甚至是对立的。例如，有的班级的学生会认为"动手太少了"，有的班级的学生认为实践性太强了。在访谈中发现，这种情况的出现有两个规律可循。ST1、HT4、HT1 老师的学生有"实践性太强了"这样的看法，而且是女同学居多，ST1、HT4 老师有着较强的动手实践能力。而上 HT7、HT6 老师的课的学生有着"不要再讲那些枯燥的理论，内容太简单了，看一下就懂了，可老师还在那儿讲"的强烈看法。的确，在我听的那节课上，HT7 老师是按照教材教的。可见，教师的教学对学生的课程体验有着直接的影响，进而影响到学生对课程内容的认同感。

（1）学生期待动手操作。

这是 H 实验区 HX 中学学生的看法。

HS3：讲的内容都比较熟悉，就像给一个人重新起了一个名字。比如，设计一个东西，我们都想过那些步骤，都想过那些解决问题的过程。通用技术的内容是给小学生的，太简单了，看一下就懂了，老师还在讲。（注：HS3 是 HT6 老师上课班级的学生。）（HX 中学－［3］［A2］）

HS4：与化学实验、物理实验相比，解决对象可能是不一样。现在通用技术的对象可能是生活中的，像门铃、开车等。这些内容感觉实践性太强了。（注：HS4 是 HT1 老师上课班级的学生。）（HX 中学－[4]［A2]）

HS3 谈到的问题是学生对课程内容选用的例子的理解存在距离。"技术与设计 2"中的自行车是作为讲解系统与结构的例子而使用的，是通过单车来学习和理解系统与结构的关系，不是学习单车本身。学生有这样的感受和看法与教师的教学内容设计以及相关教学决策有关，否则怎样能引起学生的这种课程认知呢？

HS4 认为，技术设计的方法与化学、物理实验的思维方法是一样的，在这些课程中有过训练了。确实是这样的吗？对于解决生活中的实际问题的分析过程有类似或相同的部分，但在解决问题中的具体方法和手段等是完全不同的。可能是通用技术教材中选择的问题和素材很多涉及物理、化学的知识和方法等，教师在教学中也使用学术性课程的教学方式进行通用技术课程的教学，因而造成学生这种技术课程认识。我们知道，95% 以上通用技术教师的学科背景有着学术课程的教学经历和学科背景，以物理学科居多，也有数学、化学等学科的。

（2）教师坚持"手脑并用"。

在 S 实验区 FZ 中学，在听完 ST1 老师的课后，对他教学班的学生进行了访谈，部分学生认为课程内容"实践性太强了"。这是 ST1 老师的课程理解和教学决策决定的。对 ST1 老师的这段访谈可以证明这一点。

X：请问您让学生做东西，按照课程要求或根据教材来说，您觉得这门课一个学期下来让学生做几个作品合适？通过设计将学生的作品产品化，一个学期下来就能产品化一个吧？

ST1：不是，第一个是书面的，就是搞发明与设计；第二个就是模拟专利申报，知识产权保护申报，其中涉及的图都要是正规的；第三个就是图纸，搞设计要把图纸画出来，包括透视图、效果图、展示图、配料单、下料图，这是书面作业。最后是一个产品。

X：您觉得这样一个产品就能基本达成这个课的目标吗？

ST1：不能说是足够了，这个产品里基本上包括了。课本里面，

第一章的走进技术实验主要是讲概念。第二章是步入设计殿堂，就是搞设计，我就让学生提出课题，自定题目，我给他们提供材料，利用我的材料设计作品。第三章是体验设计实践，动手做。去年我的教学要求是统一的，今年不是，各种各样的作品都有，但是有一个前提条件，就是千万不能太复杂，复杂了做不出来，时间也不允许。这样做完和课本基本是一个线索下来的。（ST1-［23］［A2］）

ST1老师具有物理学科背景，有着指导科技发明的经历，而且很有成绩。他认为通用技术课程的价值就在于让学生"手脑并用，启发思维"，所坚持的教学理念是"做中学"，所以采用的教学模式主要是"体验"学习。在他的课堂上所表现出来的技术课程都是以动手设计、体验实践"一条线下来的"，因此，学生在这个课堂上体验到的通用技术课程就可能是"实践性太强"的结论。

但是，总体来看，加强实践性或"动手操作"还是多数学生的期待与诉求。这在通用技术课程内容的典型看法中已经有所反映，这种状态也应该是技术课程实施初期的一种必然。第一，通用技术课程实施需要的一些基本物质性条件很多学校还不具备；第二，通用技术的某些专业知识与技能教师还很欠缺；第三，对通用技术课程的深入认识与理解需要一个过程。这些都是实施的技术课程样态或模式模糊不清，或学术性课程倾向严重的缘由。

4. 课程内容的选择："不必要的"和"需商讨的"

课程内容选择的适当与否是教师和教研员对课程内容关注的重点，在这方面的看法主要集中在模块层面。

（1）必修模块——"有的没有必要学"。

通用技术课程有两个必修模块，即"技术与设计1"和"技术与设计2"，其基本内容是技术设计。"技术设计是技术的基础内容，是技术发展的关键，是动手与动脑相结合、培养学生创新精神和实践能力的良好载体，对学生理解技术、使用技术、应用技术解决实际问题等方面的技术素养的提高具有奠基作用。"（顾建军 等，2004a）[340] "技术与设计1"的具体内容包括技术及其性质、设计过程、设计的交流和设计的评价四部分，作为通用技术学习的导入模块，设置的目的在于"使学生理解技术及其性质，经历一般的技术设计过程，并在九年义务教育中的劳动技术学习的基础上，形成结构较完整的技术素养"。"技术与设计2"的具体内容包括结构与设计、流程与设计、系统与设计和控制与设计四部分，作为导入模块的后继学习模块，它以"技术与设计1"为基础，内容主要是具有典型意义、有着丰富思想内涵和广泛应用性的专题性技术设计。两个必修模块都具有通用性强、适用面广、可迁移性大、实施条件灵活等特点。

　　课程标准中关于这些学习知识的规定，体现了很强的通用性和普适性，这种特点的知识经过教材编制环节，一些内容在教材中体现的结果是很多类似科普性知识。由于实施条件、课程理解等方面的制约与影响，经过教师实际运作的必修模块就在一定程度上被感受到"没必要学"。有教师认为，必修模块中的部分内容没有必要学，有的学生认为必修模块看看就懂不用开设，也有将两个必修模块合而为一的建议，也有只开选修不开必修的看法。

　　① 教师认为部分内容"没必要"。

　　在 S 实验区 JN 中学，老师提出"没必要"的看法。

　　ST6：我对课程内容的看法是，不需要一定要懂原理。通用技术的内容比较多，多了就有点灌输性了。第一学期是比较有兴趣，但现在学生有些麻木了，提不起兴趣了。我个人感觉是不是两个学期有些多了，内容比较复杂一些，学生不需要。我听过两节通用技术课，感觉第二个学期开得没那个必要了。"技术与设计1"有四个单元，四个单元有四个大的评价，每个单元都有一个，在教学当中我们没有落实，最后只要交一份作业就行。到会考的时候都是拿回去做的，按学生的说法就是没有什么内容了。

　　② 学生认为"应该多动手"。

　　H 实验区 HX 中学的学生也有类似的看法。

　　HS1：我希望通用技术课应该多动手，经常做一点东西。但是现在不是，感到没什么好学的。

HS4：选修课可能使自己的特长可以发挥。通用技术模块一、模块二，感觉没有必要学。（H实验区HX中学－［3］［A2］）

对"技术与设计1"这一模块来说，教材中的知识内容是浅显的，有些是在其他学科学过的，有些是以其他科目的知识为基础的。但本课程的要求主要是通过对某种简单、实用的生活产品进行设计、改进或发明的体验，来了解技术产品的设计过程，掌握技术设计的一般方法，能够交流设计的想法和成果，并能对设计过程和他人的技术产品做出自己的评价，所以动手和活动应是课程的主要形式。从学生的"没什么好学的""感觉没有必要学"，到教师的"多了就有点灌输性"，再到"会考的时候就是拿回去做"，这些看法表明，教师和学生基于教材和实施的课程所认识的内容，与他们需要的或期望的存在着较大的落差，此外，怎么考就怎么教的考试文化影响着教师和学生对技术课程的认识与态度。

（2）选修模块——"值得商讨"。

教研员对课程模块设计很关注，他们常从课程目标出发来审视课程内容。以下是S实验区JY2教研员对选修模块的一种建议和想法。

① 哪些现代技术可以课程化？

JY2：选修课的技术知识选择，到底哪些技术可以课程化，成为学生学习的内容？那么生物技术课程，算不算技术课程的一个方面呢？是否应该在技术课程中体现，值得考虑。（JY2－［7］［B5］［E2］［A1］）

② 通用技术课程中的技术应该超前一点？

JY2：我们这个通用技术课程，能不能稍微地超前一点，可以有一定的比较专门的知识，还要有一定面的知识。我觉得这两个方面在课程内容中体现得稍微差一些，因为我们那些选修课，如汽车驾驶、农业方面，我觉得内容还是不错的……学生学完这些课程以后，他们真正有收获，对他们设计人生和持续发展有价值、有作用。（JY2－［21］［A2］）

　　课程内容选择的适当与否是课程实验实施阶段必须着重关注的问题。JY2 教研员的看法涉及了课程设计的根本性问题，即什么知识最有价值。而判断知识价值的取向需要兼顾社会、学科和学生。兼顾学生，需要在实际课程中体现"每个学生都有体验、发现喜悦的权利"这种教育理念，这样，使科学地设计与选择课程内容变得更加困难和复杂。技术与科学的孪生关系，技术的庞大家族谱系，技术发展的迅速和对社会与生活难以预见的影响，对技术课程认识的短暂历史，种种因素都让我们在"哪些技术成分应该成为高中技术课程的内容"的回答上充满障碍与难点。这告诉我们一个事实，在理论上没有做出系统研究与回答之前，技术文件课程内容的规定天生就可能存在缺陷与局限。

　　从以上访谈信息中看到，对技术课程目标和内容的感知，教师方面主要来自课程标准和教材，学生方面主要来自教材和实际体验的课程，教研员和校长主要来自教材和课程标准。相对于目标来说，教师和学生更关注内容，前者是课标教材层面的内容，后者是教学层面的内容。而对目标的关注多是基于内容的，因为有什么内容受制于目标。因此，教师和学生怎样看待和理解技术课程的目标和内容，结果或根本主要在于教材和课堂教学两个层面。在教师和学生的课程世界里，教材和课堂教学就是课程的化身，就是课程的标志，在教师和学生眼里，教材和课堂就是技术课程。

　　此外，课程内容是课程目标的具体化与现实化。分析文件课程规定的目标与内容可以看到，通用技术拥有一个 18 条和每条都有 2～5 层内容意义的具体目标体系，信息技术拥有一个 13 条和每条都有 2～3 层内容意义的具体目标体系；通用技术的内容包括 9 个模块 37 个主题共 188 条的内容，信息技术的内容包括 6 个模块 18 个主题共 83 条的内容。这样丰富、立体的课程目标，到底需要怎样的内容和实施过程才能够良好地实现？这是技术课程建设过程中必须提出和必须回答的问题，但这需要时间与过程。因此，可以理解技术课程实施初期阶段，教师、学生、教研员、校长等在目标、内容乃至价值方面有所分歧的看法和质疑的存在。

三、对地方课程政策与课程制度的看法

　　课程的有效运作需要课程制度做支撑，同样也需要地方课程政策做保障，它们是制约课程系统内外部因素的决定性环节，制约着课程实施的质

量与效益、方向与速度。特别是课程制度的规约、保障和促进功能，对学校水平的课程实施有着更重要的影响。

普通高中新课程实施以来，在课程政策与管理制度方面有了多方面的变化，带来对技术课程实施的各种影响。其中最具影响的，一个是有关高考方案的地方政策，另一个是课程的学分管理和选课制度。这从访谈中教师、学生和校长等对这两方面问题的格外关心可以得到印证。而且，无论前者还是后者，对学校和教师在实施中的课程决策都有着导向的作用，对技术课程实施的深度、广度和效果起到制约性影响。根据研究目标的需要，本研究对实施者关于这两方面的看法给予了特别的关注。

（一）技术课程作为高考科目的两难

一个课程科目是否是高考科目，对其实施与发展有着特殊的影响。因为目前普通高中学校中的许多工作都以高考为中心，一些关涉课程的决策会向高考科目倾斜，高考科目在校内外都会受到特别的重视。新课程方案中，技术课程成为国家课程，其对教育目标达成的价值有着特殊的意义。在本研究的访谈中，笔者深深感受到校长、教师、学生以及教研员对该课程价值的认可，同时也深深感到他们为该课程的有效实施和发展担忧，担忧的根源就是高考对课程实施的影响。一方面，成为高考科目能够确立技术课程的学科地位，从而会促进技术课程的实施、建设与发展，否则将被学校和社会置于边缘，课程价值难以得到落实；另一方面，在高考中所占分值比例、考试的内容和方式，也会影响到学校、教师和学生的课程决策，教、学与考之间的关系会因此被紧密关联起来，高考的指挥棒也容易使技术课程实施陷入尴尬境地。因此，技术课程是否应该成为高考科目，是否应该纳入高考这种社会评价之中，从新课程实验区的教育行政到学校、教师都十分关心这个问题，特别是技术教师，他们把技术课程的生存与发展同高考考不考直接挂钩，因为这会影响到地方课程政策和教育部门的管理决策，影响到学校对技术课程的"待遇"等。

1. 争议

本研究在访谈和教师问卷中都设置了相应的问题，以了解教师、学生、教研员和校长的态度，从而透视课程的社会评价对技术课程的影响，结果表现出一种矛盾状态。对技术课程纳入高考的课程评价形式，在教师内部存在争议，通用技术教师认为纳入高考能够保障课程在学校中生存，信息技术教师认为纳入高考会使信息技术陷入困境。但在问卷中，教师对技术课程成为高考科目高度赞同与支持。在访谈中，教研员和校长表现了对技术课程纳入高考的支持倾向。

从访谈数据中整理出来的典型的争议看法见表3-7和表3-8。

（1）高考是通用技术的"保障"。

表3-7 对通用技术课程评价的典型看法一览表

	典型看法	关键语	频 度
1	纳入考试评价之中，对技术课程地位的确立和发展还是有利的	有利	XZ4
2	如果不考试，开几年就会流于形式了	免于流于形式	HT4
3	技术课程不能深入人心的主要外在因素是评价，考试不考，高考不考	促进深入人心	JY1
4	加入高考"可能会有好处，但是从另一个角度来讲，我觉得可能成为笑话"	会有好处，也可能成为笑话	HT4
5	它会引导学校不得不开这个课	引导学校开课	XZ3

（2）高考是信息技术的"沟壑"。

表3-8 对信息技术课程评价的典型看法一览表

	典型看法	关键语	频 度
1	反对统考、高考那种形式，但不考对课程发展不利	反对考，但不考又不利	GT1、GT3、GT2
2	不支持加入高考，对学生发展不是一个有利的方向	不利于学生发展的方向	GT3、JY4
3	一旦进入高考，就出现你考什么我教什么	考什么教什么	HT11、ST2
4	为了高考而学，就把信息技术课原有的初衷改变了	改变原有初衷	ST2、HT5
5	不可以变成一个参加高考的课程	不可以	ST4

2. 赞同

在教师问卷中，设置了"您对技术课程成为高考科目有什么看法？理由是什么？"的问题。对回收的问卷进行整理发现，技术教师非常关注这个问题，谁也没有放弃回答问卷中的这个问题。教师们是从不同的角度表达自己的看法的，有的从学生利益出发，有的从学科本身利益出发，有的从客观实际情况出发，也有的从社会需要的角度出发，但所反映的态度趋于高度的赞同，理由的主体是保障技术课程在教室中的真实生存。由此足见高考这种课程的社会性评价对技术课程实施影响的分量。本研究按照不同的角度和不同的理由，将教师对技术学科加入高考的态度和想法整理在表中，表 3-9 是 N 实验区和 G 实验区的通用技术教师的态度与理由，表 3-10 是 N 实验区和 S 实验区的信息技术教师的态度与理由。

表 3-9　对通用技术课程成为高考科目的态度与理由一览表

角度	实验区	态　度	理　由
学生利益	N	1. 支持	1. 学生学习有动力
		2. 不太可能	2. 这会增加学生的学业负担，另外考试也难以实施
	G	1. 有必要	1. 可以评价学生的技术素养、对问题的综合思考能力，以及解决问题的能力
		2. 最好是这样	2. 学生所学必须跟学生的评价一致
		3. 担忧	3. 一旦高考，有可能使学生陷入死记硬背的困境
		4. 赞成	4. 今后应该使每个学生具有技术素养
社会需要	N	1. 成为高考科目好	1. 为社会培养懂点生活常识的人才
		2. 赞同	2. 不想培养出只懂理论而什么都不会做的书呆子
	G	1. 应成为高考科目	1. 一是全民素质培养的需要，二是当前功利思想的影响，重视程度不同
		2. 应该	2. 只有这样才能使全社会提高技术素养

续表

角度	实验区	态　度	理　由
学科本位	N	1. 支持	1. 不然没有人学
		2. 我支持技术课加入高考科目	2. 首先学生、教师能从态度上非常重视，从而促进教学，稳步推进课程完善，同时也给教师一种强大的动力
		3. 赞成	3. 中国现行教育体制下，只有高考才能引起人们的重视
	G	1. 应该高考	1. 列入高考后学生、教师、家长重视
		2. 应该高考	2. 在现有教育体制下，高考是推动此课程的唯一出路
		3. 很有必要	3. 否则没有办法落实教学要求
		4. 赞成	4. 只有高考才能引起行政领导、校长的重视，否则通用技术课会夭折
		5. 最好参加高考	5. 否则这门课的前途未卜
		6. 赞成成为高考科目	6. 学校一定会重视，否则，上有政策，下有对策
		7. 两难，但支持	7. 不高考，学校肯定不重视，两难，但支持成为高考科目
		8. 赞成	8. 高考不考的话，学生、家长、领导认为可以到以后再学
		9. 赞成	9. 如果没有列为高考，没人会重视（中国国情）
		10. 不赞成	10. 即使成为高考科目也不一定能促进
		11. 应列入高考	11. 理由是有考试后才有压力，有压力才有动力
		12. 一定要参加高考	12. 如果不参加高考，将会被边缘化
		13. 两难	13. 作为高考科目，可能会使技术课走向应试教育；不列入高考，又会使技术课存在生存问题
		14. 能够高考更好	14. 有助于解决学科的发展定位问题

续表

角度	实验区	态　度	理　由
客观实际	N	1. 有利有弊	1. 如成为高考科目，对学生和教师都是个挑战
		2. 没必要	2. 无
	G	1. 支持	1. 作为参考成绩
		2. 应该	2. 高考是指挥棒
		3. 支持	3. 但最好取消高考
		4. 两难	4. 如果不高考，则很难受到重视，如果高考又有点不合素质教育的本意，两难
		5. 应参加高考	5. 但是有困难，需要有一个过渡期
		6. 两难	6. 不考的话，学校等教育部门、教师、学生、家长不重视；考的话，又易走向应试教育的功利性教育
		7. 不同意	7. 目前操作比较困难
		8. 不赞成	8. 无
		9. 支持	9. 无

表3－10　对信息技术课程成为高考科目的态度与理由一览表

角度	实验区	态　度	理　由
学生利益	N	1. 支持	1. 生活技能与常识同样重要
		2. 支持	2. 生活常识也很重要
		3. 好	3. 学生学一些实用的东西
		4. 很好	4. 让学生学一些实用的东西
		5. 比较赞同	5. 技术课程在今后的工作学习中应用非常广泛
		6. 支持	6. 它对学生今后发展影响很大，学生今后离开通过技术课程所学的知识可能寸步难行

续表

角度	实验区	态　度	理　由
学生利益	S	1. 非常赞成	1. 对于学生将来的学习生活非常有用
		2. 不错	2. 促进学生学好用好计算机
		3. 赞成	3. 能使学生学起来更有动力
		4. 不成熟	4. 对从学校才开始接触电脑的学生来说，比家中有电脑的学生接受和理解得慢，高考肯定失分多
		5. 赞成	5. 否则学生学习的积极性降低
		6. 有必要	6. 可以提高学生学习的积极性
社会需要	N	1. 坚决支持	1. 信息技术已成为现代人们所必需的基本素质，与学生的深造就业和终身学习都很相关
		2. 非常必要	2. 各行各业都用到计算机，新时代的名词"不会电脑的也是文盲"
	S	有必要	引起学生、学校领导的重视，社会发展需要信息技术素养的人才
学科本位	N	1. 同意	1. 提高学科地位
		2. 赞成	2. 只有将其加入高考，学生才会重视，学校才会重视这门课
		3. 非常有必要	3. 信息技术的普及和应用广泛性显而易见，但学生、学校和社会各界对学习这门课的支持度还很不到位，高考这种直接有效的评价机制很有必要
	S	1. 希望成为高考科目	1. 可以引起学生和学校对本学科的重视
		2. 同意	2. 保证该课程更好地开设
		3. 不太赞成	3. 理由是一旦成为高考科目，就会被应试教育所牵累，改变了开设技术课程的初衷，但不高考，恐怕连生存的权利也会被学校剥夺

——

学校水平的特征与归因

续表

角度	实验区	态　度	理　由
学科本位	S	4. 赞成	4. 说明此课程的重要性，但分值太小
		5. 赞成	5. 对其发展有利，使这门课程有了生存的必要性
		6. 赞成	6. 可以使本课程的教学、管理更规范化
		7. 赞成	7. 一是学生、领导将对技术学科更加重视，二是技术学科教师有一定的说服力
客观实际	N	无	无
	S	1. 较遥远的问题	1. 即使是 3 + X + 1，也突出不了技术课的地位需求
		2. 可以高考，但分值不应很重	2. 学生压力大，地区差异大，对落后地区的学生不公平
		3. 成为高考科目好	3. 但所占比分太少
		4. 赞成	4. 但考试方式有待再探究。我认为应该根据学生的专业方向，把信息技术分为基础和专业两个层次
		5. 非常必要	5. 因为高考是高中学习的指挥棒，考什么就学什么，而不是用什么就学什么，怎么考就怎么学，所以考不考，决定了学生学不学，怎样考决定了学生怎样学
		6. 需要时间	6. 目前中国经济状况，城乡差距
		7. 没有必要	7. 作为技术课程，重要的是培养学生的一种技能和意识，而非基础知识，教材也并不成熟，技术的学习程度与高考之间并没有什么必要的关系
		8. 成为高考科目不现实	8. 对于比较落后的农村，有好多同学到高中以后，鼠标怎样用都不会，技术课很难上，经济发展不均衡，学生所接受的信息量不同

续表

角度	实验区	态　　度	理　　由
客观实际	S	9. 反对	9. 因为技术课的很多内容应该考核的是动手能力，不好落实到纸上，很难实施，出题很难
		10. 应试教育翻版	10. 理由是如何考，动手能力如何体现

（1）通用技术教师的理由。

对73份通用技术教师问卷（N实验区15份，G实验区58份）中关于技术课程作为高考科目的看法进行归纳整理发现，支持成为高考科目的理由主要有三方面：一是能让教师、学生、家长、学校重视本科目，增加学生学习的动力；二是能避免被边缘化，出现生存问题；三是有利于课程目标的落实和课程的发展。其根本是高考这种评价是技术课程得以真正实施的保障。反对成为高考科目的理由也主要有三方面：一是增加学生负担；二是实施起来困难；三是不一定能促进课程的发展。感到两难与担忧的理由主要有两个方面：一是怕学生陷入死记硬背的困境；二是会使技术课走向应试教育。

（2）信息技术教师的理由。

对90份信息技术教师问卷（N实验区30份，S实验区60份）中关于技术课程作为高考科目的看法进行归纳整理发现，支持成为高考科目的理由主要有三方面：一是能引起学生、学校对本学科的重视，使学生学习更有动力；二是能提高学科地位；三是保障课程的生存，促进课程价值的实现。与通用技术教师一样，理由的根本就是高考评价是技术课程落实的保障。反对成为高考科目的理由也主要有三方面：一是实际操作困难，如动手能力如何考；二是课程的发展还不到时机，如教材并不成熟；三是其实质反映的是一种担忧，怕一旦成为高考科目，就会被应试教育所牵累而导致开设技术课程的初衷发生改变，但不高考，又怕课程连"生存的权利也会被学校剥夺"。感到两难与担忧的理由主要有两个方面：一是即使3＋X＋1，也突出不了技术课的地位需求；二是城乡差距的现实。

从理由分析发现，在技术课程是否作为高考科目的看法上，信息技术与通用技术教师接近一致。支持的理由就是，高考是技术课程生存与价值落实的重要保障；反对和两难的理由相近，主要是实施困难和担心落入应试教育的陷阱，其结果还是不能解决技术学科的地位问题。

3. 具体看法

（1）对课程地位与课程价值的期待。

①"对技术课程地位的确立和发展还是有利的"。

本研究中访谈了 4 位校长，他们都十分关注技术课程评价问题，对技术课程纳入高考评价都倾向于赞同，但同时也透着无奈。他们对采用这种课程评价方式看法的初衷，主要是从保障课程能够在学校中开设，并且能够对开课的学校体现高考中的公平出发的。因为他们担心一些学校包括一些办学水平较好的学校，为了追求高考升学率，会不开设或是虚假开设技术课程（即只在课程表中设这门课）、一切给高考科目开绿灯的做法，反过来会构成开课学校高考升学率竞争的威胁。如果纳入高考，会避免这一情况发生，同时又有利于技术课程的发展。如 S 实验区 JN 中学的 XZ4 校长是这样说的："不管怎么说，我市将技术课程纳入考试评价之中，对技术课程地位的确立和发展还是有利的。"（XZ4－[4]［A4]）

②"它会引导学校不得不开这个技术课"。

高考评价能够引导学校不得不开这个技术课，这是 S 实验区 FZ 中学的 XZ3 的看法。在访谈中，谈到对通用技术课程保障性需求有什么建议和看法时，XZ3 认为，中学里面临着一些困境，大前提是应该让学生得到全面发展，大方向应该是坚定的，但中学现在还面临着高考升学的压力，这个是谁都不能回避的。尽管在国家层面的一些文件上并不涉及这些问题，但这是一个不能忽视的问题，"学校的课程开设会考虑到高考，现在国家对学校的评价标准和家长对学校的评价标准是两码事。什么样的教育才是令人满意的教育？我们中学的目的是把学生送入大学，送入好大学，这也是家长满意的"。因此，权衡各个学科在学校里面的安排，学校的决策都要围绕着高考。S 实验区在高考的重压下，人们关注的还是高考，所以该实验区"高考方案出台以后，它会引导学校不得不开这个技术课，实际上我（注：XZ3）认为这个方案非常好"。

XZ3 还谈到高考制度的改革不光是命题的改革，是一系列的改革，其中包括招生制度。"如果招生制度不改，课改的推进难度可能会很大，国

家可能也看到这个问题了，进程明显放慢了，我们也很困惑。"（XZ3 –［12］［F4］［A5］）

③ "反对统考、高考那种形式，但不考对课程发展不利"。

反对统考、高考这种评价形式，但在高考文化面前不考对课程发展又不利，这是 G 实验区 SY 中学 GT1 老师的看法。他认为，在学校里面真正开设信息技术课程难度很大的原因还是评价、考核这些制度不够完善。如果要真正纳入高考或统考科目，信息技术课程将会很被动，恐怕不会有现在这种局面，会出现考什么就教什么，或者学生和家长放弃这门课程的学习，而只学习高考分数比重大的课程的局面。因此，他从原则上反对统考、高考那种形式。"但是不考的话，对技术教师在学校的某些现状的改变和技术教师个人的发展不利，在许多学校，信息技术教师本身是一点儿地位都没有，一天到晚打杂。"（GT1 –［2］［A4］）

④ "不认同加入高考，但'挤入'高考有利于技术教师的地位提升"。

这是 G 实验区 G 市教研员 JY4 的看法。她认为，如果以是否是高考科目这个标准来衡量的话，校长就不会无动于衷，会有对技术课程的教学条件提供改善的可能。校长会关心"现在电脑室有多少个？计算机档次都在哪个层次？"，"他也会关心这个科目，也可以去听听课。以前为什么不听计算机课？我觉得这里面可能有这些原因。"

> JY4：我个人不认同加入高考，那为什么老师一想到提高地位就想挤进高考里面？因为学校、社会、教育行政部门等对学校对老师的评价都是以高考这个指挥棒来评价，包括家长、学生本人也是以这个指挥棒来衡量，说得难听一点都是很功利的。所以作为老师的希望是在地位、经济和事业成就感上，这些常常需要通过外在的评价来获得，但是目前除了高考评价以外其他都不能使老师有所获得。（JY4 –［15］［A5］［A12］）

（2）对课程未来发展的担忧。

教师十分关心技术课程评价问题，几乎有 80% 的教师都会谈到这个问题。他们有的是从学科地位确立的角度提出看法，有的是从小科教师待遇的角度提出看法，也有的是从学生学习投入的角度提出看法，或从学科长远发展和课程目标落实保障的角度提出看法，其中前两者居多。

①"如果不考试，开几年就会流于形式了"。

如果不考试，课程就会流于形式，是许多通用技术教师担忧的。他们认为"技术与设计1"和"技术与设计2"应该纳入高考，如果不考试，很多因素都会使通用技术课程难以存在下去。"如果考试，学生的功利就大了。如果不考试，开了几年就流于形式了。哪怕你是稍微地考一点点都会对课程有好处。哪怕只是一两分都好，起码顾及到这门课了。你不考试的话，我们真的感到很难坚持下去。为什么呢？因为学生不配合你。如果高考有这门课就对学生有吸引力了。"（ST6－[21]［A4]［B2]）

②"可能落入尴尬的境地"。

技术课程纳入高考可能成为笑话，这是H实验区HN中学的HT4老师的看法。他认为，从某一个不考虑学生和技术课程价值真正落实的角度看，纳入高考可能会有好处，但是从另一个角度来讲，他觉得可能成为笑话，因为全面的技术素养依靠目前的高考命题方式是考不出来的，最后就会出现背书本、背条条，你考什么我教什么的状况。HT4老师说这是个两难的问题："作为任课教师，个人的角度当然是高兴了。起码我教的学科没有那么多人反对我了，没有人说可学可不学了，不再是不伦不类，和有你没有你都没有关系了。但是，高考要是算分的话，那就不同了，就好像是政治时事那样的……你说政治时事那两三分学完了对学生有用吗？政治素养就真提高了吗？对于技术素养培养来说，只有几分的通用技术加入高考这个不是笑话吗？"（HT4－[18]［A5]）

③"不能深入人心的主要外在因素是评价，考试不考，高考不考"。

H实验区JY1教研员也认为加入高考评价是通用技术课程发展的希望所在。在访谈中她说，开课一年来，总体感觉是技术课程不能深入人心。从学生、家长到学校和教师，都是如此。她分析这种状态的原因是，"不能深入人心的主要外在因素是评价，考试不考，高考不考"，并认为进入考试评价会推动技术课程实施。因此，她作为技术课程的开发者与实施者，希望技术课程参加高考。进入考试是手段，目的是推动技术课程建设，特别是促进学校技术教师队伍的建设与发展。（JY1－[4]［A5]）

但是，对于信息技术来说，教研员则有不同的看法。在2005年4月的三亚会议上，S 实验区资深教研员 JY8 指出：技术课程进入高考，将使技术课程实施落入一个十分尴尬的境地，技术课程的选修课、技术课程价值作用的实际落实都将是句空话。

（3）对学生主体发展的影响。

①"对学生的发展不是一个有利的方向"。

纳入高考评价形式，对学生的发展不是一个有利的方向，这是 G 实验区 SY 中学的 GT3 老师的看法。他说："指望高考我本人不是很赞成，对学生的发展不是一个有利的方向。"（GT3－[4]［A5］［F4］）

②"你考什么我教什么"。

考什么就教什么，这是对技术课程进入高考后，技术教师最担心可能出现的状况。H 实验区 HK 中学的 HT11 老师："一旦信息技术课程进入高考，一定会面临这样的问题，就是你考什么我教什么。教育中的功利主义一定会导致这个问题出现。"同时他也认为，就信息技术教师来说，这样的问题会有，老师们也不会仅仅为了功利，很多老师肯定也能够尽可能地发掘课程的价值，努力去全面落实价值，但是同时也要尽可能地突出考试的指导。（HT11－[38]［A5]）

（4）对实现课程目标的顾虑。

①"加入高考会改变学习信息技术的初衷"。

加入高考评价会改变学习信息技术的初衷，这是 S 实验区 FZ 中学信息技术教研组大多数老师的看法。ST2 老师认为，"我觉得信息技术是最能体现素质教育的学科。然而，如果为了高考，就会把学习信息技术的初衷改变了，这是不能容忍的"。（ST2－[11]［A5]）

②"不可能变成一个参加高考的课程"。

不可能把信息技术变成一个参加高考的课程，这是部分信息技术教师的看法。例如，S 实验区 FZ 中学的 ST4 是一位只有两年教龄的新教师，她就坚信信息技术不能纳入高考，也无法纳入高考。她认为，如果纳入高考，有的老师为了让学生考试拿高分就会不让学生学习考试内容以外的东西，但是现在应该培养的是学生全面的素质和能力而不是分数。让学生上每节课都能涉及扩充的知识和技能，信息技术课程是可以做得到的。但是，"高考要是真正考的话会有很大变化。压力就是怎么考、怎么出这个题，出了题后怎么去抓"。（ST4－[18]［A5]）

③ "不支持加入高考，否则会变成一种误导"。

加入高考可能会变成一种误导，这是 G 实验区 Z 市教研员 JY5 的看法。他极力反对技术课程纳入高考的课程评价形式。"我在省教研会上就说，不支持加入高考……会不会变成一种误导？变成每一个学生背一背性质和特性是什么，或者有什么途径这几条出来，这样一来，对我们的学科不是促进，可能还加快它的灭亡。"（JY5－[11]［A5]）

"高考作为功利取向的教育和文凭社会的产物"（钟启泉 等，2003)[200]，已经成为一种正式的选拔制度。现在这种制度被社会推到一种极致状态，已经成为学校、学生和家长甚至教师的目标，成为选拔筛选的直接手段。本来考试只是一种客观、合理而公正的能力评价手段，并非以筛选为直接目的。但是由于高考成了学校的目标，所以考试就被当作推动学习的手段，并同奖惩结合起来，便具有了间接的筛选功能。高考的负面影响已经很明显，它影响课程的组织、内容和方法；分化了学生；等级式地分层了学校和教师；甚至在一所学校的体制内部造成了学生和教师的尖子集团；等等。但是，在一个高度竞争的异质社会，离开了考试也将无法进行社会筛选，因此，革新考试的内容和方法是一个教育的重要课题。

作为技术教师来说，对技术课程是否作为高考科目的看法，主要出自对技术课程的生存和发展，以及课程价值的全面实现的保障性角度。但是很明显，纳入高考评价对技术课程来说也是一把"双刃剑"，如果在考试内容和方法上同学术课程同出一辙，那将使技术课程的实施与发展走入死角。

（二）学分管理和选课制的风险

这里的风险意指技术课程实施初期阶段，实际运作的技术课程学分认定困难，选修课难以实现，以致学分管理流于形式，选课制名存实亡的潜在危机。

学分管理即学分制（英文是"gredit system"，通常译为"学分系统"），是一种以学分为计量单位衡量学生学业完成状况的教学管理制度。它是在选课制的基础上产生的。选课制就是允许学生自己选择学习的学科、专业和课程的一种教学制度。

《普通高中课程方案（实验）》提出"通过学分描述学生的课程修习

状况"，这表明了我国普通高中课程改革中的一大重点，就是尝试推广学分制，它将实现高中课程的多样性、选择性，建立起更具弹性的全新的课程管理制度。目前，对学分制的推行存在争议。钟启泉教授指出："学分制问题在教育界一直是个敏感的话题。通常听到的一句话就是：大学搞了二十多年都没搞好，高中能搞好吗？……从国际视野来看，我们的大学'没有做好'（事实上目前许多大学都有一套相对完善的学分管理制度）不等于高中就做不好。只要努力去做，主动地解决问题，形成配套的政策，高中试行学分制也是可行的。"（钟启泉，2004）

理论方面的研究表明，学分管理能够建立一种激励的导向和管理的制约机制，有利于推动学校素质教育的实施；能够配合课程设置的多样化，让学生选择的余地更大；也能够增强学校的办学自主权，让课程管理走向弹性化。但是实践中究竟怎样？技术学科的学分管理对其实施能够产生怎样的影响？访谈和教师问卷反映了他们的认识和看法。

本研究在教师问卷中设置了"您对学分制的作用和影响有什么看法？原因是什么？"的问题。120 份问卷（信息技术和通用技术各 60 份）中，除个别教师外，都对本问题给予回答并说明了理由。从理由陈述分析看，对本问题的看法主要涉及四个角度，即实际结果、过程管理、学科自身和学校现状。从实际结果和学校现状出发的主要看法倾向于学分管理目前还不能发挥作用；从过程管理的角度出发的主要看法认为，学分管理作为一种管理的方法可以起到一定作用；从学科自身出发的主要看法，有的认为有作用，有的认为没有作用。因此，在实施的初期阶段，技术教师认为对学分管理的尝试结果是不成功的，看法的总体倾向趋于不认同。具体情况见表 3 – 11。

表 3 – 11　关于学分管理的典型看法一览表

角度	实验区	典型看法	理　由	总体
实际结果	N	1. 效果一般	1. 高考才是指挥棒	不认同
		2. 没有作用	2. 没有看到对学生的影响	
		3. 作用不大	3. 感受不到对学习的影响	
		4. 会成为形式	4. 这种学分制实行有困难	
		5. 不会有作用	5. 真实地说只是形式而已	

续表

角度	实验区	典型看法	理　由	总体
实际结果	S	1. 换汤不换药	1. 学分制和以前的会考没有什么区别	不认同
		2. 不好把握	2. 无	
		3. 无实质意义	3. 最后容易上下不满	
		4. 流于形式	4. 每位教师所教学生太多，课时又少，连学生都认不过来就完成授课任务，无法客观评价学生	
		5. 完全没有必要	5. 真假难辨	
		6. 形同虚设	6. 自己学校评定学分没有意义	
		7. 与应试教育无异	7. 还是通过成绩来赋予学分	
		8. 有些作用	8. 学分制对于注重全面发展的学生有一定的约束力	
	G	1. 没有用	1. 学分制是一种形式，学分由学校控制，不上课也给了4学分	不认同
		2. 意义不大	2. 学分制是一种形式	
		3. 有弊端	3. 学分制容易让学生偏科，不重要或将来不打算学的专业就"60分万岁"	
		4. 是个成熟的东西	4. 近年的实际操作中，有点儿变味儿的感觉，还是那个老样子，如同鸡肋	
		5. 影响不大	5. 学分一般都能拿到，学生不专心上课	
		6. 没实际作用	6. 现在的学分制（高中）感觉三不像	
		7. 影响不大	7. 没有技术学分也一样能考大学	
		8. 学分制没什么作用	8. 无	

续表

角度	实验区	典型看法	理　由	总体
过程管理	N	1. 觉得比较好	1. 对学生的管理有了依据	认同
		2. 学分制很好	2. 能对学生学习起促进作用	
		3. 很好	3. 对不愿意学习的学生有一定的牵制作用	
		4. 相对有效的方法	4. 学分制对该课程来说是一种相对可行且有效的管理方法，但在具体操作细节上需进一步规范	
	S	1. 觉得比较满意	1. 对学生会有一定的制约作用	认同
		2. 有点作用	2. 能更好地调动学生的积极性	
		3. 学分制方法很好	3. 但重点在怎样合理、科学、公平、公正、严肃地赋予学分	
		4. 实行学分制很好	4. 关键是怎样评价，应提供更多的可操作性的评价方法，否则学分就没有意义，学生学习就不会认真	
		5. 真正实行了很好	5. 无	
	G	1. 很好	1. 用学分制评价可以激励、监督学生的学习情况	认同
		2. 作用很大	2. 能更全面地提升学生的素质	
		3. 理论上很好	3. 学分制管理与走班制教学形式能促使学生的个性化发展	
		4. 学分制很好	4. 对学生的学习有促进，使学生能有选择地学习	

续表

角度	实验区	典型看法	理　由	总体
学科自身	N	1. 有作用	1. 学分制有效监督了学校对信息技术的开设	中立
		2. 没有作用	2. 信息技术在学分制中所占的必修学分太少	
	S	赞成	可促进学校、教师对本学科的重视，以及学生对本学科认识的深化	认同
	G	没有用	占学分少，必修学分应适当提高到6分，学分多，学生重视，积极性高	不认同
学校现状	N	1. 有利有弊	1. 无	不认同
		2. 没必要	2. 无	
	S	1. 意义不大	1. 就学校现状而言，因为课时缩水，任务完成不了，一切是应付，是不认真的	不认同
		2. 意义不大	2. 受物力、财力、时间、空间的限制，学分制也是出于应付	
		3. 弊端很大	3. 由于个别学校只看重升学率，学分制的弊端很大	
	G	没有什么看法	实验过程各校不同，方案各异	中立

1. 理论上学分是"技术课程实施的一个保障机制"

在通用技术课程方面，对学分管理采用情况的具体看法主要有两类，一是作为保障机制的作用，二是学分认定的困惑。

学分管理成为技术课程实施的一个保障机制主要是通用技术教研员的看法。在访谈 H 实验区教研员 JY1 时，问到她对学分管理有什么看法时，她就是这样的说法："学分管理成为技术课程实施的一个保障机制。如果不是有学分制度，那 H 实验区那些好的学校都想要在 4 学分的必修技术课后，不再开选修模块。但依法实施课程的意识，使得选修模块得到开设。通用技术必修模块的学业评价包括很多内容，认定学分的权力在学校。学分认定既要合理又要有操作性。评价反过来对教学影响非常大。"（JY1－［5］［A9］）

学分管理对于学生的限制、对教师教学管理的帮助和对学校开设技术课程的约束，都是有积极作用的，这是 H 实验区 HN 中学校长 XZ2 的看法。在访谈中他谈道："学分管理作为一种管理的手段，有必修学分，学校就不能不开这个课，不开就没有这个学分，没有必修学分是不行的，这是很简单的道理"，"原来老师都怕用学分制，现在我们学校的老师都觉得学分制好，好在哪里？以前学生上课爱来就来，不爱来就不来。现在呢，你不来，学分就得不到。我现在越来越觉得这个东西是好东西"。（XZ2－［15］［A9］［C1］）

对技术课程来说，利用学分可以促进学生的学习，当然这需要教师的责任感和细致的工作。但是，在一定意义上说，这种限制是一种外力，并不能真正解决学生对技术学习的投入。

2. 实践上学分认定困难

（1）"学分是可以打折扣的"。

学分可以打折扣的看法是针对学分认定过程而言的。在新课程实验区，技术课程学分认定由学校执行，学校则将认定权力交给学科教师。学分认定过程是教师对学生学业状况进行评鉴的过程，受到几种因素的影响。其一，认定方案与认定标准成熟与否。即需要在学分认定方案和认定标准明确、清晰的前提下进行。其二，教师的专业化发展程度怎样。技术课程必修模块包括很多设计与作品制作活动，学生学业评定需要采用表现性评价，而表现性评价的质量和效果很大程度上取决于教师本人的知识和职业素养，与教师对技术的理解及教师对学生所从事技术活动的相关知识的把握密切相关。特别是通用技术学科中，学生技术活动实践与传统的手工劳动技术有很大不同，在指导活动中，教师的技术知识相当重要，它是学生从教师那里获得有效指导信息的基础。但是，目前的技术教师队伍及其专业化程度远远满足不了要求，更重要的是，认定方案和评定标准还没有形成，需要教师在课程实施过程中进行探索与建设，这就使学分打折扣成为必然的结果。

另外，学分认定与教师的责任感和学校对待学分认定的态度有关，这也是学分可能打折扣的因素。以下是在与 H 实验区教研员 JY1、H 实验区 HN 中学校长 XZ2 访谈时，关于学分认定问题的一段讨论，反映了学校对学分管理的态度和看法，也能够看到在技术课程实施初期阶段尝试探索学分管理的困难。

JY1：实际上学分这个东西它是可以打折扣的。

XZ2：打折扣你可以通过某种方式处罚啊。

XZ2：各个学校可以比，你不开，你这个学校就是学分造假。

XZ2：我现在要做好这样一个工作，就是从我学校的角度我肯定开课，但是我觉得还是把这个考一下为好。（XZ2－［15］　［A9］［C1］）

（2）"除非你是表现特别恶劣的，否则都会给学分"。

这是 H 实验区 HN 中学的 HT5 老师和笔者谈对学分管理实施情况时的说法，表现出对学分管理理解的不足、学分认定过程的盲目性与认定学分时的无奈和随意处置的态度。

HT5：如果学生在学校学习这门课，你不给学分，下学期就不来学了……除非你是表现特别恶劣的，否则都会给学分。我们当时对学生学业评价有五个方面，包括课堂作业、学习态度、上课迟到等，但后来没有办法实施下去，如果真的按照这个制度做，有些学生就要扣掉很多学分。因为在我们学校，迟到相对来说可能不仅是学生的问题，有的班就是特别散漫，就是不太重视技术课程。所以我认为现在的学分制只能是起一定的作用，和完全实施下来还有一定的距离。（HT5－［15］　［A9］）

（3）"学分认定困难"。

按照国外的研究和实践，对技术课程学业评定一般有五方面要求。其一，应对整个活动过程进行评价。其二，评价应是持续的，而不是间断的。其三，评价应有教师和学生都了解的、公开的评价标准。其四，评价应当为师生提供丰富、有效的反馈，并且反馈应及时。其五，评价应能反映出学生学习的多面性和综合性。学习是一个复杂的过程。它不仅让学生知道些什么，还让学生能用知道的去做什么；它不仅涉及知识和能力，还涉及价值观、态度和思维习惯：这些影响着学生在课堂外的表现，所以评价应当反映出这些内容。

　　H 实验区的技术课程实施得到了该省教育行政部门的高度重视和有力的支持，所以技术课程的实施状况要好于其他实验地区，在学分管理试行方面做了很多走在前面的工作。以下是笔者在 H 实验区的 HX 和 HN 中学实地研究时，了解到的教师们尝试建立的学分认定方案（见表 3 - 12）。

表 3 - 12　学分认定方案

信息技术课程	形成性评价 50% 其中：作业 10%、实验 10%、探究 7%、情感态度 8%、学时 5%、测验 10%
	终结性评价 50% 其中：笔试 15%、操作 35%
通用技术课程	形成性评价 50% 其中：作业 10%、实验 10%、探究 10%、情感态度 15%、学时 5%
	终结性评价 50% 内容：书面考试 + 作品

　　可以看到，这两个学科的学分认定方案框架基本一样，只是百分比不同，估计是教导处统一设计的。笔者想了解每一项怎么认定，比如"探究"分数怎么给？两门课中，严格来讲都没有"实验"，这一项分怎么给等，教师们没有说。分析原因可知，他们在实际学分认定时并没有按照这个方案进行细致的工作，这其中的原因应该有两个方面，一是在方案本身，二是在教师对学分管理的认识和理解。很明显，有的项目虽然有明确的百分比但却很难给分，而且没有更具体的衡量标准。因此，学分认定困难不可避免，学分管理作用不能发挥成为必然。

　　按照学分制的性质和实行学分管理的初衷，学分管理对技术课程实施应该具有保障性作用，从学生的角度来说，学分管理的学习评定办法对学生的全面发展和个性发挥具有积极的意义和作用。但实际上，真正实行学分管理的前提和保障还没有形成，致使它的功能黯然失色，同时也使技术选修课的选修名存实亡。因此，学分管理的成功实行，学分认定是关键，其效果和质量与教师培训有关，应该说，学分管理对教师培训提出了新的要求。

四、教师和学生的课程认同

课程认同问题是课程改革推行过程中的基本问题，在理论上对课程认同的专门研究还很少见。本研究从课程实施的角度对课程认同做两个方面的理解：一方面是指主体对课程客体的赞同、遵从和认可与否的心理意向和态度；另一方面也指主体对课程客体的理解和认识，反映主体的自觉状态的课程意识。

对课程认同的理解，本研究借鉴了已有的研究。例如，香港中文大学的李子建在他对有关教育改革项目实施阶段的教师认同感研究中，将认同感分为两个变量：一是教师对课程改革的态度；二是教师对实施课程的行为意向（behavioral intention）。再如，澳大利亚学者沃与克林斯（Waugh, R. & Collins, P. R.）在他们的相关研究中认为，课程变革实施阶段的教师认同感应该包含"态度"和"行为意向"两个因素。根据上述研究，在这里对教师课程认同做这样的界定：指教师对正在实施的新课程所表现出的主观上的接受程度，即正面的态度、行为意向和课程认知。教师课程认同的内容应该包括多个层面的多个方面，如对课程价值的认知、课程目标的认同、课程内容的认同、课程评价的认同、教材认同、教学认同等。当然，教师的正面态度和课程认知并不一定导致其相应的外显行为，但许多研究表明，教师对课程改革的态度和其在课程实施中的行为之间具有显著的正相关关系。

课程认同受主体的教育观念、价值取向、人才观念等影响，也受主体的文化背景、生活境遇的影响，当然也与地域经济、文化传统和社会发展相关。目前，对教师课程认同的影响因素的研究较多。沃与庞奇（Waugh, R. & Punch, K. F.）认为在课程变革实施阶段，影响教师认同感的主要因素包括：对教育的基本态度；缓解变革给教师带来的忧虑；变革的实用性（practicality）；教师对变革的期望；学校给教师的支持；教师对变革的成本效益评估（cost-benefit appraisal）。李子建对实施阶段教师认同感的研究认为，如果态度和行为意向是教师课程认同感的两维变量，那么其影响因素就可以确定为：教师对课程改革的非金钱成本效益评估；课程的实用性；教师对课程改革的关心事项；学校对教师的支持；校外对教师的支持。显然，不同的主体对课程会存在不同的认识与理解，因而会有着不同的态度和行为意向，在课程实施的初期阶段，会表现为课程认同的某种状态。本研究借鉴上述研究成果，按照态度和行为意向两个维度考察分析了主体对技术课程的认同状态。

学校层面的技术课程实施，教师、学生和校长是重中之重的因素，从具有课程决策行为的特定意义来说，他们都是课程的决策者。他们的认识、看法与态度对技术课程实施具有直接的影响。本研究主要通过分析教师、学生和校长对课程的认识、看法等数据信息，来认识他们对技术课程的认同状况。通过对问卷和访谈等数据的统计与分类整理发现，教师、学生对技术课程的认同状况较为复杂。在这里，只从认同倾向上进行表述。

（一）教师的课程认同倾向

对本章第一节中关于教师对技术课程的认识与看法进行分析，和对问卷相关项目的统计结果进行整理，将教师的技术课程认同倾向从课程价值、课程文本、课程实施条件和教学状态四个方面加以呈现。

1. 课程价值

对开课必要性和意义的看法，可以反映出教师对课程价值的认同情况或倾向，具体见表3-13和表3-14。

表3-13　通用技术教师关于课程价值的看法统计结果

问　　题	选　　项	G 实验区（%）	N 实验区（%）
对于通用技术课程的开设，您的看法是_____	A. 非常必要	52.5	76.7
	B. 很重要	17.5	17.0
	C. 没有必要开设	2.5	1.7

续表

问　　题	选　项	G 实验区（%）	N 实验区（%）
您认为通用技术课程应该达成的课程目标是_____	A. 基础知识	37.5	41.7
	B. 基本技能	52.5	50.0
	C. 思维能力	47.5	33.3
	E. 解决实际问题的能力	72.5	91.7
	F. 创造性思维能力	55.0	33.3

（注：D、G、H、I、J 选项为值 0，因此没列入表中）

表 3－14　信息技术教师关于课程价值的看法统计结果

问　　题	选　项	G 实验区（%）	N 实验区（%）
对于信息技术课程的开设，您的看法是_____	A. 非常必要	82.6	85.6
	B. 很重要	13.0	50.0
	C. 没有必要开设	0	0
您认为信息技术课程应该达成的课程目标是_____	A. 基础知识	17.4	35.0
	B. 基本技能	32.6	73.3
	C. 思维能力	17.4	33.3
	E. 解决实际问题的能力	63.0	83.3
	F. 创造性思维能力	41.3	50.0

（注：D、G、H、I、J 选项为值 0，因此没列入表中）

从问卷的统计数据看出，G 实验区和 N 实验区被调查的通用技术教师，对开设通用技术课的必要性以及课程在培养学生解决实际问题的能力和创造性思维能力的价值上，具有较高的认同。

G 实验区和 N 实验区被调查的信息技术教师，对开设信息技术课的必要性以及课程在培养学生解决实际问题的能力和创造性思维能力的价值上，具有较高的认同。

2. 课程文本

对课程文本的认同情况，通过教师对标准和教材中体现的课程内容与目标的看法可得到反映。根据表 3－4 和表 3－6 中典型看法的整理，体现认同倾向的条目数和频度数见表 3－15 和表 3－16。

表 3－15   信息技术教师对课程文本的看法统计结果

角　　度	认同或建议的条目数	频度数	不认同的条目数	频度数
课程标准	2	3	4	8
教材	1	1	6	7

表 3－16   通用技术教师对课程文本的看法统计结果

角　　度	认同或建议的条目数	频度数	不认同的条目数	频度数
课程标准	4	4	6	8
教材	1	1	9	12

从教师对课程内容、目标的典型看法的整理中看出，对课程文本的看法呈现出较明显的认同偏低的倾向。事实上，在教师的访谈数据中，大多数表达了对课程标准、教材以及教师用书等教学材料不好用、不能满足需要的看法，有的教师对信息技术课程的课程文本表现出明显的不认同。

3. 课程实施条件

对课程实施条件的认同状况，从对问卷的两个项目的统计结果和访谈数据信息的整理可得到反映，具体见表 3－17。

表 3－17   技术教师对课程实施条件的看法统计

问　　题	选　　项	信息技术（%）	通用技术（%）
您对技术课程实施中所得到的专业支援和政策支持感到_____	A. 很满意	0	0
	B. 比较满意	50.0	22.5
	C. 不满意	47.9	75.0

续表

问　题	选　项	信息技术（%）	通用技术（%）
您认为开设技术课程面临的困难有_____	A. 师资问题	16.7	47.5
	B. 教学资源问题	83.3	77.5
	C. 学生学习的积极性、主动性	50.0	20.0
	D. 家长及外界的阻力	8.3	32.5
	E. 现行教育评价机制的制约	50.0	76.0
	设施、设备、场地	多数教师表示实验室和机器不够用	研究的6所学校中，只有1间实验室。5所学校均无场地，设备奇缺

从表 3 – 17 中的数据可以看出，教师对专业支援和政策支持感等课程实施外部条件的认同情况呈现偏低的趋势。感到很满意的技术教师均为 0，感到较满意的信息技术教师近 50.0%，感到不满意的信息技术教师接近 50.0%；而通用技术教师感到满意的为 0，感到不满意的为 75.0%。另外，50.0% 的信息技术教师和 76.0% 的通用技术教师认为，现行教育评价机制的制约是课程实施的最大困难之一。

教师对教学资源、设施、设备和实验场地等内部实施条件的认同情况也呈现偏低的趋势。其中，83.3% 的信息技术教师和 77.5% 的通用技术教师认为，教学资源是课程实施的最大困难，而设施、设备和实验场所均离满足技术课程实施的需要差得很远。

4. 教学状态

教师对教学状态的认同情况，可以通过教师对自己教学的看法和感受来反映（具体结果见表 3 – 18）。

表 3 – 18　技术教师对教学状态的看法统计结果

	满意的条目数	频度数	不满意的条目数	频度数	中立的条目数	频度数
信息技术	2	2	4	6	0	0
通用技术	5	7	1	1	1	1

从表 3 – 18 中看出，信息技术教师对教与学的状态感到满意的条目数是不满意的 1/2，感到满意的频度数是不满意的频度数的 1/3。因此，从这个角度可以说，信息技术教师对自己教学状态的认同呈现偏低的倾向。而通用技术教师则与信息技术教师相反，感到满意的条目数和频度数都远高于不满意的情况，所以可以说，通用技术教师对自己教学状态的认同呈现偏高的倾向。

综合上述四方面的情况，教师对技术课程的认同状况如表 3 – 19 所示。

表 3 – 19　教师对技术课程的认同状况

	信息技术	通用技术
课程价值认同	较高	较高
课程文本认同	偏低	偏低
课程实施条件认同	一般	低
教学状态认同	偏低	偏高

技术教师对课程价值认同程度较高主要表现在：对技术课程理念、价值普遍赞同，对课程标准中的相应表述普遍表示理解与认可；对技术新课程具有较高的信心水平和较强的行为意向；关心技术新课程实施的问题集中程度较高（如高中信息技术课程方案能否贯彻到底；学校和上级教育行政部门如何评价课改实验教师的工作；技术课程的地位如何真正体现；技术课程改革对学生发展的影响等）；技术教师具有较高的责任感和使命感等。

技术教师对课程文本认同程度偏低主要表现在：对技术学科定位和目标的质疑；对教材内容选择与组织的不满；对课标确定的课程模块、知识内容及表达方式等方面有意见；对信息技术课程设计的非零起点前提假设的疑义；对课程评价不明确和无序有困惑等。

技术教师对课程实施条件和教学状态认同程度偏低主要表现在：教师对学科地位的诉求；教师对课程参考资料和教学资源的诉求；教师在将文件课程转换成具体的课堂教学任务时的困惑与力不从心；教师的心理压力过重；教师对新课程的热情在下降；教师对新课程持续发展的信心不足等。

5. 对课程的一些反思性认识

在访谈中，技术教师对文件课程提出许多反思性认识，具体见表3-20。

表3-20　教师对技术课程的反思

项　　目	信息技术	通用技术
课程定位	"到底是为升学做准备还是为就业做准备？""到底是技术是科学？还是文化？"	无
课程目标	"对真是零起点的学生深了，对非零起点的学生又是没什么好学"	无
课程内容	课标内容宽泛，体系繁杂，重点不够突出，个别模块设置超出一般高中学生的理解力	课标内容体系凌乱，必修模块有的内容没必要，重点不突出
教材内容	教材容量大、软件多、理论多、技术操作少；教师、学生难以使用；一些教材内容素材的选择与组织存在不足	百科全书，不太实用，概念太多，案例太浅，有的例子离生活远
课程评价	课程评价不明确和无序	评价方式方法不确定
教学资源	课程参考资料和可用的教学资源数量上短缺，质量上低下	短缺，甚至没有
其他支持	学科地位受到轻视	不被重视

这些认识和话语告诉我们，高中技术新课程实施以来，教师的课程意识普遍有所增强，能够从课程整体对新课程的实施与发展进行理性的思考，这正是高中技术新课程能够深入发展的希望所在。但同时也告诉我们，教师对高中技术新课程全面正确的认知能够提高实施阶段教师的课程认同感，这还需要很多环节的工作和课程改革各方力量的努力。

（二）学生的课程认同倾向

对学生课程认同状况的考察，主要通过问卷方式，从态度和行为意向两个维度进行。学生对技术课程的认同情况如下。

1. 态度、看法

在学生问卷中设计了6个反映态度和看法的问题，问题的相关说明如下，统计结果见表3－21。

以下6对表示您对技术课程的态度和看法的形容词，在从1到7的程度分布中，选择您认为合适的选项画"√"，7是最肯定的评价，1是最否定的评价，4则表示没有明确的态度。

表3－21　学生对技术课程的态度、看法统计均值表

问　　题	N 实验区		S 实验区
	信息技术	通用技术	通用技术
1	5.27	5.26	5.03
2	5.85	5.78	5.53
3	6.11	5.24	5.29
4	5.22	4.82	3.90
5	5.31	5.05	4.63
6	5.54	5.23	4.88

从上述数据来看，学生对技术课程的态度总体倾向是认同的，只是认同程度不高。对信息技术课程的认同感总体高于通用技术。S实验区和N实验区是两个教育状况差异很大的省份，前者是教育大省，后者在地域、

经济和文化方面都弱于前者，但在学生的通用技术课程的态度方面没有表现出大的差异，而且从总体上和平均状况来看，S 实验区的学生认同感略弱于 N 实验区的学生。

2. 行为意向

在学生问卷中设计了 4 个行为意向的问题，问题的相关说明如下，统计结果见表 3 – 22。

以下由 1 到 5 的 5 个数字分别代表态度由"反对"到"赞同"之间的 5 种不同程度，请根据实际情况选出最能反映您真实情况的一个，并将数字填入各项后面的括号中。

5 个等级：1 表示完全反对，2 表示比较反对，3 表示不确定或中立，4 表示比较同意，5 表示完全同意。

表 3 – 22　学生对技术课程行为意向的统计均值表

问　　题	N 实验区		S 实验区
	信息技术	通用技术	通用技术
我赞成高中阶段开设技术课程	4.58	2.78	2.70
课下我坚持学习技术课的内容	3.42	2.60	2.30
我积极准备学习材料	3.40	3.90	3.73
我有信心学好这门课	3.80	3.08	2.91

从上述数据来看，学生对开设技术课程总体上趋于赞同的态度，只是认同程度不高。S 实验区和 N 实验区的学生对开设通用技术课程赞同的程度接近，只是后者略高于前者；对信息技术课程的赞同总体高于通用技术课程。在学习行为上，对通用技术课程总体上趋于不认同，对信息技术课程趋于认同，但程度很低。总体表现出态度上认同但实际学习的投入较少。

3. 课程价值认同

学生对技术课程价值的认同情况统计结果见表 3 – 23。可以看出，在课程价值方面，总体上学生有着较高的认同倾向，但对通用技术课程可丰富学习方式这一价值，学生表现出不认同的倾向。对信息技术课程的价值，学生都表现出较高的认同倾向。

表3-23 学生对技术课程价值的认同倾向

价值　百分比　态度	提高技术素养		培养实践能力		开发创造潜能		联系现实解决问题		丰富学习方式	
	通用技术(%)	信息技术(%)	通用技术(%)	信息技术(%)	通用技术(%)	信息技术(%)	通用技术(%)	信息技术(%)	通用技术(%)	信息技术(%)
完全同意	32.1	53.9	25.5	54.9	21.4	53.9	23.6	43.1	8.2	47.1
比较同意	59.3	31.4	58.0	29.4	58.8	28.4	42.8	29.4	18.5	29.4
不确定/中立	1.0	8.8	9.8	8.8	12.8	8.8	29.2	16.7	20.7	13.7
比较反对	5.0	1.9	4.5	3.9	5.8	8.8	2.8	4.9	44.4	6.8
完全反对	2.6	2.9	2.2	1.9	1.2	1.9	1.6	2.9	8.2	0

4. 课程目标认同

学生对课程目标的感受和看法的统计结果见表3-24。可以看出，对通用技术，学生普遍感到能达到目标要求，对目标适度表现出认同倾向；对信息技术课程，学生也呈现出认同的倾向，但与通用技术课程相比略显偏低。

表3-24 学生对技术课程目标的认同状况

价值　百分比　态度	能达到目标要求		目标适度	
	通用技术(%)	信息技术(%)	通用技术(%)	信息技术(%)
完全同意	77.4	13.7	29.4	31.3
比较同意	0	42.1	54.9	29.4
不确定/中立	17.7	20.5	0	26.6
比较反对	0	18.6	5.9	4.9
完全反对	4.8	1.9	1.9	4.9

综合上述四个方面，学生的课程认同倾向情况见表 3 – 25。

表 3 – 25 学生对技术课程的认同状况

项目 \ 科目认同状况	信息技术	通用技术
态度、看法	偏高	偏高
行为意向	偏低	偏低
课程价值认同	较高	较高
课程目标认同	一般	偏高

学生的课程认同表现是复杂的，且已有研究较少。本研究对学生的课程认同倾向的考察主要以问卷的数据作为依据。

第四章 教师怎么"做"技术课程的决策

　　研究课程实施的一个重要问题就是发现并分析影响课程实施的因素。不同的课程、不同的课程实施环境，其具体的影响因素不同。国内外许多关于课程实施影响因素的研究成果表明，在影响课程实施的诸多因素中，教师是课程实施的核心，特别是在课堂层面，其他因素一般都要通过教师这个因素发挥作用。课程实施理论也表明，在很大程度上，教师对课程实施的影响来自其对课程问题的判断和依此形成的各种课程行为。对课程问题所做的判断被称为课程决策，是课程研究领域的一个重要概念。由于课程的设计、实施是一个复杂的过程，在课程发展的不同水平和不同阶段，都伴随着不同的人所做出的决策。因此，为了认识学校水平上技术课程实施的特征和影响因素，本研究在考察不同实施者对课程的认识与看法的基础上，特别关注了教师在课程实施过程中的表现，并且从教师的课程决策出发，重点考察教师做了什么、不同的教师为什么有不同的表现、哪些因素影响到他们的表现和做法。

　　在课程计划到达学校层面、文件课程转化为课堂运作课程的过程中，伴随着教师在备课或教学设计和课堂运作阶段的各种各样的课程决策。在备课阶段，本研究特别关注了不同学校的不同教师在内容处理、资源选择等方面的决策过程和结果；在课程运作阶段，除了特别关注课堂教学过程的模式、方法与学生表现外，也特别关注了教师对学生学习评价的决策。因为，技术课程的性质和技术教育的目标决定了其学习评价的特殊性、复杂性。特别是从关注结果向关注过程转变、注重表现性评价、弱化选拔与甄别、发挥评价的"激励、诊断、促进"功能的"教育评定"思想等新型评价观的倡导，在技术课程实施初期阶段，会导致教师在学生技术学习评价决策方面的困惑与困难。

一、对内容、资源的处理

从访谈数据分析中发现，课程内容处理和资源选用是教师在课程准备阶段最基本和最重要的决策内容。内容处理是一个核心问题，课程准备或教学设计是以此为始点和中心展开的，对于技术课程来说，资源选用是教师课程准备阶段难度较大的决策问题。

教材是内容处理的主要对象，部分教师依据课程标准进行内容的选择和确定。处理的方式一般包括选择、取舍、重组、打乱顺序、改动细化、变动呈现形式，此外还有创生的内容。内容处理的总体取向是调整，并且是自觉、主动的调整，在调整的决策背后凸显了教学信念、教材观、教学知识和基本教学条件对教师进行内容决策的影响。

资源选用是技术课程准备阶段教师课程决策的重要内容，实物资源、工具设备、信息资源是实施的技术课程的重要成分，有了这样的组成成分，教室中的技术课程样态才有可能彰显实用性课程的特征。技术课程暂短的历史和课程资源建设投入缺乏，使得技术资源特别是通用技术课程资源十分短缺，在客观上造成了准备阶段教师资源选用决策的困难。本研究主要从课程资源意识的角度考察教师在这方面的决策情况，结果发现选用的方式表现为寻找实物、利用网络、自制开发、选择可替代资源和购买。资源选用突出反映了技术教师正在形成的课程资源意识，以及教学信念、课程内容理解、信息素养和专业能力对教师进行资源选用决策的影响。

从做法和结果的角度看，在课程准备阶段，技术教师的课程决策特征主要表现为：内容处理的主要做法是调整和创生，资源选用的主要取向是以学生需要为本，主要做法是搜集和自主开发。

（一）内容处理：调整、取舍和创生

对课程准备阶段内容处理决策的考察，主要通过根据访谈资料和教学设计方案资料分析教师的做法而得到，具体见表 4-1 和表 4-2。

表 4-1 访谈中典型的内容决策分析一览表

科目	做　法	分　析	代　表
通用技术	有所取舍，有所延伸	积极调整：教材	ST5
	讲一些实在的	积极调整：信念、教材理解	HT1
	手工加糨糊制作板凳	被动：条件所限	HT4、HT1
	各种各样的题目，完全是学生自定题目	内容创生：信念	ST1
信息技术	布置这样一个题目	内容创生：目标	HT11
	全部都把它给打乱	积极调整：教材	GT2
	每一章每一节我们都有改动，都有细化	积极调整：目标	ST3
	要怎么讲就怎么讲	调整：教学知识	HT5
	课前最大的揣摩就是学生需要什么	积极调整：学生	HT11

表 4-2 教学方案中典型的内容决策分析一览表

方　案	判断与做法	分　析	教师
技术及其性质	容易理解，学生可能感觉无味//实例分析设疑难度增大	积极调整：信念、教材理解	HT1
技术与社会技术与自然	学生比较陌生，较难理解，程度不一；教材内容多//筛选、取舍；准备其他拓展性的、学生感兴趣的内容	积极调整：信念、学生	ST5
第五章第二节创造技法	先上第六章草图的绘制，再上第五章常用的创造技法	积极调整：教材理解	HT4

续表

方　案	判断与做法	分　析	教师
第七章第三节制作模型	动手操作能力不强，学习通用技术的热情不高//木制模型变为厚纸模型，剪刀加糨糊	主动调整：条件、学生	ST1
"技术的性质"走进技术世界	学生对技术概念模糊不清，对科学和技术的区别与联系似懂非懂//增加教学案例	内容创生：目标、学生	HT3

1. 教师课程理解主导的内容调整决策

（1）教材理解主导的内容调整。

教材中制作"小板凳这个练习题，根本就没有太多的意思"，这是 H 实验区 HX 中学的 HT1 老师对通用技术教材中一个具体内容的理解。下面仅以此为例，说明内容理解对教师内容处理决策的影响，以及带来的学生课程体验的结果。

在笔者访谈的通用技术教师中，多个老师都以做"小板凳"这一内容为例，来陈述对技术课程的认识、看法或做法。从做"小板凳"引来的教师对课程内容的分歧看法可以发现，通用技术教师对课程内容的理解差异较大，而且教师理解的课程成为决策教室中运作的课程的依据。教师有怎样的课程理解就会有怎样的实际课程，进而就会使学生有怎样的课程体验。在目前通用技术课程资源缺乏的现状下，教师对课程内容的理解及其对实际运作课程的设计，对学生的课程理解和课程认同产生了重要影响。以下是我访谈 HT1 老师的片段。

X：最终这个小板凳做成什么样了？是用纸片做的？

HT1：后来我们做的就是纸片的，按照课本的要求。

X：对卯这个问题怎样解决的？

HT1：卯的处理就缺失了。因为板凳的材料是便笺纸，无法做卯榫。但我们班有一个男孩子，他选的材料是很厚的笔记本的外壳，他就做成了一个凳子腿，可以插进去再拿出来，类似真的板凳。

X：就这个具体课程内容要求来说，用纸做和用木头做，在教学效果上能同样符合目标要求吗……

  HT1：肯定不一样。

  X：你想过这个问题吗？这种调整是合理的吗？

  HT1：没有想过，很多时候是按照我的理解决定的。

（2）教学条件主导的内容调整。

  因为课程实施条件的限制，一些教师对规定的课程进行了调整，这种调整的合理性如何？教师没有想。这不是教师做出内容处理决策的主要依据，他们依据自身的理解、按照现有条件和可能来做出有关内容处理的决策，在这种情况下，课程目标被摆在什么位置了呢？

  X：你理解课程标准里让做板凳，其真正的目的、意义在哪里？

  HT1：我在课堂上跟学生说过，绝不是说只教会你做一个板凳就行了，而是通过做板凳来学习木制品的衔接方式，所以核心内容在卯上。它有顺接，还有直接钉钉子。举例来说，现在好的家具不能用一个钉子，怎么衔接？就是用卯衔接。这课的目标我觉得就是掌握和体验衔接的方式。

  X：如果说卯榫结构、卯衔接体验是本课内容的重点，那么用纸片做板凳，用糨糊来粘接，你觉得还有意义吗？为什么还要做出来呢？

  HT1：我想教材中出这个练习的目的也是一个，主要是学生放在背包里做和带都方便。对于学生来说，目的就是提高一个认识，即设计好了容易带。

（3）背离目标主导的内容调整。

  在这里，我们看到了教师对课程目标理解上的不一致，前后出现了矛盾。下面是 HT1 讲的一位教师对目标理解非常有误的例子，内容处理的决策让实际教学成为幼儿园都可以有的手工制作，是一种很背离规定的课程目标的理解，再加上条件所限制（包括教师自身的动手操作能力和工具设备、场地等），导致了教室中如此的学生课程。

  HT1：我在上课的时候听一中有个老师讲这个课的一个设计，他说半小时就完成了做板凳的任务。一个学生利用一块平板和三个矿泉水瓶作为材料，然后背上它，成为随手可用的凳子。

　　X：这是不是把课程本身要求做的内容给改变了？

　　HT1：变了，做成凳子不是本质的要求，应该是教怎么衔接，接的方式有多少，学生设计和制作时，按照设计要求选择采取哪种衔接方法。我的理解就是这样。

　　这里我们不禁要问，教师的这种内容改变的调适是合理的吗？从规定的课程来看，这种理解是否有误？对卯榫结构的了解与木质产品的衔接方式的了解能是一样的意义吗？教师调试的或创生的教室中的课程，其合法性是否还要以与课程目标的一致性程度来衡量？这的确是一个值得探讨的问题。

　　做纸板凳的结果，导致学生说这课是幼儿园做的小手工，高中生怎么还要做这样的东西。学生从这个"动手制作"体验到的课程，让他们形成了"通用技术课程没什么特别的意义，和劳动技术课一样"的看法。这是学生课程认识的一个误区。HT3 老师也谈到这个问题，他就觉得这节课实际变成小手工课了，他也是让学生用纸和糨糊粘一粘，他和学生都感到索然无味。

　　教师最初理解的课程，因为没有场地，没有条件，在实际运作课程中而有所改变，这种改变使学生不能够亲自尝试真实板凳的设计，不能体验卯榫结构对衔接工艺的特别价值。但是，后来教师又以"课本的要求"为依据，做出无论如何要让学生"做一做"的决策，不过这一决策让高中生用"手工加糨糊"式的动手来落实本课程目标，不知这是否有意义和价值？学生体验到的课程使学生对已有的课程价值判断产生改变，这是否值得呢？

　　教师对课程的理解和对教材遵循的自觉，决定着教师的课程内容决策，学生体验的课程决定着他们对课程的认知和课程价值判断，进而影响学生的课程学习行为。按照这样的思考，笔者追问 HT1 老师：这种容易造成对课程目标的漠视和对学生课程认知的误导的教学是否值得？HT1 老师阐述了自己的以下看法。

HT1：我认为教材中的这个练习题根本就没有太多的意思。我那个班就做几个，我说你们感兴趣的可以做一做，后面还有做小背包的内容。考试我就拿做好的袋子拆开来，叫学生自己组装，实际这里面还有一个概念，接卯榫的时候，这个卯怎么打是很关键的，我做过板凳我知道，它不是你打个孔，然后将腿插上去就行了，里面跟外面都要衔接得上，外面跟里面要平，又不能突出，这是一个很关键的因素。但是我们课本上没有引入，因为它可能不要求学生一定亲自做个板凳，而就是要求了解衔接的几种方式。还有一组是电焊衔接的内容……那一章节我也就告诉学生，只要认识衔接的方式有哪些，这就足够了。（HT1 –［31］［A2］）

"做小板凳"是"技术与设计1"教材中，为体现课程标准"技术与设计1"必修模块中的"设计过程"主题的内容而选择的素材和活动案例。在课程标准中，设计过程主题包括五方面内容，即发现与明确问题、制订设计方案、模型与原型的制作、方案优化和产品的使用说明。对模型与原型的制作方面，《普通高中技术课程标准（实验）解读》第350页有三条内容标准和三条活动建议，具体如下。

三条内容标准如下。

（1）知道工艺的含义和常用工艺的种类。

（2）了解1~2类常用的工具和设备，学会一种材料的1~2种加工方法，能根据设计方案和已有条件选择加工工艺，并能正确、安全地操作。例1：常用的金工工具有螺丝刀、台钳、锉刀、锯、钻等，加工设备有车床、钻床等，加工方法有切削、弯折、压制、洗铸等。例2：常用的电工和电子工具有测电笔、电烙铁、多用电表、示波器等。例3：常用的木工工具有锯、刨、钻、锉、凿子等。

（3）能根据设计方案制作一个简单产品的模型或原型。

三条活动建议如下。

（1）设计并制作一个实用、漂亮、个性化的多功能笔筒。

（2）制作一件自己改进或发明的小农具。

（3）根据已有的设计图纸制作航模。

分析可知，"技术与设计1"教材中制作木质板凳的内容选择和活动组织，是模型与原型的制作内容标准的具体化。教材中讲的卯榫结构和材料衔接是木制品加工工艺的知识内容，木制品加工需要利用木工工具锯、刨、钻、锉、凿子等。制作木制板凳的活动，是为了贯彻本模块的教学思想，即各个主题应该融会贯通，不能机械割裂，以产品为依托，让学生理解大设计的概念，包括问题的认识、设计方案的制订、原型与模型的制作等在内的设计过程，而不是单纯的图纸设计。同时引导学生根据实际情况灵活应用，而不是机械地理解过程。此外，本模块还有一层目标要求是交流和评价。这既是设计过程的重要组成部分，也是成功完成设计的途径、方法和保证，因此，本模块要求要把交流与评价贯穿本主题的设计教学的全过程。

显然，如果学生不亲自体验实际做的过程，或实际做的过程成为小时候的手工制作，这都会导致课程目标落实不到位的结果。但是，在课程实施的初期阶段，教师对技术课程目标的把握、课程内容的理解和对教材的认识还有差距，因此，会影响到内容决策，进而影响到课程实施的效果。

在备课环节，对内容进行调整是通用技术教师较为普遍的内容决策行为。这种决策多数表现为主动、自觉地进行调整，少数表现为被动调整，被动调整常常是为资源条件或教师自身专业能力所限，主动、自觉地进行调整表现为以教师对课程的理解和教材的认识为基础。上面关于制作小板凳的决策例子，HT1老师表现的是主动地进行调整，其决策依据是他对教材的看法和对课程内容的理解。S实验区JN中学的ST5老师与HT1老师不同，她是一位新手，在备课环节主要遵循课程标准和教材，通常对照二者进行教材的某种变动，但很谨慎。用她自己的话来说，就是备课时有时会看看课标，"依课标来看教材，教学内容会在课标和教材之间有所取舍，有所延伸。比如，在培养情感、态度这方面，可以根据课标给他们延伸一点，稍微地变动一点，但还是积极的，正向的。"（ST5－[18]　[B1]　[B2]）

（4）教学法知识与内容调整决策。

教学法知识是教师知识组成的重要方面。为了促进学生很好地理解学科知识，教师要在课程准备阶段做好内容的选择、组织以及如何表征学科内容知识的准备。要使表征更有效，教师需要具备教学法知识。例如，了解促使学生对某一问题的理解感到容易或者困难的原因，学生的错误观念是什么，以及消除这些错误观念的策略是怎样的，等等。按照舒尔曼

（1986）的观点，学科教学法知识表现为对有关内容的教学能力。因此，教学法知识是教师在备课时做出良好教学设计的基础，而教师在备课阶段和课堂实施阶段的决策水平能够反映其教学能力状况。

"课前揣摩最多的就是学生需要什么"，表现了 HT11 老师在备课阶段对教学法知识的运用。

> X：你在备课的时候最重视的是什么？你是怎么准备的？
>
> HT11：我在上课前花费精力最大的就是揣摩学生的想法，如他们想提高什么，从他们现有的经验出发来了解他们想得到什么，以及他们能达到什么样的高度，然后根据课本把这个高度回调得低一点。
>
> X：你说他们能达到什么样的高度的依据在哪里？
>
> HT11：首先是他们平时在课堂上的表现。比如说他们操作的熟练度啊，理解能力啊，还有他们和你进行交流的时候，他们会表达出这种意愿，比如说他们想做什么作品，首先是揣摩他们的心理，接下来就根据他们现在能够到一个什么样的程度，把这个再回调一点。这时候是老师上课准备要讲的内容。（HT11–［42］［B4］［B3］）

一些教师不懂得备课的方法，不知道在教学目标达成需要和学生学习经验、学力基础的前提下准备课程。HT5 是一位专业知识和教学经验都较强的信息技术教师，但在问到准备课程时，他却认为"我不赞成准备什么东西，我要怎么讲就怎么讲"。这是教学知识缺乏的表现，而教学知识的缺乏会带来内容处理与资源选用决策中的随意性。

> X：我看你今天准备了很多东西，那么你在课前备课备得最多的是什么？也就是什么是你准备的重点？你想过你的目标吧？
>
> HT5：实际上我不赞成准备什么东西，我要怎么讲就怎么讲。素材和其他东西要用的话就准备了。假如你今天是来听课的，我绝对是没有事先准备的，我觉得就应该像平常上课就可以了，因为我平时上课也很认真。以前我认为公开课是没有必要准备的，但后来明白了公开课前一两个星期的充分准备是为了让其他人借鉴好的方法。这是一个转变。（HT5–［22］［B4］）

教师没有理解课程目标指引问题，说明教师对教学设计等教学知识的不熟悉或缺乏。从 HT5 老师的看法能够感到教学知识缺乏对课程决策上的影响，随意的内容处理会导致教学目标得不到落实的结果。

2. 基于课程认识与教学信念的内容创生决策

（1）课程认识与内容创生决策。

①"各个学科的一种延伸"。

"各个学科的一种延伸"是 HT1 老师对通用技术课程的一种认识，这种认识出自他特定的认识角度，也有赖于他个人的教学背景。但归根结底是他对学科课程的理解，形成了对本学科课程的这种认识，而对学科课程的这种认识直接影响到他在备课环节对课堂教学内容处理的决策。

HT1 老师是一位愿意并善于交流的教师，他愿意思考，愿意总结归纳，也愿意把所思所想拿出来与人交流和分享。在同他进行长达 4 个小时的访谈加座谈中，笔者了解到他对通用技术课程在内容上有一种独到的认识，即内容在很多方面是各学术性课程的一个延伸。

> HT1：……通用技术课程实际上有好多内容都是中学的各个学科的一个延伸。因为我深有体会的一个是理论基础，直接用到的和可能用到的是物理方面的比较多，还有机械的原理等。但是，真正要系统地做好设计这件事情，你还要考虑其他的学科，比如数学，还有语文，包括美术。（HT1 -［02］［A2］）

基于这样的一种认识，HT1 老师在内容处理上有着这样的决策：常常以学生熟悉的学术性课程的知识、原理，去组织有关的思考、分析和解释的内容，把"技术与设计 1"的一些内容演化为其他学科的一种延伸，让学生较为容易地认识和把握生活中的技术问题。教师的这种做法应该是内容创生的积极尝试，会带给学生一种学科融合的技术课程体验。

②"讲实在的，把学习内容变成一个个思考题"。

"讲就讲一些实在的"既体现了教师的一种课程认识，也反映了教师对通用技术学科的一种信念。研究发现，这种认识和信念会让教师在备课环节做出创生内容的决策。S 实验区的 ST1 老师、H 实验区的 HT4 和 HT1 老师都有着这样的认识和相近的做法。以下是 H 实验区 HX 中学的 HT1

老师在访谈中谈到的。

> HT1：我现在上课有些例子根本不讲，讲就讲一些实在的，有些在课本上没有告诉怎么做的内容，我把它作为一个重点加进来讲。比如门铃，在课堂上我把学习内容变成一个思考题：门铃怎么设计才能美观实用。（HT1 – ［03］［B1］）

③"把课程内容演化为几个活动"。

把必修模块的内容处理成几个部分，每个部分都对应一个活动，是 S 实验区 FZ 中学 ST1 老师的做法。他认为通用技术课要讲一些实在的，而且按照课程标准的要求，不能机械地割裂模块中的各个主题，要使得一些基本思想贯穿课程实施的始终，所以他选用教材的一些内容素材和案例，以学生活动为载体来重新组织教学内容。这样，ST1 老师的内容处理和实际课堂运作就表现出很突出的生成性或课程创生的特征。以下是访谈的片段，从中可以看出教师对技术学科的认识和课程理解，也看到他的教学理念和师生共同创生课程的可能与必然性。

> ST1：把通用技术课的内容分成几块来上。必修模块"技术与设计1"基本是两大块儿，"发明与革新"完成以后，后边课本还有一项，是知识产权保护，就是申报专利的内容。我的总体内容处理和教学做法是，搞革新，这是一个设计，完了以后模拟专利申报。按照内容建议把学生各组的发明进行专利申报模拟。我这儿准备了专利书，适用新型专利申请书。怎么来填，怎么去做，怎么写各种说明书，再给学生讲具体要求，把这个表格印出来，接着就引导学生经历申报专利的过程。

> ST1：第二学期就是必修模块"技术与设计2"，主要是流程这一内容。流程设计的教学内容我完全结合其他学科，像在化学里面，氯气的制作需要一个什么流程，物理里面某一个定律的应用需要什么流程，然后让学生去讨论，讨论的过程中，物理和化学等学科的知识都会再被运用上……他们看到物理、化学、数学都有流程问题。再有数据分析的，研究流向、画图，等等，学生感觉很好。各组自定题目，像这个学生做了一个糖醋排骨的流程（注：ST1 拿出学生的作品给笔

者看）。

这是一种大胆的内容决策尝试，对课程目标落实的效果究竟怎样，本研究还不能加以评说。因为在实施初期，通用技术课程教学评价方案一直在探索之中，还没有统一的评价量规进行度量。不过，笔者从对上 ST1 老师课的学生的访谈中明显感受到，学生喜欢 ST1 老师的课，喜欢这样内容的通用技术。而且在 ST1 老师的课堂上，也看到了情绪饱满、洋溢热情的学生积极参与的学习状态。这不能不说明，这种创生性的内容决策从某种角度来说是有效果的。但是它又是有条件的，教师的教学理念或教学信念、教师的课程理解和专业能力等，是教师做出创生性内容决策并能够得到较好实施的前提和基础。

（2）教学信念与内容创生决策。

①"让学生的个性得到最大限度发挥，把课程内容处理成一个作品题目"。

与通用技术一样，信息技术的学科特点为师生提供了共同创生课程知识的空间，但在实际中能否做到创生，这受到教师教学信念的影响，即教师的教学信念会影响其课前做出的内容处理判断和教学计划决策。H 实验区 HK 中学的 HT11 老师是一位信息技术学科的骨干教师，在新课程实施培训中，教育理论与教学观念都有较大的更新。在笔者访谈他的时候，能够感受到他当时在课程准备以及教学实施中所秉承的教学信念，即信息技术新课程必须让"学生的个性得到最大限度发挥，学生能够自己建构信息技术知识与技能，师生共同拥有较大的课程权利和空间"。按照他的信念进行课程问题判断，那就是学生的学习是盲从的，是他不能容忍的。所以，调动学生的积极思维和主动性的内容处理、教学策略和方法的选择成为他课程准备中的决策重点，也因此，他运作的信息技术课程有了特别的印记，学生在他的课堂上获得了不同的信息技术课程体验，从而可获得不同向度的发展。

> HT11：我在上课的时候仍然感到学生表现出一种盲从，老师怎么说，他就怎么去做。为了调动学生的思维，我把课程内容处理成一个个作品题目。我给他们布置题目时说，所有的题目、题材我都不限

制，但是我要你做一篇"作文"，题目叫《梦之像》。除了文字以外，你要有图形、图像。你在利用图的时候要告诉我，这个图放进去是什么意义，你为什么会选择这幅图。

X：结果是什么样的？

HT11：有学生来问我了，这个是什么样的作品？我说我也不知道。他们就说老师你不知道啊，那我就自己想想吧。学生的主动性就开始启动了。

HT11 老师的教学信念指导他做出这样的内容处理和教学计划，带来了师生共同创生课程知识的可能。但是他在第二个班上课时，对这个内容设计进行了调整，其实就是明确题目的说明与要求，并给予学生一种目标的指引或参照的启示。之后的结果，使他对这个内容调整决策感到彷徨与困惑。

HT11：第二天，在上课之后，跟另外一个班的说法调整了，我说："现在我打算安排一个图文作品。它的名字叫《梦之像》，内容我不限，但是呢，我需要有图片。"我告诉学生吉米的作品中，用文字无法形容表达的感情是用图表达出来的。好，你们就仿照他这样去做……但是给了这个方向，我又觉得很后悔，为什么呢？给了这个方向他们就会仿照别人去做，但他们自己的东西没有啦。（HT11－［07］［B3］［B1］）

从 HT11 老师的这段陈述中可以感受到，信念对教师内容决策的影响。同时也能分析到，他的困惑是离开了目标导向的结果。HT11 老师没有提到课程目标或教学目标作为他如此处理内容的前提。课程目标不清晰、教学目标不具体，会影响到课程决策的不妥帖或不适当。因此，先进的教学理念只能指引教师努力地探索与追求，将其变为现实还需要扎实的学科知识和教学知识做支持。

②"更重视技术基本思想的培养"。

"更重视基本思想的培养"和"强调方法"，这是 S 实验区 FZ 学校信息技术教研组的教师在新课程实施中秉持的一种学科信念。在这种信念下，他们对教材进行系统的细化和重组，给学生更多一些体验技术和动手操作的机会。下面是该教研组的 ST3 老师在访谈时提到的。

> ST3：对于高一学生来说，我们基本是按照课本的要求来做，但是我们更重视技术基本思想的培养。比方说从信息技术体现的一些价值、它的哲学观念、它的地位来讲它，因为高中学生的思维已经达到一个逻辑思维较强的阶段了，他意识到很多东西会影响到他将来的发展的时候，他就会为此进行一些准备。再一个就是强调方法。坚持这样的想法或观点，我们选择教学内容，要去教学生如何去学、学些什么、用什么方法、它涉及什么样的知识等。提示学生怎么在现有的基础上利用信息技术开发他的创作意识，为他未来在信息技术方面的发展带来突破。(ST3 - ［04］［B1］［B3］)

③"教材是一种教学资源，我全部都把它给打乱了"。

"教材是一种教学资源，不再是不可变更的教科书"，这是信息技术教师的教材观念。很多教师在访谈中都谈到这种认识，在备课阶段的内容处理决策中也反映了这种信念的影响，使得一些教师在课标和教材的基础上，根据学生的实际情况对内容做出创生性调整。以 H 实验区 HN 中学的 HT10 老师的做法为例。

> HT10：对备课阶段我做得比较多，就是把教材全部都给打乱了。比如说，像基础模块里面那个 Flash 动画是很小的一节，但是我把一些编程的东西放了进去，直接在 Flash 里面讲编程，学生就更容易接受。把参数一改变，哎，动画就出来了，这种就是函数动画。实际上也就是程序的魅力而不单是动画的魅力了。(HT10 - ［24］［B1］)

3. 个人经验、学科知识与内容处理决策

研究发现，不同的老师在课堂上运作的技术课程有着很大的区别。在 HT6 老师的课堂上，我体验了一节类似数学课程的技术课，逻辑性、条理性极强，但学生的学习状态不够好。有个老师告诉我说，这个班级的学生纪律比较不好，课堂就不太好，但实际不是这样。和 HT1 老师的课堂相比，非常明显感受到两位老师的教学风格、关注的重点、使用的资源以及现场教学决策行为有着明显的不同。这可能是技术学科的特点决定了教师具有更大的课程自主空间。在同等的客观条件下，不同的教师运作的技术课程呈现明显的差异，是教师而不是学生决定了这种差异，学生的影响较小，甚至可以忽略。

在笔者访谈 HT1 老师时，他总说自己备课备得不那么认真。他的这种评价是以传统意义的备课认识为基础的，即用很规范的文本写出明确的教案，像其他的学术性课程一样。但技术课程不是学术性课程，他所任教学科的特点和课程运作特征都能表明，事先所写出的教学预案，在实际教学场景中会发生很大的变异或需要做出较大的调整，特别是学生深度参与和自主学习的过程中更是如此。

课程准备环节是技术教师主导的环节，比起课程教学实施环节，教师有更强的控制权和决定权。为了明确老师备课环节的做法，笔者特别访谈了这个问题。结果和预期的一样，HT6 老师和 HT1 老师有着截然不同的做法。HT1 老师说，他大概在走路、吃饭等一些空档时间就备课了，就想着一些例子、资源、学生经验等方面的问题。

> X：你备课时最关注的是什么？
> HT1：我最关注的是举例，如学生感兴趣的或者我们身边能碰到的，但是讲这个例子之前，一定要说明为什么学这部分内容，比如讲系统设计的主要问题、目标和要求时，参考书上呈现的就是一些进行的步骤和说明以及哪里有几个桥或者道路等。实际上该内容的目的是修路，要求投资少，尽量节省钱，可是它没有提到这些问题。（HT1－［11］［B4］）

这个例子说明，教师备课关注什么受教师的个人化经验、学科知识的影响，也受教师对课程本身的理解与内容把握的影响，而这最终会影响到内容处理乃至教学方法和教学策略的决策等。

（二）资源选用：关注学生和自主开发

对课程准备阶段资源选用决策的考察，主要通过根据访谈资料和教学设计方案资料分析教师的做法而得到，具体见表4－3和表4－4。

表4－3　教学方案中资源选用与分析一览表

案　例	决策依据与选用的资源	分　析	教师
技术及其性质	突破重点，提出难点问题//生活中新技术产品及新工艺实例，Flash 媒体演示	教学需要、学生特点：开发	HT12
技术与社会 技术与自然	教材内容很多，课时不足//准备课件、网上下载资料：10 项对人类贡献最大的技术	教学需要、理念：开发、网上下载	HT13
第五章第二节 创造技法	多媒体设备、A4 纸若干、弹珠 100 颗加砝码 4 个、大水槽 4 个、各种款式的牙刷	教学需要：实物	HT14
第七章第三节 制作模型	教材内容、学生动手操作能力不强//画线工具、粘贴工具、裁剪工具、用木头制作好的书架一个，凳子一个	教材、学生：工具、自制实物模型	HT15
"技术的性质" 走进技术世界	重难点突破、内容离学生远//贴近学生生活的最新技术产品实物、技术产品实例	内容、学生：网上下载实例、实物	HT16

表4－4　访谈中典型的资源选用与分析一览表

科目	选用资源的做法	分　析	代表
通用技术	寻找实物资源，满足学生学习的需要	关注学生兴趣	HT1
	最关注准备选身边实例和可替用资源	课程理解、关注学生	HT4、HT1
	利用贴近学生生活的资源	课程理解、关注学生	HT11
	利用网络	课程理解、关注学生	ST1
	自己制作数字化资源	资源意识、关注学生	ST7、ST8、ST3、GT1、GT2
	购买的通用技术工具	教学需要	ST5、ST6 等

从表 4 – 3 和表 4 – 4 中分析可知，教师根据自己的课程理解、教学需要和学生特点来搜集、开发技术课程资源，是目前技术课程资源建设的主要做法。这种搜集、开发包括寻找实物资源，搜集网上资源，开发多媒体课件、数字化教程或学案和网上实践作业系统等。极少部分学校会购买一定的必要的通用技术工具。

1. 以学生为本的信念与资源选用决策

研究发现，访谈的技术教师中，绝大部分都显示了较强的以学生为本和课程开发的意识，他们不只是考虑如何有效地教学，而且更多地关注了带给学生什么样的教育经验，包括什么样的知识最有价值、什么样的主题最值得探索等。同时，也在课程决策中思考培养什么样的人以及受过技术教育的人该是怎样的等问题。这让我们看到，在技术课程实施中，教育不只是一个简单的操作行为，而是基于信念的行为。

（1）"寻找实物资源，满足学生学习的需要"。

通用技术课程资源贫乏是其实施的主要困难之一，可是在 H 实验区 HX 中学的 HT1 老师的课堂上，笔者没有感受到资源贫乏的味道。在他的课堂上，笔者两次都觉得他的课有那么好的资源在支持他的课程运作。那是平常的一节课，HT1 老师一上课就在讲台上摆放了三种精巧、真实又有特色，一看就知道是专门为了这节课而准备的实物资源。例如，为了一节课，他搜集到三种不同功能的合叶、一个门铃、一个能转的风车。在访谈时笔者问他是如何准备和根据什么准备资源的，他告诉笔者，考虑学生的全面发展、满足学生学习的需要是他准备资源的依据，寻找、制作实物资源是他备课花时间较多的地方。

> HT1：花时间准备实物是我备课的重要环节，因为学生缺乏直接经验。这节课我准备了三个合叶，其实还有一种合叶是折叠的，我们国家最老式的，我还没找到。虽然实际的功能或起的作用都是开门、关门，但折叠式合叶的设计系统是不一样的。我的学生完全不知道这些是什么。（HT1 –［13］［B1］［B4］）

为了满足教学需要和学生的学习需求，技术教师投入大量的精力准备资源，有时甚至要自己花钱买或从家中拿来可用的资源。HT1 老师告诉我，他为了上课将家中的门铃卸下来上课用。资源准备的例子让我们看到了通用技术课程资源选用的特殊性，另外就是教师选择资源的考虑是建立在课程的理解和以学生经验为基础的教学设计之上的。

（2）"选用贴近学生生活的能提起学生兴趣的资源"。

"选用贴近学生生活的能提起学生兴趣的资源"，这是 HT11 老师在备课阶段做出资源选用决策的信念和做法。他认为《多媒体技术应用》教材中使用的图片材料离学生的生活太远（如一组关于大豆纺织品纱线、成衣制品等的图片），所以按照他对课程内容及教材的理解，他选用了吉米漫画作品来作为这部分教学的必用资源。

> HT11：你看我怎么利用吉米的作品呢？吉米不是有一个人站在鸟笼子里面看世界的作品嘛，我认为只是把自己关在鸟笼子里边一个极短的时间我就觉得厌烦了。有些鸟在里面住了一辈子，它们怎么想？它这种心情、这个意识只可意会不可言传。如果光通过文字则很难表达，但是，吉米把它画成绘本以后，感觉就不一样了。给人感觉就像自己从鸟笼里面看世界一样，而且吉米把心情也传达出来了。
>
> 这个例子我在后边的教学中也利用。学生可以仿照它做作品。这种作品源自生活，高于生活，学生就愿意去做。（HT11－［31］［B4］［B7］）
>
> X：你选吉米的作品的时候是怎么想的？
>
> HT11：我目的很明确，它从学生的生活中来，学生接触很多，容易理解，也会感兴趣。
>
> X：这个资源的选用与那部分课程要传递的教学价值肯定会有差距吧？
>
> HT11：对，我原来都没有理解教材利用这些图片是想说明什么……（HT11－［36］［B3］［B4］）

从 HT11 老师对资源的选用能够看到，教师是以学生为本，尊重学生的兴趣和实际生活经验，同时基于个人对课程内容的理解来选择、设计或开发资源的。教师选用资源以学生为本是好的，但是，教师对课程的理解、教材内容的把握，却对资源选用同样有着重要的影响。理解或把握的偏差会直接影响到课程价值的落实或课程目标的达成。

2. 自主开发资源准备决策

课程不等于教材，教材只是课程的一部分。因为教材所承载的信息是有限的，而学生的需求是无限的，所以教师要创造性地使用教材和利用教材，努力开发教材以外的课程资源。这是笔者访谈的二十余名技术教师几乎都有的认识。这既是技术课程实施条件的特殊性所决定的，也是新课程实施使教师课程意识确立的见证。

研究发现，由于技术课程资源的匮乏，自主搜集和开发课程资源是准备阶段课程决策的重要特征。技术教师对课程资源的开发，主要来自学生的需要，尊重学生的选择，同时也融入了他们自己的科学精神和智慧，与学生共同完成了教育资源重组和整合。根据选择课程的内容和开发的课程资源，教师能够尊重学生的认知方式，开展自主、合作、探究式学习，并以学生的活动为主体，这是我看到的资源开发决策带给教室中运作的技术课程的一种特征。

（1）"依据学生需要开发课件"。

"教学需要来自学生的需要，只要需要的，我就会去努力开发，自己一点一点做。"这是 S 实验区 FZ 学校的 ST1 老师告诉我他准备资源时的想法和做法。

ST1：因为现在这个课刚刚开始，能符合教师和学生实际需要的资源几乎没有。基本上我全是从零开始，一点点自己开发自己做的。只要学生学习需要，我就会这样去做。在设计这部分内容时，还需要学生搞流程设计，还有结构与设计内容。这里都有学生很难理解全面的概念，这就需要选用一些资源支持学生的学习。没有就要自己开发，效果是很好的。你看，这是一个学生的一份作业，把结构的含义、结构的概念、结构的分类都搞清楚了。这是个难点。接着让学生搞一个结构原理分析，要求自己设计。你看，这样的桥是什么特点，他们画的，各种情况的分析都有，真的很不错。（ST1－[18]［B7]）

ST1 老师开发的部分数字化课件如图 4－1 所示。

（2）"开发和利用网络资源，促进学生深度思考"。

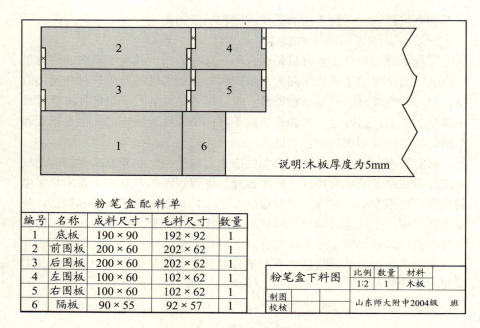

粉笔盒配料单

编号	名称	成料尺寸	毛料尺寸	数量
1	底板	190×90	192×92	1
2	前围板	200×60	202×62	1
3	后围板	200×60	202×62	1
4	左围板	100×60	102×62	1
5	右围板	100×60	102×62	1
6	隔板	90×55	92×57	1

粉笔盒下料图	比例	数量	材料
	1:2	1	木板
制图			
校核		山东师大附中2004级　班	

图 4 − 1　数字化课件

　　利用和开发网络资源，是信息技术教师在课程准备阶段选用资源的主要决策行为。ST7、ST9 老师为了适应学生的技术学习经验，为了满足学生技能基础差异和个性发展的需求，开发了必修模块的网络视频学习教程；HT11 老师开发了网上作业平台，学生利用网络提交作业，教师利用网络评阅与反馈，"既满足学生完成一般知识和原理知识的学习的需要，又有利于学生自学能力的提升"。

　　HT11 老师告诉我，他利用网络来支持自己的课程教学，在准备资源时，把必修模块的实践1、实践2、第一章的第2节等，留了一些作业并放在网上，同时留下和学生互动的话题和任务。在这种资源支持下，学生表现出积极的课程学习状态：有那么多学生在课下，通过网络作业平台同老师交流作业的内容，甚至是超出课程本身的学习内容。"我发现有几个学生相当不错的。他们在课堂上没有对问题进行直接交流，但是回去后，可以利用网络继续他们的思考和反馈，这样就可以促进他们的深度思考。"（HT11－［15］［B3］［B7］)

利用网络的资源决策行为，实际上体现了教师和学生共同创生课程知识的过程。教师对网络资源的利用，出发点或价值取向主要是学生。如同HT11老师所说的，他的教学信念是信息技术课程不仅是技术的学习和利用，更应是对学生思维发展的追求。

（3）"开发视频学案，尊重学生基础差异和个性差异"。

信息技术新课程的必修模块"信息技术基础"，其设计的基本假设之一是《中小学信息技术课程指导纲要》得到了落实，因此，本模块的目标、内容确定和选择安排的出发点就是"非零起点"这个假设。但是，事实并非如此。依据课程标准开发的教材忠实地遵循了这个假设，因而使高中信息技术课程实施在课堂层面处于困境。S实验区JN中学的ST7老师为了"每个学生的学习和发展"，坚持了自主开发课程资源的决策，同时资源利用取得了成效。尊重学生基础差异和个性差异，资源准备从学生学习利益出发是ST7老师的信念，正是这个信念的指导，使他在开发学生喜欢的课程资源上不断探索。

他告诉笔者，为了Flash内容的教学，他曾经为学生开发长达10页的Word文档学案，包含了文字、图片、操作的详细步骤等，但实际的教学中效果却不好，学生的积极性也不是很高。之后他进行反思，换位思考找到了原因："高中学生活泼好动，让他们平心静气地连续看完数十页的学案实在难为了他们。"于是，有了后边的资源改进决策——开发网络视频学案。该视频学案包括教程的功能，用ST7老师的话说就是："有讲解有步骤，活泼生动，学生戴上耳机，认真地看和听，看完之后，模仿着做，结果出人意料，基础差的班级绝大多数的学生都能在课上做出作品来了，效果很好。"（ST7－［3］［B7］）

视频学案对于基础较差的学生来说尤其有好处。访谈时一位学生对笔者说：以前大屏幕演示时，一步跟不上，后边就步步赶不上了，而视频教学就不存在这个问题，一遍学不会可以再看一遍，还可以看一步，做一步。

对于网络视频学案选用的决策，HT7老师有着以下反思。

HT7：这种视频学案的不足之处是，由于基础较差的学生要通过模仿学习基础的东西，这样会使思维处于初级阶段，如何在此基础上培养学生的实践能力和创新精神，还需要结合其他教学方式，使这些学生能够由简单的模仿上升到自主创作。所以，这种资源可以在课程学习的初期阶段利用，随着学习的深入，后续教学中应逐渐让学生摆脱视频学案这根拐棍，发挥学生的想象力和创造力，让学生自己独立地设计并制作出丰富多彩的多媒体作品。（ST7－[10]［B3］［B7］）

二、对教学模式的设计、采用

考察模式的词源学意义和在不同学科应用的内涵，发现它有多种含义。有研究认为，"所谓模式是依据一定的理论基础表征显示活动和过程的一种模型或形式。一种模式蕴含着某种显现的或潜隐的理论倾向，代表某种对象的活动结构或过程，一般通过数学、图形或文字的方式，以某种简洁的形式再现对象的活动结构和操作程序"，"所谓教学模式是指在相关教学理论与实践框架指导下，为达成一定教学目标而建构的教学活动结构和教学方式。它是将相关教学理论转化为具体教学活动结构和操作程序的中介，是将相关教学理论与实践框架同具体教学情境相结合的结果"。（钟志贤，2005）[4-5]

教师在将计划的课程转化为教室中运作的课程时，教学模式的设计和选用承载着教师诸多的课程决策行为，体现着教师的学科课程理解、教育理论知识和教学信念，也决定了学生能够体验到怎样的课程。因此，教学模式设计与选用成为本研究关注的重要内容之一。

在笔者所亲历的课堂上，发现通用技术课堂有两个极端的样式，即以讲授为主的学术性课程样式和以动手、小组合作为主的实践性课程样式，而信息技术课堂主要是以基于任务或项目的操作体验、自主探究为主的实践性课程样式，另外有一些主题活动、小组合作设计作品的课程样式。不同的课程样式受到目标和内容的影响，也受到教师对课程的认识、专业能力和教育信念的影响，同时还受到课程资源、设施条件和环境氛围的制约。

（一）技术课堂主要采用的教学模式

本研究从两个层面考察了教师在实施技术课程过程中教学模式设计与选用决策方面的特征。一是在课程准备阶段，教师是如何设计教学模式的，二是在课堂教学中实际的做法。通过访谈和课堂观察，从教学组织形式及其教学过程特点的角度分析总结，在技术课程实施初期阶段，课堂教学主要采用的教学模式有 8 种，包括讲授为主式、讲授与小组探究为主式、讲授与小组合作相结合式、基于设计项目的个人活动为主式、基于作品制作的小组合作式、小组合作与主题活动式、基于学案自学和任务驱动相结合式、讲授与学生操作体验相结合式等。

祝智庭（1996）从哲学的角度考察教育文化的分类问题，并首次提出了价值观和认识论做基本变量的分类框架。即把各种文化中所蕴含的价值观和认识论看做两个基本变量，价值观变量的取值范围为个体主义—集体主义，认识论变量的取值范围为客观主义—建构主义，将它们组合，便可以产生四种教育文化分类：个体与客观的，个体与建构的，集体与客观的，集体与建构的。借用平面几何的方法，就可以形成描述和表达各种不同教育文化分类的二维分类模型。借鉴这种实用的分类方式，从学习活动的性质和学习的组织形式的角度考察技术课堂教学模式，可以形成一种新的分类并便于进行某种意义分析。参照钟志贤的做法（钟志贤，2005）[58]，在这里把学习活动的性质（接受—探究）和学习的组织形式（个体—群体）作为分析模式类型的两个基本变量，通过对基本变量的取值界定和相互组合，可以构成一个教学模式分类框架。这样，这些模式可以划分为四类，即个体—接受类、群体—接受类、个体—探究类、群体—探究类，如图 4－2 所示。按照这个分类框架，8 种教学模式的分布如图 4－2 所示。

图 4－2 中的数字对应表 4－5 中的模式，①②③代表的是通用技术课堂采用的教学模式，④⑥⑦⑧代表的是信息技术课堂采用的教学模式，⑤代表通用技术与信息技术课堂都采用的教学模式。图中的分布显示：①②③主要分布在接受取向区域内，具体在"群体—接受"区域和接近"群体—接受"偏向"群体—探究"区域处；④⑥⑦⑧总体分布在探究取向区域内，④⑥远离"接受"区域，⑦⑧在探究区域但靠近接受区域；⑤在群体探究的中心区域。

分析发现，通用技术课堂采用的教学模式主要是以讲授式为主，极少数课堂教学模式呈现探究倾向，小组讨论和开展简单合作有所体现，师生关系主要体现为教师主导，师生双主关系也有所体现。从表 4－5

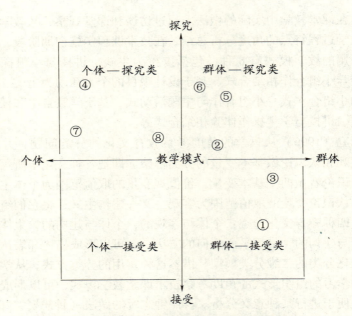

图4-2　技术课堂教学模式分类框架与分布图

的主要流程和主要目标项目可以看到，教师运作的通用技术课程有着极强的学术性课程体征，只有ST1老师运作的课程体现了动手实践的实用性课程特征。信息技术课堂采用的教学模式主要是以操作体验、基于任务的探究为主，显著地体现了自主探究倾向，师生关系主要表现为师生双主或学生主导。同时看来，教师运作的信息技术课程重在技能与方法的掌握、运用和表达问题的解决，实践性、实用性是主要的课程性格。

表4-5　技术课堂教师主要采用的教学模式一览表

分　类	模　式	主要流程	主要目标	师生关系
群体接受类	①讲授为主式	创设情境，激发学生的兴趣； 设置疑问，引发思考； 讨论，小结。	理解关系； 了解过程； 认识影响。	教师主导 （ST6、HT4、HT1）

续表

分　类	模　式	主要流程	主要目标	师生关系
群体接受类	① 讲授为主式	复习引入； 讲授； 阅读案例； 提问和讨论； 练习。	认识影响； 理解关系； 拓展思维； 提升精神。	教师主导 （HT7、ST5、 ST6）
		复习引入； 新课讲授（讨论、阅读、概括）； 复习； 练习。	知道重要性； 认识两面性； 了解方法； 学会分析。	教师主导 （ST5）
群体接受与群体探究类	② 讲授与小组探究为主式	分组游戏； 讲解； 小组讨论、归纳总结； 评价、交流。	理解原理； 运用方法； 感受氛围； 合作交流。	师生双主 （GT1）
	③ 讲授与小组合作相结合式	导入新课； 学生观察，教师讲解； 分组、合作制作模型； 学生讲解，师生互动小结； 拓展：评价、改进建议。	了解方法； 安全操作； 制作模型； 发布与交流。	师生双主 （HT4、HT1、 ST7）
个体探究类	④ 基于设计项目的个人活动为主式	演示作品效果； 评价并引出问题； 告知目标与要求； 个体探究，设计并做出作品。	掌握方法； 运用技术表现思想、表达主题。	学生主导 （ST3、ST8、 HT4、HT9）
群体探究类	⑤ 基于作品制作的小组合作式	自主学； 讨论； 小组合作制作作品。	了解方法； 方案设计； 体验过程。	学生主导 （ST3、ST1、 HT5）

续表

分　类	模　式	主要流程	主要目标	师生关系
群体探究类	⑤基于作品制作的小组合作式	以小组为单位选择或设计图纸； 教师检查图纸是否合格； 小组处理毛料； 小组合作安装； 交流与评价。	了解方法； 运用方法； 体验过程； 合作意识； 评价交流。	学生主导 （ST1）
	⑥小组合作与主题活动式	明确主题； 设计表现主题方案； 小组分工、合作完成作品。	运用技术解决实际问题； 合作意识。	学生主导 （GT3、ST4）
个体接受与个体探究结合	⑦基于学案自学和任务驱动相结合式	视频学案自主学习； 任务驱动学习； 集体点拨； 个别指导； 小结。	掌握技能； 运用技能； 体验技术。	师生主导 （ST7）
群体接受与个体探究结合	⑧讲授与学生操作体验相结合式	操作方法演示与讲解； 布置小任务； 模仿操作； 体验运用技术，完成任务。	了解功能； 掌握操作方法与技巧； 体验技术。	师生主导 （ST2、ST4）

那么，教师为什么做出这样的教学模式决策？又是如何做出这样的决策的？以下是有关的访谈和课堂观察，希望能够从中看到决策背后的原因。

（二）教师讲授为主的决策

研究发现，以讲授为主的教学模式为多数通用技术教师所采用。采用这种教学模式运作的技术课程呈现明显的学术性课程样态，教师以知识传授为主要目的。这种教学模式决策与教师的学科知识、教学理论知识等有关。

1. 学科知识与教学模式决策

（1）"专业知识欠缺，很多老师上课就讲一、二、三、四、五"。

"上课一黑板，条理一、二、三……"，这是科学课程或学术性课堂所采用的最主流的讲授式教学模式，而通用技术课堂上以讲授为主的教学模式也是主流。在访谈 S 实验区教研员 JY2 时，他就十分担心地告诉笔者，最近对该实验区 J 市的通用技术开课情况调研中发现，所到的 22 所学校里听到的通用技术课，很多技术教师单纯地模仿传统的教学模式。

> JY2：老师对通用技术的专业知识、基本技能欠缺得比较厉害，有很多老师不知道通用技术该怎么教。我听的好多通用技术课和其他的学科教学一样，一上课，第一、第二、第三、第四、第五、第六，明白了吗？记住了吗？啊，记住了，行了。这哪叫技术课啊……所以说教学模式，在通用技术教学中需要发生相当大的变化，单纯地模仿传统的教学模式是学科知识理解不到位。（JY2－[6]［B5］［E2]）

像 JY2 教研员所描述的这种以讲授为主要教学模式的通用技术课堂是普遍存在的，这种更接近学术性课程的通用技术课堂，笔者有过亲历体验。在第一次听通用技术课时，遇到的是一位物理教研组长上通用技术课，课讲得条理清晰，逻辑性强，但笔者的确感到是在上一堂物理课，如同 S 实验区 JY2 教研员的感受，在通用技术课堂享受到的是物理教学。笔者也听了数学教师上的通用技术课，老师照着教材讲，内容是通用技术教材中的，采用的教学模式和方法是适于数学课堂教学的。

（2）"我现在的最大困惑就是专业知识问题"。

在 JN 中学高二（1）班听了 ST6 老师的通用技术课。这节课是"设计与技术2"模块的"流程设计"一节。教材中的这部分内容是根据课程标准中"流程与设计"主题的内容标准和活动建议来编写的。活动建议的主要内容如下。

> （1）分析某些流程设计的案例，画出流程图，说明它们的设计特点。例如：邮局运送邮件的流程、联合收割机的工作流程、法院处理一个案件的工作流程、城市污水处理的工艺流程、家用自动洗衣机的工作流程……
>
> （2）选择一个对象，进行流程设计或流程的改进设计，绘出简

单的工艺流程图；在实际说明书中写出该流程设计方案的特点、实施过程中的主要环节、设备、环境等；就设计的思路和过程进行讨论……以下所列的设计项目可供参考：墙面涂刷的施工工艺流程的改进设计；农村住宅建筑施工的流程设计……（顾建军等，2004a）[354]

ST6 老师主要讲课程标准中活动建议（1）的内容，采用讲授为主的教学模式。主要流程是：教学引入 5 分钟；通过几个案例讲授流程设计的过程、方法以及用流程图表达流程的方法，用时 25 分钟；讲解设计选题用时 5 分钟；最后让学生在六个选题中选择一个题目自己进行流程的设计，并以流程图表达，此时到下课还有 10 分钟。老师提示学生参照教材第 47 页、第 48 页的流程设计案例打一个草稿。

体育学科是一个特殊的学科，其教学特点与学术性和实用性课程都有很大的区别。ST6 老师是一位有三十余年体育教学经验的体育学科教师，他的专业知识和教学经验对其教学设计决策的影响是十分明显的。以下是其所设计的流程举例的内容。

1. 关于校运会的提示。

a. 国歌应该放在哪一个环节（提问学生：运动员入场后）？

b. 队伍由哪些方队组成？

c. 开幕词（放在哪个环节上）；

d. 运动员退场；

e. 表演节目。

2. 关于跳高比赛的提示。

a. 点名（获得比赛的资格）；

b. 运动员在每一个高度上都有 3 次试跳的机会（如 1.45 一个，1.50 一个）；

c. 设计高中二年级男子比赛。

3. 关于粉刷教室。

a. 材料；

b. 漆的比例；

c. 工具（毛刷、喷雾）和方法；

d. 桌椅的保护；

e. 用哪些安全环保的工具（如何刷屋顶）。

4. 校报流程提示。

a. 主题的确立；

b. 下征稿通知（征求广大同学和老师投稿）；

c. 审稿—编辑、排版（安排多少内容）—内容有代表性—样板—调整—印刷（在电脑上打印）。

ST6 老师对如何画流程架构图完全照教材进行讲解。

1. 分析属性、规律——整个过程分成若干小过程（环节——有时间上的排列，下一个环节必须在上一个环节的基础上进行）。

2. 将每个环节依次排开，进行调整。调整完成后，画一个流程图，用框架把每个环节的名称写上，用箭头把每个环节连接起来。

3. 在画流程框架图的时候，如果在某一个环节上你要做出说明，可以把它放在方框的外面进行说明。比如说，运动员入场式。

经过这三个环节，流程基本就做出来了。下面用多媒体看一下构建普通住房的流程图（如图4-3所示）。

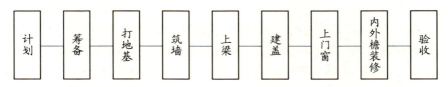

计划 — 筹备 — 打地基 — 筑墙 — 上梁 — 建盖 — 上门窗 — 内外檐装修 — 验收

图 4 - 3

计划：确定建房的类型、间数、格局、占地面积。

筹备：按计划筹备资金。

打地基：平房或楼房有所不同。

这是建一座房子的例子。

（注：4:05—4:30，老师用25分钟讲解）

ST6 老师为学生设计的参考选题及其讲解如下。

A 类—4个，B 类—3个。（参考选题共7个，要求任选一项自己进行流程设计）

A 类的流程设计如下。

1. 学校田径运动会开幕式的流程（运动会大家都参加过）。

2. 跳高比赛的流程（有的同学参加过，有的没有参加过）。

3. 粉刷教室的流程（需要哪些工作？需要大家动手的，这是培养动手能力的一个流程设计）。

4. 班级、年级校报（手抄报、黑板报、英语报、电脑制作的报纸等）。

B 类的优化流程如下。

曾举过银行取款的例子，由于计算机的应用，取款环节由 4 个变为 3 个。

1. 改进某一个理化实验的流程（在做某一个实验的时候，你认为应该优化的流程）。

2. 改进学校学生会选举的流程（在竞选的过程中需要做的）。

3. 改进一次主题班会的流程（班会中能否受到启发、教育，调动大家的积极性）。

同学们可以讨论，可以自己设计方案。也可以周围几个同学共同选一个流程，大家讨论一下。

作为课程知识的讲授，ST6 老师表达的逻辑性、条理性以及教学语言的规范和流畅性，都难以保证学生的投入和思维的参与，但能够感觉到他为了上好通用技术课所做的相当多的努力。笔者坐在课堂上设想，如果按照课程的总目标设计本节课的教学目标，按照目标来处理这节课的内容，像信息技术老师那样以先进的教学理论为指导选择和设计教学模式，以各种学习方案或教学方法调动学生，促进学生自主学习能力的提升，养成学习技术的兴趣，那样，学生的技术课程体验就不是现在这样的索然无味了。事实上，ST6 老师让学生在 10 分钟里选题、设计流程并画出框图是流于形式的。笔者已经观察到学生应付了事的态度，有的学生胡乱地按照书中的内容写下来，有的什么也没做，最好的学生状态也就是做了一下流程图画法的练习。这与课程选择此内容所要达成的目标要求即"掌握流程设计的基本思想和方法，能够结合生产和生活的实际形成设计方案并初步实施，增强革新意识"有很大的距离。

　　课后访谈表明，与 ST5 老师一样，在 ST6 老师的认识里，课程就是教材，由于为专业知识和教学知识所限，ST6 老师没有对课程目标要求和教材本身呈现的内容有很好的理解和把握，因此，决定了他上课就是教教材，其教学模式决策就是以讲授为主，使技术这个实用性课程在教室中呈现着与学术性课程同样的样式。

　　　　ST6：我现在碰到的最大困难或困惑就是专业知识问题，我原来是教体育的，2004 年暑假在淄博接受了两天的教材培训……就开课了……当时开课的时候，我都从教 32 年了，这个课到底上到什么样我不清楚，边学边上，走到了现在。有的东西把握不了，就会让自己陷于尴尬。比如说……对设计作品的点评就点不出来了。

　　教师对设计方面的专业知识缺乏，当面对一个具体鲜活的技术作品时，要通过展示与点评环节，将学生带入技术设计课程学习并领悟其真谛的境界，就显得无能为力了，学生经验的课程自然就受制于教师运作的课程。当学生兴致勃勃地想通过自己的作品触及设计的真正价值时，却在老师的无法作为之下而遭遇挫折，这无疑会影响学生对该课程的兴趣、信任和价值判断。

　　　　ST6：我记得第一学期，教参没来，就光这么一本书，到底怎么上，这课到底上成什么样的课，真是没底啊。到底是上成理论课性质的，还是上成手脑并用性质的，没人能够说给我们。所以就按照我的经验，照着教科书说的讲了。

　　ST6 老师是通用技术教师的一个典型，他在学科专业能力上的缺陷影响到课程决策和课程实际运作效果的例子具有典型性，也具有普遍性。这揭示了课程实施过程中，师资培训的迫切性，以及培训内容与实际实施需要必须匹配与适切的重要意义。

　　2. 教学知识与教学模式决策

　　根据目标选择内容，以一定的教育理论为指导，依据目标、内容特征、学生特点和教学条件来选择或设计教学模式，这是教学设计的一般理论方法。在 S 实验区 JN 中学，笔者听了 ST5 老师的一节通用技术课，课后访谈了她。她的课是认真准备的，思路清晰，表达流畅，教态良好，但完全是照着教材教，除了增加了一点环境保护方面的资料性内容。访谈时她告诉笔者，她课前备课主要是以教材为依据的，因为理论性内容多，所以主要是以讲授为主。在设计实验部分有让学生自己设计方案的做法，设计方案包括了图样和设计说明，是以作业的形式提交的，她认为学生的作品设计还不错。笔者看到了学生的设计作业，有很多学生做得很认真，但是能够感到，学生设计方案仅是作为一种知识学习和知识运用的练习环节，不是作为学生发现和明确问题、制订技术问题解决方案的能力培养过程的一个环节。

ST5 老师的学科背景是英语专业，对通用技术学科的教学来说，其专业知识严重缺乏，而且其教学设计方面的知识也明显不足。她告诉笔者她没有参加过培训就上课，对技术学科的认识就是教材。所以，对 ST5 老师来说，专业知识的缺乏严重影响到她对技术学科课程的理解，对教学知识的缺乏影响到她对教学模式设计中的有效决策，访谈中能够明显体会到她还没有教学目标的意识。下面是课堂观察记录和课后访谈片段。

课堂观察记录 4-1

● 教学开始，老师先提出设计的一般过程：

1. 课题提出：发现问题；明确问题；

JN 中学高一（17）班
通用技术课：设计与技术 2
ST5 老师
2005-12-14 11:10—11:55

2. 资料表现：选择；技术资料；

3. 相关资料：涉及美学、物理学；

4. 实物体现；

5. 优化。

● 接下来老师讲授新课，其板书如下。

第三章　第一节

一、发现问题（技术方面的问题）

环境、能源、教育问题、经济问题。

1. 来源：生存问题——筷子、勺子。

人为问题——技术部、设计部。

主动发现问题——专利。

2. 途径：观察；收集信息；时间（"瓦特"蒸汽机的由来）。

二、收集信息的方法

1. 访谈法：相互影响的过程，主动权在访谈者。（注：主要讲解的内容）

集体访谈；

个人访谈；

普通访谈；

电话访谈；

当面访谈。

注意：保持中立的态度；方向；语言简洁；对象不同，语气不同。

2. 问卷调查法。（注：11:10—11:43，用半个小时讲解）

● 再接下来是学生讨论：

老师要求以小组为单位，找一个生活中的问题，要求讨论是否有意义、有无解决的必要性、技术难度如何（不超限时），以及技术成本的相关设计。

学生4个人一组，展开讨论。目前是课堂气氛较先前有所活跃。从学生的表情来看，还是比较投入、愉悦。（注：11:50，在讨论7分钟后，学生提出自己的想法。）

学生甲：针对书多的情况，抽屉小，得换书包，想设计书架挂书包。

学生乙：再升值课本，循环利用。再生、环保。再生纸，轻。

学生丙：椅子下面空间大，利用椅子下面的空间，改成几个小轮子，不用搬起来。

● 最后老师总结：

让学生在课后继续思考，可以在下节课上讨论。（ST5－[03][B5]）

● 听课感受：

以讲授为主的教学模式，侧重于知识的讲解，而且重点是访谈法和问卷调查法本身的知识，这方面的内容利用了教材外的资料。按照通用技术培养学生技术素养的基本目标来说，这节课的重点不应放在收集信息方法知识的讲解上，如果运用案例教学让学生学习如何运用这种方法收集与设计与对象有关的各种信息那就对了。总体上来说，老师在照本宣科。那么本节课的教学目标是怎样确定的？

课后访谈时，ST5 老师谈了她对本课程进行教学设计时的一些做法和打算。

> ST5：高一第一学期的上册主要学技术还有设计，有关技术的作用、性质等理论性的内容比较多一些，让学生参与的机会就少一些，进入设计实验的时候，就开始给他们找一些跟生活比较接近、比较感兴趣的他们能够设计出来的，交什么作品的都有。一节课用来设计，第二次把这 18 个班的作品收起来，找出六七十份左右比较好的作品，然后第二次课上拿来让学生在班上讨论这些作品哪些地方好、好在哪。
>
> X：你这学期的教学内容就一直打算以讲授为主？有没有想到用其他的教学方式？
>
> ST5：我根据前两章内容认为，应该以讲授为主。后半部分可以让学生收集一些资料再讲，讲的这些内容，可能作为老师也不太清楚，但是有的学生可能早就接触过，并且很感兴趣，如果这样的话，就完全可以把这个讲台让给他们。（ST5－［09］［B5］）

在问到本节课的教学目标是什么、确定目标时是怎样考虑的、主要依据是什么的问题时，ST5 老师没有回答这些问题。事实上，ST5 老师是一位刚刚走上讲台的新手，教学经验和教学知识的不足甚至缺乏在所难免，只是竟然让一位英语专业出身的新教师承担通用技术这门专业性极为特殊的新设课程，学校的这种课程决策应该是可以避免的。

（三）动手与活动为主的决策

学生动手为主的教学模式在通用技术课堂中是少见的，在信息技术课堂中，常采用以学生操作体验为主的教学模式。采用此种教学模式开展的技术课程以学生的技术体验、亲历和自主建构为主，体现了立足实践的课程特征。研究发现，这种教学模式的采用受到教学条件的制约，更受到教师的课程理解、专业技能和教学理念的影响。下面将以在 S 实验区 FZ 中学体验到的一节通用技术课来说明教学条件、教学信念等对教学模式决策的影响。

1. 教学信念、教学条件与教学模式决策

（1）"应该是一种常规课的样式"。

实施的通用技术课至少不应该以学校常规的学术性课程样态为主要特征，应该是操作课，是一种活动课，而不应该是一种常规课的样式，这是 H 实验区 HN 中学校长 XZ2 对通用技术课程的看法与认识。他所期望的 "非常规课程样式" 的实践性活动课还需要在实施中进行探索和构建。

> XZ2：其实我也不知道这个课该是什么样的，但我就觉得课不应该是一种常规课程的样式，好像应该是操作课，是一种实践性活动的课。就是说把原理、方法、思想和思维承载在这个活动过程当中，让学生有设计想象，也有实践。（XZ2 - [3]［B5]）

XZ2 校长表示，他想这样来尝试和推动这个课程，就是想让学生建立一个技术概念标准，通过解决一个实际问题来实现。他说这一学期恐怕来不及了，要搞一个设计大赛，把实际问题解决的设计方案、完成的作品作为比赛对象，看谁的方案好，谁的作品好，谁的技术过关，谁的设计合理。其实在初中该校有个科技小制作，"我就把它引申到高中的通用技术课里面，准备搞一个通用技术比赛来尝试和推动"。可见，信念对课程决策有多重要，如果教师也有如校长这般的信念，再有校长的推动，那么通用技术课程实施就会有很好的效果。

（2）"要培养学生规范做事的态度"。

S 实验区 FZ 中学的 ST1 老师让笔者体验了一节别开生面的通用技术课，与学术性课程有着完全不同的特征。这节课是在通用技术专用教室里上的，采用的是以学生活动为主的教学模式，学生是主导，教师是课程咨询者和组织者，师生在那个有限的空间中共同创生着技术课程知识与经验。笔者称这是一个 "充满激情和创造的课堂"，是一节典型的培养学生技术素养的通用技术课。以下是课堂观察记录。

课堂观察记录 4 - 2

环境印象

一间极特别的教室中，大而长的桌子共有 10 张，一个长长的讲台，桌子和讲台上摆放着各种用来做木工的工具，有长锯、短锯、锥子、钳子、台钳等，一应俱全。

> S 实验区 FZ 中学高一（X）班
> 通用技术实验室
> 设计与技术 2
> ST1 老师
> 2005 - 12 - 12 下午 1:30—2:15

这节课中，学生要按照设计方案将自己的设计结果进行产品化，即将设计的多功能粉笔盒或多功能笔筒等制作出来。当然，在设计合格、符合目标要求的前提下，才能开始制作过程。一个实物的制作过程是复杂的，对于亲历这个过程的高中学生来说，会涉及知识、过程、方法和技能等多方面的学习与体验。

教学主题

图纸审核、毛料加工。

演示与讲解

（1）讲解选料要求，明确料板的材质、厚度（7 毫米）宽度（25 厘米），料板基本为正方形；

（2）讲解卡尺的使用方法；

（3）讲解下料的基本方法。

学生学习活动

1. 以小组为单位选择图纸。每个小组的成员都为自己的产品画出了图纸，但是每个小组通过合作只要制作一件产品，所以首先要选择图纸，可以选择组内成员的设计图纸，也可以选择教师设计的图纸。

（评注：10 个小组有 8 个小组选用了教师的图纸，只有 2 个小组采用了自己成员的图纸。）

2. 组长到老师那里领取料板。老师对小组的图纸进行检查，只有所有成员的图纸都符合画图纸的规范和标准时，小组才能领到料板。老师对图纸有着严格的要求，如果不规范、不合格，就要重新画或修改，小组内有一个同学的图纸不合格，该小组也不能领取到毛料。

（评注：原来，图纸不仅要有产品的三视图和立体视图，还要详细标明尺寸、比例和配料说明等。）

3. 一些小组顺利通过检查，开始进入毛料加工过程。

［评注：学生们就怎样根据图纸画毛料的问题热烈地交流着，学生们的脸绽放着微笑，情绪是兴奋和饱满的，思维是活跃积极的，行为是研究的，过程是创造性的。我注意观察着身边的一个小组。5 人小组的 5 个脑袋紧紧地聚拢在一起，都在注视着正在料板上画下料图的同学的操作，他们有的指点着，有的还不时地翻翻教材。显然他们在十分认真和谨慎地工作着。原来，料板的量是确定的，毛料图画得不好，料就会不够用；毛料图的各部分安排得不好，因为料板材质方面的问题（有茬口方面的，顺茬或不顺茬，利用卯榫结构就要考虑这个问题），否则就会使产品不坚固。到这时，几乎 90% 的学生都在积极投入地工作着。］

4. 小组的毛料画好了，等待着老师检查。老师用标尺量着毛料板上画出的尺寸，学生与老师交流着，老师指点着，有几组的工作得返工，他们拿回去开始修改着。

（评注：虽然画毛料看上去很简单，似乎是仅仅按照图纸画上些线条，但是在精密和规范的严格要求下，对于这些一贯以头脑做事而非手脑做事的学生来说，就成为了难点。因为如此规范和精确、刻板的要求，特别是在实际木板上画而非纸上谈兵，他们是不适应的。以往做事应付、对付的态度，大致就可以了的意识，在这个课堂上受到了挑战，眼高手低的习惯都成为把这件事情做好必须克服的障碍。笔者注意观察着，发现他们并不灰心，还是如此积极，如此热情，没有对 ST1 老师严格刻板的要求产生反感，而是更加积极努力了。）

5. 老师一丝不苟地检查着，检查合格的小组被批准领取工具，进入下料的工序。他们领来电工刀、锉和砂纸，在老师的示范下，学会了怎样用电工刀将毛料分割成成料，并用锉刀将成料粗糙的茬口处理平滑，再用砂纸将其表面抛光。有一组很顺利，他们很快就将所有的成料处理好了。

6. 10 个小组只有一个小组在合作方面略显逊色，在画毛料时只有一个人在不停地工作，其他人都在闲散游离着，我问他们为什么这样，他们说下一步的事情他们才有得做。结果他们慢了，没有完成将毛料分割成成料的工作。

7. 没有完成的工作要下一节课继续做，老师进行了说明。

（评注：每个小组5~6人有点多，3人一组更便于合作。）

8. 老师没有允许没画好图纸的两个小组进入画毛料的工序。

（评注：这让学生们感悟到，小组合作需要一种团队精神，组内每个成员都必须认真投入地按照要求做事情，只有每个成员都达到要求，小组整体才算完成任务。教师这种小组合作管理的策略，使得每个成员都不掉队、不偷闲，能有效经历学习的全过程，这是很好的做法。

教师表现出很强的技术素养和综合的知识运用能力以及手脑并用的专业特质。）

9. 有一个小组进入到最后的组装过程。

（评注：这是一个多功能笔筒，设计得有创意，图纸就很复杂。真是难得一见的小组协调一致的合作状态，组装过程中他们遇到很多做事技巧的问题，在老师的指点下掌握了这些技巧，顺利地完成了具有卯榫结构的产品组装。看着组装成功的样品，小组的同学个个表现出极富成就感的体验——很自豪、很自信："是我们自己创意、设计并做出实物的"，"是我们小组反复讨论才将这种功能设计转化为设计图纸的"，"是我们自己讨论的结果，共同推举她画的这份图纸"。笔者看到这份图纸相当地标准，三个三视图，一个产品立体图，一个标准说明。）

10. 安装过程在继续，5个人愉快地合作工作着。他们利用钳子、锤子、台钳等工具，轮流地做着不同的工序：将小钉的钉帽打扁，用钳子夹住小钉（这个小钉非常小），再钉下去，并用木块垫住。

（评注：在这个过程中，学生们不断地有着对于产品外观的要求，钉帽打扁就是不让它在产品的外观留下明显的钉子痕迹，同时他们也在考虑着工艺的重要，因为他们的作品中已经显现了一个遗憾，那就是进行卯榫结构处理时，对锯的操作使用技能不过硬，使得成料尺寸与图纸尺寸出现不符，因此有了很难看的缝隙。）

11. 安装笔筒的底部时，底板尺寸又出了问题，他们比画着用铅笔画出多余的部分，然后用锉刀将多余的弄掉。

（评注：活脱脱像一个加工厂。学生们小心翼翼地用锯处理着卯榫结构，唯恐不精细而影响到后面的外观和产品的最终质量。他们可是有生以来第一次做这样的事情。他们头上冒汗了，每得到一个小结果就显示出一份惊喜。看着他们解决问题时不慌不忙，从容有致，笔者感到了这个课程的价值所在。）

听课感受

1. 笔者看到了学生是学习主体教学理念的体现，看到了"培养学生规范做事的态度、养成手脑并用的习惯、体验将思想变成现实的过程等目标的有效落实"。

2. 就一个看起来不能实现的事情，教师按照问题解决的过程进行分解和细化，如分为设想、设计图纸、画出图纸、画毛料、出成料、成料表面的加工、安装、验收等任务，过程清楚，要求明确，将知识、技能技巧和方法的学习融入每一个任务完成的过程中，让学生主动、循序渐进和轻松地展开学习。

3. 这种学生动手、小组合作为主的教学模式，体现了生成的课程观。虽然感受不到教学的韵律，但却有着师生共同创生课程知识的良好空间，学习过程控制和把握都很有序，有着难得一见的学生充满激情地学习通用技术的状态。

学生活动状态、学生制作的木质技术作品及部分作业如图4-4所示。

（a）学生活动状态

（b）学生作品

（c）学生作业1

（d）学生作业2

（e）学生作业3

图4-4

　　课后访谈了 ST1 老师，他秉持的教学信念、所具有的技术素养和综合的知识运用能力，以及手脑并用的动手能力，使他对通用技术课程有较深入和全面的理解和认识，也使他采用以动手为主的教学模式成为可能。

　　下面这段访谈能够让我们感受到信念对教师教学模式决策的决定力。

　　ST1 老师认为："技术课不能老师总是讲第一章、第一节，这么教没意义，学生不愿意学，就毁了学生对技术学习的兴趣。"他十分强调通过通用技术课"培养学生规范做事的态度"，这是他采用以动手为主的教学模式的重要理由之一。他说自主学习、小组讨论、动手做贯穿了他整个课程运作的教学模式。"有些需要学生了解的技术文化或技术的基本知识，以小组讨论的方式就可以达到教学要求。""比如说第一章'走进技术实践'，这一块主要是以概念为主，我让学生自己看书，上网查资料，然后在课堂上讨论，学生做记录。通过学生查资料、讨论和记录，把其中的概念搞清楚。"表 4 - 6 是 ST1 老师课堂上某个小组讨论的一份记录。

表 4 - 6　通用技术课堂小组讨论记录

时间	2004 - 09 - 08	主题发言组	A、B
班级	高一（8）班	记录组编号	C
主题	技术是怎样产生的；技术的内涵是什么；技术的自然属性和社会属性		
讨论情况	8A1：技术的产生是出于人们的需求。例如，远古的人们在冬天感到寒冷，在打猎以后，剥下动物的皮做衣服，发现可以御寒，于是用兽皮做衣服。在"一战"中，英国发现德国飞机在侦察，于是利用蝙蝠超声波原理发明了雷达，防御侦察。可见，技术的产生是出于人们的需求。 8A1：技术的内涵是指人们在生活或生产中的知识、经验、技巧和手段。 8A6：技术的自然和社会属性是技术随着生活的发展而进步，远古时由于条件差，技术落后且需求量不大。后来随着时代进步，需求提高，技术开始变得重要。例如，由于我国缺少粮食，袁隆平在原有技术的基础上发明了杂交水稻技术，以提高粮食产量。 8J4：技术的历史是久远的，在远古，人们只能用石器进行农牧生产，积累劳动技能，这就是最初的技术，后来由于科技的进步，科学成为技术的指导，使技术有了更快发展。 8C6：技术是由于人们需求而产生的，在南极和北极，人们为了生活、御寒，用冰盖房子，适应严寒，使生活有了提高。		

续表

讨论情况	8A5：指南针的发明也能说明技术产生的原因。 8C5：技术产生也具有偶然性。比如说，古时人们只吃生肉，茹毛饮血，偶然的一次森林大火烧死了动物，人们吃到了熟肉，这样，人们学会了制作熟肉。还有，人们是这样开始研究不生锈的金属的，一个人把一些金属扔入垃圾箱，几天后发现有一个没生锈，这就是最早的不锈钢。 8A3：技术会受到环境的限制，如克隆人，由于违背了社会道德而被禁止。 8H3：技术发展的确会受社会限制，世界上许多国家研制核武器，建造核电站，一度出现核竞争，结果利用不慎破坏环境，导致社会谴责。 8D1：技术既受社会限制，也受自然限制。如洲际导弹装药不能太多，射程不能太远。在技术研发时要遵循自然规律，袁隆平遵循自然规律发明杂交水稻，"永动机"违背自然规律而无法实现。 8F4：技术的产生使人类进入文明时代，如从茹毛饮血到方便的生活，就是技术带来的结果。技术的不断进步使人类坚信能够生存下去。
备注	由于笔记太乱，B组发言未记录在案。

访谈时笔者对 ST1 老师进行了这样的追问，他表现出对这种教学模式决策的坚定信念。

> ST1：我肯定不会花很多时间在课堂上去讲教材中的材料，我会让学生去做，我让学生课前看书。
> X：学生自己学的，你怎么知道学生的理解和你要求的一致呢？
> ST1：让所有学生都理解清楚，这我不敢说，但是从学生的状态和动手做的情况看，我觉得多数学生基本能理解。（ST1－［11］［B5］）

教学条件、教师技术素养和综合的知识运用能力，对以动手为主的教学模式决策起到重要的影响作用。

> ST1：动手做的过程需要好几节课。以木制多功能粉笔盒为例：计算完配料单，开始教给学生怎么下料。这一块大木板，下料前你必须把1、2、3、4、5、6怎么排列比较省料的问题考虑好并解决好，

还有怎么排列才好利用锯这个工具处理它。你这个配料问题、工具选择和使用的问题需要交代给学生。料下完了，锯下来就出来了毛料。对毛料进行修正，就成为成料。最后才能开始组装。这是我为学生做的动画，演示的是一个组装过程。我要在课堂上演示给学生或现场画给他们看。Flash 我用得很熟，在课堂上边画边讲也可以。这样不用太多的讲授，学生就理解到位并能动手设计和制作了。（ST1－［01］［B5］）

ST1 老师对作业环节的做法也体现了他对这种教学模式采用的一贯性，以及对课程内容处理的综合性和灵活性。

ST1：作业是这样的（如图 4－5 所示），本学期开始的第一个作业是让学生搞发明与革新，这是其中的一个。学完第一章以后，以组为单位……他们想设计什么就设计什么。目的是通过这段通用技术学习，知道什么是技术，以及搞设计的八个原则。初步设计完成之后，要讨论这个设计是不是符合以下原则：科学性、技术性、实用性、美观性、经济性等。然后再讨论怎样修改。这个作业的目的除了掌握必要的知识和学习运用知识分析问题的方法，还有一个目的是促进学生去看书，去讨论，学会思考问题，自主地了解和掌握课程中的知识。（ST1－［15］［B2］［B5］）

> 以组为单位进行一项现实生活中的发明与革新，确定题目和内容。下节课每组派代表上台进行演讲说明，修改之后形成书面作业。
>
> 具体要求：
>
> 1. 要有原理图和结构图及结构说明；
>
> 2. 要说明技术背景、发明内容、具体实施要求、使用说明等；
>
> 3. 总字数不能少于 300 字。

图 4－5　通用技术课作业的内容

2. 课程理解与教学模式决策

进一步提高学生的信息素养，是信息技术课程的宗旨和目标。强调通过合作解决实际问题，让学生在信息的获取、加工、管理、表达与交流的过程中，掌握信息技术，感受信息文化，增强信息意识，内化信息伦理，是信息技术课程倡导的基本理念。这种理念、目标的落实与达成，需要对传统的信息技术教学模式做出变革。研究发现，信息技术教师对课程理念、目标有着较为全面的理解和较高的认同感（详见第三章），并对教学模式决策有着很大的影响。在访谈的教师中，HT11、GT2、ST4、HT2、HT7 等都认为信息素养课程目标的达成，必须坚持多种教学模式选用，特别是要突出学生主导的探究式教学。探究的方式有很多，如表 4 - 5 所示。在 GT2、ST4、HT11 老师运作的信息技术课堂上，选用学生主导的主题活动教学模式成为主要的决策之一。

（1）"全面落实信息素养目标，主题活动式很好"。

G 实验区 FZ 中学的 GT2 老师是该校的信息技术教学组组长，该校的信息技术教育在 G 实验区是走在前面的。他谈到课程实践体会时认为，"全面落实信息素养目标，主题活动式很好"，特别是选修课采用这种教学模式会很有效。

> GT2：主题活动式是一个可以贯穿课程始终的教学模式。我们一开学就布置了主题活动，是让学生在学期末交一个作品，作品包括动画、PowerPoint、Word 等技能以及方法的运用。我把以前选修课上一个学生做的 DV 影片作为案例演示给学生，学生看了以后很感兴趣。这个案例真的是学生自编自导自演的一部影片，不是很长，反映了校园的一些生活或者社会的一些情况。有的主题反映求职的人生百态，有的主题反映公园里面老人家跳舞的休闲生活状态。还有，我们学校每年都有一些学农的活动，他把学农的情况结合在一起来制作一个影片。学生受到启发，自己选择并确定主题，有的关注了自身学农的情况，或者平时生活当中的一个问题，然后设计表现或表达这些主题的方案，并以三个人为一组。从最近几周收上来的作品来看，效果很好，学生很有成就感。在这个过程中，信息素养的培养是全方位的。（GT2－[6]［B5]）

（2）"通过主题让学生主动学习原理性内容"。

HT11 老师是 H 实验区 HK 市的信息技术骨干教师，学科专业能力很强，有着 6 年的信息技术教学经验，对信息技术新课程有着较深入的理解，是一位善于钻研、勇于探索、乐于改革的教师。学生主导的主题式学习，是 HT11 老师经常采用的教学模式之一。他认为，信息技术学科的操作体验特殊，使学生不愿意学习原理性内容。因此，在学习原理性课程内容时，他就划分主题，给出不同的小组学习方案，并要求小组自己来讲，最后老师再来总结、提高。他感到，这样无论对信息素养课程目标的落实，还是促进学生自主学习能力的提高都很有效果。

> HT11：原理性部分的内容我不会自己讲，我将学生分成小组，给出不同的小组学习方案，要求学生来讲自己小组的学习结果，在此基础上，老师根据课程内容再来总结、提高，尽量和其他的知识穿插起来。效果不错的。比如说，我设计的一个"信息连万家，安全你我他"的题目。其实这个在课本里边也是一小节，就是防毒杀毒的应用，但是我把它进行了扩展，就是不单是防毒杀毒了，还有其他的信息安全方面，比如说密码啊。当时很多学生提了很好的想法，比如绿色网页的概念……（HT11 – [42] [B4] [B3]）

以下是 HT11 老师针对原理性课程内容所设计的小组学习方案举例（见表 4 – 7）。

表 4 – 7　原理性课程内容小组学习方案举例

动画的基本原理 IBER 小组方案（2005 – 04 – 14）
小组一
一、请列举实例，说明 GIF 动画的特点
1. 视觉效果
2. 文件大小
3. 表达内容特点
4. 使用格式
5. 可能应用的领域

续表

二、开发 GIF 动画的工具软件有哪些，请举出 1~2 个例子说明
1. 该软件的界面友好程度
2. 该软件操作的难易程度
3. 该软件可能利用到的计算机动画生成技术
4. 该软件还可以生成的其他动画格式
小组二
一、请列举实例，说明 SWF 动画的特点
1. 视觉效果
2. 文件大小
3. 表达内容特点
4. 使用格式
5. 可能应用的领域
二、开发 SWF 动画的工具软件有哪些，请举出 1~2 个例子说明
1. 该软件的界面友好程度
2. 该软件操作的难易程度
3. 该软件可能利用到的计算机动画生成技术
4. 该软件还可以生成的其他动画格式
小组三
一、请列举实例，说明三维动画的特点
1. 视觉效果
2. 文件大小
3. 表达内容特点
4. 使用格式
5. 可能应用的领域
二、开发三维动画的工具软件有哪些，请举出 1~2 个例子说明
1. 该软件的界面友好程度
2. 该软件操作的难易程度
3. 该软件可能利用到的计算机动画生成技术
4. 该软件还可以生成的其他动画格式

　　以下是 HT11 老师的学生主题学习结果举例（见表 4 - 8），是在网络上提交的作品分析作业。可以看到，这种模式对学生自主学习能力和信息素养培养的过程和可能的效果，也反映出教师课程理解对教学模式决策的影响。

表 4 - 8　学生主题学习结果举例

"多媒体技术应用"选修模块		内容	第一章第二节
学生 4	高一（2）班　张 L	（2005 - 03 - 16　23：00）	

一、实践一

1. 我最欣赏的作品是：人像作品。它的 URL 地址是：

http：//www. 86vr. com/news/LIST. ASP？ id = 47942。

2. 我认为它最有可能在很多方面发挥最大作用。

3. 我认为虚拟现实的优势是：能做在现实生活中不能做的，给生活增添色彩。

4. 这个作品还需要改善的方面：把图片制作得更经典、更逼真就完美了。

二、实践二

1. 我推荐的多媒体作品是：静物类作品。它的 URL 地址是：

http：//www. 86vr. com/news/LIST. ASP？ id = 46732。

2. 我认为它应用了 VR 技术、三维制作。

3. 它优秀的方面是：逼真，不做作，看起来很舒服。

4. 类似的作品是否可能大量应用，我也说不准，但我相信好东西大家都会欣赏，而且这些作品都蛮适用于平面广告设计的，是相当有前景的。

5. "眼球经济""眼球效应"是现代社会出现的新名词，视觉冲击本来就相当重要，任何东西给人的第一感觉往往来源于我们的眼球，但也有不可靠的时候，如果太看重"眼球经济""眼球效应"的话，那本质该置于何处呢？

　　下面是 HT11 老师为学生设计的主题式学习引导方案（见表 4 - 9）。

表 4 - 9　主题式学习引导方案

主题学习方案（2005 - 03 - 16，HT11）3、4、6 班
请按照以下模板完成学习。
主题一：感受虚拟现实作品 登录某网站，选择并欣赏某一个虚拟现实作品，并思考以下问题： 1. 最欣赏的作品是什么？

续表

2. 它的 URL 地址是什么？ 3. 你认为最有可能发挥最大作用的方面有哪些？（提示：A. 军事　B. 商业　C. 教育　D. 其他） 4. 该虚拟现实作品的优势是什么？ 5. 需要改善的方面在哪里？
主题二：推荐优秀多媒体作品，并阐述以下问题 1. 你推荐的多媒体作品是什么？ 2. 你认为它应用了哪些多媒体技术？（提示：按照关键技术和相关技术阐述） 3. 它优秀的方面是什么？ 4. 类似的作品是否可能大量应用？为什么？ 5. "眼球经济""眼球效应"是现代社会出现的新名词，你如何理解？如何看待该事物？

S 实验区 FZ 中学的 ST4 老师也常常选用这种教学模式。她说，对理论性内容的学习，"更多的时候是展开讨论，扩展学生的思维，让学生会自主学更深入的东西，去了解基本原理是什么。必修模块的一些内容，主要采用小组主题学习模式，分成若干个小组学习，每一个小组有小组长，每一个小组有小组任务，每个小组任务还有隐含的小组任务。除了小组内有完成的作品，每个作品都有上传，让大家互相交流、互相展示作业情况，给大家一个展示的机会，这是目前信息技术课程的一种基本的教学模式"。（ST4 –［05］［B5］）

（四）　自主探究与讲授相结合的决策

在表 4 – 5 中看到，信息技术教师采用多种教学模式相结合的决策是常见的做法。个体或群体探究与讲解的结合，可以适于多种课程内容，有利于达成多层次的教学目标。但是，这样的教学模式决策对教师的专业知识与能力有很高的要求，也与教师的专业态度、个人经验以及教育理念有关。

1. "让学生先自学先体验，后讲解是最好的模式"

让学生先自学先体验，后讲解，这是在实际课程运作中，H 实验区

HX 中学 HT5 老师设计采用的探究与讲授相结合的模式。这种决策基于他对技术学科学习特点的认识、个人的经历与经验，也受他的学生对信息技术必须有"自学能力"才能应对未来的信念的影响。

> HT5：信息技术学习的特点就是这样，有时候，由于学生没有经历过，课堂中讲的内容也不会引起他们的注意。让学生先经历，老师后讲是最好的。我的课堂常常先不讲，只给方案，不告诉怎么操作，让学生自己去理解，遇到困难学生自己去摸索，然后我再讲。（HT5－［04］［B5］）

2. "首先让学生能够积极动起来，然后再告知原理"

"首先让学生能够积极动起来，然后再告知原理"，是 H 实验区 HK 中学的 HT11 老师对技能内容的教学所采用的探索与讲解相结合的模式。他告诉笔者，这种做法是受一个有经验的通用技术教师"板凳设计"课堂教学的启发，他听了这节课后就想在自己的"课堂教学中尝试这种方式"，希望在他的课程中能够出现那种"学生主动、积极思维，渴望学习的状态"。这充分体现了 HT11 老师的专业态度和动机对教学模式决策的影响。

> HT11：我渴望学生主动、积极思维的学习状态的出现。在"二维动画的基本工具和技能掌握"这部分的课程准备上，就决定采用这种模式……我告诉学生，你们要想做得漂亮，就想办法，我不做限制啦……接下来是学生主动学习动画工具的使用方法和技巧，但先不做系统的要求，学生根据自己的需要来进行自主探索学习……然后老师再总结提升，效果很好。（HT11－［03］［B5］［B3］）

很明显，HT11 老师的这种教学模式决策依据的信念和动机是，要尝试通用技术课的做法，让学生感兴趣，让学生动起来、活跃起来。他为了心目中预设的一种学生学习状态努力做着一种课程的调适。

3. "软件技能学习要循序渐进，最佳的捷径是从实例入手"

S 实验区 JN 中学的 ST7 老师是一位只有三年教龄的年轻老师，他的课程运作给笔者留下了深刻的印象。如同 ST1 老师的通用技术课一样，生成课程观指导下的教学模式决策，让全体学生感到轻松和充满希望；如同ST2、HT11等老师一样，扎实的专业知识与能力，愿意接受改革挑战的专业态度，拥有的先进教育理念，这些奠定了个性化的课程理解，让教室中的技术课程显露生命的活力。在课后访谈中，ST7老师说了他准备课程时对教学模式做出决策的主要考虑。他认为："软件技能学习要循序渐进，学生不愿接受系统繁难的大厚本书，最佳的捷径是从实例入手。"但是，他的学生在信息技术学习基础方面差异很大，"非零起点"的课程假设不符合他所教学的"慢班"学生的实际，为了使教学能够面向全体学生，必须做到差异教学。这样，他开发了数字化视频学案，并采用了自主探究与讲授相结合的教学模式。他还告诉笔者，在他的课程教学中，凡是有关制作技能学习的内容都选择了这种教学模式。在笔者问到效果如何时，他说数字化学案支持是重要的条件，没有这种学案作为支持，班级制群体教学无法实现关注差异的学习。

以下是针对ST7老师的课堂观察记录。

课堂观察记录 4 − 3

印象：一间普通的有60个机位的计算机网络教室，学生安静地坐在计算机面前。上课的老师很年轻，站在教师机前显得自信和心中有数。尽管是下午上课，但学生精神状态显得很饱满。有老师告诉我这是慢班的课。

> JN中学的计算机网络教室
> 高二（13）班学生（慢班）
> 多媒体技术应用（选修模块）
> ST7老师
> 2005 − 12 − 14 下午 1：30 − 2：15

一、教学主题

没有交代，这是一节接续的课，主题应该是"信息表达——交互式动画的实现"。

二、教学基本过程

（一）演示并引出问题

1. 演示一个不能控制其运行的动画，引出问题"如何控制？"。

2. 演示一个带有按钮的动画，引出本课的学习内容，通过交互功能来实现动画播放的控制。

3. 交代本课的学习目标：学习按钮的制作，以控制动画的播放。

（二）进入新课

1. 让学生到 D 盘中找视频学案，自己学习制作按钮的方法。

（评注：学生的状态是都戴上耳机，听着素材包中的音乐，多数学生的操作是正确的，所有的学生在利用数字学案学习。这个教程是老师自己制作的视频学案。老师制作的最初目的是什么？可能是为满足学生的个性化学习需要？是为了用于复习、反复学习？是为了老师指导起来省力？看来这几方面的作用都可以有，主要看老师的利用和学生的利用态度，即是否对学案的内容感兴趣。）

2. 老师让学生看黑板，告诉大家，刚才的教程有点疏漏，并告诉学生先做形状渐变。

（评注：学生的状态是有二十几个学生开始准备做或正在做按钮。我问学生在课堂教学中使用这种数字化教程的感受，学生们说："这是一个视频学案，利用学案的学习方式很好"；"这种方式会使基础不同的学生都感到方便"；"这种方式学生可以反复看很多遍"。）

3. 老师要求学生将带按钮的动画做完后提交。教师发现问题，指导学生。

（评注：如果老师在交代任务时，对关键的操作或问题点予以强调，如时间轴、关键帧等，这样学生自主学习制作方法和具体操作过程时就会少出现问题，学习与教学就会更顺利些。老师根据学生的问题开始详细讲解每个按钮的制作过程。讲解模式：交代任务—学生依据学案自学并体验技术—根据学生的实际情况予以指导和讲解—播放学生作品—布置提高的任务。

教学进行 25 分钟后，有几个同学提交了有控制功能的作品。）

4. 老师提出进一步的任务，提示已经做完的学生可以再做深入一点的内容。

（评注：在教师开发的资源库中有半成品资源供学生使用，这里的老师们还开发了一个非常好用的学习管理支撑平台，学生在本机上做的作品其他学生也可以在本机上看到。）

5. 老师又进一步给出制作另一种动画效果的任务，让学生在这样的效果中（有一个循环播放）加上控制按钮，包括控制开始、控制结束、控制重复。

6. 教师在交代了第三个任务后，第一个任务还有 10 个学生没有完成。

（评注：这种差异状况如何在班级教学中、在统一的教学计划中得到关照和尊重，利用数字化课程资源——视频学案是个好的解决办法。）

7. 老师在一部分学生对第三个任务有所思考的基础上，又集中讲出解决这个任务的基本思路，同时给出新的函数 "goto（）"。

（评注：学生很适应这种教学方式，当问到还在做第一个任务的同学时，他们很认同，说这样可以使每个同学都能够完成相应的学习目标。）

三、听课感受

1. 充分体现了学生是学习主体的教育理念，教师的教学是为学生的学习而设计的，教师尊重了学生在基本技能方面的差异。

2. 体现了生成的课程观，老师开发了满足不同学生学习需要的视频学案资源，实施了尊重差异的教学。

3. 教学的韵律、学习的节奏，控制和把握得很好，出现了难得一见的信息技术课堂的有序状态。

4. 对于"慢班"的学生特点和内容特征，这种教学模式很有效，师生较为顺利地达成了本课目标。

5. 这种模式在有效的数字化资源支持下进行实施是一个重要的条件，通过和资源环境的充分互动，有希望保证每个学生课程学习的效果最大化。

通过 HT11 老师的做法，我们看到了技术课程实施的调适性。他以相应的课程计划、教材为依据，但在其进入教室应用之前就做了调适的努力，实际运作的课程与规定的课程相比发生了很大改变。

通过 ST7 老师的课堂教学，我们看到了课程实施的情境性。ST7 老师为了满足"慢班"学生学习的需要，克服文件课程"非零起点"假设带来的困难，开发了视频学案课程资源，并探索了有效运用的教学模式。他告诉笔者，在"快班"，就不在教学过程中利用这个学案资源了，学生只会在需要参考时查阅而已。

同时，我们也看到了教师通过教学模式决策及其实施带来的课程调适或创生的结果：数字化课程资源很好地解决了学生的起点差异问题，呈现了学生主动的、适于个性的学习状态，体现了教师的专业自主权。这其中，教师的课程开发意识、专业能力和先进的教育观念尤为重要。

技术教师在教学模式决策方面的做法让我们发现，一个优秀的课程实施者都会联系学生的生活经验和生活领域的各种有意义的背景，并以此去改造"给定的知识"，同时，根据具体教学情境做出符合他的教育观或教学信念的课程调整甚至创生。在某种意义上说，教室中实际运作的课程是一种发展了的或者是发展中的行动计划。

三、对学生学习评价的做法

学生的学习评价作为课程实施的重要组成部分，对学生有效学习和教师完善教学有着不可忽视的影响。作为认识学校层面课程实施中教师课程决策特征的另一角度，本研究关注了教师对学生学习评价的做法。

技术课程与学术性课程有着根本性的区别。在学习的评价方面，技术课程有其自身的特征。美国在技术学习评价原则中指出：对最终产品进行评价是非常重要的，但是，为了推动更好产品的出现，有必要了解学生在整个过程中所经历的体验——包括课程内容、教师的教学、学生的努力。因此，评价应包括对导致最终产品形成的各种经历的评价。金贝尔（Kinbell）的研究指出，对技术教育评价的关键问题在于设计和发展的过程，而不是作为知识和技能的结果（1997）。实践知识和技能可以促进过程的发展，但评价学生在设计过程中切实发展出的能力比评价作为结果的知识和技能要复杂得多。可以说，技术教育是"以过程为基础进行评价"领域里的主要成员。

对影响技术课程学习评价因素的研究认为，有两个因素影响着教师对学生技术学习的表现性评定。一是教师对技术的理解及教师对学生所从事技术活动的相关知识。技术课程表现性评价的质量取决于教师本人的知识和职业素养。教师的技术知识至关重要，因为它对提供给学生有效信息具有相当大的影响力。二是所评价的技术活动的真实性。这里的真实性有两层含义，第一层是对学生而言，所进行的技术活动是学生现实生活中已经发生或可能遇到的，即对所评价的技术问题必须是"情境化"的；第二层是指技术活动的过程是真实的，即技术活动尽可能在教室环境下反映实际的技术情境。

对技术课程学生评价的具体要求和标准的研究，英国出台了国家技术课程评价标准，美国蒙大拿州出台了技术教育评价标准。美国技术教育学者罗德尼·李·科斯达（Rodney L. Custer）研究制定了一个问题解决能力的评价模型，提出了学生个人表现评价的四个维度和每一维度下的具体标准。这四个维度分别是，技术问题及设计主题确认、设计的发展、模型制作、学生对设计方案的自我评价。他认为确定问题解决过程中的关键事件与相应的技术水平是评价模型的核心问题。

（一）学生学习评价决策总括

研究发现，技术课程实施初期阶段，教师在评价决策方面总体上呈现多样化的特征，在一定程度上体现了技术新课程倡导的评价理念和原则。有的教师在课程实施中，经常通过作品设计、制作等任务，让学生独立地或以小组合作的形式进行探究，以经历运用技术思想、方法和技巧解决实际问题的过程，从而完成学习任务，促进课程目标的达成。对于这样的课程计划适于使用表现性目标，采用反映"教育评定"特征的探究方式的评价。有的教师多以讲授和提问的方法为主，很少给学生提供亲历过程，以进行体验、探索的学习机会。在访谈中，学生对"动手实践"的诉求正验证了这一点。这些教师的评价内容和评价方式常常是单一的，且以测评、考试等常规的学术性课程色彩明显的评价为主。此外，无标准、随意性、缺失教学目标依据的倾向也十分明显。

分析教师调查问卷数据发现，教师对技术课程学习评价以作品制作评价为主的认识相当一致，N 实验区与 G 实验区被调查的通用技术教师有近 90.0% 的人是这样的看法，他们还认为评价学生技术课程学习情况的主要依据应该是课堂表现、设计作业情况和兴趣态度（具体见表 4 – 10）。

表 4 – 10　教师对学生学习评价方式与依据的认识情况

问　　题	选　　项	N 实验区（%）	G 实验区（%）	S 实验区（%）
您认为技术课程最宜采取＿＿＿形式来评价学生的学习效果。	A. 口试	0	12.5	0
	B. 笔试	16.7	0	15.0
	C. 制作作品	91.7	87.5	85.0

续表

问　题	选　项	N 实验区（%）		G 实验区（%）	S 实验区（%）
		通用技术	信息技术	通用技术	信息技术
您认为技术课程评价学生的主要依据应该是_____。	A. 考试成绩	15.2	25.0	47.5	16.7
	B. 课堂表现	47.8	41.7	32.5	16.7
	C. 作业情况	21.7	50.0	45.0	41.7
	D. 兴趣、态度等	56.5	41.7	52.5	25.0

　　在技术文件课程中，对评价有如下建议：① 强调"评价要发挥激励、诊断、促进"的功能，特别强调弱化选拔与甄别；② 在评价主体及角色上主张教师主导，利用学生的评价能力，引导学生的自我反思和自我评价，创造条件实现评价主体多元化；③ 在评价方式上倡导坚持三个结合，即过程评价与结果评价相结合、全面评价与单项评价相结合、阶段性评价与日常性评价相结合，强调关注学生的个别差异，鼓励学生的创造实践，渗透表现性评价的理念，综合运用各种过程性评价，对于信息技术特别强调纸笔测验和上机测验相结合开展总结性评价；④ 在评价内容方面，信息技术课程强调全面考查学生信息素养的养成过程，关注学生情感、态度与价值观的形成，具体内容包括日常观察或设置真实任务搜集评价资料、典型作品设计、项目型作业或实践活动等。通用技术课程强调全面考查和了解知识与技能、过程与方法及情感态度与价值观等方面学生的理解与运用的状况，进行学生技能学习水平的评价。同时强调知识与技能、过程与方法、情感态度与价值观三者是一个有机整体，应将三方面有机融合起来并灵活运用各种评价方法对学生进行全面的评价。

　　可见，教师对技术课程以设计学习和操作学习为主的特殊性认识明确，而且对文件课程提出的评价建议也有较好的理解与认同。某些教师的评价决策不能很好地体现新课程的评价理念与思想原则，主要不是认识问题，而是教学实施条件、课程的评价标准和教师的技术知识、评价理论知识的不足使认识与决策行为错位。

以下是技术教师在学生学习评价方面的决策表现以及对其进行的分析。

（二）对"作品制作"的学习评价决策

技术课程的主旨是提高学生的技术素养，以设计学习、操作学习为主要特征。设计学习是通用技术必修模块的主要内容，也是体现通用技术课程特质的内容，"技术与设计1"和"技术与设计2"两个必修模块共有8个主题内容，都紧紧围绕设计学习而展开。"技术与设计1"的四个主题中有三个是关于设计学习的内容，分别是"设计过程""设计的交流"和"设计的评价"；"技术与设计2"的四个主题都是关于设计学习的内容，分别是"结构与设计""流程与设计""系统与设计"和"控制与设计"。因此，通用技术课程评价的重点应该在设计学习方面。这是通用技术教师在课程准备阶段进行决策的重要内容，也是决策处理的难点。

在H实验区HN中学，笔者经历了HT4老师的一节对技术作品的学习评价课。笔者看到HT4老师对学习评价关注的重点突破了传统的课程评价观，从简单的客观性评测走向体现新课程评价理念的、多侧面的、主体性的教育评价。HT4老师对学生关于这部分内容学习的评价决策突出了五个方面的学习引导或导向，即揭示如何解决问题的、反映共同体的整体观念，不局限于独立完成，允许不同的解决方法或方案，允许表现形式的选择。HT4老师的评价决策体现了"教育评定"的思想和质性的特征倾向。从课堂观察到课后访谈中，笔者都能感受到教师的学科信念和教学信念对其运作课程学习评价的影响。以下是这节"评价课"的记录片段。

课堂观察记录 4-4

一、说明

这是一节通用技术课，是"技术与设计2"有关设计学习的学习评价。评价对象是学生的作品"多功能笔筒"。这是一个统一布置的设计题目。

HT4老师设计的评价内容包括标准、程序与要求，具体如下。

二、评价标准

包括三个方面，有三个等级，如表4-11所示。

表4-11

产品本身（75%）	产品设计的基本思想； 产品的基本功能； 产品的技术特性（稳定性、安全性、实用性）； 外观设计； 人性化考虑。	等级： 优秀； 良好； 一般。
讲述表达（20%）	思路清楚； 陈述全面。	
小组整体表现（5%）	态度认真； 分工、合作和谐； 人人有贡献。	

三、程序与要求（略）

四、教学过程

1. 老师利用实物投影仪向学生出示作品评价标准和对有关评价程序的具体说明与要求。

（评注：学生反应热烈，看得出对这种形式的学习很感兴趣。）

2. 老师按照分组的顺序请各小组"上台"介绍自己的作品。

（评注：学生三人一组。他们拿着自己的手工作品，满脸兴奋地走上讲台，讲述着自己的设计思想、观点、想要实现的功能、技术产品的各种性能，以及外观设计和人性化的考虑等，得到同学们鼓励的掌声。老师在一旁记录着。）

小组成员1："笔可以在上面躺着。挂式的可以起到点缀装饰的作用。这个笔筒还可以挠痒痒。"

（评注：学生的讲解诙谐、睿智，不断扩大着笔筒功能的想象。这是一个很独特的设计。老师也在欣赏着这个笔筒的功能，并做了简单的评点。）

3. 又一组上来了，他们还没有正式发表演讲，几个成员就开始发笑。

（评注：为什么呢？可能是心里没有底，也可能是需要尽可能地放大产品的功能，浮夸自己的设计，才能让自己设计的产品表现出优势和特色。接下来的结果证实了这一点，其中两名组员尽力夸大自己产品的优势和功能，另外一名组员可能感到不太好或有些心虚，所以就没有过多地说什么。其实只不过是一个用八宝粥的铝罐不加什么改造而成的笔筒，何以有那些功能呢？应该怎样评价这种不实在的浮夸呢？）

4. 又一个同上一组一样的笔筒，他们这样陈述着自己的作品设计。

小组成员 1："简洁而不简单，返璞归真，朴实无华。"最后一个同学说："功能强大得无话可说了。"

5. 这组是用纸做的笔筒（粉色的纸）。

小组成员 1："名称：城堡笔筒，功能划分较好。这是一件严肃的作品。"

小组成员 2："粉色比较温馨。"

小组成员 3："面向女性消费者。根据'空气动力学的原理'，不能被风扇吹倒，稳定性好。"

小组成员 4："爱情城堡里的粉红女郎放上黄色的纸，写上字就会成为白马王子……"

（评注：学生的讲解，如此让人出其不意。他们的设想涉及与很多更大领域知识的联系。）

6. 又一个小组上来发表，展示自己的所做所学。

小组成员 1："我们的作品最大的亮点就是实用，可以分放 4 类用笔。"

小组成员 2："还有一大特点是，可以倒过来当小凳子坐。"

7. 这一组的同学特别强调了自己作品材料的选用。

小组成员 1："为了稳定性，选用了吸挂来保证实现稳定；选用较柔软的彩纸做笔筒的装饰。"

小组成员 2 从消费心理角度讲解自己的作品。

小组成员 3 从成本的角度介绍产品的优点。

（评注：这个合作学习共同体十分自信且从不同的角度介绍了自己产品的优点，强调着自己的与众不同。显然老师对这组同学的讲解感到满意，很欣赏地说这组同学加进了新的角度，加进了审美，这组同学也获得了全体同学认同的掌声。）

8. 马上要下课了，HT4 老师做了小结（小结并不太到位），只是小结了本节课做了什么，没有对学生的表现和作品情况做出总的点评。

五、听课感受

1. 没有坚持评价程序，学生点评环节没有达成。一是时间问题，5分钟时间，要求小组成员都要讲，没有学生提问和点评的余地。二是内容问题，多功能笔筒的设计很难涉及太多的思想、理念和技术难题，安全性、实用性也都显而易见，没有学生感觉值得点评的问题或内容。

2. 很适合设计学习类型学习成就的评定。老师设计的标准具有较强的引导性，体现了老师对新课程的理解和对内容的把握，也反映了老师的教育思想与观念。但是，标准是否需要更细化一些呢？

3. 学生表现得积极、热情。从作品完成的质量角度，可以看到在作品设计和制作过程中，绝大多数学生是很投入的，但也有的小组表现出了对作品应付了事的状态。总体来说，在表现作品的评价环节，学生还是不够投入，可能是作品所承载的"信息条"对高中学生来说还是过于浅显的缘故。

4. 技术课程学业成就认定多使用表现性目标是有效的，但是目标要清晰和确切，且对教师的综合能力要求较高。

笔者课后访谈了HT4老师，主要关心的是HT4老师是如何确定"多功能笔筒"学习的表现性目标和如何考虑评价标准的设计，以及如何对每个学生进行学习结果的认定等问题。

HT4：学生在设计过程中想到了什么问题？怎么决定和认识的？这些必须要让学生说出来，你才知道他在这个过程中经历了什么。同时，你要讲评他的长处，否则他下次就没有参与的积极性了。今天这些组我没有给出很高的分数，学习态度方面（包括讲解与合作状况）我给25分。每个同学都要上来讲，比如三个人一起做一个作品，你不可以偷懒，每个人都要讲，否则就要扣分。这种评价课我一般是两节连着上。

谈到是怎么确立的评价标准时，这位老师说按照课标、教材，根据内容框架和自身对目标要求的理解；谈到是怎样利用分数确定等级时，他告诉笔者，是以很绝对的分数获取等级认定结果的。

> HT4：内容要求的主要部分给 75 分，表达和整体表现作为学习态度，占评价的 25 分。在设计准备时，用什么材料，用什么工具，做哪些工作，美观和安全都是要考虑的。陈述、表达、交流也是很重要的培养目标。没有按照要求达到就要扣分。（HT4 - [20] [B2]）

分析本次评价，可以发现以下几点。

第一，HT4 老师采用的这种作品评价决策，体现了评定作业要反映他的"教育评定"思想。给小组集体进行作品说明的方式创造了机会，使学生得以展示自己对探索过的理念、观念和意向间相互联系特征的理解，并最终帮助学生证明，"他们已经把理念作为更大领域的一部分，以及作为处于一种话语共同体中的组成因素而掌握了它"。第二，从学生的展示与互动中可以看到，这种学习有两大优点。一是增加了内容的意义，提高了学生对技术设计的理解；二是由于各组发表的是自己小组的理智和意向的信息，所以对组外其他学生来说，越来越多的模糊"信息条"聚集在一起，提供了一幅相关理念或认识领域的连续画面，这将增加学习具有"美学特征"的可能性。第三，"知道学生经历的"、"讲评学生的长处"、考虑"学习态度"和"参与的积极性"以及合作状况，是 HT4 老师评价决策的想法或依据，体现了新课程倡导的课程评价观，在评价内容、评价主体方面体现了通用技术课程建议的评价原则。第四，从 HT4 老师设计的评定标准和要求可以看到，作品作业具有课程适切性，但又不局限于教授的课程，展示了学生在作品设计、制作的过程中，对方法、目标不确定到确定的探究，以及灵活的、理智的探究思路，使评价向学生生活世界回归，也有对美学鉴赏观的借鉴。

但是，HT4 老师没有明确说出针对本内容确定的表现性目标，说明评价决策对目标关注的不足或缺失，应该对"多功能笔筒"作品的设计学习确定清晰的目标，这是前提。因为要对学生获得的学习结果进行评价并发挥评价的激励功能，就必须明确具体的表现性目标，以便让其发挥引导或导向的作用。

还有，对于作品的表现性评定，老师以很绝对的分数获取等级认定结果的做法是否合适也是值得探讨的问题。

（三）"过程"与"结果"相结合的学业成就评价决策

评价不仅要关注学生技术学习的结果，更要注重学生在技术活动过程中的收获和对技术思想和方法的理解及体验，应该把学生在技术学习过程中的参与程度、参与水平和情感态度等作为评价的重要指标。这是技术课程标准建议的评价原则，通用技术教师对学生学业的终结性评价做法较好地体现了这方面的原则。

1. "作品+笔试+态度"：三结合的做法

在 H 实验区，技术课程学习评价问题是从教育行政主管部门到学科教师都十分关注的热点问题，也是难以解决的问题。各级教研部门都在致力于推动学生学业成就评价方案的研究制订。"作品+笔试+出席"三结合的评定方案是 H 实验区 HX 中学的 HT4 老师做的积极尝试与探索，其中各部分所占分数比例还在探讨。HX 学校暂时确定的比例是作品占25%、笔试占70%、出席占5%。但 HT4 老师认为应该提高作品的分数比例，因此，在他对学生的学业终结评价中，作品占40%，书本知识笔试占50%，态度占10%。

在 S 实验区 FZ 中学和 JN 中学，通用技术课程评价也显示了这种三结合的特征倾向。通用技术教师 ST1 告诉笔者，在他的评价决策中，主要采用的就是这种过程与结果相结合的做法。他让笔者看了他所教班级的学生拟定的发明与革新专利申请清单，从发明主题上就能体现出 ST1 对过程性和创造实践内容的关注。他实际运作的课程主要采用的就是"动手与活动为主的"教学模式（见本章第二节）。

> ST1：我对学生的评价主要以这些作品为主。要求以组为单位，搞一项现实生活中的发明与革新。学生先把书上的基本概念和原理搞清楚，比如，革新应遵循的那些基本原则：科学性、技术性、美观性、经济性、实用性……都要考虑到。我希望学生能够讨论，动手做东西，所以我的评价做法基本是作品作业、笔试测验和平时表现相结合，但更侧重过程性评价。（ST1－[15][B2][B5]）（ST1－[20][B2]）

JN 中学的 ST5 老师告诉笔者，他们的评价也是按模块进行终结性评价的，最后的考核有一次笔试，总体学习评价的主要依据是平时的作品作业和平时的表现。

2. "课堂表现＋平时测验＋作品与方案＋笔试＋平时作业"：五结合的做法

H 实验区 HX 中学的 HT1 老师对通用技术课程必修模块的学习终结评价问题做出了自己的探索。他制订了一个评价方案，通过五结合的做法体现了课程标准中评价建议的思想与原则。该评价方案包括具体的评价内容、分值、评价标准细则和实际分值等几部分，具体如下。

一、学时评价（15 分）

1. 修满 36 学时，计 15 分。

2. 每旷课 1 学时，扣 1 分；每迟到 3 次，按 1 学时计。

3. 因故请假，后能补修满学时的不扣分；否则，按旷课处理。

二、作业评价（10 分）

1. 一学期作业数以 10 次为标准计算。

2. 作业以优、良、及格、不及格评定，分别计 1 分、0.8 分、0.6 分、0.5 分。

3. 缺交一次，扣 1 分。

三、课堂表现（5 分）

1. 课堂提问评价以百分制考评。

2. 课堂学习态度评价以优、良、及格、不及格评价。

四、平时测验成绩（10 分）

1. 平时测验成绩中，考试成绩占 60%，平时测验占 40%。

2. 平时测验成绩包括书面测试和设计案例测试。

五、设计方案及作品评价（20 分）

1. 注重设计过程的评价，凡是设计过程中有信息筛选、知识的应用、思考的性质、方法的形式、方案的确定模型或原型的制作给 10 分，每缺一项扣 2 分。

2. 能正确呈现设计方案加 5 分。

3. 能根据设计方案要求制作原型或模型再加 5 分。

六、书面考试（40 分）

1. 考查学生系统掌握通用技术基础知识和运用通用技术知识解决问题的能力。

2. 试题应采用较灵活的试题，结合生活和社会实际问题对学生进行考核。

3. 采用百分制更为客观，全面考查学生的整体技术素质。

分析这个方案可以看到，书面考试、设计方案及作品评价、平时测验成绩、作业评价和课堂表现的分值比例为 40∶20∶10∶10∶5，另外 15 分是学分修读评分。设计方案及作品评价只占 20%。按照必修模块的内容、目标和教学建议来看，该部分在终结性评价中应该占有更大的比例。通过访谈了解到，这种评价决策受到教学条件的影响，由于教学条件的限制，学生亲自动手体验的技术活动减少了，技术知识的讲授增多了，像 HN 中学 HT6 老师的课堂教学模式就主要是讲授式。这样总结性评价的分数比例中，笔试就占了主要部分。

（四）效仿"数理化"的学业成就评价决策

在一些学校中，对技术课程的学生学业成就评价采用"期末一张卷"的方法，在新课程实施初期，这还是常见的评价决策。这种评价方式对以设计学习、操作体验学习为主要特征的技术课程来说是不可取的。但是，地方上对信息技术课程的会考，实施初期阶段技术课程教与学评价实施方案的不确定，教师对课程目标、内容标准理解程度的局限性及其评价理念的陈旧性，使得教师在课程评价决策方面存在明显的应试取向倾向。

1. "根据会考的形式来组织技术课程考试"

"根据会考的形式来组织技术课程考试"是 S 实验区 FZ 中学信息技术课程教学评价的主要做法。在访谈该校校长 XZ3 时，他这样告诉笔者，平时学校组织信息技术课程的统一考试，也都是根据会考的形式来组织的。

XZ3：现在省里有会考，每年在高二年级进行，省里面统一组织，平常我们学校里面也组织统一考试，根据会考的形式来组织。

（XZ3 - ［8］［A2］［B1］）

2. "一张卷，效仿数理化课程的考试"

完全照搬学术性课程考试的通用技术课评价的做法也存在。

在 H 实验区 HX 中学，HT1 老师对评价的具体做法是，像数理化课程的考试一样一张卷，而且给学生复习提纲，让学生背下来。

> HT1：我们去年主要是笔试，当时也不清楚该怎么出题，结果是填空题、选择题、问答题，题型很多。我们就给学生出提纲，让他们背，背了以后自己考。（HT1 - ［07］［B2］）

下面是 ST1 老师在学习"控制与技术"一章后出的一份考卷，主要是针对知识的考查。

通用技术课"控制与技术"考试题

高中一年级＿＿＿＿班＿＿＿组　　姓名＿＿＿＿＿＿　　分数＿＿＿＿＿

1. 什么是控制？（20 分）

2. 何为开环控制？何为闭环控制？二者有何区别？（20 分）

3. 控制系统是由哪几部分组成的？主要包含哪些环节？（20 分）

4. 分析自行车行驶方向控制的工作过程，回答以下问题。（40 分）

（1）自行车行驶方向控制属于开环控制还是闭环控制？为什么？

（2）自行车行驶方向控制的工作过程中，哪部分属于控制器？哪部分属于执行器？

（3）按课本要求画出自行车行驶方向控制系统框图。

在 H 实验区 HN 中学，HT4 老师也告诉了笔者他们教研组在评价决策上的做法和经历。学期期末考试时，他们教研组决定采用笔试评价方式，结果他教的班级考试成绩很不理想。

> HT4：当时出题有个方向，我们三位通用技术教师共同出题，我当时有个保守思想。第一个是概念题，名词解释要有；第二个是该学

的每章节都要有分，不管多少分；第三个是，对于这份题里面的案例分析，只要学生把课本里面的每一章每一处的知识点写出来就可以给满分。我当时的指导思想就是点到为止，说明你已经学到这个应该注意的点了即可，学生只要把点列出来我就给满分。结果，当时我班的很多学生列出来了，但问题不够深入。四位老师是流水线批卷子的，所以，别的班都是八九十分，我的班是六七十分。（HT4－［03］［B2］）

　　前面的学生学业评价案例揭示了 HT4 老师在教室中运作的课程情况，他实际运作的课程特别体现了设计学习和动手制作这种课程特征。可是在期末考试时，老师们却绞尽脑汁编写与数理化课一样的考试题，是遵循传统评价理念的、以考查知识掌握为主的评价。技术课程照搬学术性课程考试评价样式的决策，会影响学生对通用技术课程的认识，这种教和考不一致的状况也会影响到学生对课程的认同感。

　　通用技术课程标准中关于评价的建议指出，"本课程的评价是开放的、灵活的，评价方法多种多样，可以有书面测试、方案及作品评析、过程记录卡、访谈、活动报告等。这些评价方法各有特点，适合不同的评价对象，评价者要根据具体的评价目标、具体内容，客观分析并灵活运用这些评价方法"。对书面测试的具体建议是选取来自生活和社会实际的问题分析、案例分析、产品设计和产品分析等题型，考查学生对技术原理的理解、技术方法的综合应用以及将技能方法迁移到新问题情境中的能力。这些建议是明确的、具体的、清晰的。但是，在一些学校，通用技术课程学习评价方式是单一的，评价理念是传统的，应试取向的评价决策对技术课程实施的影响是深远的。

（五）"没有标准"的随意评价

　　从技术文件课程的评价建议中可以看到，根据教学目标制定评价标准和评价量规应该是教师在课程准备阶段关于评价的一个重要决策行为。在笔者访谈和观察的范围内，笔者发现很少有教师有这方面的自觉认识或表现行为，而对评价设计和实施的随意性倾向却很明显。

1. 对技术作品的评价："学生该讲的讲到了，我们也认为是讲对了"

　　对技术作品的评价遵循"该讲的讲到了，我们也认为是讲对了"，这是 H 实验区 HX 中学的 HT1 老师在实施学生学业评价时的信念。

> HT1：我在课程中做过一次动手能力测试，让学生制作一个小板凳，完成的结果是其他科目学习成绩比较差的，甚至不想读书的学生都做得很漂亮，他们表现得很投入很用心。但当我用一张卷子来考时，对考试内容他们基本是什么都不知道。但如果你让他自己讲，不一定按照书上的话去讲，他又讲得有一定道理。所以在对技术作品进行评价时，只要学生联系一点课本上的知识，该讲的讲到了，我们也认为是讲对了。实际上，有的学生讲得比我们上课讲得还要好。（HT1－[05][B2]）

HT1 老师对技术作品的评价决策带有很大的随意性，这种评价决策的导向性、正确性与准确性与否，将直接影响到技术课程实施的质量。

2. "看学生能做什么，做出来就算合格"

"看学生能做什么，做出来就算合格"，这是 H 实验区 HN 中学的信息技术教师 HT10 在学生学业评价决策时的信念。他们没有确定的评价标准和量规，老师在教学现场进行学习成就认定，有时也依靠学生的评价。

> HT10：总的来说，就是看学生能做什么，做出来就算合格。有时有的同学做得比较差，我就说，在做网页上，小学生什么标准，初中生什么标准，高中生什么标准，如果高中的学生做的和小学生做的是一样的标准，那一定不行。
>
> X：你有没有在课前准备评价标准和明确量规？怎样具体地对学生学习做出评价，最后作为结业成绩的？
>
> HT10：我们基本是这样的，首先是看上课的表现，第二个就是看你完成小组任务的情况，比方说多的、次多的，或者是少的、没做的。明确出工作，谁做了什么，谁没做什么，就依靠这些来进行。而且学生也参与评价，小组内部学生之间的……（HT10－[06][B2]）

这种没有标准和随意评定的倾向会直接影响课程学习的效果，教师这样的课程决策行为的出现可以归结为两点。一是在课程本身没有形成明确具体的学习评价标准，只有评价建议的情况下，需要教师自己做出很多努力；二是教师缺乏评价方面的相关知识，评价的随意性也表现了教师职业素养方面的问题。

分析教师关于学习评价的做法，我们看到以下几点。第一，技术课程建设与发展的又一重要研究课题，就是技术课程学习评价标准，这是十分迫切的。第二，教师对技术的理解、对课程内容中要求学生所从事的技术活动的相关知识是缺乏的，特别是通用技术教师更是如此，加强对教师的技术知识的学习与培训研究非常必要，这是保证学生技术学习效果的重要前提。第三，表现性评价的运用是技术课程的目标和内容所决定的，而表现性目标的确立、表现性评价量规的设计制定以及实施的技能等有关评价理论研究成果的缺乏对教师的评价决策会产生重要的影响。同时，教师本人的职业素养也对表现性评价的质量形成影响。因此，加强技术教师的专业化发展势在必行。第四，技术课程教学条件的匮乏限制了诸如动手实践、亲历体验技术创造为主等教学模式的采用，进而影响到教师对学生学习评价的决策。第五，教师的学习评价观念在转变，"教育评定"的思想在设计学习评价中有一定体现，而且表现性评定应该成为技术课程的重要评价方式。

第五章　学校内部因素的影响分析

　　"在个人、组织和全系统的各个层次上，变革都相当复杂，含有多个变量，且是动态发展的。"（霍尔等，2004）

　　在本研究的视野中，可以这样描述初期阶段实施的技术课程：在开课的学校中实施状态复杂，"勉强地实施"是通用技术课程的特有现象。所调查的学校（都是实验区中办学实力较强的学校）里，调整的、忠实的、创生的实施取向共存；行为层面的课程认同困难；教室中的技术课程样态纷呈——多数通用技术课堂凸显着学术性课程的样式，多数信息技术课堂彰显着操作性的师生创生的课程样态；通用技术课程实施条件艰难，信息技术课程实施条件相对优越；课程外的实施动力缺乏，课程内的驱动力难获，校长以双重态度在两难中抉择。对研究数据的分析向我们揭示了学校水平的技术课程何以是这种特征的原因是多重而复杂的，有学校内部的，有学校外部的，内外部各种因素相互关联、相互影响，构成了一个复杂的影响技术课程实施的因素网（webs of factors）。如果把技术课程实施作为一个因变量，影响因素就组成了一个自变量系统，共同决定着实施的成功与失败。换言之，这些因素或成为推动技术课程实施、维持技术课程变革的动力源，保障技术课程的有效实施，或成为阻碍实施、削弱变革的"沼泽地"，使技术课程实施陷于迷失和身处困境。

富兰在他的《教育变革新意义》一书中，在讨论如何获得对变革的意义的认识时说："一方面，我们需要牢记与具体教育变革相联系的价值和目标及结果；另一方面，我们需要把教育变革的动力学（dynamics）理解成一种社会政治过程，这一过程涉及产生相互影响的所有个人的、课堂的、学校的、地方的、地区的和国家的各种因素……个人的和集体的意义与行动之间在日常情境中的接口处（interface），是变革的成功或失败的地方。"（富兰，2005）富兰的研究也向我们揭示出教育变革的影响因素和关键因素源于哪里，形成驱动和维持教育变革的动力源于哪里。学校的课堂就是富兰所谓的日常情境中的"接口处"，学校内部各种因素的影响，都会通过课堂或教师和学生的课程行为而关涉到变革的成功与失败。所以，学校内部各因素对技术课程实施的影响是至关重要的。

本研究发现，对技术课程实施产生重要影响的学校内部因素，主要在于教师专业素养、学校文化氛围和课程资源三方面。

一、教师专业素养的影响

教师对课程实施起着重要的作用，课程改革提倡的是新课程理念和新的教师文化，只有这些新理念和新文化被多数教师接受，并转变为他们自身的行为和信念，新课程的实施才能顺利进行。因此，教师自身的素质、教学观念的转变、教学方式的改革等都会直接影响课程实施的进程。对于技术课程实施来说，教师的影响主要体现在教师的专业知识和信念两方面。

（一）教师的专业知识

教师的专业知识是教师知识的重要组成部分。教师知识是一个复杂的综合体，由教师的角色所决定。有很多关于教师知识的研究，其中对教师知识的本质的认识主要有四种观点。第一种观点认为，教师知识是在教学行为和对具体环境的回应过程中发展起来的个人的、时间的和缄默的知识。第二种观点认为，教师知识是扎根于教师工作的具体环境之中，并集中研究教师工作环境的特点以及由此发展起来的知识。第三种观点来自于对教师知识领域的考察，认为教师知识是指教师的学科知识和向学生有效地表征这种知识的知识，后者称为学科教学法知识。提出这种观点的研究者舒尔曼给出了内容知识的定义，它包括学科知识和学科教学法知识，是教师知识的重要组成。第四种是教师知识重构的观点，即在实践中，教师的知识是一个有组织的整体，它们常常相互联系，密不可分，使教师能够定位自己的情境并在情境中行动。这些观点从不同的角度昭示了教师知识的重要本质，即经验性、情境性、整合性、理论性和分析性的本质。

　　本研究中，采用舒尔曼和考尔德黑德对教师知识的分类观点，借鉴徐碧美关于教师知识的整合性本质及其与工作环境的辩证关系的认识，借用专业知识的概念，从两大方面来认识教师知识的组成，即教师的专业知识和教师的个人实践知识。教师的专业知识包括学科知识和学科教学法知识。按照舒尔曼等（1989）提出的学科知识的四个维度，即学科内容知识、实体性知识、句法性知识、关于学科的信念，来认识学科知识，则学科知识主要包括：一个领域的事实和概念的知识；将学科的基本概念和原理组织起来以使学科中的事实一体化的各种方式；学科中判断真理与谬误、有效与无效的方式；对学科的个人的看法和认识。按照舒尔曼的观点，学科教学法知识表现为对有关内容的教学能力。具体"指为了促进学生理解而使用类比、样例、图示、解释和演示等方法去表征学科知识。为了表征更有效，教师需要了解促使学生对某一问题的理解感到容易或者困难的原因，学生们的偏见和误解是什么，以及如何消除这些误解的策略"（1986）。对教师的个人实践知识的认识有多种，归纳起来主要包括教师的经验、常规和习惯等。

　　从教师知识在实践中表现的连贯性、整合性和情境性可以认识到，对教师知识的实际考察和分析是困难的。徐碧美给出了考察教师知识的有指导意义的四个方面。本研究遵循和运用了其中的三点：第一，教师知识在教师课堂行为中的体现是一个整体，应该综合、整体地进行考察与分析；第二，教师个人的教与学的理念在他们的教学和学习处理中扮演着重要的角色，这些理念受到个人生活经历、学习经历、教学经验、学术背景和专业发展的影响；第三，教学行为之中体现的学科教学法知识，可以从两个主要的相互渗透的维度进行考察，即学习处理和课堂中的课程实施。

　　1. 教师专业知识：实施技术课程的"黏合剂"和"砥柱"

　　笔者在研究中发现，由于历史的原因，信息技术教师的学科教学法知识与技能是缺乏的。过去，他们少有关于如何教学的考虑，对于一堂课的教学，他们只需设想让学生操作什么内容、按照怎样的过程进行操作和给学生自己操作的时间和环境就可以了。而且，由于不是国家规定的课程，有些学校并不排在课表当中，也就不在教学检查和教学评比范围里。所以教师会什么就教什么，教到哪里就算哪里，教师就是课程，没有安排集体备课，也没有专业发展方面的培训。在过去，他们从没感觉到自己的教学法知识和技能有缺失，也没感觉有什么特别的需要，而在新课程实施中，他们发现了教学技能对课堂教学决策有着直接的影响，因而有了缺失的苦恼和需要的急迫感。与信息技术教师相反，通用技术教师绝大多数来自于数学、物理、生物等学科队伍，拥有教学经验，经历过专业发展方面的培训，多数都具备较好的一般教学法知识和本学科的教学技能，但是他们缺失通用技术学科知识、学科教学法知识和关于通用技术学科的教学经验，这也让他们在课程决策中遇到了种种困惑。

（1）教学技能：实施信息技术课程的"黏合剂"。

在多个信息技术课堂上，运作的课程场景让我深感教学技能对信息技术新课程有效实施的重要意义。对于信息技术课程，它像一种黏合剂，把对学生极具诱惑力的机器前的学习行为与新课程三维目标的落实紧紧联结，使得极容易散乱的信息技术课堂学习变得有秩有序，并且在教师讲授环节，也能出现学术性课程所特有的注意力十分集中状态。所以，教学技能是技术教师专业知识的重要组成，它对在课堂上落实三维课程目标，让学生有效理解信息技术的思想、方法并形成有目的的课程创生有着极为重要的作用。

以下是 H 实验区 HT11 老师对一堂课的教学反思片段（2005－03－18），从中能够看到教学技能对信息技术课程实施也是非常重要的。

对于多媒体的特征来说，交互是一个非常重要的特征。我们的学生，对于交互的特征理解得不是很好。这一点通过在课堂上的眼神我感觉到了。备课的时候，对于这个问题有所准备，可是，就在我上课时准备列出交互的概念"交互就是一定程度的参与"时，我犹豫了，这么讲学生能理解交互吗？

转念间，我决定先举出交互的例子。"大家都用过游戏机，特别是投币的游戏机……"，课堂上出现了一些骚动，也许是不明白老师为什么突然说到游戏机的事情。但是部分同学已经下意识地在喊"街机"等。等了一等，我继续说道："可是有知道第一台游戏机的吗？"没有人回答，但是眼光却热烈起来。"世界上第一台游戏机出现在美国，它的第一个游戏叫'pong'。当然，这里要涉及'游戏机之父'——诺兰·布什内尔（N. Bushnell）。布什内尔的游戏机是一种由电脑程序控制的小小玩具，两道竖杠代表球拍，一个小光点代表乒乓球在屏幕上蹦蹦跳跳，由玩家操纵旋钮控制球的反弹，打不中就失去一分。诺兰让阿尔科姆在新机器上开了个投币口，然后扛到森尼维尔市年轻人经常光顾的 Andy Caps 酒吧，安放在一只木桶的顶部。第二天清晨，阿尔科姆在被窝里被电话吵醒，酒吧老板不耐烦地告知游戏机出了故障，让他立即搬走这架'破机器'。阿尔科姆睡意全消，跑步赶到酒吧。他从兜里摸出一枚硬币，想把它塞进投币口，可就是塞不进去。拧下螺钉，打开后盖，口中念叨着：'让我看看究竟被人塞进了什么东西……'话未说完突然打住，他定在那里，大张着嘴惊呆了：上帝啊，机器中那只用来装硬币的塑料盒，装满了 1200 个 25 美分硬币。把游戏机'挤'得不能动弹的东西竟是钱币！20 世纪的电脑游戏时代，就这样由'乒乓球'糊里糊涂地拉开了序幕。"

看到台下学生的神情，我感觉到一种难以言传的满足。

"pong 游戏有丰富的画面吗？"

"没有！"

"有优美的音响吗？"

"没有！"

我心里暗想："嘿，我问问题好像从来没有这么整齐地回答过。"

"那么为什么能这么吸引人呢？其实，回答很简单，交互。交互在游戏中得到了充分的体现！"

大家的眼神都释然了，索性我继续讲下去。

"我们现在的生活是单调的，每天上学，上课，放学，吃饭，做作业，睡觉。但是我们觉得苍白了吗？并没有。因为我们日常生活中存在大量的交互，比如，两分钟前我可能还和张三闹得不可开交，两分钟后我们就和好了。"

大家都乐了。

"但是，这些交互都是显性的，现实中还有隐性的交互，大家注意到了吗？"

"例如，我们有好些同学都喜欢的游戏——'仙剑奇侠传'。它吸引人的地方是操作方式吗？"

"不，踩地雷难受死了。"好些人大声说道。也有人补充："我喜欢它的音乐"，"我喜欢故事情节"。

"是的，故事情节，我喜欢。但是，你们能理解吗，其实，故事情节的发展就是游戏开发者和我们大家——游戏的用户进行的交互，当然，这个交互不是直接的，它通过了游戏这个方式，它是隐性的。"

通过大量生动活泼的例子，引导学生理解交互的概念和交互的作用，笔者认为是非常有必要的。但是，大量的事例是否会影响到其他知识点的讲授，是否会喧宾夺主，是一个有待讨论的问题。

HT11 老师的这段教学反思表现了两个教学事件：一是教师在教室里运作课程的过程中对课程内容的创生；二是教师根据学生的反应即时做出调整教学方法的决策。这两个事件的发生对特定教学现场是十分有效的，师生互动的情境、教师"难以言传的满足"都证明了这一点。事实上，在教师将理解的课程转化为实际运作的课程的过程中，要发生这样有效的教学事件是有前提的，那就是教师的专业知识，在这节课中尤为重要的是教学技能和教师坚守的教学信念，这使 HT11 老师能够将积累的教学经验灵活运用于课堂教学的决策之中。

HT11 老师的反思也揭示了一个事实：就信息技术课程来说，教师在教室里拥有坚守自己专业理想的空间和按照自己的专业理想进行教学决策的可能。HT11 老师的这段教学绝对能够暂时屏蔽掉"考试文化"对学生的干扰。

在对 HT11 老师的访谈中，他特别强调了自己对教学知识与技能的缺乏和急需补课的愿望。其实在笔者看来，他在这方面已经有了很好的基础，是信息技术教师队伍中的"有效"的教师，因为在他的课堂上笔者已经看到了教学技能的运用所产生的良好效果。

（2）专业特质：技术课程得以实施的"砥柱"。

本研究中将通用技术教师需要具备的专业知识和动手能力用专业特质来描述。在笔者所经历的数十节通用技术课堂里，突出的学术性课程倾向让笔者常常暂时失去对通用技术课程存在特征的认识，让笔者疑惑这是一节物理课吗？是一节数学课吗？通用技术课程的样态和专业性标志应该是什么呢？笔者深深感受到，专业性标志对一门新兴课程来说的重要性，而这种标志在教室中的体现必须有赖于教师的学科专业知识和动手能力，所以，通用技术教师的专业知识和动手能力是教室中通用技术课程得以实施的"砥柱"。

① 专业知识缺失对教师心理的影响。

研究发现，学科专业知识和能力的缺失对教师的教学心理会产生很大的影响，他们会在课程决策时感到焦虑，在组织教学活动时没有信心，丧失教学满足感，取而代之的是挫败感。这种感受在笔者面对面接触通用技术教师时，很多都留下过并不断被强化，其中最深刻的要数教龄最长的那位体育专业背景的教师和一位兼上数学课和通用技术课的教师。

在 S 实验区 JN 中学对通用技术教师 ST6 进行访谈时，他开篇的第一句话就是"我现在最需要的就是专业的学习与培训"，接着他一口气说了下面这样一大段话。

"当时开课的时候，我都从教 32 年了，这个课到底上到什么样，全然不知。通用技术的专门知识我一点都没有。我给你举个例子，由于老师自身的素质问题，有的专业的东西把握不了，就会让自己陷于尴尬。比如说设计，在设计与技术1这个课讲完一节课后，首先让学生给学校设计一个标志，根据学校的特点进行自己的标志设计。在学生设计完成后进行作品展示时，需要教师做出点评，这个点评我还多少能说几句。可是到了另一个课里，当时按照教材要求，就想打破条条框框，不再给学生命题设计，让学生根据自己的特长和对某一个物体的认识自行决定设计的主题。结果这一设计坏了，到作品展示环节需要点评的时候，我就一点也点评不出来了。学生有设计桌子的，有设计鞋的，有设计计算机系统的某一部分的，还有设计道具的，反正五花八门。一些东西我也不懂，也不知道这样的课程应该到什么程度，让学生掌握什么是重要的……反正觉得很失败，体育课教了三十余年了，也没有这样的感受，现在一站在课堂上就有些心虚。"（ST6－[03]　[A6]　[F3]）

　　H省HX中学的HT6老师是一位数学老师，也有30年教龄了，他对通用技术课程的价值很认可。他的课堂是笔者第二次体验到通用技术课程的地方，在那里笔者第一次发问"这是否就是通用技术课？"因为笔者明明感觉回到了几十年前那么熟悉的课程里：第一、第二，……，一条一条地推衍下来。既看不到教师有什么热情，也感受不到学生对一门全新课程该有的气息。学生一点也提不起兴趣，一直处在非常漠然的状态。

　　下课后笔者同HT6老师做了很长时间的交谈，给笔者印象最深刻的就是，他对所教课程的专业知识的陌生感和对课程理解的欠缺，更不具备技术课程所需要的那种动手能力。他留下的最沉重和最中肯的话语就是"通用技术要是开展起来的话，非有专职的会专业的通用技术教师不可"。他说自己对课程目标提到的"技术素养的全面理解还是有距离"，"课程内容涉及的具体操作和动手制作与技巧的内容，自己就更吃力了，有关原理、方法的内容可以照着教材教"。在问他学生提不起学习兴趣的原因时，他归因在两个方面："一个是生源差，什么课他们都会睡觉，二是可能由于教师不懂这个专业，缺乏实际的能力，影响到学生的学习兴趣。"通用技术专业知识和动手能力的不具备，使HT6老师在心理上负担很重，而且基本上没有这个学科的地位感和身份感。这种状态的教师怎么能运作出吸引学生的课堂教学呢？

　　在访谈该校的HT1老师时，他表现出很强的自信心，这正来自于他在专业方面的特质。他的这样一段话，可以让我们看到缺乏学科专业特质的教师会影响其对课程的理解，不能很好理解课程和教材的教师只能照本宣科，因此难以运作出效果良好的学生课程。

　　HT1：对教材有的老师就不能理解。像HT6老师，我听过他一堂课，就是按照书上的理论来讲，书上有几个例子就照着那几个例子讲，他绝对不会去引申。上课时对教材引申需要两个前提：首先是对课程内容的理解，其次是在备课的时候就有相应的想法或教学设计。

引申的好处一个是扩展学生的知识面，第二个是提高学生的兴趣，这就是我备课时花工夫准备生活中的例子，并根据例子设计资源的另一个根本想法。(HT1 – [35]［C4］)

HT1 老师是一位相对有着专业特质的教师，正是这种专业特质使他表现出很强的自信，并且有热情去寻求各种途径获取其他有关的课程知识，联系更多的生活例子，上课就不会教教材、照本宣科了，这会让学生体验的通用技术课程变得丰富、鲜活和有意义。

② 专业特质对课堂样态的影响。

尽管技术课程实施受到诸多外部因素的影响，但是在高度的专业能力、高超的教学技能支撑下，可以消解不利因素，调动积极因素，创设出良好的课堂氛围，让课程对学生的进步产生最有力的影响。

在我访谈的通用技术教师中，有 3 个人谈到了对教学满意的感受，信息技术教师则稍多一点。这 3 个通用技术教师分别是 ST1、HT1、HT4，分析他们的学科背景、教学经历、生活经验发现，他们有着惊人的相似；再看他们的教学风格、专业能力特点和课堂运作的课程样态，以及所体现的学科教学信念，也有着异曲同工之处；而且他们都表达出对通用技术教师身份的认同感。

以下两个课堂记录，透视了技术学科专业知识和能力要求的特殊性，以及对学生的课程学习的影响力。

课堂观察记录 5 – 1

这是 S 实验区 FZ 中学 ST3 老师的信息技术课堂。笔者在兴奋地体验之时写下："教师的专业能力和教学知识——课程调适与课程创生的基础。技术课程实施有着教师按照专业理想进行决策的最好空间。"

一、课堂实况

2005 年 12 月 13 日下午 2 点 50 分。

S 实验区 FZ 中学的计算机网络实验室。

高二（X）班的信息技术课——"多媒体技术应用"选修模块（ST3 老师）。

二、教学主题

渐变动画效果的设计。

三、教学内容引入

1. 老师首先播放一段 Flash 动画，这是一个圆形逐渐变成方形的动画。学生一片欷歔声和赞叹声，顿时情绪高涨起来。接着老师让学生们分析和评价刚刚播放的动画，看有什么优点和缺点。

2. 老师引出需要解决的问题，并交代目标"完成渐变效果的动画设计"，并让学生在上节课的基础上来做这个动画。

四、学习过程

1. 学生都聚精会神地看着老师的操作，听着老师的讲解，表现出对 Flash 动画制作的技能学习的渴望。学生一边听一边看，有的还跟随老师操作着。

（评注：这样安静而又渴望学习的信息技术课堂是很少见的，在很多信息技术课堂上，学生很少听老师讲，多是自己做着自己的事情。）

2. 学生开始自己设计并实现渐变效果的动画。我问学生以前学没学过，学生说："原来从没有学过，只是在这个课堂上才学的，每周只有45分钟。我很感兴趣，但时间太少，课下没有机会练习……但现在还可以，基本的原理和基本操作都会，就是课时太少了。"

（评注：学生个个都认真地在屏幕前创作着，尽情地挥洒着自己的情怀。素描的技能派上了用场，色彩的知识发挥了作用，想象力有了用武之地。他们真是太棒了！每一个学生都在做着与课堂学习内容相关的事情，没有一点倦怠和无聊，要不是亲眼所见，说在信息技术课堂上有如此景象我是万万不能信的。看上去，学生普遍都能较自如地操控着 Flash 这个"顽皮"的制作工具。他们的鼠标下奇妙的画面即将出现，因为栩栩如生的动画对象已经浮现……大家开始为此有些骚动了，满意的神情跃然脸上。

一个屏幕上：多么滑稽的形象，多么独特的创意，只有极少数的学生在按照老师的样式模仿，绝大多数学生都在发挥着自己的想象力，都在任凭自己的思维"信马由缰"。

可以看出，他们心目中有着他们想要的效果，他们努力地借助 Flash 的动画能力来实现。效果出来了，他们先是惊喜，然后是挑剔，再然后是决定修改场景，或是修改对象的形象，或是色彩，或是希望有更好的、更能与他们想要的样式接近的数字天地中的动态视觉和形象效果。

学生手中的鼠标都变成了小小的画笔，在创设着屏幕上的静态对象。

……

很久没有老师的声音了，老师在静静地看着学生们的屏幕。

大约是课上到一半的时间，突然有若干名学生举起手来，应该是他们碰到困难了，所以有了需要教师指导和帮助的需求。原来是有的学生想利用 Flash 让屏幕上的静态对象活动起来，并按照他们想象的样子来活动，结果却实现不了，这时他们才想起了老师。老师开始忙了一阵子，随后又安静下来了。）

3. 接下来，学生又相继举起手来，但是这次的神情没有了焦急，显得很从容，原来他们完成了学习任务，请求老师验收和评价。老师手中拿着一个本子，不断地走到学生跟前，指点着屏幕，并记下了评价结果。

（评注：笔者问："你们知道评价的标准和评价结果吗?"学生们说不知道。笔者说："这个评价对你们有什么影响?"他们说："如果没有这个评价，我们就是完成任务就可以了；有这个评价，我们就会要求自己做得更好些，再好一些。"我问："老师告诉你们评价结果吗?"他们说："不会。"我问："你们想知道吗?"他们说："我们只要听到老师说很好就可以了。"可以看到，学生们对这种面向过程评价的认可，以及对老师的信任。能做到这一点或能够保证这种评价方法在课堂中的实施，对教师的要求是很高的，需要教师能够很好地设定教学目标，能够很好地设计任务，能够了解学生的学习基础和能力，并且能够有先进的教学理念和教学经验，只有这样，才能在信息技术课堂上实现这样的评价，评价才可能发挥其应有的导学作用。如果有很多学生不能在课堂上完成相应的学习任务，这个评价是无法进行的。）

4. 大部分学生完成了任务并获得了评价，老师在教师机上展示了三个有特点的作品。

5. 学生们按时下课了。

ST3 是一位有十几年教学经验的老师，也是一个指导信息学奥林匹克竞赛并有着较好成绩的老师。他课堂上采用的教学模式是"问题引入—任务驱动—自主探究"，教学实施中反映出了他良好的教学技能，既有几种教学方法的灵活运用，又有完整的计划，形成高期望，还有评价监控；也体现了他具有很强的学科专业能力，同学们都很信服他；同时营造了良好的课堂氛围，教学目标、任务内容都清楚适当，整个教学过程让学生体验到了公正、参与、关爱、兴趣等感受，学生情绪饱满和高涨，最大限度地调动起学生的思维和其他方面的学习潜能。这是一节少有的学生自始至终对课堂内容感兴趣的信息技术课。

课堂观察记录 5－2

详见第四章课堂观察记录 4－2。

当时笔者在兴奋地体验之时写下："充满激情和创造的课堂，我认为我找到了通用技术课程的一种样态。教师的个人经验、专业特质和教师信念决定了这堂技术课程的样态。"

ST1 是一位有二十余年教学经验的老师，以前一直从事物理教学。他也是一位辅导学生参与创新大赛并有着很好成绩的老师，"每年我们获省里的、全国的奖都很多，就今年毕业的学生，他们通过创新大赛获奖保送了五个。今年我省创新大赛小学、初中、高中一共只评二十四个一等奖，我们学校占了八个"。因为有了这样的成绩，校长高兴，学校对技术课程更为支持。在 ST1 老师的课程中有几点印象十分深刻。第一，让笔者充分感受到他个人的教学哲学，即发挥学生的主体性，培养学生规范的做事态度，养成手脑并用的习惯，体验将思想变成现实的过程中所需要的方方面面的能力和精神。第二，将一个看起来不能实现的事情，在他的课程设计和有效实施下变成了现实。他按照问题解决的过程进行分解细化，如分解为设想、设计图纸、画出图纸、画毛料、出成料、成料表面的加工、安装、验收等任务，过程那么清楚，要求那么明确，能让知识、技能技巧和方法的学习融入每一个任务完成的过程中，使学生的学习变得如此轻松、快乐和循序渐进。第三，感受不到统一教学的节奏，但课堂控制和氛围调节却把握得较好，平等、参与、期望、兴趣同在，难得一见学生在通用技术课堂有如此的学习状态。

课后笔者与 ST1 老师进行了长达一个半小时的访谈，这让笔者发现该老师具备独有的专业特质，难怪他能够运作出如此有效的学生经验的课程！（H 实验区的 HT1 和 HT4 老师也有几分类似，但他们的专门知识和能力还没有 ST1 老师这么全面。）

首先，他喜欢搞设计，搞小发明、创造，特别乐于动手，用他的话来说长于手脑并用。"我比较有特长，我把技术课同别的结合起来，能在上课的同时把这个东西贯彻进去。在教物理时，我自己做了很多实验仪器，设计了很多新的仪器，做出来，上课再用，就是这样。"（ST1 – ［27］［C1］［B3］）

其次，他的专门知识全面。在笔者问他对通用技术教师的基本能力或专业素养的基本要求有什么看法时，他让笔者看到了集于一身的如此全面的特质。

> ST1：我的特点是基本上什么都会，通用技术课的几个模块我都可以胜任。服装设计模块，我专门学过服装设计；汽车驾驶保养模块，开车、修车，没有问题；电子与控制技术，我学物理的，天天搞各种设计；木工，我也专门学过。老师要具备这个素质之后，他开这个课就行了。（ST1 –［02］［A7］）

再次，他能让学生学以致用。在笔者问他"主导你课堂设计或者教学设计的思想在哪里"时，他让笔者认识到，经过教师运作的通用技术课程竟然可以让学生将其他学科的知识活用起来。

> ST1：同时应用各科的一些基本知识，像数学的、物理的各方面的都融合进来，我觉得这是主要的。我认为学生学了数、理、化、语文以后，在技术课程里应该让学生感受到怎么把它综合应用。我上这个课的时候，就强调学生能用上。这确实对他们学习是一个极大的促进。（ST1 –［08］［A11］）

最后，对学科信念和教学信念的坚守。ST1 老师重视学生在动手做过程中的真实参与和投入。他认为"过程要比结果重要，每个学生真正认真去参与了，他的收获就应该很大。至于制作的结果最后一定是有差别的，这个与学生个体有关"。他说在他的课程决策里，他坚守"培养学生认真、仔细、规范地做每一件事情"的原则。"这是我一个最基本的要求。好多学生一开始不适应，他们画图干什么的都乱七八糟，不行，图画得不好重新画，我就这样坚持。养成这个习惯以后，你会受益终生。"（ST1－［05］［A4］［B3］）

在笔者看来，由于这样的专业特质，让ST1老师有着明显强烈于他人的自信，也让他收获了难得的肯定与荣誉，更让他体验到其他技术教师所期待的教学满足感和学生对他运作的课程的认同感。也正是这些获得和体验，成为他和他的学生们对教学和学习赋予更大的热情和投入的动力之源。

　　X：就现在来说，你对学生学习通用技术课程的状态和你教学的状态感觉满意吗？

　　ST1：我的感觉应该是相当满意的。说实话，教这门课确实比较累。为什么呢？因为需要的各种资源少，也难找到。一些东西得自己去做，经常坐在实验室里自己画图、锯木头，我要求学生做什么任务，自己要从头到尾先做。我的备课就是在实验室里面动手，我备课的时间、速度和其他老师不一样。（ST1－［22］［B12］）

　　ST1：很多学生写的心得体会，你都想象不到。通过做，他们确实学到了很多很多从课堂上学不到的东西。当拿到这个作品，他们特别有成就感。（ST1－［04］［E2］）

2. 教师专业知识发展的局限

从前面的分析看到，技术教师的专业知识是技术课程实施获得成功的重要因素，也是技术教师能够形成专业身份认同感的内在要因。但是，目前在技术教师队伍中，像前面提到的教师还是极少数，特别是通用技术教师更是如此。应该说，我国技术教师队伍整体上存在专业知识发展的迫切需求，无论是信息技术教师还是通用技术教师，都在新课程实施中受到学科专业能力的挑战与困扰。

从教师对教学的总体感受的调查数据中，可以反映出技术教师的专业知识状况。表5－1是对技术课程教学适应与否情况的调查。调查数据表明，总体感觉比较适应的教师，通用技术最高达到33.3%，信息技术最高达到58.3%；感到很难适应的教师，通用技术最高达到50.0%，信息技术最高达到32.6%；感到很适应的教师数最高不足9.0%；总体感觉说不清楚的教师，通用技术最高达到15.6%，信息技术最高达到30.1%。应该看到，这个数据是模糊的。因为教学适应性的衡量并没有提供标准，在课程教学要求差异很大的情况下，适应性的数据会偏高，如果按照前面分析的两个课堂来要求的话，不适应的教师会占很大比例。

表5－1　教师对教学的总体感受

问　　　题	选　　项	N 实验区（%）		G 实验区（%）	S 实验区（%）
		通用技术	信息技术	通用技术	信息技术
您对技术课程教学的总体感觉是_____。	A. 比较适应	33.3	42.5	30.0	58.3
	B. 很难适应	50.0	30.0	47.0	32.6
	C. 很适应	2.4	2.5	7.4	9.0
	D. 说不清楚	14.3	25.0	15.6	30.1

　　本研究认为，专业知识的不足是技术教师难以适应技术新课程的重要因素，但直接原因是通用技术临时性的教师队伍、专业身份认同感的缺失和获得有效培训援助的困难。

　　（1）临时拼凑的队伍，学科背景复杂多样。

　　研究发现，通用技术教师基本是其他学科背景的，包括物理、数学、化学、生物、计算机、教育技术、体育和英语等。他们对本学科专门知识掌握较多，但对其他相关学科的知识拥有非常有限，更重要的是不具备基本的技术素养。这支队伍是在各种非常情况下形成的，每位老师成为通用技术队伍中的一员背后都有一段故事，这些故事让笔者明白了为什么他们中很少有对技术专业身份的认同感，为什么很少有像信息技术教师那样，对通用技术课程本身的热烈关注和积极反思。笔者看到，目前存在的通用技术教师队伍除了拼凑之外，还有临时的色彩。可想而知，一支不稳定、不安心的队伍怎么能打好通用技术课程实施这场硬仗。正如笔者所接触到的每一位教研员，他们都认为教师人力不足、学科知识短缺、教学技能薄弱是影响技术课程实施的首要因素。

　　在和 H 实验区教研员 JY1 访谈时她说："技术课程实施的最大问题是教师。没有本学科教师，队伍是临时拼凑的，专业背景多样，涉及学科有物理的占多数，部分是生物的，少数是数学的，极少数是劳动技术的，还有计算机的和教育技术专业背景的。教师队伍及其发展是技术课程实施面临的最大困难。现在教师的技术素养令人担忧，物理出身的技术教师会按照科学逻辑上技术课；劳动技术出身的教师会按照技能上技术课；数学出身的技术教师会按照推理演绎上技术课。总之，从实施的角度看，对技术教师目前的要求，只是能够上课，这与新课程实施的要求有很大差距。"（JY1－[1]［C1]［F3]）

　　在访谈中，JY1 也谈到技术教师存在教学技能参差不齐的问题，她说："就知识方面的教学而言，一个非常好的老师，他很能一下子抓住知识内容的核心问题。无论是否是本学科的知识，他都能够在很短的时间里理解并把握一个知识问题的本质。如果我要来讲通用技术的'开环'与'闭环'，同一些通用技术教师比较，我就能够在很短的时间吃透，并且让学生把握住。我觉得这就是目前技术老师身上缺少的东西。我们的通用技术队伍中，有的老师在教授原来学科的课时就很难到位。"（JY1－[5]［F3]［C2]）

　　这就是说，作为一名教师，如果他的教学功底很深，即使技术的专门知识不足，在他承担通用技术课程的教学时，也会对课程内容理解得很到位，也能够很快抓住核心问题。这正说明了教学技能的重要。而现在的技术教师队伍，由于是各种状况下拼凑起来的，所以教学能力存在问题在所难免。JY2 教研员的访谈证实了这点："你比方说，有些学校是这样安排通用技术教师的：他教不了数学了，他教通用技术；教不了物理了，他教通用技术。"

　　在笔者调研的学校里，校长安排教师上通用技术课时，多数是一种临时动意。例如，H 实验区 HX 中学的 HT1 老师告诉笔者："校长原来不是想让我上这个课，他当时找的是一个电脑老师，他们都不愿意上。后来我说这个课给我上吧，校长给我分了两个班，并说你上这个课应该是很不错的，就给了我一个重点班，一个普通班。"（JY1－［18］［C1］）S 实验区 FZ 中学的 ST1 老师也是这样的经历："校长打电话找我，他说把我调来教通用技术，我说行，学校怎么安排怎么办。别人教不了，糊弄教也可以，对着课本，第一章、第一节，这么教一点意义都没有。"（ST1－［03］［C1］［B5］）

HT1 和 ST1 两位老师都是比较主动地承担通用技术课程的，他们个人在动手设计、制作，以及对生活、生产中一些实际问题的敏感和愿意琢磨等方面有特长，并具备积极向上、不怕困难、善于动脑、勇于发现、致力创新的品格，同时有着很深厚的生活实践经验积累，这些都很符合通用技术课程实施所需要的专业特质。校长选择他们的决策是正确的。但是有些学校就不是这样了，像刚刚从英语专业毕业的大学生，教了一辈子体育的教师，仅从教育技术专业毕业一年的新手，还有只教实验课的实验教师，等等。这样的决策对于通用技术教师队伍的建设不能说是有利的。临时性、应付性与凑合是客观存在的。虽然有很多因素助长了这种存在，一些学校确实有着难以排解的教师安排上的困难，但是，校长对该课程缺乏重视和支持不足的嫌疑是无法排除的，而且这是造成技术教师队伍专业发展受限制的根本性因素。

（2）兼职任课，难有专业认同感。

在笔者访谈的通用技术教师里，除了 ST1 老师、HT4 老师和 ST6 老师外，都是兼职任课，上本学科的课为主，上通用技术课为辅。这是通用技术教师没有专业认同感的重要原因之一，也是技术教师专业发展有局限性的原因之一。在访谈 S 实验区 JN 市教研员 JY2 时，他告诉了笔者他们那里学校的通用技术教师的兼职情况。

　　JY2：很多学校的通用技术教师是兼职，多是电教中心、实验室的老师，还有计算机老师。有一个通用技术老师告诉我："我有四项任务，其中，通用技术教学是其中最不重要的一项任务。"（JY2－［08］［C1］［B5］）

由此可见，在有些学校里，通用技术教学被放在一个什么样的地位……

在对 G 实验区技术教师的兼职情况进行调查时，数据显示有 60% 的通用技术课是其他学科的教师兼任。在访谈的通用技术教师中，除了少数专职教师，其余的几乎都是老师们先兼任一年，明年就不兼了。所以从这个意义上说，真正的通用技术教师队伍人数还少之又少。像 G 实验区 G 市，去掉 60% 的兼职任课教师，这个本来人员就不充足的队伍就只有 40% 了。这样的状态对技术教师的专业身份认同也是不利的因素，更构成了对教师专业知识和能力发展的限制。

只有技术教师队伍稳定、技术教师专业能力得到充分发展、技术教师的专业身份得到自我认可，技术课程实施的水平才会得到提高。

（二）教师信念

"信念"常与假设（assumptions）、观念（conceptions）、个人哲学（personal theories）互换使用，这说明了信念的哲学属性，即信念属于哲学的范畴。更具体地说，"哲学决定着学校和教室里应当强调的经验和活动。同时也为教师提供一种决策的基础，如决定使用什么练习册、教科书或者还要利用哪些认知和非认知的活动以及如何利用它们；布置什么样的家庭作业及布置多少；怎样测试学生及怎样使用测试结果；等等。"（奥恩斯坦 等，2004）[4] 这告诉我们，教师信念对课程实施具有重要的影响作用。

教师信念可分为五个方面，即学习者和学习的信念、教学的信念、学科的信念、如何学习教学的信念、自我和教师作用的信念（古德兰德，1996），并具有存在的假设（existential presumption）、选择性（alternativity）、情感与评价等特征（Nespor，1987）。而且，教师信念是在个人的成长和发展中逐渐形成的，受到学科背景、教学经验、个人生活经历和环境氛围的影响。正如康乃利和科兰蒂宁指出的，教师的个人价值观和信念主要由他们自身的经历所塑造（1994）。在理解教师的课堂行为以及这些行为所体现出来的知识时，理解他们教与学的理念及其影响因素是极为重要的。

从第一章关于教师信念的理论分析中我们发现，多数研究表明了教师信念与实践之间存在着关联性，它通常会影响教师界定教学任务、选择教学策略、运用实践知识和处理教学问题，是决定个人行动的主要因素，所以我们可以从教师的课程活动实践中发现其"所运行的信念"和信念对活动行为的影响。

1. 学科价值信念对课程决策的影响

每个教师对于自己所教学科都存在对相应学科认识的信念问题。他们对学科本身知识体系的认识和理解，对学科教育价值和学科课程属性的认识，在通过学科教学实践活动后，会内化或转化为深深烙印着个人经验色彩的学科信念，一旦纳入到教师信念系统中后，学科信念就会在教师的教学实践活动中发挥作用，在他们进行课程决策时成为某种依据或遵循的指示。这种信念的影响是潜在的，需要在具体课程实践情境中体察得到。

研究发现，技术教师学科信念的影响，主要体现在教师关于学科价值的信念对课程决策的影响方面。技术教师对学科价值的信念和关于学生某方面素养或能力状况的信念共同作用，支持了他们关于技术课程哪些内容是重要的和值得学习的判断，以及如何才能学习到和掌握好的选择。所以，学科信念的影响主要体现为对教学内容处理或选择的影响，以及对课堂教学策略或教学模式选用的影响。

例如，在第三章问题一中呈现的，在技术课程实施初期阶段教师对课程价值的认识状况。我们看到 HT1 老师对通用技术课程价值的信念是学生取向的，他认为技术学科能够培养学生解决生活中实际问题的能力和动手能力，并且认为动手是学生整体素质发展的一部分，关系到学生的成长和发展，也关系到学生未来的生活能力，而现在的学生"特别懒惰，动手能力极差"。正是基于这样的信念体系，HT1 老师上课时经常举发生在身边的、且与人的动手能力相关的生活实例。例如，高中毕业的学生，家里的保险丝断了，他还要家长去请小区的保安来解决；有的物理系毕业的老师懂得些原理，但是还是怕电，家里发生日常的与电有关的问题自己还是不能解决；等等。同时，HT1 老师还非常注重选用学生动手实践的教学模式。

在 HT1 老师的学科价值信念体系里，学生动手能力培养是第一位的，通过通用技术课程培养动手能力、提高学生未来的生活能力成为他的一条重要的学科信念。因此，他在教学内容和学习活动设计上，始终围绕以解决生活中的实际问题为主线索进行选择，也因此有了安装圆珠笔的那一幕。

在通用技术教师中，HT4 和 ST1 老师也有着与此相近的学科价值信念，他们都认为技术课程的价值就在于让学生学会手脑并用，启发思维。在他们的课堂上都能够看到，他们运用自己信念系统中的学科信念做出教学内容和教学策略决策的情状。如 HT4 和 ST1 老师非常乐于采用教材中要求学生亲身体验或亲自动手的内容，并在运作于教室的技术课程中突出"学生动手"、强调动手又动脑的教学方式方法的运用，使得运作的课程体现了动手实践的实用性课程的特征（参见第四章课堂观察记录 4 - 2 和课堂观察记录 4 - 4）。当然，这三位老师在教学活动中所传达出的课程价值也最终影响到学生对课程的理解和态度。在对学生的访谈中发现，这三位老师所教班级的学生都对通用技术课程很感兴趣，多数表示愿意上通用技术课。但学生们也表示，通用技术课程就是"动手做"，不动手做就不是通用技术课程了。这反映了学生对技术课程价值认知的片面性，究其原因，与教师运作的让学生经验到的实际课程密切相关，但归根结底由教师的学科信念和课程理解所决定。

2. 课程内容与活动信念对课程决策的影响

内容是课程的重要要素，学生对课程学习的体验和学习成效的感受与内容本身有关，当然也与其他一些因素相关，如教学活动设计与组织等。在关于教师对教学状态感受的分析（见表 5 - 2）中，我们看到了教师关于内容与活动的信念对课程决策的影响。

如 ST5 老师认为，让内容有意思、让学生喜欢，这样学生会感到满意，自己也会对教学感到满意。基于这样一种课程内容和活动的信念，她在课程设计中特别注意寻找让学生能够感兴趣的教学材料。在课后访谈时她说，老师要做好内容的选择，要让学生喜欢。该校的 ST6 老师也有类似的感受，他说："我在教学中感到满意的是在一些学生喜欢的内容学习上。比如说，我选择的技术的两面性、设计的部分、确立问题等学习材料学生非常喜欢，我的教学活动就会开展得很好。"（ST6 - [02] [A1] [E2]）

还有，ST1 老师让学生当工程师设计图纸这样的教学设计决策，就源于内容与活动应该让学生喜欢的信念。他认为，让学生喜欢的内容与活动，学生就会有学习的成就感。

3. 教学目的信念对课程决策的影响

总体上说，教师具有各种关于教学的信念，每一个教师都具有自己的关于教学性质和目的的信念。有的教师认为教学是知识的传递过程，有的认为教学是指导学生学习的过程，有的认为教学更应重视培养学生各方面的能力。教师的教学目的信念对课程决策有着重要的影响，影响到具体教学目标的制定、教学重点的确定和教学活动组织方式的采用。

在第四章关于教师课程决策特征的分析当中，我们看到了 HT4 老师评价作品的那节课，在评价标准制定和对学生作品的要求中，反映了该教师的学科教学目的信念对其课程决策的影响。在那节课后访谈了 HT4 老师，他回答了笔者关于他对通用技术学科教学目的是怎样认识的问题，以及在本内容的课堂教学中是如何考虑教学目标、重点和难点问题的。他说："对学生我认为最主要的是：一个是教会他掌握一些概念、方法；另一个是教会他动手做一些东西。"在他看来，通用技术课程教学的目的就在于让学生掌握一定的概念、方法，和让学生学会动手做事情。因此，他在本课程的教学中，就把教学的重点和难点放在使用制作工具如裁纸刀和纸质造型裁剪与粘贴上来，让学生掌握技术工具的基本操作技能是必需的。"这可能是我劳技课的一些经历使然。上劳技课的时候我印象最深的是学生的动手能力比较弱，高二电学全部学完了，可是学生有80% 不会接电灯。上通用技术课，学生连工具都不会拿。制作小板凳的时候，我得教他们怎么拿刀，他们的姿势就像是锯木头那么锯；另外，怎么把造型粘起来他们也不会，也要我一点一点教给他们。这样上课花在这上面的时间就非常多。"（HT4 –［09］［E2］）

HT4 老师利用劳技课的类比来引出学生动手能力缺乏的事实，并向我们再现了他实际运作的"制作小板凳"这一节通用技术课关于教学目的的信念。在他看来，学习通用技术课程，学生"连工具都不会拿"是不行的，在这种个人信念之下有了他的课程决策与实际行为，那就是"我得教他们怎么拿刀"。这让我们看到，在 HT4 老师的教学信念系统中存在一种假设，即落实通用技术课程目标必须让学生亲自动手"做一些东西"，并且这是学生未来生活的实在需要。因此，他的教学实践就注重运用了这方面的信念，从而有了他那样的课程行为，即"花在这上面的时间就非常多"，并且有了十分合理的行为解释：虽然

"有好多同学上完了课还不懂怎样做"，"但最起码他们要知道怎么用剪刀"。这就是 HT4 老师理解的并在课程实施活动中遵循的教学信念的最主要部分。

HT4 老师有着上劳动技术课程的经历，从前他曾经兼职任课劳动技术，从 HT4 老师的"这可能是我劳技课的一些经历使然"和"上劳技课的时候我印象最深的是学生的动手能力比较弱，高二电学全部学完了，可是学生有 80% 不会接电灯"这段告白可以发现，个人经历和个人体验对教师教学信念形成的重要影响。但同时，学科教学信念的形成与教师对学科课程的认知与理解有关，对于技术课程来说，与实际实施的条件、环境以及实践活动中的反思有关。

4. 个人素质信念对教学状态感受的影响

个人经验和兴趣、爱琢磨和好奇心、老师让学生喜欢等，反映了教师对现代教师个体素质方面的一种信念，这种信念也成为他们感受满意的原因之一。

这种信念在部分通用技术教师那里体现明显，能够感受到他们的自信和对教学状态的满足感与他们的这种信念密切相关。

在访谈中，谈到对新课程实施以来自己的教学状态感受时，HT1 老师说，因为喜欢，愿意教，所以十分投入，不论是课程教学还是课程资源建设都是如此，他在自己的教学中感到满足。在陈述其理由时说："第一，这个课可以上得比较活，让我发挥我的个人特长，我认为这种素质是这个学科教师应该具备的。第二，我可以通过这个课提高学生的动手能力，这是我感觉最好的，比指导学生做物理实验还好。"（HT1－［19］［E1］）

同 HT1 老师非常相似，HT4 老师也对自己的教学感到满意，原因也与自身的一些特殊品质密切相关。访谈中他告诉笔者，对他来说，担任通用技术课程教学工作没有什么太大的困难，没觉得压力很大，"因为很多东西我都是熟悉的"。他认为他的日常生活和平时的工作积累对他帮助很大，也是他对自己目前的教学状态感到满意的重要原因。"因为我平时看电视的时候也琢磨，别人平时做了哪些事，我就想到怎么做了。特别是电视播出的那些发明创造的作品，我一看就大体知道它们是怎么做的。"（HT4－［08］［A12］）HT4 老师的好奇心、爱琢磨这样的一些品格，使他获得很多积累，在这种积累带给他满意的教学体验时，他就更坚持这种信念，从而形成更加有的放矢的与课程内容信息相关的积累。

需要声明的是，因为本研究不是专门针对教师信念的，没有对教师个体进行连续的整体的观察，所以，只是根据具体的一次活动或一次访谈来分析教师信念对课程决策产生影响的倾向。

关于教师信念的已有研究告诉我们，人们用什么知识来解释，会做出什么样的解释，还与"教师信仰什么样的理论"与"应该用什么样的理论来解释"存在着密不可分的关系。也就是说，教师的信念会影响到教师对知识或理论的选择。但是知识与信念之间的区别是不容忽视的。文化作为一种意义结构而存在，更应该包括教师的"所信"即"文化的信念"，并且，信念应该是文化更深层次的东西，因为信念对知识的选择具有过滤作用。因此，由于本研究目标的局限性，难免使以上关于教师信念对课程实施影响的分析有失偏颇。

5. 教师信念对教学满足感的影响

每个教师都有自己的关于学科教学的信念体系，在这个信念体系中，有关于教学是什么的信念，关于本学科教学方式、方法的信念，关于学科教学目的的信念等。本研究发现，教师关于教学的信念不仅对课程决策产生影响，在一定意义上还对个人的教学感受或教学状态的认同产生影响，而且这种影响是相互的，感受强化信念，信念反过来又强化对感受的判断。满意的、成功的体验对个人信念的强化会直接影响课程决策的方方面面。

对访谈数据进行整理发现，第一，教师对自己的教学感受主要表现出两种状态，即满意和不满意，形成这种看法或感受的角度有多个方面，从他们陈述的原因中可以分析出，主要包括课程内容、学习方式、自身特点与专业能力、学生和课程管理等。第二，信息技术教师对教学感受总体上表现出不满意状态，在 7 位信息技术教师对教学状态感受的看法中，有 5 位教师表示出不满意，2 位教师表示满意。通用技术教师对教学感受总体上表现出满意状态，在 6 位通用技术教师对教学状态感受的看法中，有 5 位教师表示出满意，1 位教师表现出中立的态度。具体情况见表 5-2。

表5-2　教师对教学状态的感受和看法一览表

科目	说　法	状态	原　因	教师
信息技术	要背4个教案，每个教案都是新的，很累。	不满意	内容新，专业学习跟进困难。	HT2
	我感觉到越来越不满意，越来越得不到学生的认可。	不满意	学生兴趣广泛，不好满足。	HT5
	学生的水平差距太大，教学难度非常大。	不满意	非零起点的内容；教材不好用。	ST2、HT9
	学生不重视，没有主动性。	不满意	已有的习惯，改变需要时间。	HT10
	从成绩上来说，觉得还是挺满意的。	满意	基础好；集体备课，校本教研；每周2节连堂上。	GT2
	有些模块锻炼了学生的动手能力，而且有声有色。	满意	分小组合作；自己构思制作作品；强制管理。	HT8
通用技术	我感觉应该是相当满意的。	满意	备课，我给学生留的作业我自己先做；很多内容我都熟悉。	ST1
	我的课堂还是可以的。	满意	内容有意思；老师让学生喜欢。	ST5
	对我来说好像没有什么太大的困难。	满意	我爱琢磨，有好奇心；一些事物我都知道原理。	HT4
	我还是喜欢教这个课。	满意	发挥我个人的一些经验、兴趣；课可以上得比较活。	HT1

续表

科目	说　法	状态	原　　因	教师
通用技术	课程的"好多方面学生还是比较喜欢的；他们特别有成就感"。	满意	设计部分，确立问题；分小组讨论；当工程师设计图纸；以互动形式提问。	ST6
	自我对教学感到满足的时刻，"就是在学生做出好的作品的时候"。	中立	新的学习方式；学生反应很热烈。	HT3

　　分析决定满意与否的原因可以发现，影响他们教学满意与否感受的原因涉及课程内容、学习方式、自身特点与专业能力、学生和课程管理等多个方面，而其中有些反映的是个人信念起到决定的因素。根据表 5－2 可整理成教师信念与教学感受的关系一览表，如表 5－3 所示。

表 5－3 　教师信念与教学状态感受的关系一览表

科目	反映的教师信念	教学感受	信　　念	教师
信息技术	关于学科的信念	不满意	内容新，专业学习跟进困难。	HT2
	学生的信念	不满意	学生兴趣广泛，不好满足。	HT5
	学科和教材的信念	不满意	非零起点的内容；教材不好用。	ST2、HT9
	学生的信念	不满意	已有的习惯，改变需要时间。	HT10
	学生和教学的信念	满意	基础好；集体备课，校本教研；每周 2 节连堂上。	GT2
	教学方式的信念	满意	分小组合作；自己构思制作作品；强制管理。	HT8

续表

科目	反映的教师信念	教学感受	信　念	教师
通用技术	备课的信念和教学的信念	满意	备课，我给学生留的作业我自己先做； 很多内容我都熟悉。	ST1
	教学和自己的信念	满意	内容有意思； 老师让学生喜欢。	ST5
	个人素质的信念	满意	我爱琢磨，有好奇心； 一些事物我都知道原理。	HT4
	个人素质的信念	满意	发挥我个人的一些经验、兴趣； 课可以上得比较活。	HT1
	教学方式的信念	满意	设计部分，确立问题分小组讨论； 当工程师设计图纸； 以互动形式提问。	ST6
	教学方式的信念	中立	新的学习方式； 学生反应很热烈。	HT3

分析表中的信息可以看到，教师对教学状态感到满意与否的判断角度是有区别的，从他们的陈述话语和原因分析中可以看出这种差别。而差别正是来自于个人的信念，因此是很具个性化的。感到满意的通用技术教师的判断主要受到教学信念、备课的信念和自我素质的信念的影响，感到满意的信息技术教师的判断主要受到教学和学生信念的影响，感到不满意的信息技术教师的判断主要受到学科和学生信念的影响。在通用技术教师这里，没有体现出学科的信念对其教学满意感受的影响，这正与通用技术教师多数是兼任本课，而且没有通用技术的学科背景这一事实相吻合。他们

由于缺乏学科知识，也缺乏学科教学法的知识，对学科的教学实践活动又刚刚开始，有关技术学科的一般的或仅限于文本的认识还没有内化到信念系统当中，所以，学科信念对教学状态感受的影响没有显示出来。信息技术教师则不同，他们从计算机教育时期形成的学科信念对新课程实施仍起作用，在课程实施初期会发生学科信念层面的冲突，这样容易引起课程决策中的困惑或困难，再加之其他的外在因素，就会影响到教师对教学状态感受的判断。

总之，教师的教学方式等信念会影响到教师的课堂教学模式的决策；教师备课的信念会影响到教师在教室中运作课程时的决策；教师关于学生的信念会影响到课程内容与教学活动设计与组织的决策。

二、学校文化氛围的影响

"文化"是一个范围很广的概念，对它的理解和解释有多种。美国学者 E. 霍尔与 M. 霍德对文化的解释是："个体或社会所建构的关于组织以及它应该如何运作的价值观、规范和信念。它的测评方法是通过质的研究方法对组织进行观察。"（霍尔 等，2004）[240]这种理解强调了组织内部的观念层面的文化要素，是文化的核心要素。国内外很多研究已经表明，学校文化作为一种组织的文化，是影响课程实施的重要因素。因为"学校作为一个相对独立的场所，学校教师作为一个相对独立的群体，在教育过程中往往会形成自己的一种文化，一种次文化系统。这种文化氛围会对生活和工作在其中的每一个分子产生影响。这种影响可能是明显的，也可能是潜移默化的"（马云鹏，2003a）[186]。在本研究中，笔者了解到许多与学校文化有关的因素，看到了这些因素是如何影响教师的心理、行为、信念以及教师、学校和学生的课程决策的，也看到了学校文化对技术课程实施的双重影响，即积极、有利的和消极、不利的影响，更感受到了学校文化那种内隐的力量。

根据一些学者的观点和已有的研究成果，学校文化被按照表现层次划分为物质文化、制度文化和观念文化等不同类型，每种类型包括多个方面的内容。马云鹏的研究认为，学校文化的内容主要包括学校内同事之间的关系、学校的教学文化、学校的研究氛围以及校外有关方面对学校教学的影响等。唐立芳对课程改革中的学校文化的研究认为，以新课程所要求的理想文化来看，现实文化生态环境在学校的价值追求、教师的行为表现、家长与社会的期望三个方面表现出一定程度的滞后，而适应新课程的学校文化呼唤由封闭走向开放、由接受走向学习与探究、由竞争走向合作、由反对话走向民主对话的学校文化转型（2005）。技术学习领域作为新一轮高中课程改革的亮点，它的"三个第一"足以表明其在实施时的难度——它带给学校课程资源方面的挑战和对学校内隐文化的强烈冲击。分析访谈资料发现，学校文化对技术课程实施的主要影响具体体现在以下几方面。

（一）"小科文化"：影响课程地位和专业身份认同

"小科文化"是当前许多高中共享的一种学校文化，是在学科课程管理制度下，长期以来形成的一种区分"大、小科目"的学校观念和某种课程规定，引导着学校对技术课程的决策、师生对技术课程的行为和态度。本研究发现，这种"小科文化"具有歧视性，它造成学科地位的不平等现象，带给教师心理上的不公平感受，引起学生对课程价值判断取向上的不正确认知，成为影响技术学科地位和技术教师专业身份认同的重要因素。

1. 不平等待遇："我们处于尴尬地位"

"小科文化"的歧视性表现之一就是学科待遇的不平等制度。在笔者访谈的技术教师中，绝大多数教师都谈到技术学科教师的待遇差别，特别是信息技术教师对学科地位有着强烈诉求，让人能够感受到"小科文化"的歧视性带给技术学科地位的尴尬，及其造成技术教师心理压力的文化力量。

在访谈 G 实验区 SY 中学的 GT1 老师时，他详细地告诉了笔者他所在学校分配制度中的"小科文化"表现："至于信息技术老师在学校的地位，从经济上面我可以给一个很准确的数字，数学课老师一节教案课是按 1.8 的权重来算，信息技术课老师的教案分是 1.2 的权重，作业分是 0.45 的权重，连别人的零头都不够，这个差距就很大了……奖金别人达到 2000 多元或 3000 元的话，那我们信息技术老师就不到 1000 元……我们处于尴尬地位……"（GT1 - [3][A10]）这种待遇上的不平等直接影响到学科地位和教师的心理，该校的 GT3 老师就这样说道："信息技术在我们学校就处在一种比较尴尬的位置，从领导到学生都对这门课不太重视，待遇低、不平等影响我们的心理和教学情绪。我们科的老师教学时就定位在尽量让学生喜欢这一门课吧。"（GT3－[1][A12][E1]）

GT1 和 GT3 老师谈到的是奖金待遇上的不公平，在其他物质方面的待遇也体现了小科歧视的不平等现象。在访谈中，S 实验区 JN 中学的 ST5 老师在谈到学校小科待遇时告诉笔者："我没有像其他学科的老师那样有笔记本电脑，教案基本是手写的。找些资料也比较困难，上课挺受局限的。如果笔记本到位的话，可以做些课件、找些资料，那样效果会好些。"（ST5－[16][C1]）

此外，在学校课程决策的其他方面也表现出小科歧视的现象。H 实验区 HN 中学的 HT8 老师在访谈中对学校的小科待遇不平等现象表现出强烈的不满情绪："遇到讲课、评课或者考试的时候，我们信息技术课就得让。信息技术这种小科在学校的地位低，老师的处境有时很尴尬。"（HT8－[04][F1][F5]）

另外一种小科歧视现象是，多数学校的信息技术教师不能专心教学，要兼做许多"杂务"，这些杂务不计入工作量，这种现象在普通中学尤为严重。

高中学校对小科歧视的普遍性及其对教师课程实施的影响是十分显著的。表 5－4 给出了技术教师问卷调查中所反映的学校"小科文化"普遍存在的状况。

表 5－4　学校"小科文化"普遍存在的状况

问　　题	选　　项	N 实验区（%）	G 实验区（%）	S 实验区（%）
目前您的课时费与其他学科（例如英语、数学、语文等）老师相比差异_____。	A. 很大	100	40.0	56.5
	B. 很小	0	27.5	15.2
	C. 无差异	0	32.5	28.3

数据表明，大多数学校的课时津贴制度在主科（高考大分数的科目，例如英语、数学、语文等）和副科之间存在很大差异，只有少数学校没有在酬金方面表现出对小科的"歧视"。事实上，像技术课程等这些"小

科"，无论在课程地位还是教师利益方面都受到了不平等待遇。

　　2. 不公平竞争：让技术教师遭遇冷落

　　在高中学校，竞争也是被普遍共享的一种文化，学校对竞争的鼓励与利用主要体现在学校的各种激励机制和奖励政策之中。竞争虽是一把双刃剑，但对于学校发展来说，竞争文化的"比较"的优势带给学校发展更多的活力和动力。只是目前很多高中学校运用的这些机制、制度和政策等都体现出对小科的轻视取向，主要表现在教师和教学的评奖、评优和考试成绩排名的奖励等方面，大、小科或主、副科教师之间机会不均。这些体现着学校竞争文化的制度或政策，强烈地透着一种因果关系，即技术学科的小科地位使技术教师在学校没有地位与成就感，让技术教师感到失落和压抑，对自己的专业身份产生疑问和烦恼。在访谈 S 实验区 JN 中学的 XZ4 校长时，当笔者问到技术学科在该校的状况时，他说："可能技术教师在学校感受不到自豪感，因为评优获奖的机会要比其他学术性课程教师的少一些。"（XZ4 - ［11］［C4］）在很多学校，校长听课制度不包括信息技术学科，上公开课制度不包括信息技术学科，上级来检查督导不包括信息技术学科，这些能够展示自己、提升自己的交流机会都远离技术教师。正如 G 实验区 G 市教研员 JY4 老师所说："如果有上面人来检查了，学校校长能够想到技术教师的，是当着检查人员的面说你电教搞得好不好，没有一个校长主张去听听、去评评你的信息技术课程上得好不好。"（JY4 - ［14］［C1］［F4］）可见，是学校那些带有小科歧视色彩的不公平竞争制度，剥夺了技术教师该有的机会与权利。

　　学校何以存在这种不公平竞争制度，在访谈 S 实验区 JN 中学的 ST5 老师时，她谈了她的认识。她告诉笔者，学校对通用技术课的重视程度与其他学科相比是很不一样的。原因很简单，就是不是考试科目，不能给学校争成绩。ST5 老师说能看出成绩的"面上的东西"，一是指高考成绩，二是指竞赛成绩，这些是能够给学校增光添彩的事情。技术学科没有这种功能，自然在竞争中处于被轻视、忽略和冷落的境地。如 G 实验区 G 市教研员 JY4 老师所说："对于学校，甚至教育行政主管部门来说，不管你哪个学科，只要你拿到全省或全国一等奖，他脸上就有光，所以呢，行政部门就是一个利益者，他是把学科地位最终归结为跟不跟竞赛挂钩。"（JY4 - ［14］［C1］［F4］）技术课程也有一些相关竞赛，比如科技发明大赛和计算机竞赛，但是很多学校的技术教师不具备带领学生准备赛事的专业能力，自然在竞争文化面前没有一席之地。

　　当然，有的学校校长具有较强的前瞻思想与公平意识，对技术学科特别是信息技术学科很重视，在听课制度和课时津贴方面做到了学科间的一视同仁，像 H 实验区的 HX 中学的信息技术教师，就在教学校长的态度那里找到了心理平衡点。该校的信息技术教师 HT2 说，校长去听课、给予信息技术教学方面很多支持，尽管在津贴方面与大科有所差异，但心理上可以接受，至少在教学校长那里感受到了他对技术学科的重视。在 S 实验区 J 市的 FZ 中学，在津贴制度上各学科有着基本一样的地位。访谈 FZ 中学的 XZ3 校长时，当问到技术学科课程地位问题，他说："在我们学校，所有的课程都是一样的，没有大科小科之分别。考虑到学术性课程和语文、外语设有早读课且有过多的作业，在学时数上折合为 3 学时。学校对通用技术教师会在队伍初建时期给予关注。但是我们不管什么学科，对教师都是一视同仁的，学校会支持每一位教师的专业发展。"（XZ3 -［12］［F6］）其实，XZ3 校长所说的一视同仁，只是比起其他一些学校，这种人为造就的差异较小而已。在他说的他们学校的工作量酬金计算方法中，就可以见到差别的体现，主要体现在工作量系数上，而不是直接的奖酬金系数上："语、数、外的工作量系数是 1.2，理化是 1.1 的系数，其他学科统统都一样是 1"。学校巧妙地在业绩层面表达学科差别的做法，使 FZ 中学的技术教师在津贴待遇方面没有遭遇"歧视"的体验，但在其他一些机会中，他们还是深刻感受到，技术学科还是与学术性课程有差别，只不过在学校师生共享的考试文化下，"小科"被另眼相待的歧视压力被"认了"的心理所化解，所以他们的专业身份认同感较好。由此可以看出，学校的"竞争文化"对大多数教师来说可能更具有主导性。

　　3. 抗争轻视：信息技术教师转行

　　"小科文化"的歧视性带来的学校政策、制度的不公平，使技术教师承受莫大的心理压力，在难以承受之后，他们选择了离去以表达对轻视的抗争。

　　"不是没有能力，是没有机会！作为信息技术学科毕业的老师，从整体上来看，教师的水平并不差，考入大学时这个专业的学生成绩都会偏高，毕业后从事其他学科教学工作的，他们的成绩也相当不错（很多学校都有信息技术教师承担其他学科教学的情况），为什么在信息技术教学中都感到成绩不是很突出呢！"这是 H 实验区 HT10 教师在分析信息技术教师的境遇时所谈到的。他认为，仅仅因为我们不是考试科目，我们就没有机会展示自我，这是不公平的！从以下这位教师的经历和感言中，我们能够得到技术教师缺乏专业身份认同，造成这个学科教师流失的结论！

G 实验区 G 市 JY4 教研员告诉笔者，他们的一位信息技术教师在任教一段时间后，学校内的各种轻视小科的因素，让他觉得信息技术课"越教越没劲"。新课程实施后，学校缺少数学老师，他就争取去教数学，结果他数学教得很不错，现在成为一名专职数学教师了。问到他的感受，他说"重要的是学生、学校对他的尊敬程度是他以前在信息技术学科里面永远也得不到的"。后来笔者在网上访谈了这位教师，让人印象最深的一句话就是他道出的感触："做信息技术教师，有点'鸡肋'的感觉！"技术教师何以有这种感受？原因之一是学校内部因素所致，技术教师薪资待遇和工作强度的反差、课程地位和课程投入的反差，使技术教师的心理环境受到污染，蒙上压抑和公平缺失的阴影；原因之二是技术课程是一个新的学科，无论社会还是学校对它都缺乏应有的认识，尤其是有着历史传统的"小科文化"，再加上弥漫于教育场所的高考文化，更使得技术课程特别是通用技术课程的实施举步维艰，教师承受着巨大的心理压力并产生心理失衡。但最终还是目前高中学校存在的小科歧视文化因素所致。

笔者在研究中看到了"小科歧视"文化在高中校园内的充斥，以及其对形成技术课程实施支持性环境的极大影响。它导致通用技术教师对专业身份不认同，信息技术教师少有成就感或自豪感，甚至放弃技术学科而转科任教等。可以看到"大科"高地位的价值取向和"小科"遭遇歧视的文化，对技术教师的专业身份认同感具有很强的消解作用，这势必危及技术教师队伍的稳定、建设与发展。也可以看到学校"小科文化"盛行的根源，是学校高升学率价值追求的结果，是高考教育文化导致了学校这种制度文化的存在。

笔者在研究中也看到了另外的事实，即高中学校中共享的"高考文化"消解了教师内心深处的很多矛盾，他们因此理解了学校很多"小科文化"取向有着明显不公平性的课程决策。就像 H 实验区 HX 中学的信息技术教师 HT5 所认识的："说到学科地位，就我们学校来说，校长还是挺重视这个事情的。但是相对于升学率来说，我们这个课，与语文、数学、外语、理化生等还是差一点点。什么时候能平等呢？我个人认为，到高考不按分来评价，按实际能力来算，注重实际能力评价的时候。"（HT5－［16］［A10］）HT5 老师对学校"小科文化"的包容与理解，是目前技术教师队伍中这些值得尊敬的可爱的教师们的写照，他们只要学校校长们重视的态度就足以平和内心了。他们理解在高考文化下，技术学科不能与高考科目相提并论，他们将眼光放得很远，期待实用性课程与学术性课程具有平等地位。但是他们知道，实用性课程与学术性课程具有平等地位有赖于高考制度的改革，有待于不按分数而按实际能力来评价的时刻的到来。

（二）教师合作文化：改善心理环境，发展教学智慧

对课程变革的有关研究认为，变革的本质是学会新的思考和做事的方式、新的技巧、知识和态度等，这必然会带给教师众多的"不确定感"和焦虑感。也有研究表明，合作的氛围能够带来教师职业动机、工作热情的差异，影响课堂教学的质量和学生的学业成绩以及学校整体的办学水平。"特别是在学校处于深刻的教育改革之时，教师通过合作，能够增强环境的支持性，使他们在一个更好的条件下乐于接受和调整变革，并能敦促实施者为了学生的利益不断地提高变革的效果。"（霍尔 等，2004）[26]笔者在研究中也发现了合作对技术课程实施的影响与意义。如果说"小科文化"的歧视性及其带来的竞争文化中的不公平性，会对技术课程实施的支持性环境的形成造成极大的负面影响，那么"合作文化"带来的技术教师间的分享、分担与学习，对提升教室中的课程运作效果则会形成积极的正向影响。虽然这种合作或许还带着微妙的与竞争藕断丝连的味道，但是对消除技术教师在课程决策中的"不确定感"和"焦虑感"，改善教师工作的心理环境有着良好的作用。同时，"对弱化个人主义和保守主义的规范，强化集体的支持和互动，促进教师个体反思和自信地调整自己的课堂实践也具有重要的意义"（富兰，2005）[240]。

在作为笔者的研究对象的学校中，虽说都还是"升学主义"主宰的竞争文化占据主导地位，但是，在新课程实施过程中，学校在继续强调教师竞争的同时，也在以"人为合作"的方式引导和鼓励教师间的合作，

以解决教师课程决策过程中遭遇的难题。这种"人为合作"虽没有那种"自然合作"来得更真诚、更有效，但还是增进了教师之间的联系，鼓励了教师之间课程案例、教学设计和专长的分享与学习。笔者在研究中看到，目前高中学校存在的教师合作的人为性，主要表现在学校通过一些强制性的制度要求来促进教师间的交流与分享，如集体备课和校本教研等，这种做法能够缓解由于改革造成的各种心理压力，提升教师课程决策的能力，并且这种人为合作能够促进教师间的融洽关系，而成为教师走向"自然合作"的前提。另外，教师的合作是建立在学校和谐的人际氛围、融洽的教师关系基础上的，有效的合作能够促进技术教师的专业发展，网上教研可以使技术教师走出校内合作的困境。

1. 集体备课和教研：解压并提升决策能力

集体备课和校本教研是一种人为的教师合作方式，虽然是通过一些规定性的制度要求开始的，但是它却体现了那种自然的教师合作文化的主要作用和意义。S 实验区的 FZ 中学和 JN 中学的教师合作结果说明了这一点。

在 S 实验区的 FZ 中学，信息技术教师间的合作对提升教师的课程决策能力、改善教学效果的作用是明显的。笔者在访谈中问到新课程实施给学校课程管理制度带来的变化时，XZ3 校长说："变化之一就是教师间的合作制度的出现。成立集体备课组，以备课组进行活动，每个星期有一次集体备课……活动的内容学校不做整体规定，要求各备课组把活动的内容上报。"（XZ3 -［15］［C3］）FZ 中学的技术学科备课组的备课活动形成了一种固定的模式，即每一个专题都有一个主讲人，他提出一个方案给大家讲一讲，大家分析并提建议，然后共同修订。在这个过程中对教学的目标、内容的重点和难点、采用的教学方式方法都形成相应的决策，最后形成统一的一个教案。XZ3 校长说："对于我们学校的学生来说，每个学科的教学方案至少是一致的。现在对新课程的理解只能靠教研，靠大家的智慧。"（XZ3 -［16］［C3］）对于 JN 中学的技术教师来说，在实施初期，由于课程理念、目标和内容有着较大的翻新与变化，加之教材等课程资源的实用性不强等问题，在将文件课程转化成教室中的课程时，教师是那么地困惑、那么地焦虑，"拿着课标和教材，不知道该怎样教学、怎样上课"。集体备课和教研这种合作方式，使得技术教师"在心理上有了依靠，那种孤单感和焦虑得到了缓解，对一些不好决定的问题共同决策，压力似乎变小了"。这是 JN 中学的信息技术教师 ST9 老师的话。她刚参加工作一年就赶上了新课程改革，她说她一工作就接触到新课标，最主要的困惑就来自于教学，是集体备课和教研才使她有信心和有能力完成新课程的教学。她告诉笔者，通过这种合作，从老教师身上学到了学生目前是一个什么样的水平，老教师的教学经验不是新教师能够想象得出来的。她现在能够怀着快乐的心情投入工作，和老教师们共同学习，共同分享教学的快乐，完全得益于集体备课和教研这种教师合作。ST9 对教师间的合作作用与意义感触颇深，这让我们看到教师合作分散了个体的风险承担，通过团队共同承担了课程改革带来的不确定和课程决策的责任。

FZ 中学有四位信息技术教师，两位教高一的必修课，两位教高二的选修课（但是已经成为必选课），虽然是属于两个年级的课，但是他们在一起进行新课程的教研，对课标教材的理解、教学模式和教学方法的选用、教学目标的确定和各自设计的课例等都能展开讨论，最后，在协商的基础上分别形成两个年级的教学方案。在笔者访谈 FZ 中学的信息技术教师时，他们给了笔者很多节课的集体备课档案，以下是其中的一节（具体内容略），如图 5－1 所示。

集体备课档案

学科	信息技术
年级	高二
备课组长	ST3
主题	Flash 动画制作
中心发言人	ST3
参加人员	ST2、ST4、ST3
时间	2005—2006 年度第一学期
	第十一周

附　集体备课档案

图 5－1

　　依据这个集体教研的备课方案，只有两年教龄的 ST4 老师上出了很成功的课。以下是笔者在 2005 年 12 月 12 日上午的听课记录。

课堂观察记录 5 - 3

一、教学主题

信息表达——使用 FrontPage 制作网页。

2005 年 12 月 12 日上午 FZ 中学微机教室 高一（7）班学生的信息技术课 （必修模块） ST4 老师

二、教学基本过程

（一）回顾知新

1. 让学生回忆上节课的内容：分散的信息处理。

2. 简要总结学生上节课的课后作业情况。

3. 交代本节课的目标：学习用网页表达信息的方法与技术。

（二）进入新课

1. 演示：（1）简单的百度网页；（2）复杂的雅虎网页；（3）其他班级学生制作的网页；（4）网站首页的形式多种多样，但都能反映网站的主题和可能的信息服务功能。

2. 提出问题：网站首页能够让我们看到什么？

3. 师生共同得出结论：网站的主题。

4. 学生通过操作回忆初中学习过的 FrontPage 网页制作工具的使用。

5. 教师提示：教师为本课准备的图片资源库的位置。

6. 学生在规定的时间内按照要求模仿制作简单的网页。

7. 规定的时间到了，教师根据学生模仿中发现的问题，做引导性讲解并演示制作首页的过程和方法。

（评注：由于学生对技术工具掌握水平有差异，所以教师讲了一些有关工具的很基础的操作，包括部分菜单和表格等的操作。其实，教师让学生首先进行制作网页的体验，是让学生发现制作中的某些他们想要的但还无法实现的效果，从而产生对技术方法与技术操作学习的需求。这时，教师根据需求提出网页效果问题，并引导学生学习具体的制作技巧。）

8. 老师请学生到教师机上操作，形成简单的师生互动行为。

（评注：这时教师把该学生的学号记了下来，作为学习过程评价的基础数据。)

9. 让学生用 3 分钟修改自己的网页效果，并让学生利用技巧解决效果问题。

10. 老师让已经做好的学生进行超级链接的制作。

（评注：教师以问题引导学生进行扩展学习：为网页填充一个背景；去掉边框和表格；再做一个页面才能为网页添加超级链接等。

学生的学习状态：小小的例子做得很认真，学生们都很投入，教师在学生跟前个别地指导着。之前一段时间课堂是平静的，现在气氛逐渐热烈起来，学习上的问题出现了。）

11. 老师又在学生自主解决问题的过程中发现了共性问题，他首先向学生发问，然后进行问题诊断，再给出解决问题的办法。

（评注：我相信，如果不是 45 分钟的时间限制，解决问题的办法会让学生探索出来，而不是由教师和盘给出。）

12. 老师来到教师机前面讲解超级链接问题，边演示边讲解，并特别注意讲解方法。

（评注：教师采用循序渐进的方式，以学生的操作体验过程中的问题作为教学继续深入进行的基础，给出新的知识。）

13. 让学生又做了 5 分钟。

（评注：几乎全体学生完成了要求的学习任务。）

14. 老师布置下节课的任务内容。

三、总体印象

体现了教师的教学哲学"学生是学习的主体"，尊重了学生在工具使用的基本技能方面的差异，教学是为学生设计的；循序渐进的学习组织方式，以学生操作体验过程中的问题为教学推进的基础；总体教学模式是演示＋讲解（一半是启发式的讲解）—学生操作体验—发现共性问题—针对问题深入教学内容；教与学的节奏控制和把握得很好，信息技术课堂处于难得一见的有序状态；对于这样的学生特点和内容特征，所采用的教学方式方法是可取的、有效的。

一个刚毕业两年的新教师，有着较好的素质，能够上出这样的课，仍是得益于学校合作的教师文化氛围。在 FZ 中学信息技术学科组的合作中笔者看到，既有个人专业自主的空间，又有集体的支持与互动，集体备课的教案是大家协商的结果，因此，每个教师都会在理解的立场上积极地反思和自信地调整自己的课程决策。在这里，教师的专业自主性与备课共同体的合作性都没有被相互削弱，反而通过强有力的合作共同体而相互得以强化。

2. 融洽的关系：教师合作的前提

FZ 中学信息技术教师的合作，虽然开始于学校的合作制度，体现的是一种人为合作特征，但是现在在新老教师之间、新教师之间、老教师之间已经建立起融洽和谐的关系，他们的合作已经开始走入那种自然合作的文化境界。而融洽的人际关系是教师合作文化建立的前提和基础。

笔者在 FZ 中学看到了信息技术教师合作对课程实施的重要影响，也看到了通用技术教师不能获得通过合作才能得到的援助——心理解压的援助和分散决策责任的援助。这其中的因素可能有多个方面，但笔者发现的主要有三种：一是通用技术教师数量少，有些学校只有一位老师，如 FZ 中学只有 ST1 老师，无法在校内开展合作教研；二是有些学校都是兼职教师，通用技术作为他们兼任的副科自然失去进行合作研讨教学的必要；三是教师之间的微妙关系使得合作难以开展，再加上学校对技术课程的忽视，在技术学科那里，"人为合作"的教研制度可以视为虚设。作为通用技术这样崭新的没有课程历史基础的科目，教师在课程运作中遇到各种决策的困难与困惑，非常需要通过教师合作来营造他们自己的支持性工作环境，但是笔者看到的是具备合作前提条件的（通用技术教师不止一人）却不能开展合作的例子。H 实验区的 HX 中学有 2 位通用技术教师都是兼职，H 实验区的 HN 中学有 4 位通用技术教师都是兼职，笔者在访谈时问到他们合作教研的情况时，他们都表示没有这样的经历，多数教师之间从没有过关于通用技术教学方面的交流。这两所学校都各有一位技术素养较高、生活中动手经验丰富的教师，他们运作的课程明显有别于学术性课程而凸显着实用性特征，尤其是他们还亲手开发了一些好用的教学资源，可是作为他们的同事，并没有与之分享这些教学经验和资源。

通用技术课程资源是很贫乏的，可是在 HT1 老师的课堂上感受不到资源贫乏的味道。笔者两次到他的课堂上，都觉得他有那么好的资源在支持他的课程运作。那只是平常的一节课，HT1 就在讲台上摆放了三种精巧、真实又有特色、一看就知道是专门为了这堂课而设计、寻找的实物资源。例如，不同功能的合页、一个门铃、一个能转的风车等。但是，HT1开发的教学资源没有被该校的另一位通用技术教师 HT6 所共享。原来笔者以为，也许是因为两位老师对同一内容的教学计划所选取的教学方式、教学策略不同，还有他们对课程内容、目标的理解有差异，以及个人的经验和教学信念有差异，所以即使是 HT1 老师感觉开发得很得意、用起来很有效的教学资源，在 HT6 老师的课堂上也不一定能派上用场。但是，在访谈 HT1 老师问起他和 HT6 老师的合作情况时发现，原来是两位老师根本就没有就通用技术课程教学如何实施做任何交流，他们之间有着微妙的关系，是竞争所致？是保守所致？还是价值观方面的差异所致？笔者一时很难说清，但关系不很融洽是确定的，也许这就是不能形成教学合作的重要原因。

　　教师之间的人际关系是学校人际关系中最基本的方面，它直接影响了教师的工作状态和学生的人际关系，是教师文化的最基本形式。透过教师文化方式，那些不同的文化内容会被再现。前述两位通用技术教师的微妙关系，或许是学校竞争文化的产物，或许是教师团体现存的信念、价值和态度的产物。因此，尽管教师们一致认同合作对教师教学质量提高的意义，但是学校制度管理方面的导向和教师文化本身的特点，可能会使教师合作成为教师人际关系主流的期待时间变得更长。

　　3. 有效的合作：促进反思和共同开发实践

　　教室中运作的通用技术课程，包含着教师自身十分个性化的东西，比如个人背景、教学信念、专业才能、实践知识、对课程本身的领悟、理解和教学能力等。由此会有不同的课程教学决策，导致不同的教师在实施同一个课程计划的过程中形成差别。可以说，不同的教师在教室里运作了不同的技术课程，对于学生，不同的教师使他们体验了不同的技术课程。对HT1 和 HT6 两位老师任教班级的学生的访谈显示，他们的学生对通用技术课程的认识和价值判断是很有差异的。HT1 老师所教班级的学生对通用技术比较感兴趣，并认为能够提高动手能力和解决生活实际问题的能力。HT6 老师所教班级的学生认为通用技术像科普课，"讲的内容都比较熟悉，就像给一个人重新起了一个名字。比如设计一个东西，我们都想过那些步骤，都想过那些解决问题的过程"。（HS3 - [4]　[A1]　[A2]）

HT6 老师运作的课程主要就是讲教材，条理清晰得像讲数学课。因此，一个课程理想能够转化为学生的经验课程，要经过十分复杂的动态过程，其结果或效果如何，教师的课程决策能力和专业成长最为关键。如果教师合作共同体能够形成，"老师们就能一起分享自己设计的课例和资源，讨论有效运用它们的时机或如何用会更有效果"。可以说，教师合作会使教师个体的实践知识与课程决策智慧得到交流、分享、学习与借鉴，会促进教师的反思和共同开发实践，这势必会促进教师集体智慧的构建与发展，促进教师个体课程决策能力的提升和专业知识的发展，进而使技术课程实施水平得到相应的提高。

因此，无论是从技术课程实践的角度，还是从学校发展的角度，都需要构建合作的环境，建立关怀的、信赖的、有共同目的的关系规范，增加同事之间的对话、讨论和协商，以发展自然的教师合作的精神和文化。

4. 网上教研：走出校内教师合作的窘境

对于技术学科特别是通用技术学科，目前教师数量少的状况可以形容为"自然灾害"，这既意味着校内教师合作文化构建与发展的困难，也意味着要获得解决，还需要一个长期且关系教育系统人事制度的复杂过程。然而，本研究让笔者看到，技术课程实施的范围与深度的进一步推进，迫切需要教师间相互合作、相互支持的环境。如何解决合作需要与教师数目过少的尖锐矛盾，H 实验区教育研究院探寻了一条走出校内教师合作困境的路径——以网络为平台的校际间教师合作，为高中技术课程实施搭建起数字化交流环境。他们开发了师生共同成长博客（简称为 BOW）项目，这是一个向教师提供专业服务性质的博客平台，也是师生互动、交流学习的网络平台，它的知识管理功能和个体隐性知识显性化功能，能够有效地促进群体智慧的构建与发展。

以下是 H 实验区 JY1 教研员关于网上教研优势的陈述摘要（有所改动）：各校通用技术课程教师人数少，缺少与同行以及其他技术人员交流、沟通的机会，教师容易产生专业孤独感和焦虑感，而长期脱产参加专业技术培训对于他们而言又不易实现。"借助于网络，教师们可以超越本校范围，在不同时空共享最优质的教学智慧资源，与外校的同行和专家进行实时沟通，获得专业引领，积累专业知识，提升教学智慧；利用网络也可以改善通用技术课教师培训的内容和方式，尝试构建开放的教师研训新

体制。"（段青，2004）

当然，网上教研、校际教师合作的实现，对技术教师的信息素养水平提出了新的要求。笔者在访谈中发现，部分通用技术教师还不具备网上交流的基本技能，如 H 实验区的 HT1 老师就是如此。在笔者访谈时，他还没有自己的 E-mail，也不会上网查询资料，对网络的了解很少，他说自己使用网络的机会几乎为零。其实，通用技术教师如果具备一定的信息技术素养，加上学校有较好的信息化教育环境，利用网上丰富的教育资源就可以为自己补足学科专业方面的理论知识，同时可以加强教师对技术课程的领悟与理解力。教师与课程有关的知识储备增加了，对与生活联系的例子想多了，上课就不会教教材、照本宣科了，让学生体验到的课程就变得更丰富、鲜活，更有意义和价值了。

在教师合作话题讨论的最后，我们需要有一个澄清，那就是，我不是说自主不好而合作就是好的。"我们不是假设自主就意味着孤立，就是强化了个人主义和保守主义，或一个人的孤立就是另外一个人的隔绝，一个人的合作就是另外一个人的集体思维（groupthink）"（Fullan et al，1992），而是面对教师实施技术新课程的种种困难，讨论改善和优化技术教师的心理、学习和工作环境，以促进技术课程的有效实施。

三、课程资源支持的影响

课程必须有课程资源作为前提，没有课程资源也就没有课程可言。这既说明了课程资源对课程的重要意义，也揭示了课程资源与课程之间的关系。作为技术课程，由于学科自身的特点和对课程性质或价值的定位，使得技术课程资源既显现其应有的特殊性，又体现对课程实施的可能性和教室中实施课程成败的决定性影响。

课程资源有广义与狭义之分。广义的课程资源指有利于实现课程目标的各种因素，狭义的课程资源仅指形成课程的直接因素来源。本研究采用的是相对广义的课程资源概念，包括形成课程的因素来源和必要且直接的实施条件，并采用按课程资源功能特点的分类方式，把课程资源划分为素材性和条件性课程资源。按照吴刚平的理论观点，素材性课程资源能够成为课程的素材或来源，比如，知识、技能、经验、活动方式与方法、情感和价值观等方面的因素。条件性课程资源不是课程本体形成的直接来源，但决定着课程的实施范围和水平，比如，人力、物力和财力、时间、场地、媒介、设备、设施和环境，以及对于课程的认识状况等因素。素材性课程资源总是以一定的载体形式为依存表现出来。"如果按照课程资源与人的关系来看，可以把课程资源的载体划分为生命载体和非生命载体两种形式。"（余文森 等，2005）[15]非生命载体主要表现为各种各样课程材料的实物，如课程计划、课程标准、课程指南、教学用书、参考资料等印刷制品、电子音像和数字化制品，从不能成为课程自身的直接构成要素角度上讲，它们与场地、媒介、设备、设施等物质条件一样可归属为条件性课程资源。"生命载体主要是指掌握了课程素材、具有教育教学素养的教师、教育管理者和学科专家、课程专家等教育研究人员。另外，能够提供课程素材的学生、家长和其他社会人士也是课程资源的重要生命载体，他们构成课程资源的开发主体。生命载体形式的课程资源具有内生性，它可以能动地产生出比自身价值更大的教育价值，在课程教学资源中有着特殊的作用……是课程教学不断向前发展的不竭动力。"（余文森 等，2005）[15]

与其他课程相比，技术课程实施对条件性资源有着特殊的依赖关系，即资源支持不充分会影响到课程的实用性，所以本研究特别关注了条件性课程资源对技术课程实施的影响。

（一）条件性课程资源：决定技术课程的实施范围和水平

本研究发现，学校在技术课程的条件性资源方面承受着巨大的压力。仅以硬件设备资源为例，要使技术课程按照课程制度（如必修和选修的开课规定）顺利并充分开设，学校需要配备充足的教室、机房、通用技术实验室以及相应的教学设备、工具等。表5-5所示的就是实施"技术与设计2"模块需要的教学资源。这对于很多学校都是一个高要求、大挑战，与现实相比，很多学校要成倍地增加教室、场地和设备，才能满足技术课程开设的基本需要。因此，在课程实施初期阶段，技术课程的条件性资源总体滞后于课程实施的需要，具体状态可以描述为教师缺、设备少、场地无、参考材料少、教材不成熟、课时不充足。就两个科目比较来说，在人力和教学基本条件方面，信息技术要好于通用技术。

表 5 – 5 "技术与设计 2"模块实施条件一览表

模块的主题	实施条件	备 注
结构与设计	基本条件： 1. 常用制图工具 2. 简单的木工加工工具或金工加工工具 3. 制作作品所需要的材料（现有条件下能获得的）等 选择条件： 1. 技术与设计实验室，包括力学实验设备、小型车床、钻床、刨床等 2. 可上互联网的多媒体计算机室，CAD 平台 3. 建筑结构设计、机械结构设计方面的相关图书、音像资料等	
流程与设计	基本条件： 1. 常用制图工具 2. 可供学生观察的工艺设备，如"联合收割机"等 3. 可走访调查的对象，可供参观的企业、单位，如银行等 选择条件： 1. 技术与设计实验室，包括进行一种工艺流程实验的设备 2. 可上互联网的多媒体计算机室，CAD 平台 3. 工艺或施工流程设计方面的相关图书、音像资料	
系统与设计	基本条件： 1. 常用制图工具 2. 可走访调查的对象 选择条件： 1. 技术与设计实验室 2. 可上互联网的多媒体计算机室，CAD 平台 3. 系统设计方面的相关图书、音像资料	

续表

模块的主题	实施条件	备　注
控制与设计	基本条件： 1. 常用制图工具 2. 简单的木工加工工具或金工加工工具 3. 制作作品所需要的材料 4. 可走访调查的对象 选择条件： 1. 技术与设计实验室，包括常用电子实验设备、一般的电子控制装置、基本数字电路实验设备 2. 可上互联网的多媒体计算机室，CAD 平台 3. 控制系统设计方面的相关图书、音像资料	

（资料来源：段青，《设计就在你我身边》，海南通用技术课程网，2005 年 11 月）

　　条件性课程资源对技术课程实施的影响作用及其短缺差的现实，向我们昭示着当前学校中的技术课程水平。在问卷调查中发现（见表 5 - 6），技术教师对实施技术课程教学时的困难的感受情况是：教学资源是技术课

表 5 - 6　现在开设技术课程困难的原因

问　　题	选　　项	N 实验区（%）		G 实验区（%）	S 实验区（%）
		通用技术	信息技术	通用技术	信息技术
您认为现在在高中开设技术课程面临的最大困难有_____。	A. 师资问题	75.0	16.7	47.5	17.4
	B. 教学资源问题	91.7	83.3	77.5	28.3
	C. 学生学习的积极性、主动性	58.3	50.0	20.0	26.1
	D. 现行教育评价机制的制约	41.7	50.0	77.5	73.9

程实施的最大问题，其次是教育评价、师资和学生态度。对于通用技术课程，N 实验区的问卷显示，有 91.7% 的教师感到实施教学最困难的是教学资源问题，G 实验区有 77.5%；对于信息技术课程，N 实验区的问卷显示，有 83.3% 的教师认为教学资源是最大的困难，只有 S 实验区的信息技术教师认为最大的困难是评价问题，百分比占到 73.9%。对师资问题的感受，不同地区情况不同，N 实验区的问卷显示，有 75.0% 的教师认为师资是最大的问题。

在访谈中，笔者听到了众多教师对基本的教学条件的诉求，对适应教学需要的各种类型的实物资源的企盼，对自己专业能力不足的困扰，以及教学缺乏自信心和满足感的无奈；笔者也看到，学校在两难中的决策使技术课课时缩水、动手实践的课程特性有所缺失。这让笔者深深感到，资源问题决定着技术课程的实施范围和水平，是技术课程实施陷于困境的重要根源。正如吴刚平的文章指出的："任何课程改革政策的推行必须有课程资源的支持"，"如果制定政策时没有考虑实施政策所需的资源，而且如果没有必要的资源，学校、教师和学生就会处于要求得不到满足的局面"。（国家研究理事会，1999）[276]

1. 教师不足

无论是信息技术还是通用技术，学校要按照课程计划充分开设必修课和选修课，教师不足成为普遍的问题。在所考察的学校里，只有 H 实验区的 HN 中学和 S 实验区 J 市的 JN 中学，信息技术教师人数能够满足课程开设要求，其余学校都不同程度地缺少师资，必修课还可以应对，选修课就只能成为必选课，没有办法按照学生的选择开课。通用技术问题更大，因为师资问题，有些学校只开必修模块"技术与设计 1"和"技术与设计 2"，并且一个学年分为两批开课，即一个模块只学半个学期。

在访谈 S 实验区 JN 中学的 XZ4 校长时，问到他怎样认识影响技术课程特别是通用技术课程实施的因素时，他说："就我校的实际情况，影响通用技术课程实施最大也是最根本的问题是师资问题。没有师资，有再好的实验室也是不可能实施好的。"（XZ4－[9]［F1］［F8］）

受访的 G 实验区 Z 市教研员 JY5 在分析该市技术课程实施的问题及影响因素时说："我市教育局教研室明确提出，信息技术课在高一每周开两节，高二开通用技术，开课意见是以正式的教育局文件发下去的。但实际上操作起来，我以 20 个普高来讲了，每周开两节的只有 4 个学校……几个重点学校还是可以保证这样开课，但其他一些学校就开一节，最大的问题是老师不足。现在普高都扩班，高中一般 20 个班，但只有一两个信息技术老师。机房也还有很多问题。当然也有领导的重视、意识的问题。"（JY5－[1]［01］［F1]）

G 实验区 G 市 SY 中学的 GT3 老师在座谈时说："师资的问题最突出，我们学校在本地区内都是比较好的，但信息技术教师还是不够，必修还能够应对，选修就成问题了。"（GT3－[5]［A3]［A11]）

对于技术课程实施，S 实验区的 FZ 中学是一所条件性资源总体上较好的学校，但通用技术也只有一个教师，必修模块是按小学期和分两批进行的，信息技术选修课开课教师也存在不足。在访谈时，XZ3 校长认为，影响技术课程开设的关键是场地和人员限制，和资金没有关系。XZ3 校长在言谈中表现了面对技术教师人员不足、场地资源不够等压力的无奈。

XZ3：选修课这部分内容，学校也正在考虑。我市教育局正在开会规范选修课。关键是场地的问题、人员限制，再有的限制就是教学资源问题，和资金没有关系……（XZ3－[9]［C2]［A11]）

这是一所 G 市办学条件比较好的学校，在实施技术课程时仍是一缺教师、二少场地，对于农村或欠发达地区且办学条件比较差的学校来说，解决条件性资源的压力会更大，所以，在实施初期阶段，技术课程的开课范围与水平可想而知。

2. 场地、实物、设备资源短缺

通用技术课程共有 9 个模块，2 个必修模块和 7 个选修模块。不仅是选修模块对场地、实物、设备等条件资源要求很高，就是必修模块，如果没有专用教室或实验室，一些实质性的内容也无法让学生真实经历和真正体验。如果缺失那些经历和体验的内容或环节，会使通用技术课程丧失"实践性、综合性、重创造"的性格，从而阻碍"激发学生创造欲望，培养学生创新精神，手脑并用，发展学生实践能力"等我们所赋予课程的价值的实现。笔者研究发现，对通用技术课程必修模块实施来说，实验室、设备、实物资源如此缺乏，成为技术课程有质量实施的重要阻碍因素。在笔者访谈 S 实验区 JN 市 JY2 教研员时他说他们最近对全市进行了一次新课程实施情况的调研，调研结果发现："我市共调查 22 所学校，通用技术实验室一共仅有三间。可以说，绝大部分学校没有通用技术实验室。"这让笔者想到，在 S 实验区这样一个属于教育大省并且非常重视教育的省份，通用技术课程实施的基本条件也才如此，其他实验区的总体情况也不会乐观。难怪笔者多次坐在通用技术课堂中却很少感受到通用技术课程的个性，是这些基本教学条件的不具备，催生并强化了通用技术课堂的学术化性格。

实际上，如果按照课程标准开全技术课程，教室和设备也是非常短缺。不仅通用技术，信息技术也是如此，所以在实施的初期阶段，学校努力的目标就是能够开出必修课程。有些学校连通用技术的必修课程也无法开出或开全。就 S 实验区来说，JN 市的情况是该实验区最好的，其开课率也仅在 70% 左右。JY2 教研员这样告诉笔者："我们调查了 22 所学校，通用技术开课率大约是 70%。开课情况是城市中学好于农村中学，省级规范化学校要好于普通学校。"

对信息技术来说，机房和设备短缺使得选修模块的开设成为问题。信息技术有 5 个选修模块，最好的情况也只能开出两门选修课，多数学校把选修课开成必选课，即所有学生选修一个模块。在访谈 G 实验区 FZ 中学的 GT2 老师时，他告诉了笔者这样的事实："我们有 6 位信息技术老师，尽量多地开选修课来让学生们选。师资我们可以保证，但是设备没办法保证。这样虽然开了 4 门选修，但实际上真正让普通班选择的只有两门，一个是网络，一个是多媒体，也就是有 10 个班的学生他们选两门。另外，我们还有一个奥数班，就让他们选另外两门，一个是算法与程序设计，一个是人工智能。"（GT2－[2]［A11]）这是一个经济发达省份具有最好办学条件的学校之一，就是这样好的学校还存在机房设备不足的资源短缺现象。

支持通用技术课程运作的实物资源缺乏是普遍存在的，这也是新兴课程在实施初期的一种必然。因为很多与教学需要相适配的实物资源的开发需要一个过程，学校方面对它们的积累需要资金，这也需要一个过程，教师自行开发即使没有资金和能力的限制，也需要时间，也要有个过程。研究发现，一些对实物资源有着强依赖的课程内容，因为它的缺失或替代不适当而影响学生的理解和体验，也因为寻找替代或自制实物而增加教师备课的负担。"你平时上课时自己去搜集和开发资源吗？我看你今天上课拿了一个小木偶。"H 实验区 HX 中学的 HT3 老师:"上课需要的资源主要还是用图片替代。在网上我们要找很多相关的图片,我们整天就是找资料、备课,因为没有现成的东西。实际上,最好的还是实物。要讲一个设计,虽然图片也很生动,但是还是不如实物。现在老师也没有实验室、制作室,刀子都没有怎么做? 现在学生还怀疑老师到底能不能做。"(HT3 - [07][A11][B7])H 实验区 HX 中学的 HT6 老师对此也很苦恼:"很多内容都需要实物资源,这样可以使学生加深对内容的理解,并让学生感受通用技术课程的实质。但是,现成的实物资源没有,要买还没有钱,有的也买不着,但是教师自己也开发不出来……这样很影响教学效果。"HT6 老师和前面提到的 HT1 老师都是 HX 中学的,笔者发现他们的信息技术能力较薄弱,还不能够利用信息技术来寻找实物的替代品,也没有条件借助信息技术手段实施教学。因此,在 HT6 老师运作教室中的技术课程时,就在黑板加粉笔的教学环境下,靠逻辑和条理在黑板上让学生们"体验"通用技术课程的实践性。

由此可见,技术课程对条件性资源有着较高的需求和要求,如果不能在教学需要时得到基本的满足,就直接影响到教师的课程决策和课程运作,进而在转化成学生的经验课程的过程中,技术课程应有的学科教育价值就会被削弱,使教室中的技术课程显现的特征趋同于其他学术性课程,最终影响技术课程的实施水平。

另外,对于条件性课程资源来说,保证实施课程最基本的时间和空间,这是技术课程实施的前提条件。但同时必须认识到,教师是最重要的课程资源。教师不仅决定课程资源的鉴别、开发、积累和利用,是素材性课程资源的重要载体,而且还是课程实施的首要的基本条件资源。教师的素质状况决定了课程资源的识别范围、开发与利用的程度以及发挥效益的水平。因此,在课程资源建设过程中,应该把教师队伍建设放在首位,通过这一最重要的课程资源的发展,来带动其他课程资源的优化发展。

(二)数字化教学资源:解围技术课程实施困境

技术课程实施条件性资源的短缺与匮乏,给学校、校长和教师运作课程时带来了巨大的压力,成为摆在课程决策者面前的一道难解之题。在研究过程中,笔者也因此伴生了沉甸甸且压抑的心情并久久不能释怀。但是笔者在研究中发现，解围技术课程实施资源窘境的希望和途径，就是教师的课程资源开发意识的唤醒和数字化教学资源的作为。笔者认为，数字化教学资源可以解围技术课程，让实施走出眼前的困境。对于信息技术课程来说，实现的希望很大，因为在信息技术教师队伍中，课程资源意识已经唤起，并在笔者的考察中见识到实情。对于通用技术课程，数字化资源的作为有着较大的局限性，只能在一定目标层面发挥一定的作用。

HT5 老师是 H 实验区 HX 中学的信息技术教师，他有着很强的课程资源意识和专业能力，在他那里几乎解决了教学资源不足的问题。

> HT5：上课需要的资源是够用的，是自己做或收集的。比如上学期的课，我都准备了程序开发等所需的资源。
>
> X：教材有配套的光盘，你们利用这些光盘吗？
>
> HT5：我不用配套的光盘，别的老师有可能用。我只要有网络，需要什么马上就能找到，而且方便。我没有因为教学资源而困惑和烦恼过。（HT5 -［23］［A11］）

笔者在 S 实验区 JN 中学听了 ST7 老师的一堂信息技术课。这是一位只有 3 年多教学经验的年轻教师。笔者在听课记录上写道："数字化课程资源对于解决学生起点差异问题具有很好的作用，但教师的课程开发意识、专业能力和先进的教育观念显得尤为重要。"有关这节课的课堂听课记录见第四章的课堂观察记录 4 - 3。

（三）校长决策对条件性资源的影响

本研究发现，技术课程实施初期阶段，条件性资源存在问题的主要原因有两个：一是与认识层面的问题有关；二是人员、实物、设备等资源的短缺与校长的决策分不开。校长是一所学校的掌门人或领袖，这是社会对校长在学校发展与成长中的特殊作用的一种认同。在课程改革过程中，校长的领袖角色自然被期望成新课程实施的领导者或促进者，这也是一所学校对课程方案从采用到落实，校长在此过程中所能作为、所能影响的认定。

技术课程实施水平的高低，与课程的物质资源和学校氛围或文化密不可分。技术课程特别是通用技术课程，其基本的物质资源建设，几乎是伴随技术新课程的实施而刚刚开始，很多学校没有任何基础，而且动手做的实践型课程又占较大份额，这更显现出教学资源与学校的态度和支持对该课程的重要影响。

在本研究的问卷调查中，技术教师对学校在教学资源建设支持方面的感受或看法情况见表 5－7。对通用技术，感受到校方积极准备必要的基础教学资源的教师人数，最高只有 5.0% ；信息技术方面略高一点，最高达 15.2% 。这说明只有极少学校有这样的态度。感到学校能够想办法满足的教师，通用技术最高达 35.0% ，信息技术最高达 50.0% 。感到学校明确让老师自己解决的，通用技术最高（如 N 实验区）达到 58.3% ，信息技术最高达到 16.7% 。这一数字反映的是通用技术课程在学校艰难实施的现状，学校课程表上存在通用技术课程，行动上的支持与落实却难以到位。其中各种因素交错复杂，校长的技术课程认同感决定了学校的支持力度，上级主管部门的干预影响着校长的课程决策，而学校的支持程度反映了学校对技术课程的态度，也能在一定程度上透视出学校的课程文化。第三章、第四章提到的 H 实验区 HX 中学和 HN 中学，以及 S 实验区的FZ 中学的做法和实施状况便能够证明这一点。

表 5－7　技术教师对学校在教学资源建设支持方面的看法

问　　题	选　项	N 实验区（%）		G 实验区（%）	S 实验区（%）
		通用技术	信息技术	通用技术	信息技术
对于技术课程涉及的材料、工具、仪器、设备、教室等需要，学校方面是如何做的？＿＿＿	A. 积极准备	0	15.2	5.0	0
	B. 想办法满足	25.0	45.7	35.0	50.0
	C. 让老师自己解决	58.3	13.0	30.0	16.7
	D. 没有什么态度	16.7	26.1	0	33.3

如同 G 实验区 Z 市教研员 JY5 分析技术课程教学资源的影响因素时

所说的："资源短缺的影响因素很多，我觉得更重要的就是校长的重视、意识的问题。"（JY5 - ［15］［A9］［F4］［F1］）像 HX 中学的 HT3 老师谈到的："现在老师没有实验室、制作室，刀子都没有，怎么做……"（HT3 - ［07］［A11］［B7］）应该说，HT3 老师说到的这些基本的教学条件对一个大校名校来说，只要想办法是能够得到一定程度上的解决的，前提是校长必须重视，并做出支持的肯于投入的决策。其实，包括通用技术教师不足问题，通过教师兼任是可以做到数量上的满足的，H 实验区的高中学校就做到了这一点。在 H 实验区，教育行政主管部门非常重视技术课程特别是通用技术课程的实施与整体推进，依靠行政干预和可行的策略，促进校长想办法解决困难，在师资总体短缺的情况下，各校的通用技术教师在数量上基本满足了开课的需要。当然专职教师较少，大都是通过教师兼任的途径解决问题的。

在 G 实验区的访谈中，老师们谈到了"课表中的技术课程"问题，即课表中排了 2 课时的技术课，但是如果兼任技术课的老师为物理学科的老师时，他在上该技术课时就讲物理课的内容。这种现象的存在与校长不无关系，G 实验区的 GT2 老师在谈到影响因素时证实了这一点："技术课堂我上物理了，校长如果重视技术课程，那老师就不能这样做。所以，肯定与校长有关，校长负责制嘛……督导部门不督学，他看你课表排课了那就是开了课。而且从另外一个角度讲，教材该定的我们学校也定了，学生也上过课了，是吧……我想技术这个学科要是真正监控开课质量的话，在实际上是落实不了的。因为高考对学校的制约力量是太强大了。"（GT2 - ［15］［A9］［F4］［F1］）教室中的技术课程"缩水"现象普遍存在，只是有的轻些有的重些，学校迎接"会考"要停技术课，期末复习要提前停掉技术课，很多老师谈到所上的技术课每学期不足 16 周。

可见，校长对技术课程实施的影响是促进与阻碍作用并行存在着的，而且成为技术课程深入实施和有效实施的根本和关键。

四、课程认同的影响

本研究的数据信息多层多面交错纷呈，清晰地透露着一条线索，那就是主体的课程认同对技术课程实施的重要影响。这种影响不像学校内部其他因素的影响作用那样具体，也不像学校外部因素的影响作用那样彰显力量，但却能够隐性、有力地直达课堂，影响实施课程的效果。以下从课程认同因素怎样影响课程实施及其归因两个层面进行分析和讨论。

（一）校长认同的影响

按照吉纳·E. 霍尔和雪莱·M. 霍德（2004）[241] 的观点，成功促进教育变革的一个关键因素，是看学校在实施变革时形成的是什么类型的氛围或文化。在我国当下的学校中，在学校面临一件有可能发生的事情时，校长享有最高的决策权力，可以通过规章制度、政策、手续程序来"强有力地保护自己，甚至不惜造成自己与员工的对立"。由此可以说，校长决定性地影响着学校的氛围或文化。

本研究表明，学校技术课程实施的情境变量和氛围，与校长对于技术课程的理解和认同密切相关，校长对技术课程理解和认识到位，就表现出积极的支持态度和较为有效的解决问题的做法，从而促进校内技术课程实施情境变量和氛围的改善，相反则制约之。同时，情境变量和氛围相对良好的学校，技术教师就少有心理压力和沮丧的情绪，相应增长的是克服困难、肯于投入的动力，增加的是障碍因素消解的可能性。

在这里，"情境变量和氛围是按照詹姆士（James）和琼斯（Jones）在他们对组织氛围的分析中阐明的意义来理解的"（霍尔 等，2004）[241]。情境变量主要指物质特征，即一个组织能够被客观观察到的特征，比如，员工的人数、建筑物的特征、预算和政策等。氛围主要指个体根据自己已经确立的概念而形成的对工作环境的感受，是凭借个体经验得以衡量的。氛围包括心理氛围（psychological climate）和组织氛围（organizational climate），心理氛围指个体对组织各个方面的感受，组织氛围指所有个体的感受聚合在一起。而环境的理解采用博伊德的界定，即文化（人或人为因素）和情境变量（物质或建筑因素）之间通过相互作用共同构成环境。

1. 对心理氛围的影响

校长对技术课程认同与否直接影响其对技术课程的决策。校长的课程认同将表现在态度的重视与行为的支持上。作为学校组织中的一员，教师非常期望自己的学科和教学工作得到校长的重视和学校的支持，如果不能感受到工作场内和谐、平等的气氛，就会增加心理的焦虑、情绪的沮丧，甚至强化教学工作的挫败感。

在同 H 实验区 HX 中学的 HT3 老师访谈时，他流露出有些沮丧和焦虑的情绪："现在还有领导的问题。领导对通用技术的认识还是不够。现在说通用技术是课程八大块里的一块，他们对这个认识是不是很认同，都很难说。我们做教师的心理压力很大，不知道自己要怎样对待这个学科，也很难设想要做出怎样的成绩，因为校长很难将这样的课程看在眼里，所以也很难得到学校的重视和支持。"（HT3－[13][F6]）

H 实验区 HK 中学的信息技术教师 HT12（注：网上访谈的老师），在谈到该校对待信息技术课程的态度和认识时，带着很强烈的情绪和挫败感说："也许校长认为，信息技术课程在于应付上面的检查，顺便可以提高收费，同时，一个（技术上）高水平的信息技术教师又是一张巨大的免费馅饼，无偿地为学校建设网络，为软硬件建设服务，而只需要付给他所有教师中最低的上课的补助。"（HT12－[3][F6]）

在 S 实验区的 FZ 中学和 H 实验区的 HN 中学，技术教师虽然人数少，工作压力大，但却充满着激情与活力，他们在课堂上所迸发出的课程创造力，让我们对技术课程持续健康地发展充满信心。在访谈 FZ 中学的校长和教师时，笔者感受到这种为了学生的利益而努力克服困难的动力源泉，正是校长的认识、态度与行为所带来的。

S 实验区 FZ 中学的人力和物力情况都很一般，就如 XZ3 校长所谈到的一样："技术的硬件设施还达不到理想的水平，按照现在的标准 9 个班配一个教师，主要是空间（地方）限制，并不是资金……我们有一流的教室，结果班额太大，通用技术我们原来也想搞一个比较像样的实验室，把与学习相关的设备工具配全，现在配得很简单。一个年级 1800 人，只有 1 个通用技术教师和 4 个信息技术教师。"

但是，该校的通用技术和信息技术课程都开设了，而且信息技术课较有实效，学生座谈时也表现出了对技术课程较高的认同感。这与技术教师在良好的心理氛围下开展工作是分不开的。以下是对 FZ 中学通用技术教师 ST1 的访谈，足以看到校长对改善教师心理氛围的影响作用。

ST1：我已经跟学校协商准备给弄个大实验室……我们学校确实很支持这个课程。一般情况下，在教学上需要买什么工具、买什么设备，校长基本都按照需要批准。我们学校在待遇上、职称上没有差别，比如课时费，无论上什么课都是一样的。

2. 对情境变量的影响

在 H 实验区的 HN 中学访谈通用技术教师 HT4 时，我们感受到校长对情境变量改善的制约作用。

HT4：实物性的我是随时在黑板上画了，因为没有钱去做。每做一次我拿去报销都相当麻烦的，一般都是很难批。说每年有多少多少经费，我们学校就算是有钱也很难批出来，所以很多教学需要的教具或模型等资源我们没办法做出来。（HT4 – [15]［A11]）

从 H 实验区 HN 中学以及 S 实验区的 FZ 中学的做法和实施状况，能够看到校长对情境变量改善的促进作用。因为这两所学校通用技术课程实施所呈现出的良好实践性特征，恰好与学校校长的高度重视和有效的技术课程决策相吻合。

3. "高"认识"低"决策状态归因：行政干预与高考文化

研究中发现，校长们在谈到对技术课程的看法时，几乎都表达出对技术课程价值比较深入的理解和比较明确的采纳和赞许态度。但是，在考察实施情况和倾听教师或教研员的看法时，却有另一番结论在头脑中形成，那就是校长对技术课程实施在认识与行为之间出现错位，可以表述为是一种"高"认识"低"决策的认同状态。这种状态致使学校对技术课程实施的实质性支持弱化或丧失，进而造成对实施情境变量和心理氛围改善的制约甚至恶化。分析大量访谈数据表明，产生这种状态的原因主要是政治（行政）干预与高考文化。

在对 G 实验区 G 市教研员 JY4 访谈时，她这样说道："对于学校的检查来说，对'一把手'的检查是十分重要的。校长有着课程决策的最大权力，校长说开课才能开课，校长意识到课程的重要性才能开课。因此，一些学校不开课的原因，主要就是校长的意识和意志，校长是从应考的角度来看课程的价值，而不是从学生未来持续发展和社会人才能力的角度看课程的价值，这也是当下学校生存竞争的结果。校长当然知道技术课程本身的价值，但是对于高考来说，如果不考或考分很少，就不重要了。这是一个方面，另一个方面就是，校长从资源的角度考虑，从实际条件考虑，编制的问题、场所的问题，认真开设技术课程会加重学校的负担，这也是校长做出课程决策的重要依据。"（JY4-［9］［F1］［F8］）

对技术课程实施政策落实不足的原因，S实验区J市教研员JY2认为"根本原因还是考试的问题，对高中教学来说，它的任务就是高考。很多校长，甚至地方的行政部门领导，都认为只要与高考没关系的，学校做不做，教育行政主管部门都可以睁一只眼，闭一只眼（教育行政主管部门、学校领导对与高考考试无关的课程行为的真实态度）"。

就是做得很好的S实验区FZ中学，校长对通用技术课程实施的保障性需求也有这样的看法，"中学现在面临着高考升学的压力，这是谁都不能回避的。学校的课程开设从会考到高考都受到压力，现实是国家对学校的评价标准和家长对学校的评价标准是两码事。社会上认为的满意的教育就是把学生送入大学，送入好大学，这也是家长满意的。在我看来，权衡各个学科在学校里面的安排，都围绕着高考。"

实际上，在倾听那么多的技术教师讲述时，这样的看法几乎成为一种定格，那就是深深感受到的一些无奈和必然——学校领导、各级教育行政部门对待上一级指令、要求、政策等时的态度和行为。如果政策、要求的落实与高考文化冲突时，那就在形式和表面上做文章，内心和真实意志都将信守高考价值取向，行为要为高考需要开路。然而，各级领导都会在特定的行政决策面前处于自身矛盾和思想、行为分裂的状态，他们很累，也很无奈，最终是在高考教育文化面前尽显应付、佯装、掩饰和弄虚作假的技能技巧：上有政策、下有对策，只要能够表面上过得去，能够掩一些人的耳目，上级领导即使心知肚明，也会在共享的教育文化信念的支配下，接纳种种下级应对上级的做法，这是高考文化和教育组织系统内部共享的教育信念的力量。

（二）教师认同的影响

教师对课程的认识与理解是其课程认同的前提与基础，而对课程的认知与理解水平与教师的专业知识、教育观念等自身因素直接相关。课程实施理论研究表明，教师是影响课程实施成效的关键因素，其他对课程实施产生影响的因素，一般都要通过教师这一因素发挥作用。"教师在课堂内有至高无上的权威性和一定程度的自主性"（马云鹏，2003a）[37]，对技课程实施的研究充分证明了这一点。在笔者与研究数据的对话中，耳边时时响起技术教师述说对课程认识的声音，脑海中时时浮现技术教师运作的课程场景，这让笔者深深感受到教师的课程理解对自身课程认同的影响，对教室中的课程价值取向和对课程属性深层次认识形成的重要作用，以及对学生的课程体验与课程认同感的影响。

1. 理解的局限影响决策

从观察教室中的技术课程可以发现，教师对课程的认识与理解的局限性，直接影响到教师的课程教学决策，进而削减课程目标的落实度，学生课程参与的层次与强度，最终影响技术课程应有价值的实现。这样的连锁反应再作用于教师和学生，就会影响教师自身和学生的课程认同感。认同感的降低又导致主体的课程投入减少，从而带来技术课程实施的低水平或低效能。

例如，有的老师把技术课程理解为"应该是操作课，是一个活动课"，因而在进行课程转化的教学设计时，就将目标落实在动手制作上，如在第四章中提到在"技术与设计1"模块的课程实施中，有制作"小板凳"的内容，很多课堂都使学生的课程体验变成了幼儿园的手工"小制作"，致使很多学生表示"这样的课对于高中学生来说没有价值可言"。

还有的老师对课程价值的理解就是培养学生的动手能力，因此，在他运作的课程中，就主要是让学生动手做，但做的作品很单调。像H省HN中学的HT4老师，他对课程运作时的教学设计主要是做多功能笔筒等，结果，学生的作品使用的材料要么是易拉罐，要么是纸盒与糨糊。这样学生体验的技术课程就成了"以前的劳技课"，HT4老师教学班级的学生在访谈时都表示了这样的看法。有的技术教师也认识到了这个问题，像H实验区HX中学的HT3老师就这样说道："现在，学生对这个课的认识也是有误差的，学生认为就是动手做，像以前的劳技课。其实不全是这样，要讲技术的设计的思想原理，特别是第二模块，更有结构思想、系统思想、流程等。我们也感觉这个课在边缘，讲理论，学生也感兴趣，动手做，学生也感兴趣。"（HT3－[03][F1]）从HT3老师的这段谈话中我们看到了教师的课程设计与决策对学生的课程认知与课程价值体现的影响，同时也看到了教师对通用技术课程的理解存在的问题或局限。

在 S 实验区 JN 中学听到的 ST5 老师的课,和在 H 实验区听到的 HT6 老师的课真有异曲同工之感,他(她)们对技术课教材的理解就是其对技术课程的理解,认为"培养创新精神不需要任何条件",所以在其运作的课程的教学设计中,更多的是讲透知识和道理,认真遵循了学术性课程教学与学习的规律进行技术课程的决策,"讲的是又清楚、又明白,又有逻辑、又有条理,但是究竟这是不是技术课?"(XZ1-[10][F3])。以下是在课后同 ST5 老师的访谈片段,恰好说明了该老师对技术课程理解的局限性。

> ST5:我理解这门课程的主要价值在培养学生的创新意识。在上这门课之前,我对整个课本、教参都过了一遍,课程主要强调创新精神和实践能力培养。实践能力方面可能受一些环境条件的制约,不能保证每位同学都得到充分锻炼,但创新精神毕竟不需要任何条件就能达到,所以在第一周,我没有安排课程的学习,专门用一节课的时间让学生对通用技术有个整体的了解,概括讲解"什么是通用技术?学习的重点在哪里?"从刚开始就一直在强调创新精神和实践能力,然后在课程中每次涉及都会重点提出,所以学生都有这方面的意识。(HT5-[05][A1])

很明显,ST5 老师的课程理解是有偏差的,她的课程运作与教学决策就是建立在她个人的这种理解上。该校只有两名通用技术教师,另一名是体育专业背景、有着三十余年体育教学经验的老教师。在访谈该老教师时,他不断地说自己不能把握这门课程的教学,是战战兢兢地"走"到现在的。ST5 老师是一个刚刚走出校门的新手,并且英语的专业背景与技术大相径庭,课程理解存在偏差或有一定的局限性是必然的。事实上,对通用技术教师来说,目前对通用技术的理解都是不全面或不到位的,这对于一个新型课程来说也是正常的。因为,对文件课程的理解需要一个过程,需要在课程实施的过程中逐步提高,更何况有多种因素的影响或制约。但是,如果校内实施环境、外部专业援助和课程教学资源等都不具备、缺失或不充足的话,即使经历了一个完整的实施过程,深入的课程认知与理解也将难以形成。

2. 认同感偏低影响对课程的投入

本研究发现，教师对技术课程的理解水平既影响自身的课程认同感，更影响学生的课程认同感。特别是在认同感低下时，对主体的课程投入有较大影响。

由于多方面的因素，在课程实施初期阶段，技术教师对课程在认识与理解上还存在偏差和不足，从而带来教学设计与实施中的种种困难、困惑与问题。在难以化解的情形下，如果再加上专业知识不足，技术教师的心理压力会急剧增加。在这种情况下，他们会产生焦虑和沮丧情绪，表现在一方面去质疑文件课程，另一方面消极对待课程，结果造成对技术课程认同感的某种消解。从这个意义上说，教师课程认识、理解与课程决策之间存在制约关系，也与课程认同之间存在相互影响的关系，那就是，全面深入的课程认识理解会支撑有效、正确课程决策的形成，从而产生良好的教学效果，进而增加教师和学生的自信心和满足感，最终形成接纳且喜欢课程的情感，并带来身心积极投入的课程行为，这些反过来又能够促进主体对课程的深入认识与理解，提升教室中的课程实施水平。

本研究的调查数据表明，在课程实施初期阶段，技术教师的课程认同感是总体偏低的，具体情况见第三章第四节。偏低的课程认同感影响到教师和学生的课程兴趣与课程投入，必然带来不佳的学生课程体验和不良的教师教学状态。

在访谈中，有很多通用技术教师都谈自己上课的热情在下降，学生的学习兴趣在下降，学生也谈到这样的问题。调查数据也反映了学生在课程认同上与实际学习投入的错位或矛盾。这种错位体现在，一方面学生对通用技术课程本体价值认同度高，另一方面在行为上却不与之相对应，课堂上全身心投入的为数不多。

以下是 HN 中学 HT7 老师的一堂通用技术课的部分场景，足以呈现教室中学生对通用技术课程学习投入的一种样态。

课堂观察记录 5 - 4（节选）

一、总体印象

这是通用技术课堂最为安静的一节。听不到嘈杂的说话声，看不到交头接耳的动作。一眼扫过去，学生小小的课桌上摆满了书籍，活动书架里拥挤着各种门类的教科书。

二、现场片段

......

笔者身边的学生看着别的科目的教科书（是物理的），做着这个科目的题。课堂还是那么安静。

......

终于在屏幕上出现了思考题："这个水箱水位控制系统中，控制法还可以有其他选择吗？"在老师指着屏幕的题目读题后，同学们没有什么回应。老师开始点名叫学生了。第三次点名叫起的学生与前两次被叫起的学生的状态一样，低头看着书说"不知道"。这时老师又叫起一名女同学，在老师的不断启发下，该学生总算有了回答该问题的思路。

......

教室又安静如初。笔者抬眼望去，多数同学从开始的抬头看前面到现在的低头看课桌，偶尔有 5~6 个学生看着前面的屏幕。

......

课堂仍然是安静的，至少这是 HT7 老师的一个幸运。不管有几个学生在听他讲，有几个学生在看技术课程教材，但课堂的秩序足以让 HT7 老师可以保持情绪继续讲下去。

笔者发现的第一个在玩儿的学生开始投入地写了，写的是什么？笔者看不到，但是笔者知道不是通用技术课堂的内容。紧挨着笔者的那个左边的学生一直没有听课，没有看书，教材翻开着放在那儿，他看着一本小小杂志的单页，可能是由于笔者在旁边的缘故，他不好意思做别的科目的作业。

......

在最后的案例分析过程中，越来越多的学生做起了其他科目的作业。老师不再提问了，学生可以放心地做其他科目的作业了。

像这样状态的课堂还有很多。在教师访谈中，笔者追问兴趣下降、学习不投入的原因时，老师们的归因是多方面的，但从中可以看到教师认同感的变化对教与学投入的影响。

HT7：我觉得老师方面是这样的，是学校对这个课程开设的支持程度不够。这个课很多是要动手的，我们现在很多做不了。第一个模块我们做了一个动手制作，学生的兴趣还是可以的。但是到了第二个模块，一个是教学内容侧重思想方法了，动手少了，另一个也是没条件，只好利用投影整堂讲授。有些内容想让学生课后去做，但是我们学校是住宿制的，封闭式管理，学生不能出去，学生找不到材料，学生回去做也是很困难。这个是老师感到兴趣下降的一个原因，也是影响老师教学投入的原因。学生也是跟老师一样的吧，动手机会少了，教师和学生的热情都跟着下来了。（HT7－［03］［F1］）

分析可见，HT7 老师对影响教与学兴趣的原因可归结为以下几点。第一，课程开设的必要条件不具备，学校支持不够；第二，与模块内容有关，模块二的内容动手少了，主要侧重思想方法了；第三，与教学有关，教学方法是整堂进行讲授；第四，特定的学校管理情境，住宿制和封闭式管理，学生难以找到可用材料。这些原因可能存在一定的影响，但是，教师运作的课程让学生片面地知觉和经验了通用技术课程，认为就是动手做，就像以前的劳技课，当条件限制不能动手做时，就失掉了兴趣和投入学习的积极性。实际上，很多老师也因此从目标、内容到教材等质疑技术课程，学生也会跟老师一样，表现出对教材和内容的不满。

对于信息技术课程，因为教师对课程文本的困惑、质疑，引起教师的焦虑情绪和倦怠的行为，从而影响教学和学习投入的状况也多有存在。例如，教师对信息技术学科价值与目标定位的拷问，对教材内容选择与组织的不满，对信息技术课程设计非零起点前提假设的疑义，对课程评价不明确和无序的困惑，对学科课程地位和课程资源的诉求，都体现了教师对信息技术课程某种程度的不认同，再加上学校内"小科文化"以及外部环境的影响，形成了信息技术教师课程投入的心理与行为上的障碍，进而导致学生对课程认同感与投入热情的下降。

以 HT9 老师的课堂为例。那是一节"多媒体技术应用"选修模块的某教学单元的结束课，主要内容是运用所学技术方法与技术工具做一个综合作品。按理这样的教学内容学生是再喜欢不过的了，但是，笔者看到的却是令人担心的课堂场景。以下是课堂现场记录的片段。

课堂观察记录5-5（节选）

一、总体印象

学生完成这个作品的基本技能和经验基础欠缺，课时有限，学生投入更有限，教师和学生都不使用教材，教学组织和评价表现出很大的随意性。

二、现场片段及感受

课程开始时，学生在机器前面乱哄哄地不知道在议论着什么。尽管老师在那儿已经开始了教学，努力但不太清晰并缺乏激情地讲述着，学生的状态却没有多少改观。HT9老师首先总结本单元的学习内容，然后通过演示的例子讲解制作动画作品的方法、步骤等，最后布置任务并提出要求。笔者看到，HT9老师关于理论方法、问题设计及有关动画效果制作步骤和过程的讲解，似乎没有引起学生的注意和兴趣，50人的机位坐得满满的，但只有3~5个人在听讲，其他学生都头戴耳机在机器上做着自己的事情。对于这种情形，HT9老师没有提醒学生，也没有对课堂进行必要的管理。

大约15分钟后，HT9老师开始让学生动手做自己的综合作品。这时学生渐渐安静下来。但笔者发现，很多同学需要帮助和指导，因为刚才他们没有听老师对着大屏幕的讲解，手头的教材也帮不了他们什么。原因是在教材中找不到操作步骤和老师使用的例子，老师讲解时用的例子是自己设计的或在其他材料中找来的。

教学大约进行了35分钟，笔者听到多数学生头上戴着的耳机里不时地传出节奏明快的音乐。笔者抬眼看去，他们隔着耳机交流着，声音很响，但是他们全然不顾，有的竟然大笑起来而毫无觉察……确切地说，这是信息技术课堂所特有的也是这个学科以往教学现场能够见到的情形。问题是，就是这样不用跟着老师听和想，也能够最终在获得各种途径的"帮助"后完成所谓的"课堂任务"，或如学生所说"应付作业吧，在课下花一点儿工夫也就可以了"。

这个"可以"意味的是什么？是表面上完成那个"任务"还是深层次思考过程的经历和实际技能、方法的掌握？这节课的教学目标是什么？

学生的课程体验是什么？学生的兴趣在哪里？复习课，让学生做一个简单的动画，为什么学生的问题那么多？而且是工具操作和使用一类的问题？这节综合复习课学生的收获应该是什么？让学生自己动手制作的内容本应是学生最感兴趣的内容，为什么这些学生这样不投入？一般情况下，如果有外人听课学生会掩饰一下并表现得积极一些，可是……笔者在课堂上不断地这样疑问着。

课后与 HT9 老师座谈时，我问她对这节课的总的感受怎样，她说："总体上不满意。学生不听老师讲，到自己操作时又不会。前几节课讲过的操作没有掌握好，所以要通过学生自己完成这件动画作品来综合运用这个单元学过的知识与技能，现在来看，巩固、会应用的目标没有达成。我讲解的步骤、方法在大屏幕上，教材中没有，对基本操作的练习因课时关系也不能多练。我也不知道该怎么做才好。"当笔者问她能否分析一下原因时，她的归结同前面 HT7 老师的前两点有着几分相近：第一，学校不重视，支持不够；第二，课程内容过多，课时数不够，学生基础差异大，教材不好用，不知道该怎样教；第三，文件课程存在很多不足。HT9 老师有着 7 年信息技术课（2001 年以前叫计算机课）的教龄，同 HT7 老师（通用技术教师）相比，对课程本身有着更多的关心，因此对文件课程给予更多的关注。但是能很明显地感到，由于对课程整体上的认识与理解的差异，她表现出更多对课程文本的不认同，更多对课程实施条件的不满。尽管 HN 中学的校本教研活动在坚持，教师合作文化在逐渐形成之中，但是由于自身因素比如适应性问题，HT9 老师在课程运作中产生的挫败感还是很强，访谈中很明显地感到她自信心的不足和焦虑感的增加，以及这些对她教学积极性和课程投入的影响。这使我们能很容易地分析出教师与学生的课程投入与教师课程认同感之间存在的这种相互影响和制约的关系。

3. 教师认同状态归因

有研究把课程改革分为启动（initiation）、实施（implementation）和制度化（institutionalization）三个阶段。虽然教师在这三个阶段都是主体，但是不同阶段教师认同感的影响因素有所差异。在这里讨论的是技术课程实施初期阶段教师对课程认同的归因问题。

　　本研究认为，影响技术教师课程认同的因素可以分为主观内在的和客观外在的。主观内在的因素主要包括个体文化观念、知识取向等，客观外在的因素主要包括校内、校外的支持和预期课程的实用性等。校内支持主要是指学校技术课程实施的物质条件和心理环境，校外支持主要是指各级教育行政部门组织的培训指导、检查督导、激励机制等。预期课程的实用性主要指文件课程和实施计划对教师实际需要的满足、适应和具有效用。这些因素是技术教师在课程运作中的自信心、满足感、困惑与挫折感、焦虑感、压抑感以及专业身份认同感的直接渊源。

　　分析归因我们发现，课程认同程度偏低的因素是复杂的，而且认同程度会随着一些因素状况的改变而发生变化，特别是那些客观的外在于课程本身的因素，在课程实施初期阶段障碍的力量会随着教师的适应与调整逐渐弱化，主观认识也会随着课程运作过程的深入以及同课程文本对话程度的增加而发生改变。但是，文化层面的特别是学校文化和地区文化大环境，对教师课程认同的影响则难以变化。基于这样的认识，本研究对课程实施初期阶段影响技术教师课程认同程度偏低的归因做如下理解。（解月光，2006）

　　（1）文化观念和知识取向的分歧。

　　任何课程，包括它的内容和形式，都体现了一定的文化观念和知识取向。不同文化对课程的要求和影响，以及它们之间的相互作用，不是直接表现出来的，通常是通过不同的课程理论得到体现，进而在课程内容的选择与组织中得到反映。

　　课程编制中存在不同文化的相互作用和影响。课程编制者与作为课程主要实施者的教师之间在文化观念和知识取向上存在着不同。

　　① 课标形成中的争论与妥协。

　　在课程内容选择和组织过程中，有着不同利益相关者的"声音"。由于知识本身已经成为了一种资本，决定和影响着人们的社会地位，所以课程中所体现的知识取向和组织方式，实际上都是利益的反映和要求。例如，有百科全书派的观点，有要素主义的声音。在课标内容和教材内容的讨论中，来自高校的课程专家和来自中小学的教师与教研人员在内容选择上出现的不同意见，实际上反映的是不同文化观念和不同利益相关者的分歧和矛盾关系。

② 教材编制中的平衡与综合。

现行教材形成的最终结果实际上是各种意见的总和，也是教材编写专家们各种意见和各样观点相互争论和妥协的结果。

③ 课标制定中的意识形态关照。

社会意识形态将主导国家课程的内容选择与组织，并从根本上规定课程内容选择和组织的标准。国家课程的编制在意识形态上对课程内容的选择与组织的决定，必须获得一种普遍性和合法性的地位，它的实现需要整个社会的认同。而这种意识形态关照在课程中也会反映为不同文化观念和不同利益相关者的分歧和矛盾关系。

作为事实，技术课程标准的制定完成，是在考虑了目前这种选择与组织对于社会其他方面，以及各种思想观念和思潮的可接受性而形成的。

技术教师作为技术新课程的利益相关者，在其对文件课程的理解、领悟和转化过程中，必然有着与文件课程所传达的文化、观念和知识取向的分歧和碰撞。

可以断定，理想的技术课程的发展，应该是在这种争论、妥协、质疑、批判和综合的过程中发展，最终的课程是各个方面的优点得到完善和体现，较大程度地避免各自片面性的课程状态。

（2）课程实施需要与学校支持薄弱的矛盾。

课程实施中，实际课程传递活动和过程是非常复杂的，这使教师运作技术课程时会碰到诸多的不确定性，导致教师所认识的"静止"的文件课程与眼中的"变化"的实施课程之间产生矛盾，进而在心理上和情感上对技术课程产生认同失衡。

① 教师转化并在教室中运作课程的过程实际上也是教师与学校领导或管理人员之间相互对立和磨合的过程。特别是技术课程实施对物质条件的强依赖关系，以及技术课程在学校中的"小科"地位，使得这种内隐性的矛盾和斗争更为突出，也使得现实的课程传递活动与过程呈现出非常不确定的现象，这必然引发教师心理上和情感上的反应，这种反应对课程实施或是积极的或是消解的。若是消解的，就会降低对技术课程的认同感。

从教师对课程的价值、目标看法的调查数据中发现，培养和发展学生"解决实际问题的能力"得到了最高程度的认同，其次是基本技能，再次是基本知识（见表5-8）。就教师对技术课程目标的认知来看，应该说和文件课程有着较大的一致性。

表5-8　教师对课程的价值、目标看法调查数据统计一览表

问　　题	选　　项	N 实验区（%）		G 实验区（%）	S 实验区（%）
		通用技术	信息技术	通用技术	信息技术
您认为技术课程应该达成的课程目标是_____。	A. 基础知识	41.7	17.4	37.5	75.0
	B. 基本技能	50.0	32.6	52.5	83.3
	E. 思维能力	33.3	17.4	47.5	33.3
	F. 解决实际问题的能力	91.7	63.0	72.5	83.3

注：表中选项是统计结果在前4位的项目。

　　但是，从课堂教学以及学生体验的课程来看，教室中的通用技术课程对课程目标的全面关照和突出学生问题解决能力的培养是远远不够的。相比之下，教室中的信息技术课程要成熟得多，在笔者所亲历的信息技术课堂上，大都能够感受到教师针对学生信息问题解决能力培养所做出的课程决策和所运用的教学策略，而且能够获得落实。其主要原因在于，信息技术课程实施的物质环境远好于通用技术，尽管这与信息技术课程实施的实际需要还有一定差距。教室中的通用技术课程是十分"多样化的"，其中学术性的课程样态居多。在这种课程样式下，学生获得的最主要通用技术课程体验，就是从书本和课堂讲授中掌握基本知识、基本过程与方法，而问题解决能力目标几乎完全缺失。只有少数课堂凸显了通用技术课程特有的实践性活力，基本的技术素养和实际问题解决能力在作品设计和动手制作的亲历体验中得到培养。分析教室中通用技术课程何以呈现出如此多样和如此巨大的差异，我们发现因素很多，一度曾经只是单方面"归罪"于教师的课程理解和教学信念问题，"归罪"于教师的专业能力低下，这都是片面的。事实上，技术课程缺少体现其需要特征的教学条件（如实验室、工具、材料、课时）、教师得不到应有的专业援助和适宜的心理环

境，这是技术教师认同课程与课程获得成功实施的真正"沼泽"。"巧妇难为无米之炊"正表达了通用技术课程所面临的最根本的困境，也反映了技术教师努力运作教室中的技术课程时所经历的无奈。

我们能否为技术课程实施创造出一个支持性环境，无论是环境的物质特征，还是心理的、氛围的特征都能适于技术课程实施的需要，这是非常重要的。技术教师队伍的稳定、教师个体对课程建设与实施的激情投入，均有赖于教师对自我专业身份的高度认同感，而高度认同感的形成与学校的支持性环境的形成与否直接相关，当然也与社会团体的专业援助和教育行政的相关政策有关，但前者最为重要，原因在于教师运作课程的工作场所就根植于学校的文化、氛围当中。

② 任何课程的传递过程和活动实际都是教师与学生之间相互斗争和磨合的过程，也是他们之间相互争取在课程传递过程中的权力的矛盾过程。课程在一定程度上也反映了教师和学生之间的"契约"关系和辩证过程。

师生之间的矛盾和斗争表现为教师的价值观念与学生的生活经验之间的冲突，或者是教学过程中成熟原则与转化原则之间的冲突。特别是按照新课程改革要求，将学生的生活经验也作为一种非常重要的课程资源，实行一种主体的教育理念，那么，在课程传递过程中教师和学生的关系就成为影响课程传递活动的一个非常重要的因素。高中技术新课程要求传递不仅是一个实现预定目标的活动过程，而且是一个不断发现和形成新的目标的活动过程，这个发现过程的状况、水平和成果应该是由教师与学生共同决定的。显然，当教师与学生在权力上和心理上的默契缺失时，共同的决定就将不会存在，结果将导致教师心理上的某种压力或失衡。在高考文化或应考文化为主导的高中教育背景下，技术课堂上师生的心理默契和权力默契都难以真正形成，如同前面提到的两个课堂（HN 中学 HT7 老师的课与 HT9 老师的课）中学生与教师不配合的情况。

总之，不同文化观念的相互碰撞、权力（这里的权力并不像经济操纵和控制一样是可以看到的）的争取和评价的影响，首先就会反映在课程认同的方方面面，然后会间接地影响到教师和学生对课程的领悟、理解，以及对高中技术新课程的情感和态度。

（3）对文件课程的理解还需要一个过程。

观念是主体对课程认识存在差别与分歧的基础，来自观念层面的对课程认识的分歧成为课程认同差异的根本。观念的变更需要一个过程，教师对文件课程深入而全面的理解则在这个过程之中。在同技术教师的访谈中发现，教师对课程的目标定位、课程标准的性质、课程模块与内容、教材的性质与内容选择以及教材内容中差异关照的处理等问题的认识还存在分歧，也有缺乏正确认识与理解的问题，例如，关于技术课程内容的某种理解，以及从学生兴趣的取向出发，提出对内容改进的某种看法等。

事实上，教师对通用技术课程的总体理解也是有很大局限性的。当然，教师运作的课程和学生体验的课程不可能与文件规定的课程相互一致，"规定的课程是抽象的书面文件，实施的课程是有血有肉的创造"（汪霞，2003a）[5-6]。课程实施过程不可能原原本本、机械地按照文件所规定的方方面面去做到，文件课程中确定的基本理念也不是每一个教师都能够理解和接受的。实施的课程与文件规定的课程之间的关系如同剧本和实际的演出。对于剧本，不同的导演会有不同的理解和诠释，产生不同的表现设计与构想，而不同的演员在理解导演的意图和扮演角色时也会有所差异，最后剧本变成舞台剧，观看表演的观众又会对剧情有不同的感受、体验和诠释。课程实施就像将剧本转化为舞台剧的过程，教师既是导演又是参加演出的演员，虽然有如同剧本的文件课程，但教师仍有诠释新课程的自由和空间。不同的教师在教室中实际运作的技术课程，会使学生获得不同的课程经验。这也说明了课程实施将书面课程转化为具体教学实践这一过程的复杂性。

这提醒我们，一方面要反思外部的培训和专业支持的力度和效果，另一方面也要反思课程文本本身的可读性和可理解性，以及课程计划的清晰性和实用性，也更让我们认识到课程理解是课程认同的基础，理解一个课程特别是通用技术这样全新的课程需要时间，需要一个略长的过程。

4. 最深层原因

从课程改革的最深层内涵来说，个体价值观念的守成与情感态度的脆弱应该是对课程改革影响最大的阻力，因此，也是教师技术课程认同危机的重要原因。守成与脆弱不仅将教师带入认同危机当中，而且也挑战教师的心理感受。事实说明，已有的很多改革计划的夭折都是因为个体价值观与情感态度的转变这两项工作的艰难而导致的。

　　教师是具体的课程实施者，从课程实施推动的实际过程看，他们相对于学校管理者、改革推动者，在一定意义上处于弱势地位，或多或少都面临被课改情势拉出自己舒适地带的命运，开始面对一系列陌生的、不确定因素的挑战。事实上，技术新课程的实施对于技术教师来说，不是渐进式的改革，而是带来关乎整个教学行为、教学观念都发生深刻变化的适应性挑战。在我国，鉴于技术课程发展的特殊性，可以说这一挑战没有现成的答案和路径可以遵循，因此，当教师被带进课程改革的不确定地带，必然会出现不知所措的困境，再加之外部支持系统的不完备，会使这种困境愈加严酷。特别是观念上的冲突会使教师的内心感受更加强烈，最终导致认同危机。

　　有研究指出，"人们彻底发生转变不是一蹴而就的，需要经历三个阶段，首先是与自己过往的工作或生活方式分手，即使这种方式曾经是自己成功过、辉煌过，甚至已经化为自己身份的组成部分，也得忍痛割爱；然后是进入不确定地带，面对并处理不确定所带来的挑战和冲击；最后是体现出新的行为特征，进入完全不同的、崭新的境界。其中第二阶段对个人来说非常不舒服，因此人们总是设法急于离开。其中一些人试图冲刺进入新的状态，而另一些人则试图退回从前。但从理论上讲，人们停留在不确定地带这段时光并非无用，相反，创造力在这里被激发，转变的能量在这里被凝聚，真正的转型也在这里最终发生"（操太圣，2005）。S实验区JN中学的ST7老师的课程平台资源的开发就是一例。

（三）学生认同的影响

　　本研究发现，学生对技术课程的认识主要来自于教材内容、课堂教学、课程学习条件和任课教师等方面，其认同感的形成也主要源于此。学生的课程认同感既影响到自身的学习态度和学习效果，也影响到教师的教学积极性、自信心、成就感和创造力。因此，学生对技术课程的认同与否，决定了技术课程应有价值是得到彰显还是受到屏蔽。本研究对学生技术课程认同状态的考察发现，对文件规定的课程本体价值和课程目标有着较高的认同感，但对实施的课程的认同状况却很复杂（详见第三章）。

　　1. 决定技术课程价值的彰显或屏蔽

　　（1）通用技术：认同与投入的错位。

　　学生在认同与投入上的错位，主要表现在通用技术课程上。在前面第三章第四节中，从表 3 – 21 到表 3 – 25 呈现了本研究通过问卷调查得到的学生对通用技术课程的认同状况。表中数据让我们看到，学生对通用技术课程价值和目标有着较高的认同感。但是，在实际课程学习中，学生投入状况却不理想。在第四章中提到的 HN 中学 HT7 老师的课堂情况，就是多数学生对通用技术课程学习状态的真实写照。对通用技术教师的访谈和问卷调查结果也反映了这种错位现象。在通用技术教师的问卷调查中，多数教师对学生的通用技术课程学习投入状态感到不满意（见表 5 – 9）。

表 5 – 9　教师对学生通用技术课程学习投入状态的看法

问　　题	选　　项	N 实验区（%）	G 实验区（%）
		通用技术	通用技术
您对目前学生学习通用技术课程的状态感到满意吗？＿＿＿＿	A. 满意	0	5.0
	B. 比较满意	0	20.0
	C. 不太满意	58.3	47.5
	D. 不满意	41.7	25.0

数据统计结果显示，对投入状态感到满意的教师极少，而不太满意和不满意的教师总数均达到 70.0% 以上，N 实验区最高达 100.0%。这从一个角度反映了教室中的技术课程转化为学生经验课程的状态不够好，也说明技术课程实施水平不是很高。技术教师的心理承受着压力，特别是承受着学生和学校轻视学科的压力，因此何来教学工作的动力感呢？

学生投入状况与学生学习通用技术课程的动机密切相关。教师对学生学习技术课程的动机的看法见表 5 – 10。

表 5 – 10　教师对学生学习通用技术课程的动机的看法

问　　题	选　　项	N 实验区（%）	G 实验区（%）
		通用技术	通用技术
您认为学生学习通用技术课程的动机是＿＿＿＿＿。	A. 对技术课程有兴趣	8.3	42.5
	B. 迫于学分制的压力	75.0	47.5

注：表中省略了没有被选择的选项。

数据分析表明，认为学生的通用技术学习动机是迫于学分制压力的教师（N 实验区）最高占到 75.0%，认为是对技术课程有兴趣的教师（N 实验区）则只有 8.3%。

从前面的数据分析可以看到，学生接纳通用技术课程所确立的价值与定位的课程目标，教师认为学生对实际课程的学习不够投入，并认为多数学生学习通用技术课程是迫于学分这一课程管理制度，而真正对课程本身感兴趣的很少。

（2）信息技术：认同与投入一致。

与通用技术不同，学生对信息技术课程没有这种明显的错位现象。他们对信息技术课程的价值和目标定位也具有较高的认同感，在投入上也有比较一致的表现。从上面的数据分析中可以看到，学生对信息技术课程的投入好于通用技术。在针对高一学生的"普通高中技术课程实施"调查问卷中有一道调查学生更喜欢这两门技术课中的哪一门的题目，结论是对于实际运作的技术课程，学生更喜欢信息技术课，主流的理由是兴趣、爱好使然。

表 5-11 给出了学生对两个技术科目的喜好状况。数据显示，喜欢信息技术课程的人数远远高于通用技术。这与教师在教学中的感受与看法是一致的，学生对实施中的信息技术课程的学习投入多些，这与他们对信息技术的喜欢态度一致。

调查学生做出选择的理由发现，绝大多数学生表示是兴趣、爱好使然，其次是认为对自己将来的工作以及生活有帮助。具体情况见表 5-12。

表 5-11　学生对两个技术科目的喜好状况

问　题	选　项	N 实验区（%）	G 实验区（%）	S 实验区（%）
以下两门课您更喜欢_____。	A. 信息技术课	88.3	62.0	80.0
	B. 通用技术课	11.7	28.0	20.0

表 5 - 12　学生对两个技术科目喜欢与否的理由

理　　由	N 实验区（%）	G 实验区（%）	S 实验区（%）
自己的兴趣、爱好使然	73.9	70.0	60.0
对学习现在的其他课程有帮助	59.5	28.0	12.5
对将来的工作以及生活有帮助	37.9	34.0	45.8

2. 学生认同状况归因

本研究表明，学生对技术课程的认同与投入状况，不同地区稍有差异，但从统计上看，总体倾向是一致的。从对学生问卷与访谈数据的分析可以得出，学生认同状况的主要归因是教学与内容、教师。

（1）教学与内容。

学生对课程的直接体验来自于教学，学生对教学的感受是我们了解和认识文件课程转化为实际课程的状况和效果的渠道之一，也是我们找到学生课程认同影响因素的场源。表 5 - 13 给出的是调查问卷中有关学生对技术课程教学缺陷的感受情况。

表 5 - 13　学生对技术课程教学缺陷的感受情况

问　　题	选　　项	N 实验区（%）	G 实验区（%）	S 实验区（%）
您认为技术课程教学的最大缺陷是 _____（可多选）。	A. 教学内容陈旧，不符合基础教学实际	57.7	28.0	23.5
	B. 教学方式呆板，提不起学习兴趣	12.6	52.0	59.7
	C. 教学内容超前，无法理解接受	25.2	6.0	4.2
	D. 学习效果测评方式单一，无法反映真实水平	15.3	32.0	40.3

　　分析结果表明，总体倾向上，学生对课程不认同来自于教学的两个方面影响，一是技术课程的教学方式，二是学习评价方式。S 实验区和 G 实验区的结果十分相近，N 实验区则显示出不同，该实验区的学生主要在教学内容上表现出更大的不认同。分析区域的教育状况，N 实验区与 S 实验区、G 实验区有着明显的差异，S 实验区和 G 实验区均属于教育大省，经济和文化教育要更发达和先进，学生对新课程的感受体现有如此差异，特别是对内容的接纳出现困难，正说明课程设计缺少对差异的关照，忽视了对学生个体经验和生活境遇的考虑。具体见表 5 - 14。

表 5 - 14　　三个实验区学生对技术课程教学方面看法的比较

实验区	状　　况
N 实验区	总体倾向是学生认为教学内容方面缺陷最大：认为教学内容不符合基础教学实际的人数占调查人数的 57.7%，而认为教学内容超前，无法理解接受的学生数占到 25.2%，其他选项的百分比都小于上述两项。
G 实验区	总体倾向是学生认为教学方式方面缺陷最大：认为教学方式呆板，提不起学习兴趣的人数占调查人数的 52.0%，此外对评价方式认同感也较低，认为学习效果测评方式单一，无法反映真实水平的学生数占到 32.0%，其他选项的百分比都小于上述两项。
S 实验区	总体倾向与 G 实验区相似，学生认为教学方式方面缺陷最大：认为教学方式呆板，提不起学习兴趣的人数占调查人数的 59.7%，此外对评价方式认同感也较低，认为学习效果测评方式单一，无法反映真实水平的学生数占到 40.3%，其他选项的百分比都小于上述两项。

　　另外，在对课程兴趣的调查中，从学生对不感兴趣的原因选择中也能看到教学对学生课程体验的重要影响。表 5 - 15 是学生对课程是否感兴趣的情况。

表 5 – 15　学生对课程是否感兴趣的情况

问　　题	选　　项	N 实验区（%）	G 实验区（%）	S 实验区（%）
您对通用技术课＿＿＿＿＿。	A. 很感兴趣	53.2	18.0	13.3
	B. 感兴趣	27.9	46.0	41.7
	C. 不感兴趣	5.4	10.0	40.8
	D. 很不感兴趣	33.3	4.0	4.2
您对信息技术课＿＿＿＿＿。	A. 很感兴趣	43.2	20.0	37.0
	B. 感兴趣	6.3	66.0	51.3
	C. 不感兴趣	6.3	6.0	11.8
	D. 很不感兴趣	48.6	0	0

　　其中，选择"C. 不感兴趣"和"D. 很不感兴趣"的原因情况，以 S 实验区为例分析如下（见表 5 – 16）。表中数据显示，认为不感兴趣的原因是感到课程枯燥乏味的人数百分比为：通用技术为 58.9%，信息技术为 35.7%；认为学了没有用的人数百分比为：通用技术为 28.6%，信息技术为 0%。

表 5 – 16　S 实验区选择"C. 不感兴趣"和"D. 很不感兴趣"的原因情况

理　　由	通用技术（%）	信息技术（%）
课程不好理解	10.7	21.4
成绩不佳，没有动力	8.9	28.6
课程枯燥乏味	58.9	35.7
学了没用	28.6	0
其他	8.9	4.3

　　选择"A. 很感兴趣"和"B. 感兴趣"的原因情况，以 S 实验区为例分析如下（见表 5 – 17）。表中数据显示，认为感兴趣的主要原因是喜欢动手或解决一些实际问题，人数百分比为：通用技术为 57.6%，信息技术为 45.7%。

表 5 - 17　S 实验区选择 "A. 很感兴趣" 和 "B. 感兴趣" 的原因情况

理　由	通用技术（%）	信息技术（%）
动手或解决一些实际问题	57.6	45.7

比较这三个实验区的这项调查结果发现，N 实验区与其他两个实验区相反，那里的学生更喜欢通用技术，但投入却略微差于信息技术。G 实验区和 S 实验区的学生更喜欢信息技术，态度与课程行为趋于一致，投入的情况也好于通用技术，并且从统计的整体上看，学生对于技术课程学习，普遍喜欢 "喜欢动手或解决一些实际问题"。

分析 N 实验区与 S 实验区、G 实验区的相反情况，笔者认为这正好说明条件性课程资源对技术课程的重大影响，对学生课程体验的制约，最终导致学生对课程态度的影响。S 实验区和 G 实验区经济发达程度高于 N 实验区，学校的信息化程度普遍高于 N 实验区，信息技术课程实施的条件环境好于 N 实验区，信息技术教师的课程经验和专业发展机会也多于 N 实验区，这些是学生能够较好地体验信息技术新课程的重要前提与保障。对于通用技术课程，这三个实验区是在同一起跑线上，在实施环境完全一样的情况下，N 实验区的学生对通用技术的体验容易好于信息技术。原因在于通用技术的条件性资源比信息技术来说容易获得提升和满足，因为就资金投入需要来说，信息技术课程远大于通用技术课程。

（2）教师。

研究发现，影响学生课程认同的另一重要因素是教师，是教师的专业知识和能力、教学技能与经验。在对学生的问卷调查中，学生对技术教师素质的要求情况见表 5 - 18。

在 N 实验区，对该项目有近一半的学生没有做任何的选择，原因可能是学生不好把握和判断。但从选择倾向上看，选择 A 和 D 的学生占多数。

在 G 实验区，从选择倾向上看，学生认为技术教师的素质是 "专业、理论水平高，可以解决学生在课程学习中的大部分困难，课程生动有趣，内容充实丰富" 的学生数占 86.0%；认为教师 "上课专注认真，但对课程的理解不是很充分，对学生随机问题的解决不是很令人满意" 的学生数占 26.0%。这说明 G 实验区的学生对技术教师总体上是认同的。

表 5-18　学生对技术教师素质的要求情况

问　　题	选　　项	N 实验区 （%）	G 实验区 （%）	S 实验区 （%）
您认为目前教授你们技术课程的教师的素质属于以下哪种情况？＿＿＿＿（可多选）	A. 专业、理论水平高，可以解决学生在课程学习中的大部分困难，课程生动有趣，内容充实丰富	18.0	86.0	48.7
	B. 上课专注认真，但对课程的理解不是很充分，对学生随机问题的解决不是很令人满意	6.3	26.0	47.9
	C. 对课程不够重视，经常讲一些题外话来打发课堂时间，不能很好地解决同学们课堂上的疑问	7.2	10.0	10.1
	D. 对课程重视，教授认真，但是课程开设中遇到的困难学校总不能很好地帮助解决，导致授课中经常有遗憾的事情发生	18.9	10.0	16.0

　　在 S 实验区，从选择倾向上看，学生认为技术教师的素质是"专业、理论水平高，可以解决学生在课程学习中的大部分困难，课程生动有趣，内容充实丰富"的学生数占 48.7%；认为教师"上课专注认真，但对课程的理解不是很充分，对学生随机问题的解决不是很令人满意"的学生数占 47.9%。这说明 S 实验区的学生对技术教师总体上是认同的。

　　从总体倾向上看，S 实验区和 G 实验区的结果十分相近，N 实验区略有差异。分析数据结果可以看到技术教师的敬业和强烈的责任感与使命感。在技术课程实施环境缺乏有力支持的状况下，他们中的绝大多数没有因此懈怠教学，尽管学科上不公平的待遇不断消解着他们为课程建设与发展的长远构想，他们在教室中运作课程时仍然坚守自己的教育信念，竭尽全力为学生的利益艰难跋涉，一步一步推动技术课程前行。

关于需要的理论告诉我们，需要是激发主体意识活动的直接诱因，是构成价值取向的主观基础。作为一种心理活动，需要的强度与范围影响着对课程的价值取向的强度与范围。在一定程度上，课程的价值取向依据主体对课程需要程度的变化发展而变化发展。当主体认识到或理解到自己的需要，并且认识到自己的需要的满足与课程相关且相关性很大时，原有的对课程的价值取向会随之发生变化。学生对技术课程的决策行为如投入，受到其对技术课程价值的认识、理解和实际体验的影响，如果课程内容、教师的教学内容与形式等使学生在该课程的学习活动中，能够感受、体验进而认识和理解技术课程的价值、功能，学生就会认同该课程，就会产生兴趣，并投入热情进行学习。在这个过程中，教师的作用和影响是明显的。教师所设计的课程活动能够引导学生对课程的价值认识与理解，从而促进课程认同倾向的形成。

第六章 学校外部环境因素的影响分析

　　课程实施的外部环境是指课程方案使用的地区和社会的总体氛围，"这种外部氛围与学校的课程实施有着千丝万缕的联系"（汪霞，2003a）[5]。学校外部环境大致可以分为学区或地区和社会两个层面。在学区或地区层面，富兰（1988）在他的研究成果中指出，要大幅度推动课程实施工作，学区或地区应该注意做好五项工作，其中的第二项和第四项工作的主要内容是：按照变革的需要，建立教师帮助制度，并在实施期间不断给教师以技术上的指导，包括提供良好的教材、教学资源、在职培训等；理解实施过程需要时日，放宽时间限制，并且配合实施，建立一整套监管系统和信息收集系统；采取必要的措施，减轻教师的工作负担。在社会层面，这是一个外部的大环境，即课程实施需要政府机构、新闻媒体、家长、社会团体等共同支持。社会各界的理解、支持和帮助，可成为推动课程实施的巨大动力。

　　本研究发现，对学校水平的技术课程产生重要影响的外部环境因素，主要有地方行政干预、社会团体的专业支持、课程的社会评价以及技术课程政策等。这些外部因素的影响力很大，如地方行政干预、社会团体的专业支持。有的也可以成为摩擦式的阻力，如课程的社会评价和技术课程政策。而且，各因素的影响都可以通过行政的渠道进入学校组织内部。因此，地方行政因素是一个关键。以下将通过研究个案，通过分析行政的角色与作为、主体的声音和学校层面的课程现象来认识外部环境因素对学校技术课程实施的影响。

一、行政的角色与作为

国家新课程是以"自上而下"的推行策略进入实验区，再进入学校的。在这个过程中，地方教育行政扮演了重要的角色。在课程实施初期，为了新课程进入学校、进入课堂，采取了很多行政特有的行动模式，体现了行政部门的角色与作为，成为技术课程出现在学校课程中的前提保障。从技术课程深入实施的需要和行政部门可能履行的职责两个角度来看，我们发现，在实验区中要使技术课程真正得到实施，行政部门的角色与作为应该表现在三个方面，即推动绩效责任、制定激励措施、促进能力建设。

（一）推动绩效责任

从对实验区教育行政部门的主要作为的考察来看，在课程实施初期阶段基本上都主要集中在加强对于"目标"的期望及其对学校的要求上，这个时期的一些关于课程实施的政策性计划仅关注绩效责任问题。从以下N实验区教育行政在课程实施初期推行的一些改革政策可以看到这种角色对技术课程实施的保障性作为。

N实验区是2004年首批全国高中课程改革的四个实验区之一，非常重视新课程的推行工作，用教育行政部门自己的话说就是"把新课程实验作为促进普通高中教育内涵式发展，提升教育发展水平的重要机遇，摆在教育改革与发展的重要战略地位"。截至笔者进行调查研究之时，全部实验区有104所普通高中、82000余名学生、4300余名教师参加了实验工作。

在推进新课程初期，教育行政的主要作为是出台推动普通高中课程改革的各种地方政策，具体包括该实验区的《普通高中新课程实验工作方案》《普通高中新课程实验学校工作实施意见》《普通高中新课程实验工作指南》《第二期"课堂教学质量工程"实施方案》《关于进一步加强教学管理，提高课堂教学质量有关问题的通知》《关于开展普通高中课程改革实验评估工作的通知》《普通高中新课程学生毕业标准》《普通高中新课程学校教育质量监测方案》《2007 年高校招生考试工作指导方案》等。通过这些政策文本的字面意义可以看到它们的保障性特征，所以它们的制定与颁布为技术新课程走进课堂铺平了道路。在第一推动阶段，其他实验区也制定和颁布了类似的地方课程政策，这是与国家层面的改革政策相一致的。

（二）制定激励措施

从某种意义上说，推行课程改革政策的过程，就是上一级教育行政部门向下一级和学校施加压力的过程。在这个过程中，如果能够在施压的同时，提供与之相适应或相配套的支持，比如激励措施、满足必要的需求等，就容易使压力转化为动力。因此，制定激励措施应该是教育行政决策部门的另一个角色。这一角色的成功扮演，将使施压与支持成为矛盾统一体，让教育行政在压力变动力上发挥作为。笔者研究发现，与施压相比，明显体现地方教育行政对学校实施课程提供支持的做法不多，以上面提到的 N 实验区为例，该实验区出台了 10 个推行绩效责任的"施压"方案，而没有见到一个是配套支持的有"解压"作用的方案。在这一点上，H 实验区的做法体现了施压与支持的思想方略，而其他两个实验区也少见到有关激励或支持的"方案"或文件。这样带来的影响是，不断增加地方和学校的负荷，同时也消解地方或学校所做出的努力。

四个实验区在推行地方课程政策的同时，发挥"支持"性作为的主要做法是很一致的，即开展培训和组织活动，而针对技术新课程的特殊需要，给予配套支持的做法在 H 实验区有所体现。如果说制定、颁布与推行政策保证了技术课程到达学校课程计划，而激励措施或配套支持，则是保证了技术新课程到达课堂。下面以 N 实验区的信息技术课程实施获得的支持为例，来说明教育行政主管部门的角色以及对学校技术课程实施产生的影响。

1. 提供的培训支持

2004 年 5 月，N 实验区全区选派 10 名学科教师到北京参加普通高中信息技术新课程国家级培训。2004 年 7 月，N 实验区组织省级培训，参训的信息技术教师有 47 人，培训时间为 3 天，其中通识培训为 2 天，信息技术课程标准培训仅为 1 天。之后 N 实验区要求各地市、县（区）进行二、三级培训，学校进行校本培训。

2. 组织的活动支持

2004 年 9 月中旬，N 实验区教育厅组织全体干部、教研室全体教研员到基层学校听课 1 周，调研高中新课程实施情况。

2004 年 10 月，组织全区进行信息技术优质课评选活动。

2004 年 8 月至 2005 年 1 月，组织普通高中技术教师集体备课试点工作。

2004 年 12 月，组织新课程实验区普通高中信息技术新课程教学研讨会。

2005 年 1 月，召开全区普通高中信息技术教学研讨会。

2005 年 4 月，召开全国普通高中信息技术新课程教学研讨会。

2005 年 9 月，召开全区高中信息技术新课程优秀案例评选。

2005 年 12 月，参加粤教版教材优秀教学设计评选。

2006 年 1 月，召开全区高中信息技术新课程研讨会。

以上是 N 实验区的教育行政主管部门在 12 个月的时间内，对学校层面的信息技术课程实施从活动方面提供的支持，包括本实验区组织的和国家层面组织的在内共 8 次。尽管本研究无法评估各级培训和活动组织的效果，尽管从被访者的声音中还不断听到他们对行政支持的呼唤，和对需求不能得到满足的抱怨，但是，在参与推进新课程的培训与活动中，在经历新课程实施的过程中，确实让被访者的教育思想、教育观念、教学行为和教学方式发生了变化。因此，从这个意义上说，教育行政主管部门要能够在扮演好施压角色的同时，也有好的支持作为，为技术课程在课堂内的深入实施提供更可靠的保障。但是，本研究发现，只有个别实验区能将既提供支持也给予压力的角色兼顾。

（三）促进能力建设

能力建设是指学校的能力建设，既包括教师的专业能力、课程决策能力，也包括校长的课程领导能力。教育行政主管部门必须扮演并担当好促进能力建设的角色，因为能力建设涉及技术课程是否有机会向纵深、有效的方向发展。本研究发现，尽管国家层面正在努力致力于学校（特别是教师）的能力建设的推动，但是在课程实施初期阶段，只有少数实验区的教育行政主管部门能够严肃地对待技术学科教师的能力建设。H实验区是体现该角色的作为的一例。他们抓住了教师能力建设这个技术新课程实施的根本与关键，使教育行政主管部门在推进学校水平的技术课程实施中发挥了引擎式的动力作用，从而使技术课程全面、健康的实施有了重要保证。

（1）H实验区比较小，教师人数较少，据此，教育行政主管部门形成的第一个支持政策就是统一组织省级培训，而不再组织市、县级培训，在培训环节就收到了较好的效果。除了进行统一的新课程教师培训外，还以多种形式组织、引导教师参与课程教学研究，比如多种形式的跟进培训和教研指导等。

（2）H实验区独具特色地开办了技术课程网，使其成为所有参与新课程实验的技术教师们的精神家园和经验交流、共同提高的场所。在技术课程网的论坛中，信息技术教师成为最具活力的共同体。

（3）H实验区还成立了通用技术和信息技术两个教研中心组，其作为是以每一位中心组的老师为核心开展教研活动。例如，召集有关教师集体备课，然后将备课结果放到网上，供全体学科教师共享，以此克服传统教研范式在时间、地点、人员等方面的限制，随时、随地不拘一格地展开教学研讨，有效地促进技术教师新课程实施能力的提升与发展。

（4）引导学校制定并实施通用技术教师专业成长计划。H实验区还针对通用技术教师专业基础薄弱和信息素养不高的实际，引导并督促学校制定并实施通用技术课程教师专业成长计划，以促进技术教师的专业能力建设。通用技术课程教师专业成长计划强调的一个核心思想就是"技术教师的专业成长需要依靠学校和教师个人的共同努力"。

以下是一份发布在技术课程网上的通用技术课程教师专业成长计划与实施的要求和两个具体计划的例子。

学校方面：

1. 提出对通用技术课教师专业发展的基本要求，帮助他们拟定专业发展目标，将学校在本课程方面的发展与教师个人的专业成长结合起来考虑。

2. 制订教师专业发展的行动计划，要考虑采取什么样的行动来保证教师专业成长目标的达成，行动计划应方便可行。

3. 为教师们提供实施这些计划的保障和机会，如支持他们参加各种形式的培训和进修，聘请高校或其他相关人员作为他们的成长指导教师，为通用技术课程教师的教学实践活动提供物质条件保证，学校领导通过多种形式（如听课、评课、访谈等）定期过问这些教师的专业发展情况等。

4. 实行过程管理，定期对通用技术课教师的专业成长进行监督和评估，并制定相关的激励机制。

教师方面：

1. 依据课程、学校、学生对自己的要求，制订详细、个性化的专业成长行动方案。

2. 将学校和个人的行动计划进行综合分析。

3. 在落实专业成长行动方案的过程中，不断修正、调整方案，以期达到预期目标。

4. 定期进行专业成长的自我评估。

学校和教师在制订和实施通用技术课教师的专业成长计划时，需要树立终身学习、知识横向联系、理论与实践相结合的学习理念，突破旧有的培训模式，建立多元、开放的学习方式，提高教师的专业水平。

不同的专业和经历的教师，他们所要走的专业成长之路不尽相同。下面是两位即将专职教授通用技术课的教师的研修计划。

W1 老师是一位有五年教龄的物理教师，现任高三物理教学工作，是本校物理教研组组长。根据学校的工作安排，2004 年秋季起将改任通用技术课专职教师。以下是 W1 老师为自己制订的近四个月的专业研修计划的部分内容。

参加国家通用技术课程学科培训；

参加通用技术课程专职教师培训；

到大学旁听相关专业的《现代设计方法》《系统科学》等课程；

自修《结构力学》《自动控制基础》《数字电路》《智能机器人》等课程；

与兄弟学校通用技术课教师进行若干次研修交流。

W2 老师是一位从综合大学机械系毕业刚三年的年轻教师，现任高一数学教学工作。因为具有工科专业背景，2004 年秋季起也将从事通用技术课程教学。以下是学校和 W2 老师共同制订的近四个月的专业研修计划的部分内容。

参加国家通用技术课程学科培训；

参加通用技术课程专职教师培训；

到本地师范学院旁听《教育学原理》《教育心理学》《教育测量与评价》等课程；

自修《自动控制基础》《现代设计方法》《系统科学》等课程；

利用课余时间，给本班学生上两节"技术与设计1"模块的课，请相关教师听课并点评；

与兄弟学校通用技术课教师进行若干次座谈交流；

一年之后，学校还将送 W2 老师到指定院校半脱产攻读技术教育专业硕士学位。

截至本研究实地调研结束，H 实验区的教育行政主管部门在技术课程实施的保障方面发挥了突出的作用，技术课程的受重视程度正在得到提高。该省教研员 JY1 在一次全国技术课程教学研讨会上交流时说，该实验区的技术课程实施推动的状况是：相关机制逐渐配套出台，学校的硬件条件逐步完善；技术教师们通过网上教研在继续研读课标、教材，教学行为逐步规范；课堂教学因人施教，形式多样；教师的教学开始关注学生的学习方式，关注生活和社会；关注模块学业评价和学分认定等重要的课程实施问题。这些都是技术课程向着健康深入方向发展的表现，也是该实验区教育行政主管部门角色兼顾、在一定层面上保障性作用发挥有效的结果，但是教育行政主管部门对技术课程实施的深层次保障作用还很薄弱，下面讨论的问题可以证明这一点。

二、对行政干预保障性的呼唤

教育行政部门既有制定和调整课程政策和鼓励学校进行课程改革的责任，也有协调和保障课程改革顺利进行的义务，为课程实施创造宽松的环境，这应该被视为一个"执法"的过程，而不是"可有可无"。

（一）干预的保障性薄弱：教室中可有可无

目前我国高中学校的课程决策主要有两大取向，一是政治性取向，二是高考文化取向。虽然有很多时候，高考文化主导的学校决策会让地方教育政策遭遇尴尬，但在特定情况和意义下，政治取向会主导性地影响学校的课程决策。新课程改革实施初期，迷茫、困惑、负担、困难和高考压力等实情同时摆在学校面前，作为改革难度大而复杂的技术课程，其实施更加需要行政命令、法规、政策作为保障。然而，笔者研究发现，一些课程现象的存在是行政干预的保障性薄弱所导致，例如，教室中的技术课程课时缩水，可有可无，教师临时拼凑，许多受访者对上级行政支持力度不足的看法和呼唤有效的行政干预的心声也是这种状态的证明。在访谈 S 实验区 J 市的 JN 中学的校长 XZ4 时，他深有感触地说道：技术课程特别是通用技术课程，要在高中得到较好的实施，最大的影响因素有四方面，其中政府因素是首要的。"行政命令、政策、制度，对于技术课程实施的启动和推进是有保障意义的。适当的检查评价机制，行政机构和教育的业务部门进行督促、指导检查，这对初期的技术课程实施是最重要的。但是，现在行政在这方面做得不够。"（XZ4－［9］［F1］［F8］）

　　作为一种特殊的利益群体，教研员对技术新课程实施有着特定的认识、态度和理解，出于责任感及与技术课程的特殊关系，他们对推动技术课程的有效实施有着深入的思考和应对现实问题的态度和建议。他们没有行政的力量，但有对技术教师队伍的宣传、感召、引领、组织教研、推动教学的权力与职能。在对 S 实验区 J 市教研员 JY2 的访谈中，他针对开课学校技术课程课时缩水、期中期末挤占甚至停止技术课的做法以及技术课只是在学校课程计划或课程表上而教室中是可有可无的现象，感触至深地谈了很多，让我们看到了这种现实与教育行政干预之间的因果关系："在一些学校里，通用技术课程真是可有可无的状态……归根结底，我感觉到还是行政支持不足。教育部的政策，到了省里落实不足，到了市里走样了，就有这样的问题。"（JY2－［3］［C3］）

　　"其实按理来说，国家意志的课程应该具有法定意义。如果不执行应有的必修计划，就相当于是违法的。所以教育行政部门应该制定技术课程保障法，教育上要违法必究，学校不执行国家的课程计划，要有明确的条文规定怎样处罚，可是现在这些都没有，这使技术课程的开设和发展失去了基本的保障。"（JY2－［18］［C1］［C3］［F1］［F6］）"我觉得看技术课程落实得怎么样，不要光看行政上制定了多少文件，更要看检查了没有，督促了没有，教育行政部门总得看看课改落实到了什么程度，有哪些

问题？可是这些都没有感受到。"（JY2 -［9］［F1］［F6］）

JY2 教研员认为，技术课程在一些学校的教室中可有可无，原因在于地方教育行政支持不足，各级教育行政部门没有明确的条文规定或政策来约束学校，这使得技术课程的开设与发展失去了基本保障。他同时强调，促进技术课程的落实，不仅在于制定红头文件，还在于监督、检查，以督导、检查机制来保证教育课程政策落到实处。

JY2 教研员的看法，一方面反映了技术课程实施过程中教育政策遇到的尴尬，另一方面将学校实施国家层面的必修课程上升到法律、国家意志的高度来认识，这是非常必要的。教研员对地方教育行政政策支持的呼唤，正说明了产生这种状态的原因在于技术课程实施中，行政干预的保障性不够或薄弱。各级教育行政主管部门、学校校长等，作为课程的决策者应该具备这样的课程认识和课程意识，才能有坚定地实施新课程方案的行为。但是，对于技术课程特别是通用技术课程的实施，只靠宣讲和说服是不够的，必须要有上级制定的政策、监督制度甚至是课程法律作为保证。

另外，教研员们一再强调上级教育行政主管部门的落实性做法缺乏，说明了课程改革中政治取向的真实存在和对技术课程实施的重要影响作用。一项改革，特别是一项重大的教育改革，风险与追求的教育效益并存，但是二者之间的比例关系让改革的参与者或实施主体担心不已。因为教育改革从来就是一个系统工程，如果相关要素的配套改革跟不上，都会使风险成倍地扩大。行政干预会使改革的协同、协调性问题得到解决，从而减小学校作为改革的一线组织的压力与风险。这应该就是课程决策政治取向存在的理由。所以，技术新课程方案的全面采纳，技术课程课独特教育价值的发挥呼唤坚强的行政干预做保障。G 实验区的信息技术教师 GT3 说道："对于信息技术教育我个人建议人大立法，包括必修课程是否真正开设、计算机房有没有达标、校校通是否真正实现、教育管理信息系统有没有启用等等。"H 实验区的通用技术教师 HT12（网上访谈的教师）在通用技术课程网的在线交流中说道："建议政府部门下发红头文件到学校，强制开通用技术课。"

事实上，保障技术课程实施的计划和文件不是没有，新课程实验区的省市两级行政部门为新课程实施制定了科学而完善的实施方案，也有解决困难的支持和保障性的对策或措施，但是在轰轰烈烈的课程启动之后，行政方面的认识、执行力问题和监督保障机制的跟进、配套措施的缺少等因素，使这些相对优秀的实施计划成了柜子中的收藏。当然，推进技术课程实施的单独方案是少有的，只有 H 实验区作为推进课程实施的策略之一形成了专门的方案。

（二）"执法"过程的信念：产生有效的干预

地方教育行政部门对学校的课程管理、实施与发展的决策具有重要的影响。在对 H 实验区的研究中，笔者看到了教育行政部门通过命令、政策、制度和机制对技术课程推行所体现的积极作用。在 H 实验区推行通用技术课程之初，教育行政部门确立这样一个信念，即采用和实施新课程，这是一个执法的过程，不得有什么含糊。这个信念使 H 实验区的通用技术课程实施进展顺利。省教育行政部门形成了这样的法令规定：如果学校不按照必修的计划来落实技术课程是在违法，学校不按照上级要求做也就是违法。与此同时，他们配合法令，关照各学校通用技术课程实施条件有差别的具体实际，制定了具体的调动和激励学校积极性的措施。例如，课程采用初期，各学校根据准备情况进行开课申报，他们的行政激励措施是，对申请开课学校的准备情况进行评估，评估结果按照不同水平层次（以名次所在比例数区分：30%、50%、70%）进行分类，不同的水平层次对应着不同的待遇支持（包括请专家指导、提供不同频度的培训、教学条件改善与建设优先等），并对重点学校、直属学校特别加压。同时他们建立了一个督导机制，即定期检查和进行情况通告。对于通用技术这样一个学科，还没有一个历史来体现其特殊的教育价值，又处于我国传统的教育文化特别是考试文化十分强势的社会现实中，地方行政干预在技术课程实施的一定阶段和一定范围内具有非常积极的作用。正像访谈 H 实验区教研员 JY1 时她所讲的："开课之前，政治因素决定，不管学校校长的动机出于何处，只要能够开出就好。可以是认识到位，可以是迫于上级的压力，可以是功利等思想。开课后教师是决定因素，教师决定了技术课程是否能健康地发展。"（JY1 – [7] [F3]）

H 实验区教育行政的干预作用是明显的，一方面，行政决策部门通过法令昭示了坚决、强硬的态度，这对有着政治取向和功利取向特征的学校课程决策具有特别有效的作用；另一方面，法令策略以激励措施和监督机制作为保证，使这种作用会在一定阶段得到持续发挥。研究结果也向我们表明，在技术课程实施的不同阶段，影响因素的作用特征和效果会发生变化。但是，对于技术课程特别是通用技术课实施，在应试教育的文化氛围中，教育行政的干预应该坚持下去。

在本研究中也可以看到这样的事实，虽然校长课程决策的政治性取向突出，但是高考取向更是其决策的根本，加之学校校长的课程权力在放大，所以学校可以做到让技术课程在课表上存在而在教室中可有可无。行政干预只可以解决技术课程实施的部分问题，是阶段性的。像通用技术课程专家在网络互动交流中对 HT12（网上访谈的教师）老师的回应一样："你说各校要依法开课，但从现实来看不要对学校领导能依法开课抱有太大的希望。"

三、对关注需求的专业援助的期待

为获得成功的课程实施，通过培训为教师提供持续的专业帮助是非常重要的。教师如果不具备将文件课程转化为教室中的课程的"工具"（我拿什么）与技能（我以什么），那么课程实施的水平和教师在课程运作时的难度是可想而知的。在当前新课程实施过程中，培训是为教师提供专业帮助的主要途径，从培训的层次、培训的频数、培训的方式等方面看，技术教师所获得的专业援助与技术课程实施的复杂程度相比是很不够的，特别是在我国目前还没有技术教育专业来承担对技术教师培养的任务的情况下，技术学科对专业援助性质的培训需求远超出其他学科。

（一）与实际需求错位

在对教师的问卷调查中，对专业援助与政策支持的感受情况见表6－1。

该项目的调查统计结果显示，N 实验区很满意的选择为 0，有 2 个实验区不满意的选择在 75.0% 以上，有 1 个实验区的信息技术教师对该选项不满意的选择是 47.9%（该实验区是经济发达省份）。

表 6-1　教师对专业援助与政策支持的感受情况

问　题	选　项	N 实验区（%）		G 实验区（%）	S 实验区（%）
		通用技术	信息技术	通用技术	信息技术
您对技术课程实施中所得到的专业支援和政策支持感到_____。	A. 很满意	0	0	2.5	2.1
	B. 比较满意	16.7	25.0	22.5	50.0
	C. 不满意	83.3	75.0	75.0	47.9

　　对教师接受培训情况的调查结果见表 6-2。无论是通用技术还是信息技术，绝大多教师接受的是业余培训和半脱产培训。有 2 个实验区的 66.4% 以上的技术教师接受了由学校组织的业余培训，有 1 个实验区的 47.5% 的通用技术教师接受了脱产培训（该实验区是经济发达省份），但该实验区仍有 30.0% 以上的通用技术教师接受的是业余培训和没有接受过任何培训。没有接受过任何培训的教师在各实验区也各有一定的比例。

表 6-2　教师接受培训情况的调查结果

问　题	选　项	N 实验区（%）		G 实验区（%）	S 实验区（%）
		通用技术	信息技术	通用技术	信息技术
您参与过的教师培训是_____。	A. 脱产培训	0	13.0	47.5	0
	B. 半脱产培训	8.3	13.0	30.0	33.3
	C. 业余培训	75.0	71.7	30.0	66.4
	D. 没有任何培训	16.7	4.4	7.5	25.0

　　与接受过培训的教师访谈时，他们感到在培训中所收获的与实际教学实施中所需要的还存在着很大的错位。因为较多的通识培训内容并不能直接作用于课堂教学的设计和决策，而专业知识的培训、教材的培训或文件课程如何转化为符合新课程要求的学生课程的培训却少之又少。就培训时

间而言，与需要相比也是短之又短。

　　对技术教师专业援助的不到位，有时会使教师陷入由于专业能力问题而导致的课堂教学中的尴尬，如 S 实验区的 ST6 老师的例子。

　　专业能力不足又得不到应有的发展，也成为教师难以获得工作满足感和自信心的原因（详见第五章第一节）。在对通用技术教师的问卷调查中，对教学工作的感受情况见表 6 - 3。表中数据显示，总体上有满足感的教师仅在 8.0% 左右，有的地区（如 N 实验区）没有一位教师表示获得了满足感，没有满足感和感觉一般的人数在各实验区竟达到 70.0% 左右。

表 6 - 3　对教学工作的感受情况

问　　题	选　　项	N 实验区（%）		G 实验区（%）	S 实验区（%）
		通用技术	信息技术	通用技术	信息技术
您对技术教学工作有满足感吗？_____。	A. 有	0	0	4.0	4.4
	B. 没有	50.0	25.0	38.5	37.0
	C. 一般	50.0	75.0	30.0	50.0
	D. 说不清楚	0	0	27.5	6.5

　　这从一个方面说明了专业支援状况对技术课程实施的重要影响。在访谈 H 实验区 HX 中学的信息技术教师 HT2 时，他说出了专业支持不到位，自身专业能力相对出现欠缺而产生的苦恼。现在"感觉比较累，要学习的内容越来越多，学生的兴趣越来越广，课的内容又多，要背四个教案，每个教案都是新的。需要学习与培训，但机会很少"（HT2 - [10] [A12]）。当然，教师对教学工作的满足感受到多种因素的影响，包括学校环境氛围等，但在课堂教学中的满足感，更多的是来自于教师对自我的认同和对学生学习状态的认可。

　　有计划、有持续性、针对性强、组织管理到位的培训，对提高技术教师的专业能力，增强教师的专业归属感和自信心，缓解技术教师的紧张情绪和心理压力具有重要的作用。在访谈 H 实验区的教师时，他们对 H 实验区在课程采用半年后举办通用技术课程研修班，跟进技术教师培训的体会说明了专业支援、指导的保障性作用，以下是几段访谈记录。

　　"我感到上这门课真的不容易，要想上好，非得下一番苦工夫不可，因为它涉及多个学科，备课的资料短缺、所需时间长。参加那次培训太必要了，几天里，诸位专家、教授的课使我受益匪浅，进一步体会到通用技术的确是一门不同凡响的学科。"

　　"在多半年的教学实践中，教材内容该讲多少？讲多深？各内容间的内在联系如何体现？这些问题一直困扰着我。听完专家关于必修内容的解析，我豁然开朗，再加上和各位老师们的交流，我对教材内容的理解、把握得到进一步提升，这对以后的教学工作将有很大的帮助。整个研修过程，不仅有专家的讲座，更有学员的讨论、交流和参与，这样的研修班真好，技术课程的一线老师太需要了。"

　　"我感觉专家们努力将培训内容和老师们的教学实际联系起来，着力解决老师们在教学实施中遇到的问题，这样的培训对推动通用技术课程有效实施的帮助是很大的。"

（二）培训缺位与援助的困难

　　培训作为一种外部援助因素，对推动变革实施和持续有效地进行具有重要影响。对教师的访谈和问卷调查的结果都显示了他们需要培训的强烈愿望和对培训的某种失望。

1. 培训缺位

　　培训缺位有两方面的含义，一是指针对学科专门知识与技能的培训缺乏针对性的培训内容，无论对于信息技术还是对于通用技术课程来说都是少之又少。如果将教材培训算作专门知识培训的话，那也一般是由出版社组织编写者就教材内容本身所做的介绍与说明，好的培训可能同时上一节案例课，无论从时间、次数到内容都与实际需要相背离。二是指教师在承担技术课程实施过程中没有接受过有关技术课程的任何培训。

　　在访谈 S 实验区 JN 市 JY2 教研员问及培训情况时他说："我们的培训不乐观，据我了解，学校还没有专门为通用技术做过培训。"笔者问："作为教研部门组织的培训是什么样的？"他说："我们搞教学观摩，就是给大家搞几个可以借鉴的课例，大家看一看，研讨研讨。"（JY2－[12]
[A6][C5]）

　　在访谈 S 实验区 JN 中学的 ST5 老师时，我问她："到现在为止，你接受过培训没有？"她说："还没有。暑假接受的是英语教育的培训。学校从整体安排，今年外语这个专业多人了，所以就把多的人放在通用技术这一块，让我先教一年的通用技术课，然后再往英语课上转。"（ST5－[12]［A6］）像 ST5 老师一样有这样培训故事的老师很多，S 实验区很多真正上通用技术课的老师实际上都没有接受过任何培训。

H 实验区是一个教育小省，组织培训相对容易，对通用技术课程实施的推动，培训是其采用的主要策略之一，但是他们也没有针对专门知识学习的培训。

研究分析发现，培训缺位的原因主要有三个方面。一是客观实在的，那就是到目前为止我国还没有通用技术专业，通用技术学科内容体系和培训力量等都不健全，特别是在课程实施初期更是如此。但是对于信息技术来说，不是这样的问题，是地方教育部门对信息技术教师的专业能力存在不足缺乏认识而忽视了对他们的培训。调查结果表明，面对新课程，信息技术教师在学科专业知识（如人工智能、数据库技术和网络、多媒体等技术原理性知识）、教学基本理论和学科教学法知识以及课程决策知识与技能等方面都亟待补足和提升。H 实验区的 HT11 老师是信息技术教师队伍中的佼佼者，但是在访谈时他告诉笔者："我不会做课堂小结"，"我很羡慕我们市的通用技术教师，他们有那么多的培训与活动，教研部门抓得很紧，而我们信息技术教师缺少这样的机会，我还是幸运的，毕竟参加过一次最初的培训"。二是主观人为的，那就是学校对技术课程的开设不积极不重视，参加技术培训的教师都是临时替补的，"哪个教师有空哪个顶一下"，所以有 S 实验区 JN 市 JY2 教研员所讲的故事"通用技术培训每天都是新面孔"。三是主客观造成的无奈，技术教师人员少，兼职的多，技术教师课节多，学生不能停课，所以培训不能脱产，在出现矛盾的时候只有技术教师的培训"缺位"。

2. 援助的困难

这里的援助主要指培训的援助。援助的困难也有两层意义，一是教师的角度，获得需要的、有效的培训困难；二是培训组织者的角度，提供有效的组织与按需要培训困难。国外课程实施的研究表明，失败的课程实施原因复杂，但是根本性的原因是忽略了人员要素。"许多学区课程实施失败的原因……还包括：一些课程变革者，尤其是来自于高校的改革者，他

们把精力集中于改革课程计划而缺乏对教师实际要求的重视……"（奥恩斯坦 等，2004)[313]

在与教师访谈时，一些教师表示培训的内容不是自己上课急需的。H实验区 HX 中学的 HT1 老师就这样说："从我本人的发展来看，他搞这样的培训对我一点用都没有，培训内容实际上是讲这本书本身。他不是讲教法，而是讲选编内容的一些道理和想法。教师现在急需的是什么呢，比如我们上'技术与设计'必修课，那么对于设计问题一般要具备哪些条件，这方面的理论我们就比较缺。就我以后发展来说，我想作为比较合格的高中通用技术老师就必须比学生懂很多。"（HT1 - [33] [A6]）HT1 老师认为讲教材本身的内容对他没有用处，对自己专业发展所需要的是学科教材以外的、为了将教材理解透、学科知识把握好所需要的学科专门的理论知识和支持自己教学的教学法知识。S 实验区 JN 中学的 ST6 老师说："我原来是搞体育的，就是 2004 年的暑假在淄博参加了两天的教材培训，培训就是介绍必修一和必修二，回来就开课了。我觉得这个课要想长久地进行下去，持续的、有效果的师资培训相当重要。"（ST6 - [12] [A6]）

从前面的分析我们知道，技术教师目前这种需求是难以满足的，这是客观现实决定的，因为通用技术这样一个新兴学科，它的课程历史才刚刚开始，理论和实践层面的研究伴随课程的出现才刚刚起步，无论是国家层面还是其他上级教育行政部门和学校，要在课程实施初期阶段提供有效的培训都是困难的。

3. 专家主导的研修

笔者在研究中发现，在技术课程实施初期，实验区对骨干教师培训有六个板块，包括课标深化类、技术基础类、教学内容类、教学方法类、课程评价类和仪器设备类。从培训计划来看，似乎关照了不同的需要而提供丰富的内容。但实际上，学科背景、专业能力状况不同的人有着不同要求，专业能力强一些的要补教育知识，有教育背景的要补技术基础知识。而且，专家主导的研修培训学术品质突出，由于时间、任务和力量等因素，使得培训者并不能在了解需求的情况下，按照适当的策略提供培训的具体内容。因此，专家主导的高级研修虽是技术课程实施的一个重要保障环节，但是霸权的、非民主的、一厢情愿的培训性格，也成为降低培训绩效的重要原因之一。笔者在信息技术骨干教师研修班上培训时，也深深感到了这一问题的存在。在 H 实验区跟进的一次技术课程研修培训上，笔者看到了一种希望，那就是培训团队关注了教师的实际需求和当下状况，在研修内容的安排上尽量考虑对学员学习需求的切合，在专家队伍构成上考虑实力、多元化和层次化，在研修班的组织保障上也做到安排妥当。在对组织者 JY1 的访谈中，她有这样的一段话：“本次研修活动虽然结束了，但是，通用技术课程教师们学习课程理论、学习技术知识、探索课堂教学的行动仍将继续。从反馈的情况来看，需要改进之处如下：研修内容上，学员希望看到更多的优秀教师的课堂教学，有更多的机会和时间让学员参与课堂教学的点评；希望在课程教学的方式方法、课程资源开发与利用等方面获得更具体的有针对性的指导。”这让笔者看到了教育行政部门对职责的坚守和为之付出的努力。

（三）网络互动在线：“体贴”的专业技术指导

本书第五章曾提到，网络等数字化资源的异军突起，应该成为补足和优化技术课程教学资源的潜在“力量”。事实上不仅如此，网络还能成为提供实时的专业指导的媒介与平台。在信息技术的支持下，“在线互动”能够实现“体贴”的专业技术指导，这无疑为形成持续的、关注需要的和有针对性的教师专业援助提供了一种便捷、开放、经济的途径。在 2005 年 5 月 19 日晚上 7:30 至 9:30，笔者见证了“共话通用技术新课程网络互动在线活动”，参与技术课程标准研制的 4 位专家与三十余名教师就通用技术课程的一些问题在网络上进行实时对话，并提供必要的指导。参与对话的除了 H 实验区的教师，还有 S 实验区 Q 市的教师。对话内容从课程目标、教材内容选择、具体内容的实施、教学模式和方法、实验条件、教师队伍、教学评价，到加入高考、课程地位等。在线交流持续了两个小时，一线教师们始终激情参与，在宣布结束时，教师们都不愿意离线，感到这样的交流是“体贴”的、“尊重”的、“民主”的和关照需要的。这是当时在线的一位教师 W 写下的一段话：“我们通用技术教师这一团队在不断地壮大，它的思想日趋稳定。国家教育部法定地开设了这门新学科就是播下了一颗种子。学校是我们生长发育的土壤，课标组的专家们辛勤地给我们施肥浇水滋润着我们。我们是细胞，我们能分裂，我们已经发芽，我们正在成长，同志们努力吧！我们总会有枝繁叶茂开花结果的那一天，我们的前途无限光明。"

这位通用技术教师的自信心，让笔者感动，感动之余不禁自问，这种激情和自信来自于哪里呢？是国家政策、专业待遇，还是学校的文化环境？显然都不是，是这种对话互动式的与通用技术课程专家团队的交流，让教师们感受到有一个由专家组成的专业支持团队就在身边，高校的学术团体和地方教研专家与一线教师一样，都是课程实施的参与者。这样一股力量组成一个学习共同体，随时都可能为一线教师提供需要的专业知识、教学方法的指导，这使技术教师的心理压力得到缓解，担心、恐惧、焦虑转化为自信。因此，专业支援、外部支持对成功的技术课程实施具有重要的影响作用。正如在线研讨之后，老师们在网上留下的感受一样。

> duanqing（网名）："个人认为，此次专家网络在线互动研讨很成功：营造了很好的课程教学研讨的气氛；是基于本网站技术环境下实时互动的良好范例，必将对今后网上教学研讨活动的开展有很好的启示作用；研讨话题是有效的，能及时解决教师教学的困惑，受到教师们欢迎；起到了增加通用技术课程教师凝聚力和认同感的作用；组织技术课程教师进行此类高效的教研活动，网络有其得天独厚的条件……"（2005 - 05 - 21，12：14）
>
> fucheng（网名）："这次网上研讨活动很有意义，和专家、同行们交流很有收获，增进了对通用技术课程的理解，让我有了信心，觉得有了依靠，令人难忘。一线教师需要不断给予支持和帮助。"（2005 - 05 - 24，21：30）

四、课程的社会评价与地方课程政策的影响

作为一种社会对学校教育的期望，高考升学率对课程的影响是相当突出的。如果学科课程能够与这种期望关联，那么这个课程在社会评价中的地位、在学校内部的价值便会发生变化。目前，我国社会对学校教育期望的主流价值取向就是考试，即社会对学校的评价是升学率，家长对学生的评价是高分，所以高考至上的价值观充斥着普通高中教育。这种教育文化成为新课程实施的阻力，更是技术课程实施的"沼泽"。是否作为高考科

目，也成为一种特别的课程评价方式影响着地方课程政策的制定，影响着技术课程实施的方方面面。因此，作为学校外部环境对技术课程实施影响的考察，本研究特别关注了这一因素。

从第三章第三节"对技术课程作为高考科目的看法"的分析中可以看到，教师、教研员和校长所表现出的矛盾状态，正好说明了课程的社会评价对技术课程实施的影响。一方面成为高考科目对通用技术课程来说可能是"保障"，可能提升技术学科的地位，但另一方面可能成为信息技术课程的"陷阱"，阻碍课程的健康发展。S 实验区的信息技术教研员 JY3 认为，S 实验区技术课程面临的主要问题是课程和高考之间的关系，在信息技术课程的必修模块达到 60 万人修学以后，选修模块的学习者寥寥无几，"原因并不完全在学生，而在校长，校长们正在等待高考方案的出台，然后进行有针对性的学习"。

（一）加入高考：学科地位与发展的诉求

对第三章的表 3 – 9 和表 3 – 10 中教师对技术课程纳入高考的理由进行分析发现，信息技术与通用技术教师在技术课程是否作为高考科目的看法上接近一致，支持的最核心理由就是高考是技术课程生存与价值落实的重要保障，反对和两难的理由相近，主要是实施困难和担心落入应试教育的陷阱，其结果还是不能解决技术学科的地位问题。教师对技术课程加入高考的态度的统计结果如表 6 – 4 所示。

表 6 – 4　教师对技术课程加入高考的认同情况一览表

认识角度	认同情况	S 实验区（条）	N 实验区（条）	G 实验区（条）	合计（条）
学生利益	赞同	5	7	3	15
	两难	0	1	0	1
	反对	1	0	1	2
社会需要	赞同	1	4	2	7
	两难	0	0	0	0
	反对	0	0	0	0

续表

认识角度	认同情况	S实验区（条）	N实验区（条）	G实验区（条）	合计（条）
学科本位	赞同	6	6	12	24
	两难	0	0	1	1
	反对	1	0	1	2
客观实际	赞同	4	0	5	9
	两难	2	1	2	5
	反对	4	1	2	7

从表6-4中可以看出，第一，无论哪个省份，所调查的技术教师从学生和学科的角度看待此问题者居多，并且从学科角度（共27条理由）的高于从学生（共18条理由）角度的。第二，从表6-4的总计可以看出，S实验区和G实验区感到两难的理由多于N实验区的，分别为6条和4条；反对成为高考科目的情况三个省相近；赞成加入高考的情况G实验区远高于N实验区和S实验区，共有22条理由。第三，总体上看，教师赞同和支持技术学科加入高考，而且这种赞同主要表现为教师对技术学科地位与发展的诉求。同时，教师们也认为技术科目进入高考实施起来会有一些难度。技术教师既有反对作为高考科目的充分理由，但同时对成为高考科目又表示了高度赞同与支持的态度，这正表明了高考对课程实施与发展的指挥和制约作用。

（二）应考至上：技术课生存中的无奈

课程评价是技术课程实施的中枢，它指引、牵动、决定着技术课程向哪里走、走到哪里、能不能向前走、应有的价值能不能得到体现和目标能不能落实的问题。高考、统考这种课程评价形式像粗粗的铁链牵制着新课程的实施，它对技术课程实施影响的深度与地方课程政策相关。如有的实验区让通用技术进入高考但分值很小（如仅占10分），所以不同的区域有所不同。S实验区这样一个教育大省，升学竞争压力在全国数一数二，所以笔者在研究中听到的、看到的、说到的"高考"二字远远超过H实验区和 G 实验区。在 H 实验区和 G 实验区，高考的压力确实小于 S 实验区，相对而言，在 H 实验区和 G 实验区调查的学校中，高考对他们学校的技术课程决策的影响稍微弱一些，但考试至上的观念是一致的。

S 实验区 J 市的 JN 中学是技术课程实施较好的学校，在访谈该校校长 XZ4 时他道出了高考评价取向对教师、学生和学校的总体影响，指出学校一切必须与高考配合："无论是学校、教师，还是学生，都感到负担越来越重，这不是学校内部的问题，而是整个社会大环境问题，是社会对学校的评价取向带来的问题。S 实验区的新课程是越搞越困惑，说是赋权给学校，但是招生制度不跟着配套调整的。"（XZ4 – [8] [A12]）XZ4 校长也告诉了笔者他在课程实施决策中的矛盾与无奈："从我个人来讲，十分认同高中新课程改革的理念，出发点是好的，只是教育的现实、学校的状况摆在这里。目前的现实就是，技术课程的实施与高考和时间矛盾。在时间上，由于高考学生一入学就和老师一起背上高考这个沉重的压力，所以课堂时间始终不够，探究和互动难以真正地实现。学校会坚持开设通用技术课程，让学生接受完整的教育这是必须做的，但教材这么厚不教完能行吗？我认为，国家的课程也好、国家的意志也好，都要和学生的承受力和目前必须面对的高考相配合，否则就是脱离了现实，不切实际的要求和命令，结果就是与预期目标相背离。"（XZ4 – [7] [B3] [C1]）S 实验区 FZ 中学的 ST1 老师在谈到影响技术课程的重要因素时说："通用技术课有很多学校不重视，原因很多：一是确实没有课时，再一个就是高考涉及的比较少。"（ST1 – [30] [C1]）

学校对学科重视与否与是不是高考科目、在高考中所占比例密切相关。高考决定着课程在学校中的地位，决定着学校各种课程的安排与决策决定着学生在课程上的投入，决定着教师在学校中的生存。以高考为核心的学校教学工作模式使学生、学校、教师一同背上沉重的压力。

（三）　对学校课程决策的影响

高考的指挥力量有着魔力的神奇，高考取向成为学校课程决策的根本依据。升学率为不合理的课程行为提供了合理性依据，这使非高考科目或高考分值很小的技术课程在教室中存在的基本保障都受到了威胁。

1. 紧缩的课时，薄弱的教师

高考至上影响学校技术课程实施决策的现象之一，就是课时安排缩水。XZ4 校长面对高考也是无奈，他说："学校对技术课程的学时安排缩水是有的，理由就是必须符合高考、统考的需要。课时缩水是普遍现象，这是高考压力下的产物。"S 实验区的教研员 JY2 这样说："对一些主要学科，学校可以想办法挤课时出来。通用技术课程规定上一年，一周两课时，可有的学校一周一课时都保证不了……现在的情况是，大部分一周一课时。"（JY2 –［11］［C1］）这是通用技术课程的情况。信息技术课被挤占、考试前停课、上不满 14～16 周的现象也是普遍存在的，如果老师有事情串课，学校也不会给安排补课。H 实验区 HN 中学的 XZ2 校长说："现在有些学校就打折扣，因为最后你对我的评价，很大程度上就是高考的结果。学校在课程实施层面又有着很大的权力，虽然国家课程标准是法定文件，但是在学校中，校长会根据自己学校高考预期目标和所要保持或取得的排名位置来，在执行当中打折扣、加水分，课表排课与实际上课可能是不一致的，督导部门也很难进行监督检查。"（XZ2 –［7］　［C1］［F4］）

课时缩水，一方面说明高考至上文化影响到学校对国家课程的态度，另一方面实施条件不太具备也成为"缩水"安排的一个借口。S 实验区学生数额大，技术教师少，就得按照小学期 8 个课时安排，这当然是借口。但即便能够满足实施条件的基本要求，没有了这借口，实施情况又会怎样呢？事实上，课时安排受到开课基本条件的影响，但这不是根本的，人的决策行为是受其观念和价值取向影响的。在高考至上的学校价值观下，技术学科不进入选拔评价之列或在其中但只占很小的比例，就成为技术课程难以获得良好实施保障的缘由。

课时安排虽只是一角，但足以反映高考教育文化对技术课程成功实施的强烈冲击与影响。一切围绕高考的意识和行动成为技术课程有效实施的很大阻力，但这不是学校的问题，不是校长的问题，更不是教师、学生的问题，而是高考制度、高考的传统、高考的内容、高考的方式和高考的功能等的问题。新课程实施进程中，如果高考文化取向不能得到弱化，高中技术新课程的真正实施将只能是一种预想。目前解决的根本办法之一，就是制定出台与新课程相适应的高考方案，以及上级教育部门对高中学校的评价做配套的改革。

高考至上影响学校课程决策行为的另一表现是教师安排。访谈 S 实验区的 JY2 教研员时，他说："技术教师薄弱的主要问题是学科不参与高考，有些学校安排的老师，基本上都是一些其他学科淘汰的老师。"（JY2 -[2]［C1]）从对技术学科教师的安排可以看到，学校的课程决策依据是是否是考试科目。

2. 无法实现的选修

从前面的论述分析中我们看到了高考这种课程评价对学校课程决策的影响。事实上，要让技术课程得到良好实施的愿望，促使有的实验区努力改革课程政策，把技术课程变成高考科目。这种课程政策带给技术课程获得成功实施的希望，也带来实施过程中由不确定因素造成新障碍，表现为选修课面临开设困难甚至无法实现开设，再就是在必修课整体目标落实上大打折扣。

S 实验区于 2004 年 12 月底公布了 2007 年高考改革方案，准备将信息技术列入高考，在访谈 JN 市 JY2 教研员时，他表示了很大的担忧："乍一看是好事，但实际上问题也接踵而来：一旦进入高考的具体方案确定，结果必然导致课标、教材都会被束之高阁，反而会使技术新课程陷入困境！"JY2 教研员认为，校长有着很大的课程决策权力，可以根据高考任意调整课程计划和教学方案。

在网上访谈 S 实验区 QD 中学的信息技术教师 ST10 时，他也提到了这个与课程政策有关的难题，那就是信息技术成为高考科目，份额最多占到 10 分，且考试内容都是必修的，这在高考至上的氛围下，选修课开全的可能性几乎没有。另外，学校排课计划的结果，使信息技术教师去教通用技术课的可能性增大："我们 S 实验区 2007 年高考中已有信息技术的一席之地，但可能最多到 10 分，而且考试内容主要是必修。选修课开设的价值很大，但开设的可能性却不大了。还有就是，学校的课程安排也使开设的可能性降到极点。"（ST10 -[4]［C1]）可以想象，在课程政策做出推动技术课程实施的调整的情况下，新的矛盾和问题又伴随着出现了，由此可见高考课程评价与课程政策问题对技术课程实施影响的复杂性。

在"学校一切必须配合高考"的课程决策指导思想下，可以断言这种课程政策对技术课程实施的影响会弊大于利，但是，如果行政干预得足够积极与持久，监督机制逐渐完善，学校的课程政策意识得到增强，这种情况下，会使利弊的比例关系发生转换，虽然这需要一个很长的过程。

第七章   预期课程因素的影响分析

在课程研究领域，人们形成了将课程分为不同水平的认识。一种是古德兰德的五个水平，理想课程、文件课程、理解课程、实施课程和经验课程。另一种是第二次国际数学教育研究（SIMS）会议依照国际成就评价协会（IEA）的课程研究架构划分的三个水平，即预期课程、实施课程和达成课程。预期课程即教育系统水平，由课程指导、教学大纲和教材组成；实施课程即学校和教室水平，指预期课程所规定的目标、内容等在教室中实际的实施情况；达成课程即学生所达到的实际水平，指学生实际获得的知识和态度（Travers et al，1989）[2-9]。课程专家所研制的文件课程或教育系统水平的预期课程，与教师在具体教学过程中理解的课程，以及教室中实际实施的课程是有别的。古德兰德的理想课程和文件课程与 SIMS 的预期课程是一致的，都属于教育系统水平。古德兰德的经验课程与 SIMS 的达成课程是一致的，属于学生实际水平。古德兰德的理解课程和实施课程与 SIMS 的实施课程相对应，前者更细致的划分有利于从水平层面入手展开课程的研究。根据上述观点，本研究对课程自身的影响因素进行分析，主要放在预期课程或计划课程上，即教育系统水平的课程。

预期课程的特性及其与实施课程之间的关系，决定了预期课程对课程实施特殊的影响作用。

　　以变革的观点来看，预期课程是对课程变革的理想及实现这种理想所制订的具体方案。预期课程的最终表达是官方正式颁发的课程文件，如课程标准、教科书、课程变革的计划等。课程实施是把某项课程变革的计划付诸实践的具体过程。只有当教师在学校里、在教室中实际贯彻或实施了这些文件、计划，预期课程才能从书面计划转化为教师"运作的课程"和学生"体验的课程"。也就是说，只有当教师在真实的课堂中和真实的学生一起实际实施了，预期的计划才会变成实在的现实。所以，预期课程与实施课程之间存在的关系是"理想与现实、预期的结果与实现的结果的过程之间的关系"（张华，1999）[28]。但是，这种关系并不是简单的因果和线性的关系，而是极为复杂的。因为在将课程计划付诸实践，并不断地实施以达到课程变革的制度化（institutionalization）和常规化（routinization）的过程中，有很多因素对变革的实施过程产生影响。这就是为什么会出现设计好的课程，到了教学实践中有的得到实施，有的得不到实施，有的部分得到实施了，有的部分却没有得到实施的现象。当然，人们对计划与实施之间的关系存在不同认识，不同的认识形成了课程实施的不同价值取向，不同价值取向下，对预期课程的本质和在实施中的角色的认识也是不同的。互动适应取向理念的提出者，美国课程学者伯曼（Berman）和麦克劳夫林认为："……课程计划本质上要求实施过程是应用者与学校情境之间的相互适应过程——即是说具体方案的目标和方法是由参与者本人最终加以具体化的。"（张华，1999）[30]这让我们更能清晰地看到预期课程与课程实施的关系。课程实施过程会使预期课程的某些方面在学校实践的具体情境中发生调整与改变，这种调整与改变是朝着相互适应的方向进行的。一方面，既定的课程方案发生某种变化以适应各个具体实践情境的特殊需要；另一方面，既有的课程实施实践发生变化，以适应课程变革计划的要求。从互动适应取向来看，课程实施过程中，发生预期课程与实施课程相互适应的现象，在某种意义上具有必然性。但是这种适应周期的长度、适应过程中双方所需付出代价的高低，表征了适应的难易程度。因此，从学校实施的视角出发，这种难易程度应该是考察预期课程对课程实施影响的一种维度。当然，在没有标准的情况下，这种难易程度的衡量只能是相对的概念，并且还会受到学校具体实施情境中各种因素的影响。

本研究主要基于对预期课程设计特征的认识，根据预期课程的使用者教师和学生对课程的认识、看法和感受，关照学校的技术课程实施环境，从使用者适应的难易程度，来尝试分析预期课程自身因素对学校水平的技术课程实施的影响。具体考察的方面包括所要求的技能、信念改变的程度、学习方式的改变、教学材料或资源的使用等。

一、预期课程的设计及其特征

2004 年颁布的《普通高中技术课程标准（实验）》是技术课程方案的重要文本，有关技术课程的理想通过该标准得到诠释与呈现。为了认识课程自身对实施的影响，本研究以技术课程标准为对象进行分析，认为技术预期课程的主要特征如下。

（一）性质：实用性？学术性？

在技术课程标准中，对技术课程的定位是："国家规定的普通高中学生的必修课程，在高中课程结构中是一个基础的学习领域。与九年义务教育中的信息技术教育和劳动与技术教育相衔接，以提高学生的技术素养为主旨，以设计学习、操作学习为主要特征。"（教育部，2004）[2]

对课程性质的界定体现了四方面的重要特征，即立足实践、高度综合、注重创造、科学与人文融合。立足实践主要是指立足学生的直接经验和亲身经历，立足"做中学"和"学中做"；高度综合是指对学科体系的超越，强调学习中综合运用已有各学科的知识，融合法律、伦理、环保、审美等方面的意识；注重创造是指通过信息的获取、加工、管理、表达和交流，通过技术的设计、制作和评价，通过技术思想和方法的应用及实际问题的解决，为学生展示创造力提供舞台；科学与人文融合是指课程在突出任何技术凝结着一定的原理和方法、体现科学性的同时，都携带有丰富的文化信息，体现相应的人文性这一特性。本课程强调"不仅用技术内在的神秘感、创造性和独特力量吸引学生的参与，而且用技术所蕴藏的艺术感、文化性、道德责任打动学生的心灵"（顾建军，2004a）[297-298]。

从技术课程标准界定的性质可以看到，技术课程不同于一般的学术性课程或理科课程，也不是一般意义上的实用课程，更不是人文、社会课程。按照现代课程体系的划分，基础教育课程分为三大板块，即理科课程（也称为学术性课程）、实用课程和人文、社会课程。不同板块的课程有着不同的价值赋予。其中，理科课程为发展科学和生产技术培养人才，对经济增长和增强国力起作用。实用课程一般被分为两大类，一类为就业做准备，一类为日常生活做准备。与理科课程相比，实用课程是基于现代学校教育要为就业做准备、"实践活动乃至手工劳动有其无可替代的教育意义"、"学校生活必须在各方面为每一个个体加入社会生活做好准备"等社会信念而产生、发展的，它体现的是经验主义和实用主义的教育哲学观，国外关于技术类的课程通常作为实用性课程在学校开设，开设的信念是"学校不只是传递文化和筛选人才的场所，而且要帮助每个人获得日常生活和职业生活所必需的知识、技能和态度"（钟启泉，2003b）[224]。

按照上述认识来看，新的技术课程性质体现的高度综合、注重创造、科学与人文融合的典型特征，让它兼具了学术性课程和实用性课程的某些特质，同时又融入了人文、社会课程的某些功能或要素，理论上不能被简单地归为目前划分的课程结构的某一板块。因此，普通高中技术课程的性质属性既不是学术性课程，也不是实用性课程。技术与科学密不可分的特性，技术是方法、手段和工具的特性，以及与应用和解决实际问题相辅相成的特性，让我们难以将高中技术课程的性质非此即彼地定位，也许兼容二者是一种最合理的选择。

（二）价值：不在生活、就业？在于技术准备？

在技术课程标准中，赋予课程五方面的价值，即引导学生融入技术世界，增强学生的社会适应性；激发学生的创造欲望，培养学生的创新精神；强化学生的手脑并用，发展学生的实践能力；增进学生的文化理解，提高学生交流和表达的能力；改善学生的学习方式，促进学生的终身学习，而且信息技术与通用技术在价值方面有所重合，也各有侧重（详见表7-1）。

表 7-1 技术课程的价值分析概览

	价 值	分析说明
1	引导学生融入技术世界，增强学生的社会适应性	在融入方面，突出了日常生活中存在的技术，即通用技术；在适应性方面，突出了技术情感、使用的态度和价值观，包括信息技术与通用技术两个方面
2	激发学生的创造欲望，培养学生的创新精神	强调了设计任务和技术问题（而非信息问题），突出了通用技术
3	强化学生的手脑并用，发展学生的实践能力	特别突出了通用技术
4	增进学生的文化理解，提高学生交流和表达的能力	特别突出了信息技术
5	改善学生的学习方式，促进学生的终身学习	特别突出了信息技术

从文本中解读到的课程价值来看，预期课程的价值指向不在生活，也不在职业，尽管它是与九年义务教育的信息技术与劳动技术相衔接的课程，但体现的的确是一种"技术准备"教育，是为进一步的学习和人生发展打必要基础的教育，这点在课程目标中体现的技术知识与技能、技术过程与方法和技术态度足以见证。似乎可以说，预期课程中赋予技术课程的五方面价值，在一定层面兼容了学术性、实用性和人文性，但实施课程如何能够落实这丰富、兼容的价值？技术学科的本体特征具有鲜明的应用性，体现技术的应用性教育价值是必不可少的，但赋予课程更多价值期望的意义在哪里呢？或许是对扩充国民素质或"基本文化水准"的内涵具有意义吗？

有关技术课程设计的研究指出，技术课程具有通识教育的性质，相对于其他教育中的技术教育（如职业技术教育中的技术教育、高等教育中的技术教育、成人教育中的技术教育）都针对特定的人群而言，基础教育中的技术教育更具有一般性、通识性。普通高中的技术课程是基础教育中技术教育的一个重要组成部分，其具有的一般性和通识性主要表现在两方面，一是教育对象面向所有学生，二是教育内容具有基础性和通用性。按照技术课程专家的观点，似乎可以这样认识技术课程的价值定位，即根本价值在于"技术准备"。这合乎普通高中教育的基础性这一根本性质，同时也可以对目前技术课程所体现的难以进入某个结构板块的特征做出解释。

（三）目标：素养、个性和新型能力

一般来说，课程的目标是基于课程的性质与价值定位而制定的。与性质和价值相比，技术课程的目标定位显得更为清晰和明确。预期课程的文本中指出，"普通高中阶段的技术课程以提高学生的素养、促进学生全面而又富有个性的发展为基本目标，着力发展学生以信息的交流与处理、技术的设计与应用为基础的技术实践能力，努力培养学生的创新精神、创业意识和一定的人生规划能力"（教育部，2004）[1]。此外，为技术的两个科目分别规定了具体的目标。

信息技术科目将总目标定位在提升学生的信息素养，具体包括知识与技能、过程与方法、情感态度与价值观等三个层面 11 项目标。三个层面的目标相互渗透、有机联系，共同构成高中信息技术课程的培养目标。在目标实现方面特别强调，引导学生在学习和使用信息技术、参与信息活动的过程中，实现知识与技能、过程与方法、情感态度与价值观等不同层面信息素养的综合提升和协调发展，不能人为地割裂三者之间的关系或通过相互孤立的活动分别培养。

通用技术科目将总目标定位在进一步提高学生的技术素养、促进学生全面而富有个性的发展，具体包括知识与技能、过程与方法、情感态度与价值观三个层面 18 项目标。在目标实现上突出强调注重学生创新精神和实践能力的培养，并着力在以下几个方面形成目标上的独特追求：技术的理解、使用、改进及决策能力；意念的表达与理念转化为操作方案的能力；知识的整合、应用及物化能力；创造性想象、批判性思维及问题解决的能力；技术文化的理解、评价及选择能力。

分析课程标准文本中阐述的目标，可以清晰地看到目标内涵所反映的特征，即重在素养、个性和新型能力培养。新型能力主要包括创造性想象与批判性思维能力、动手实践与实际问题解决能力、技术文化的理

解、评价及选择能力、信息的表达与交流能力、人生规划与终身学习的能力。

从目标定位与具体目标规定所显示的特征进一步可以看到，普通高中技术课程不是专为考大学就读工科专业的学生准备的，也不是专为考不上高校而要直接就业的学生准备的，"而是面向包括文科、理科、艺术科、体育科等在内的所有普通高中学生的基础性课程"（顾建军，2005b）。

（四）课程结构与内容

在技术课程标准中，作为八大领域之一的技术课程包括两个科目，即信息技术和通用技术。从学生本位出发，对技术的教育功能的理解是：信息技术是当代发展最迅速、应用最广泛、对学生终身学习具有重要作用的技术，而通用技术是指信息技术之外的、较为宽泛并与专业相区别的技术，是日常生活中广泛应用、对学生发展具有广泛迁移价值的技术。按照这种学科认识，设计的结构与内容表现出如下的特征。

技术课程标准从知识储备、心理特点以及技术课程的内在规律来认识高中学生对技术学习的基础，形成了以提高学生的技术素养为核心、以技术设计作为主要线索来组织技术学习内容的设计思想，力求达到合目的性与合规律性的统一。对通用技术的内容，强调以能够"引发学生深入地进行调查研究，有效地进行批判性思考、创造性想象，以及增强学生实践能力"的技术设计内容为主，使之成为提高学生技术素养的重要载体。对信息技术的内容，"强调学生对技术所蕴含的思想方法、技术操作的方法、技术实验的方法以及技术学习的探究方法等方面的学习，以促进学生认识问题、解决问题能力的提高，促进学生所学知识与能力的迁移"（顾建军，2004a）[2-3]。

同时，课程标准也突出了适度反映当代先进技术及其文化的设计思想。在《普通高中技术课程标准（实验）》中指出："技术课程不仅注重对符合时代需要、与学生生活紧密联系的基础知识与基本操作技能的学习，而且注重学生对技术的思想和方法的领悟与运用，注重学生对技术的人文因素的感悟与理解，注重学生技术学习中的探究、试验与创造，注重情感态度与价值观以及共通能力的发展。"（教育部，2004）[1]

按照这样的内容设计思想形成了如下模块结构和内容要求。

1. 模块结构

技术课程两个科目合起来，一共有 15 个模块，每个模块 2 学分。这些模块为并列关系，没有层次之分和顺序要求（见表 7 - 2）。

表 7 - 2　技术课程的模块结构

领域	科目	模块名称	学分	必修/选修	备注
技术	信息技术	信息技术基础	2	必修	
		算法与程序设计	2	选修	
		多媒体技术应用	2		
		网络技术应用	2		
		数据管理技术	2		
		人工智能初步	2		
	通用技术	技术与设计 1	2	必修	
		技术与设计 2	2		
		电子控制技术	2	选修	专题设置
		建筑及其设计	2		
		简易机器人制作	2		
		现代农业技术	2		
		家政与生活技术	2		
		服装及其设计	2		
		汽车驾驶与保养	2		

2. 必修模块的内容要求

《普通高中技术课程标准（实验）》中对各模块的内容给出了具体的设计，主要包括每个模块有若干个主题，每个主题的结构由若干个内容条目和活动建议组成，每个条目描述了标准内容，由标准句和例举两部分组成。其标准句是核心，是理解与掌握的重点，例举是从技术特性出发对标准句的解释和说明。活动建议是相应标准在实施意义上供使用者选择和参考的部分。表 7 - 3 至表 7 - 5 给出了必修模块的内容设计概况。

（1）信息技术基础。

本模块包含的学习主题、内容标准条目数和活动建议数目见表7－3。

表7－3　"信息技术基础"模块包含的学习主题、
内容标准条目数和活动建议数目

序号	学习主题	内容标准条目数＋活动建议数目
1	信息获取	4＋1
2	信息加工与表达	4＋3
3	信息资源管理	3＋2
4	信息技术与社会	6＋3

内容特点：以信息处理与交流为主线，围绕学生的学习与生活需求，强调信息技术与社会实践的相互作用。

学习要求：要求学生掌握信息的获取、加工、管理、表达与交流的基本方法；能够根据需要选择适当的信息技术交流思想，开展合作，解决日常生活、学习中的实际问题；理解信息技术对社会发展的影响，明确社会成员应承担的责任，形成与信息化社会相适应的价值观。

（2）技术与设计1。

本模块包含的学习主题、内容标准条目数和活动建议数目见表7－4。

表7－4　"技术与设计1"模块包含的学习主题、
内容标准条目数和活动建议数目

序号	学习主题	内容标准条目数＋活动建议数目
1	技术及其性质	6＋3
2	设计过程： A. 发现与明确问题 B. 制定设计方案 C. 模型或原型的制作 D. 方案优化 E. 产品的使用说明	2＋1 4＋3 3＋3 3＋2 2＋2
3	设计的交流	2＋1
4	设计的评价	4＋2

内容特点：以产品设计为依托，从问题的发现开始，经过设计方案的制订、模型或原型的制作、方案的优化等，直到最终方案的确定，形成了一个完整的设计过程。

学习要求：要求学生加深对技术的理解，增强使用技术的自信心和责任心；了解设计的基本知识，熟悉设计的一般过程，初步掌握设计的基本思想和方法；通过设计的交流和评价，培养合作精神，提高审美情趣，学会多角度地思考问题。

（3）技术与设计2。

本模块包含的学习主题、内容标准条目数和活动建议数目见表7-5。

表7-5 "技术与设计2"模块包含的学习主题、
内容标准条目数和活动建议数目

序号	学习主题	内容标准条目数＋活动建议数目
1	结构与设计	5＋4
2	流程与设计	5＋2
3	系统与设计	5＋2
4	控制与设计	6＋4

内容特点：4个主题之间的关系是从简单装置内部的结构设计到反映生产或施工的工艺流程设计，再到涉及各部分之间或相互依存或相互制约的较复杂的系统设计，再到与生产过程相关联的、为了达到一定控制目的的控制系统的设计，层层深入，后者是前者的综合，前者是后者的基础。从静态到动态，从局部到整体，从线性到非线性，从独立到关联，均围绕着技术设计的一定目的和功能展开。所体现的技术设计的思想和方法，对于高中生的生活、学习以及人生规划都具有普遍的价值。

学习要求：要求学生理解结构、流程、系统和控制的基本概念，掌握结构设计、流程设计和系统设计的基本思想和方法，初步掌握简单控制设计的基本思想和方法；能使用常用的规范的技术语言表达设计方案；能结合生产和生活的实际形成设计方案并初步实施；学会从技术、环境、经济、文化等角度综合评价技术设计方案和实施的结果，增强革新意识。

从必修模块内容的学习主题可以看出，技术教育的内容较为宽泛，是基础的和通用的，不是职业的和专业化的。从 15 个模块的名称可以看出，技术教育的内容具有应用的广泛性和时代性特征。

（五）课程的要求

1. 学分规定

预期课程对实施的规定与要求是：每个普通高中学生必须经历技术的学习内容。具体地说，在技术领域必修学分为 8 个学分，其中信息技术为 4 个学分，修完必修模块后至少应选修一个选修模块；通用技术为 4 个学分，修完必修模块后可任意选修或不修选修模块。取得 8 个技术领域的学分，是普通高中学生毕业的必要条件。预期课程在教学、评价、课程资源利用与开发方面都提出了相应的建议。

2. 教学建议

信息技术科目的教学建议主要包括 5 方面的内容：教学要营造有利于学生主动创新的信息技术学习氛围；要合理选用并探索新的教学方法与教学模式；要从问题解决出发，让学生亲历处理信息、开展交流、相互合作的过程；要关注基础水平和认知特点差异，鼓励个性化发展；要培养学生对信息技术发展的适应能力。

通用技术科目的教学建议主要包括 7 方面的内容：要引导学生亲历设计的过程；要重视技术思想和方法的学习指导；要重视技术实验的教学；倡导学习方式的多元化；要加强对学生的个别辅导；要注重信息技术在教学中的使用和加强教学研究。

技术课程的教学建议充分体现了为在学校课堂中落实新课程理念、技术课程的价值、目标，对学习需要的物质条件、新型教学方式方法和模式等方面的引领与要求。

3. 评价建议

预期课程对技术学习评价提出了明确的建议。

对信息技术学习的评价建议具体见表 7-6。

表 7-6　信息技术评价建议及分析概览

评价原则	评价内容	评价方式方法
强调评价对教学的激励、诊断和促进作用，弱化评价的选拔与甄别功能	全面考查学生信息素养的养成过程（典型作品设计、项目作业或实践活动）	综合运用各种过程性评价方式（日常观察或设置真实任务收集评价资料，制定评价标准和量规）
发挥教师在评价中的主导作用，创造条件实现评价主体的多元化	动态把握和及时引导学生的情感态度与价值观的形成	评价与教学过程相结合
评价要关注学生的个别差异，鼓励学生的创造实践	——	纸笔和上机测验相结合，开展总结性评价

对通用技术学习的评价建议具体见表 7-7。

表 7-7　通用技术评价建议及分析概览

评价原则	评价内容	评价方式方法
发挥评价的激励、诊断和发展功能	知识与技能	书面测试
过程评价与结果评价相结合	过程与方法	方案及作品评析
全面评价与单项评价相结合	情感态度与价值观	访谈
阶段性评价与日常评价相结合	——	技术活动报告

　　技术课程标准对学习评价的建议都强调了发挥评价的激励、诊断和促进发展的作用。信息技术课程更强调了综合运用各种过程性评价方式，以及对信息素养的养成过程（如通过典型作品设计、项目作业或实践活动）

的全面考查。通用技术课程则更强调了各种评价方式方法的利用，达到过程评价与结果评价、全面评价与单项评价、阶段性评价与日常评价的有机结合。

4. 资源利用与开发建议

课程资源是技术课程得以实施的重要前提。技术课程的资源不仅存在于学校，同时也存在于家庭和社会；不仅存在于现实的物质世界，也存在于虚拟的网络世界。为达到技术课程价值和目标的落实，必须要十分重视课程资源的利用与广泛开发。在预期课程中，对信息技术课程资源提出的具体建议见表7-8。

表7-8　信息技术课程资源利用与开发建议概览

建议内容	分析说明
基础设施与设备	必备设备，包括满足需要的计算机机房、多媒体教室、上网条件等，全面规划，因地制宜，避免"一刀切"
教学信息资源	数字化资源和非数字化资源，面向学生需要开发，引导学生参与开发，注重教学网站的开发和利用，建立不同层次、不同类型的资源库
师资队伍建设	多样化培训，包括进修、持续的校本培训、案例培训和参与性培训，不断提高教师的教学研究能力和自我发展能力

对通用技术课程资源提出的具体建议见表7-9。

表7-9　通用技术课程资源利用与开发建议概览

建议内容	分析说明
充分利用文本资源	主要包括课程标准、教材、教学参考资料、教师或学生自学用书等
积极建设和有效利用物质资源	主要包括符合安全标准的仪器、工具、设施、资料，理、化、生及信息技术等的实验场地、设施、工具和仪器等，开辟通用技术课程实践园地，如种植园、饲养基地、农艺园等

续表

建议内容	分析说明
广泛开发人力资源	主要包括普通高中和职业高中的技术师资打通使用，聘用技术类科研人员和社会相关专业技术人员
努力做到资源共享	主要包括利用网络和社会拥有的公共资源等
逐步完善管理机制	主要包括在普通高中、职业高中与技工学校之间，建立相关技术课程的学分互通管理和质量监督机制，鼓励和支持社会力量参与技术教育基地或中心等的建设，师范类学校应在相应专业开设必修或选修的技术教育课程或设置技术教育专业等

技术课程标准对资源利用与开发的建议主要涉及物质性的基础设施与设备资源、文本性和数字化的教学信息资源、师资人力资源三个方面。从中可以解读到技术课程实施对资源的特殊需要，特别是通用技术课程的建议更加突出了对人力资源建设的具体设想。这一方面说明技术课程实施必须有资源的基本满足做保障，另一方面也说明，设计预期课程时已经关注到目前我国高中学校实施技术教育在资源方面存在"短"和"缺"的现实。

二、预期课程与文本的影响

前面主要以预期课程的重要文本课程标准为对象，对技术预期课程的设计特征进行分析。分析结果表明，改革强度大、复杂程度高是技术预期课程的主要特征。对于学校来说，将预期课程落实为课堂的实际课程意味着要发生一场变革。"变革的实施包括把一种观念或计划投入实践的过程，或者把一套对那些期望或被期望实施变革的人们而言是全新的活动和结构投入实践的过程。变革可以是外部强加的，也可能是自愿追寻的。"（富兰，2005）[72]变革强度越大，复杂程度越高，实施的难度就越大。如果变革是自愿追寻的，克服困难就具备内在动力；如果是外部强加的，会增加克服困难的阻力，进而增加了变革实施的难度。

普通高中技术课程是国家课程，在实验区学校的推行是自上而下的，对学校来说属于外部强加的变革。"如果变革的潜在形势良好的话（如改善了学生的学习或改进了教师的技能），那么变革的成功将依赖于实践中的变革的程度和质量。"（富兰，2005）[72] 可见，在预期课程向实施课程转化的过程中，课程自身的因素与学校内部各种因素之间是相互作用和影响的。

（一）预期课程对改革适应性的影响

1. 不明确：带来理解和把握的困惑

学校水平的课程实施，教师是预期课程的第一使用者。从前一节的分析中我们看到，技术课程标准作为预期课程的重要部分，本身存在不明确的元素，具体表现为在课程性质的定位上，让教师产生理解和把握上的困惑，带来课程决策中的困难，在一些重要概念的内涵上，缺少明确的界定，让教师在实际课程运作中产生不确定感。

比如，在课程标准中，课程性质体现的"立足实践、高度综合、注重创造、科学与人文融合"四方面特征，其蕴含的内容和意义过于丰富，交汇了学术性课程、实用性课程和人文、社会课程的一些重要特征。从综合的角度强调了对本学科体系的超越，体现多学科课程知识整合的理念；从实践性的角度强调了"做中学"和"学中做"；从创造性的角度强调了应用知识、技能与方法解决实际问题；从科学与人文融合的角度强调了课程的艺术性和文化性。这些在课程文本中都是能理解的、明白的、立论清楚的。但是，在教师实际运作课程的时候却难以把握，从而不断地摇摆在学术性课程、实用性课程，甚至是人文性课程的确定和选择之中，困惑这个课到底该如何上才是符合课程标准的，这点在通用技术课程中尤为突出。在访谈中很多教师都感到困惑，不知道通用技术课堂该是什么样态，笔者常听到的声音就是"我也不知道该上成什么样的课"。这一方面与教师个体的课程理解能力有关，另一方面与预期课程关于课程定位的明确与否直接相关。

再比如，普通高中技术课程是与九年义务教育中的信息技术教育和劳动与技术教育相衔接，以提高学生的技术素养为主旨，以设计学习、操作学习为主要特征的课程。在这里，有关技术素养（包括信息素养）、设计学习和操作学习本身的内容、构成、特征等的分辨并不明了，因此，在实践中给教师造成了感到难以操作的困惑。

从第三章教师对课程的看法和认识中可以看到，因为上述困惑和对课程标准理解上的困难，从而出现了对技术课程认同感降低的现象。例如，有的教师和教研员对信息素养的质疑，对课程目标的反思；有的教师运作的课程让学生认为通用技术就是劳技课，不动手做就不是通用技术课；有的教师运作的课程让学生感到是知识内容浅显的科普课；有的教师认为不用在计算机实验室就可以上信息技术课等。课程认同对课程实施的程度和质量有很大的影响，所以，课程方案的不明确因素是课程自身对实施影响的重要因素。

2. 复杂性：增加适应的难度

从对预期课程设计特征的分析中也可以看到课程自身存在复杂性的因素。这种复杂性具体体现为目标新、涵盖面全、课程内容宽泛，以及实际落实的条件要求过高而造成的困难。实际落实的条件要求过高不仅表现在对物质资源和信息资源的使用上，还主要表现在对教师做出改变的要求上。

课程总体目标指向素养、个性、创新与实践能力的培养，具体目标共3个层面29条，其中信息技术11条，通用技术18条。在教学、评价、课程资源利用与开发方面提出了共27条相应的实施建议，其中教学建议12条，建议的评价原则7条。内容指向目标的达成，目标指向价值的落实，有关27条实施建议，条条透着落实课程目标必须寻求"改变"的实质，既要在教学的技能上做出改变，还要在教育信念、教学模式、学习方式的改变上增加强度。这对学校的实施条件，特别是教师专业化水平、教学环境和资源条件等都提出了更高的要求。

同时，目标要求高、内容宽泛也增加了教材的编写难度，教材出版方面的限制、教材编写人员对课程标准的理解程度、教材容量的局限等，都扩大了影响教材质量的可能性。在学校水平的实施过程中，这些统统导致了由于课程本身的因素而增大教师对课程的适应和调适的难度。从另一方面说，课程方案的不确定性和复杂性给学校和教师都带来了巨大的挑战，这种挑战会激发学校内部变革的斗志，也会消解斗志甚至会转变为变革的阻力。当挑战变为阻力的时候，就更增加了实施的难度，当教师很难适应或难以做出合理的调适时，就会增加对课程的不认同感。

3. 可行性：受到实际情境的挑战

作为国家课程属性的普通高中技术课程，如何适应各地区、各学校的具体条件而有效地实施，这是课程实验实施中被普遍关心的问题，同时也是课程实施中的一个难点。从学校的实际课程安排以及访谈者的看法中发现，课程的可行性受到实际教育情境的挑战。具体表现如选课与教师、内容与课时、目标要求与实际条件（包括场地、工具材料、设施设备、班额等）和信息技术必修课非零起点设计等。这些在本个案中的不同学校都有着不同程度的反映，但在课程实施初期阶段，都构成对预期课程可行性的挑战因素，影响到学校、教师等对课程的认同。

（1）选课问题。从校长方面可以看到带给学校的巨大压力以及落实的难度，从而影响到学校方面对预期课程的认同感。

研究发现，无论是信息技术课程还是通用技术课程，学校要按照课程计划开设必修和选修课，都不同程度地受到学校教师不足或没有实际条件的制约。在所考察的学校里，只有 H 实验区的 HN 中学和 S 实验区 J 市的 SY 中学的信息技术教师人数能够满足课程开设要求，其余学校都不同程度地缺少师资，必修课还可以应对，选修课就只能成为必选课，没有办法按照学生的选择开课。通用技术课程的问题更大，因为师资问题，有的学校将必修模块按半个学期开课，即一个模块只学半个学期，基本是 8 个学时。

对于技术课程实施，S 实验区的 FZ 中学是一所条件性资源总体上较好的学校，但也只有一名通用技术教师，必修模块是按小学期和分两批进行的，信息技术选修课开课教师也存在不足。在访谈时，XZ3 校长认为："技术课程开设的关键是场地和人员限制，和资金没有关系。"言谈中表现了 XZ3 校长面对技术教师人员不足、场地和资源不够等压力的无奈。

SY 中学是一所 G 市办学条件比较好的学校，在实施技术课程时仍是一缺教师，二少场地。对于农村或欠发达地区且办学条件比较差的学校来说，解决条件性资源的压力会更大，所以，在课程实施初期阶段，技术课程的开课范围与水平可想而知。

HN 中学是 H 实验区最大也是办学条件最好的学校，有 4 名通用技术教师，是本研究所调查的学校中通用技术教师最多的一所学校。即使在这样的学校，按照课程标准来实施选修课仍然存在问题。在访谈该校的教学校长 XZ2 时，他表达了对技术课程选课设计可行性的看法。

> XZ2：我觉得课程计划应该对学生的要求适度一点，技术课能够保证高一和高二每周两课时，并保证这两年都有就可以了，也就是保证现在的必修。高中学校的实际是学生没有时间上选修课，也没有提供这个选修的条件。

下面是同 S 实验区 J 市教研员 JY2 的一段访谈片段，从学校排课中可透视必修模块设计的可行性在实际教育情境中的遭遇。

> JY2：这个课程可以学校自主安排，我们这里现在每一学年分四个学期。一个学期来上通用技术，应该每周 4 课时，两学期来上，是每周 2 课时。

对于课时问题，一方面可说明学校对作为国家课程的技术课程的态度，另一方面也表明了预期课程在实际教育情境中的可行性。不具备实施条件的 S 实验区已经晚开设了一年通用技术课，S 实验区的高中学额大，技术教师少，要让技术课程进入教室就得在课时上做文章。

（2）目标要求问题。目标是课程的出发点，也是课程的归宿点，从目标出发才能很好地理解课程设计和课程实施的要求与建议。根据前面对课程设计的分析我们认识到，技术课程目标的落实，需要采用设计学习和操作学习为主的学习形式。这种学习形式对教师的要求和教学设施设备的要求都很高，相对于现在高中技术教育实施之初的现实来说，应该是过高。本个案研究中的学校，要按照课程的需求来实施都是有很大难度的。这种难度从教师的角度表现为，需要教师做出过大的改变，包括信念的改变程度、要求的技能程度、教学策略与教学模式的创新程度等。因此，教师实际运作课程时忠实实施有难度，调适实施也很难。尤其是在课程实施初期阶段，许多需要明确和规范的操作都在探索之中，这种状态无疑更会增添教师的焦虑感而降低课程的认同感。

操作学习和设计学习都是技术课程的基本学习形式。操作学习要求学生运用一定的工具对特定的实物对象进行操持和运作，"做中学"和"学中做"是其重要特征，通过对材料的认识、工具的运用、操作程序的把握及操作成果的评价等，获得具体的知识与技能，实现对技术过程与方法的领悟及掌握，对技术所蕴含的情感态度与价值观的理解是其本质。"设计学习要求学生经历对技术问题的发现与确认、制订设计方案、制作模型与原型、优化设计方案以及撰写作品说明书等具体的环节，引导和培养学生的想象、怀疑和批判能力，形成将理念转化为方法、将思路转化为操作方案的能力，对技术的探究与创新的意识与能力是其本质。"（顾建军，2005a）让学生能够以这种形式进行技术学习，对于现在的技术教师来说，无论在专业知识范围和水平、教学技能经验和水平，还是在自身的技术素养水平上都是难以达到的，即使有良好的专业支持体系也需要时间。在访谈中，教师对自己的教学状态或教学感受认同度低，正反映了教师对预期课程适应过程的一种状态。事实上，立足实践、注重创造、讲究综合、体现科学与人文融合的技术课程设计特征，其可行性受到学校实际条件的制约。

最后，信息技术必修课非零起点的设计，也造成教师课程运作中的困惑和实现的难度。有的教师认为，这是高中技术课程与义务教育阶段实际实施的技术课程衔接的缺失，预期课程中有关尊重差异、对零起点学生的补课等建议实际难以操作。在本个案研究中，多数学校是好学校，但高一学生的信息技术素养水平依然是参差不齐，好学生的信息技术素养水平可以与信息技术教师相比，差的学生还没有摸过鼠标，甚至拿起鼠标在"空中舞动"。在 S 实验区 FZ 中学访谈时，老师们告诉笔者，他们在学期初让学生报名，准备为零起点学生补课，可是有人报名没人上课，因为学生们发现，自己根本没有时间来补修信息技术课，他们必须集中精力来学习那些高考必考的科目。

因此，预期课程的可行性，在理论上不一定存在问题，可是在幅员辽阔、区域差异显著的我国现实高中教育面前，其可行性不能不受到质疑。由此，在课程实施初期阶段，预期课程的可行性成为影响教师课程认同的因素，也成为学校课堂中实施的技术课程的重要影响因素。

（二）课程文本对教师改革适应性的影响

课程文本特指课程标准、课程标准解读和教材等预期课程的文字化形态。本研究发现，技术课程文本在学校层面的课程实施中对教师的影响最大，这种影响关系到教师能否获得适应变革的支持。在第三章中，教师有关课程目标与内容的看法主要来自课程标准和教材，不认同的看法很多，在对教师课程认同状况的分析中也表明了教师对课程文本的认同感偏低。如果抛开实施初期阶段教师对课程的认识与理解的过程偏低这个因素外，这种状况的发生根源就主要在课程文本本身了。课程文本除了呈现课程本体规定的意义和内涵外，能够带给使用者影响的就在于两个方面：一是文字表达；二是内容材料或素材的选用和组织。

1. 课程标准的可操作性

考虑到我国幅员辽阔，经济和文化水平不平衡等基本国情，为了提高课程内容的适应性，技术课程标准的陈述方式表现为结构化、简洁和弹性表达。在本研究的访谈中，教师等使用者对课程标准的弹性特征表现出很大的不适应。在他们看来，文本中的弹性表达体现的是不明确、不具体的要求。例如，教师们普遍认为"纲领"文件可操作性差，弹性空间太大。"宽泛无本，具体体现在知识技能的目标要求繁多，有限课时难以落实"；"解读"是专家的理论专著，是在用"理由"来解读"理由"，用"专业"来解读"专业"，对教师学习和理解课程标准帮助不大。在实际使用中，教师必须花更多的时间来自己解读课标，这给教学转化带来很大的困难。要按照课程标准并结合教材细化出具体到每一课的目标，再根据学生做出每一课的教学设计，这个过程对于技术教师来说，无疑是让他们陷入更深的专业困境。本个案研究中访谈的二十多位教师，或多或少地都表现出这方面的不适应和专业困难方面的焦虑。在某种程度上，信息技术教师的不认同和焦虑感多于通用技术教师，用信息技术教师的话说就是，看着课程标准"不知道怎样上这个课"。

2. 教材/教科书的实用性

一套适用的教材能够增加教师适应变革的信心，消解对变革的恐惧心理，加速对变革情境的适应。

教材/教科书是根据课程标准编写的课程教学材料，是技术课程实施最基本的也是最重要的资源。正如《普通高中技术课程标准（实验）》中指出的："教材/教科书是根据课程标准编写的教学用书，是教师教学、学生学习的重要依据和主要课程资源。高质量的教材/教科书是提高教学

质量的重要条件。"（顾建军，2004a）[390]

　　从理论上讲，作为学科教学用书，应该全面反映学科课程的基本理念，体现学科的课程特点，具有科学性和较强的适应性。可是实际开发出的技术教材，特别是信息技术教材，在具体的实验情境中显露出实用性方面的种种问题。本研究发现，在课程实施初期阶段，教材/教科书对教师有着如此之大的影响，无形中增加了教师在专业上的困惑和适应技术课程改革的难度。在实地访谈中，无论是教师还是学生，他们无不表达了对现有教材的依赖心理、某些失望的情绪和对实用性强的教学材料的渴望，对信息技术教材的反应尤为如此。这明显反映了课程文本对教师增加变革的信心、消解困惑和恐惧心理、获得有效的课程运作效果的特殊作用。

> 　　在 S 实验区 JN 市的 FZ 中学同信息技术教师座谈时，一位刚有一年教龄的新手教师 ST4 说："最主要的困惑还是来自于没有合适的教材能用……如果是按照自己的讲法，学生不可能把老师的话全记住。如果有一本合适的教材可供学生随时查用的话，这对于我的教学会有很大的帮助。"

> 　　H 实验区 HK 中学的信息技术教师 HT11 也有这样强烈的期盼："教材内容把握难，但教学时必须要展开，可是展开到什么程度，挖掘到什么程度，都不好掌握，同时还要考虑时间问题……我希望有一本好的教材，这就是最需要的支持了……但现在，由于没有好用的教材，我们每一节课都要花费那么多时间去准备。有时候想法很好但是做不来，这时会很沮丧。"

　　实际上，在课程实施初期，高中信息技术课程有 5 套教材供实验区选用，每个实验区有自己的教材选用权利和选用方式，但是由于高中信息技术课程设计"非零起点"假设的缺憾——义务教育阶段信息技术课程指导纲要并没有得到全面或一定水平的实施，再加之学校基础教学条件和教师专业能力方面的差异，技术教材的实用性受到影响。尽管教材编写者在一定程度或层面上关注了差异，并进行了一些必要的处理，但是对于差异的层次和普遍存在性，这种处理还是显得无能为力。以下是一段在 H 实验区 HN 中学和信息技术教研室主任 HT10 的访谈片段："有的教材对学生比较合适，教师可以参考教材来安排组织学习活动。教材对实施课程是很重要的……教材是直接面对学生的，是用得最多的。有些教材很空洞，技术教材理论化倾向严重。"

对于信息技术教材"空洞"和"理论化倾向"带来的影响，HT8老师说："不知道教材想要传达的是什么内容。因为教材不好用，理论过多，学生不喜欢看教材，有些讲过的内容再重复再练学生就又忘掉了。"G实验区G市SY学校的GT2老师也认为："教材概念性的东西多了，理论的东西多了……这就增加了教师实施教学时的难度和压力，我们要慢慢把教材读了之后自己再来处理……最后实际上就归到课标理解上去了。这对能力较强的教师还能应对，可是对有些老师来说就感到困惑和迷茫，觉得按照这个教材不知道怎么来上课了。"

从GT2老师所讲的可以看出，教材的实用性不强可以有两方面的影响，一方面会促使教师去阅读课标，像GT2老师和他的同事们一样，并按照课标自己来设计课程，包括筛选内容、组织素材、确定学生的学习经验、组织学生的学习经验等。这对于发挥教师的作用，同时发展教师的课程能力无疑是一个很好的过程。教师把教材作为参考的资源，教师最了解自己的学生，在正确理解课标的情况下，就可以设计出符合学生需求和兴趣的课程来，实施也就会更有效。另一方面，在一定意义上无疑增加了教师课程转化的难度，增加对实施新课程的焦虑感、压力。因为我们的教师在新课程实施之前，教学主要就是"教教材"，教材成为他们课程教学决策的唯一依据。面对"不实用"的教材他们感到"很难教"，表现出不满情绪和较强的不认同感。G实验区G市教研员JY4在访谈中对信息技术教材谈得最多，主要是反映一线教师对"实用性"的质疑和所引发的焦虑与困惑。

JY4：从必修模块的开课来讲，我们G市使用的是X版的教材，老师普遍反映就是说很难教。难教的地方在哪里呢？首先内容很多，牵涉的软件很烦琐。第二个就是理论性的东西很多，操作性的东西比较少。所以很多老师感觉无法把握这个教材，虽然我们也做了培训，但收效甚微……

教材是教师实施课程过程中所依托的一份非常重要的资源，即使教师不是"教教材"，教师也要依靠教材教，特别是技术新课程实施初期更是如此。所以教材的实用性不强不仅增加了教师驾驭教学的难度，还强化了教师对改革的不适应感。

当然，教材的实用性与否应该是个相对的概念。在使用情境存在较大差异的情况下，笼统地说实用与否并不可靠。在笔者的研究访谈中，几乎所有受访者的关注和主要看法，以及笔者本人所观察与体会到的影响，让笔者认同了课程实施初期开发的信息技术教材在实用性方面存在问题。教材应该是课程标准全面内涵的一个集中体现，应该符合科学性和较强适应性的教材编写原则。编写者对课程标准的理解和把握状况、对目前学校与学生情况了解的局限性也会反映在其中。如果教材编写者对课标的领悟有所偏差，对学生学习经验和特点了解和关照不足，这种偏差和不足都会反映到教材当中，这就可能对"实用性"或"适应性"带来影响，所以编写适应性好的教材也受到多方面因素的制约。

（三）　内容和素材选择的适切性

探讨课程自身因素对课程实施的影响，不能缺失对内容规定与内容选择的关注。技术课程内容的选择是技术课程实施的一个重要问题。本研究发现，在课程实施初期阶段，使用者对技术课程内容和教材中素材内容的看法都是有争议的，这无论对教师的课程认同、课程的教学转化，还是对课程的适应性都造成了不同程度的影响。

本研究还发现，教师和学生都不用信息技术教材是普遍的现象。有的教师认为"内容体系繁杂，面面俱到，浅尝辄止，重点不够突出"。对于通用技术教材，教师使用得较好，但老师说学生用两节课翻一翻就够了。有的教师认为"把两个必修模块结合起来变成一个，用一本教材就足够了"。在访谈 H 实验区 HN 中学的 XZ2 校长时，他告诉笔者："教材内容的选择是最重要的，它影响到学生的学习兴趣。"

对教材内容的选择上，N 实验区的信息技术教研员 JY6 认为："内容脱离教师太远，对教师要求高，对活动指导性要求高。很多内容是纸上谈兵，供教师实际应用的课例很少。教材的内容影响学生对学习的投入，也影响教师对教学的信心。"他告诉笔者，在他们实验区，有很多信息技术教师在上课时要自己来选择内容。在 S 实验区和 H 实验区的信息技术课堂上也发现了同样的情况。

内容选择对教师的专业知识和专业修养有着较高的要求。信息技术教师都抛开教材自己选择内容，可能存在这样一种危机，就是作为国家课程的技术课程，会在学校层面的实施课程中变成一个校本课程，因为课程内容选择受到很多因素的影响，特别是知识观的影响。因此，以学校为单位的课程内容选择必然会呈现某种意义上的随意性。显然，这对课程总目标的达成将是一种不利影响。

技术课程内容的选择在三个层面涉及三个方面的主体：技术课程标准研制者、技术教材编写者和技术教师。为什么选择这样的内容？如何选择内容？这些是技术课程内容选择必须面对和回答的问题，也就是说，技术课程活动主体怎样认识和怎样回答相应的问题，就决定了现在的技术课程内容状况。回答这样的问题涉及知识观和对什么知识最有价值的认识。"对于什么知识最有价值，也就是选择哪种知识进入课程，这在课程理论历史上是一直存有争议的问题。"（袁海泉，2006）纵观教育改革与发展的历史，每次课程改革都会伴随对知识观的辩论，反映了知识观对课程的重要影响。持不同知识观的主体，对课程内容知识会有不同的认识，从而导致他们有不同的内容选择结果或倾向。

分析技术课程标准规定的价值、课程基本理念、目标和内容，能够看到多种知识观的渗透和影响，特别是课程经验主义、建构主义和实用主义三种知识观的主导性倾向明显。这表明了课程标准研制者所秉承的知识观点。教材编写者和技术教师所认同的知识观是什么？分析某一版本的信息技术教材可以看到，教材编写者基本遵循了课程标准研制者所倡导的知识观。分析访谈教师的数据发现，他们的理性主义知识观倾向相当明显。知识观的不同，必然在课程内容的认识与选择方面表现出差异。

在技术课程实施中出现的关于课程内容的种种看法与争议，其实质是我们依据什么标准选择课程内容的问题，如果大家在统一原则前提下展开对话，看法和争议就会有序可循。新课程倡导的基本理念告诉我们，在不同的课程决策层面，需要秉承多种知识观来进行课程内容的选择。按照前述对知识认识的分析，理性主义、经验主义、建构主义和实用主义四种知识观影响的课程知识倾向，在技术课程内容选择上，应该有某种平衡或统一性，这样或许才是科学的。当然，有关课程内容选择问题应该是课程实施研究的一个重要问题，在本研究中无法深入地探讨与解决，但知识观主导课程知识内容选择的明显影响在此也是无法回避的问题。由此，课程标准研制者、教材编写者和技术教师，在课程目标理解方面可能就会存在差异，加上知识观的不同，在课程内容确定以及材料选择方面就一定会有不同。所以，由于教材的实用性不高，影响到教师对课程内容的认同，最终会影响到教室中实施课程的深度和范围。要保证和提高技术课程实施的质量，必须重视技术教材的研究和开发。

第八章　结论与建议

　　根据前几章对新课程实验区的技术课程实施资料的分析结果，可以归纳出技术课程实施的一些基本特征以及影响因素，得出有关技术课程实施问题的主要结论，并在此基础上提出高中技术课程有效实施的建议。

一、本研究的结论

（一）课程认识、认同的特征

1. 课程必要性认同高

　　尽管我国高中教育的传统文化重学术、轻实用，尽管技术课程实施的条件不够成熟，尽管技术课程变革强度大且实施难度如此之高，尽管是在课程实施的初期阶段，个案研究的结果却显示了实施者对技术课程价值和开设必要性的高度认同。关于技术课程是否有价值以及有无开设的必要，本研究所访谈的教师、校长和教研员中，没有"不必要"的声音；在访谈的学生中，对信息技术课程也是如此，对通用技术课程只有个别不赞同的声音。这一方面说明，高中教育必须要面向"全人"的发展理念正在得到学校和教育界的认识与理解，另一方面也说明技术课程设计的理念和主要价值赋予已经被教师、学生和校长所接受。关于课程认同状况的数据分析结果（如第三章问题四）也表明了这一点：技术教师对开设技术课的必要性以及课程在培养学生解决实际问题的能力的价值上具有较高的认同倾向；学生对开设技术课程的态度总体是认同趋势，对部分价值规定表现了较高的认同倾向，对信息技术课程的认同感总体高于通用技术课程。而且，就个案中的教师整体来说，表现了较强的责任感、使命感和行为意向，对实施问题的关心较为集中地体现在技术课程方案能否贯彻到底、技术课程的地位如何真正体现和技术课程改革对学生发展的影响等方面。

2. 课程文本认同偏低

尽管课程设计者或课程专家在课程开发环节做了种种努力，尽管新课程经历了社会宣传、行政介入、层层培训等过程，尽管技术课程的价值和开设的必要性得到了实施者的普遍认识与接纳，实施者对课程文本却表现出认同度偏低的状况。如同第三章问题二和问题四所述的，教师对课程标准确定的课程模块、知识内容体系及表达方式等方面的意见、对教材内容选择与组织的不满、对信息技术课程目标定位和非零起点前提假设的疑义、对课程评价不明确和无序的困惑等。学生对课程目标的适度表现出认同的倾向，但对教材内容的认同度偏低，主要集中于必修模块，普遍认为通用技术课程必修模块"动手"的内容太少，信息技术课程必修模块"技术成分"太少，特别是对信息技术教材的认同程度总体上低于通用技术教材。

研究发现，教师和学生对课程文本的认同状况反映了来自四个方面的影响：一是课程文本自身；二是教师对文件课程的理解；三是教师在教室中实际运作的课程；四是教师获得的专业援助。同时，教师对课程的认识和理解影响到其对课程的总体认同，教师的课程认同状况直接影响到其对课程的决策，进而影响到学生对课程的理解与认同，最终影响到技术课程实施的程度与水平。在技术课程实施初期阶段，教师对预期课程的理解越全面深入，认同感越高，越有利于课程计划的推行和价值与目标的落实。

3. 部分课程价值获得较为普遍的认可

对于通用技术，培养"动手能力"是被教师、学生和教研员普遍认可的价值，"感受生活中的技术"是被学生广泛认可的课程价值。从统计的整体上看，学生普遍喜欢"动手或解决一些实际问题"的技术课程学习。

对于信息技术,"激发创造性"是被教师、学生和教研员普遍认可的价值;"处理与交流"是被教师和学生广泛认可的课程价值;"改善学习方式与训练一种思维"是部分教师和教研员认可的课程价值。从一定意义上说,在课程实施初期阶段,信息技术课程的独特价值得到了较为全面的体验和认识。但是,本研究也发现,尽管信息技术预期课程赋予的课程价值得到较为全面的认识,可在学校层面的课程主体,似乎有着自己的课程价值诉求,特别是信息技术教师,一方面他们基于自身的专业体验和专业信念,表现出对规定的课程价值进行质疑,另一方面又基于具体运作课程的体验,进行课程价值的反思,这与通用技术教师形成了较大反差。

4. 主体认识与行为的相悖

主体认识与行为的相悖体现为两种意义:其一,是校长认识上"重视"与行为上"轻视"的相悖;其二,是学生课程价值认同与实际学习投入的相悖。前者表现为,对技术课程理论上"支持"与行动上"观望"的角色同在,后者表现为,学生对通用技术课程本体价值认同度高,但在行为上却不与之相对应,课堂上全身心投入的人也为数不多。一方面学生认为技术课程的开设是非常必要的,认识到了技术课程本身具有的价值;另一方面在高考重压下的学生,无暇顾及通用技术课程。如果只是讲授没有动手操作,学生会利用通用技术课堂做数理化的作业与习题,这是通用技术课程发展面临的困境。

5. 课程认同倾向区域间无明显差异

对课程必要性的高认同倾向、对课程文本的认同偏低倾向以及学生在课程认同与学习投入上存在相悖的状态,不同的实验区表现出很高的趋同性。虽然四个实验区的经济、文化和基础教育状况方面存有明显差异,如G实验区是经济大省、S实验区是教育大省和文化大省、H实验区是移民文化大省、N实验区是偏远的经济欠发达的自治区,即使在省会城市,彼此之间在这些方面的特征差异也是明显的,但在主体对技术课程认同上却没有表现出明显的差别。这告诉我们,从主体的角度来表现的课程因素与区域特征如经济和文化特征的相关性不大。

（二）实施环境离需要还差很远

实施环境是预期课程走向学生经验课程的基础保证。学校层面的实施环境的要素包括教师队伍、教学资源、学校文化和专业支持。单纯依照技术课程目标落实的需要和预期课程中选修课基本开设的要求来说，在学校技术课程实施环境系统中，有三个主要要素在短时间内难以摆脱现有的困境。这个困境源于改革与学校系统所处情境之间的张力结构，而学校对"改革—情境"的张力在一段时间里十分缺乏控制能力。

1. 实际与需要难以匹配的教师队伍困境

教师队伍的困境包括人员数量和专业能力发展两个方面。在课程实施初期阶段，困境可以准确描述为教师数量不足、质量不高，这里的质量仅指通用技术教师从兼职到专职、信息技术教师从专门到专业之间的落差。研究结果表明，这个落差正是技术课程实施的实际需要与教师专业化水平不匹配程度的落差。通用技术教师队伍是临时拼凑的，偌大的学校仅有一名通用技术教师不足为奇，教师学科专业能力上的缺陷可想而知。在队伍难以稳定、专业培训和培养难以支持的情况下，教师队伍如何能走出目前的困境？通用技术课程刚刚开始，教师的专业化成长与发展面临困境在所难免。信息技术教育在我国有了一段发展历史，可信息技术教师队伍的专业化发展水平并不理想，按照新课程实施的需要还差很远。而现存问题的解决都受制于学校文化、地方课程政策与制度，所以短期内摆脱困境是不现实的。

皮亚杰曾指出，改革成功的关键是提高教师的质量。如果得不到足够数量的教师，任何使人钦佩的改革也必定在实践中失败。技术教师队伍的困境表现出的两点正是技术课程改革成败的关键所在。学校水平的课程实施环境是一个系统，技术教师队伍的困境是这个实施环境系统的"黑洞"，要使技术教师队伍走出数量不足、质量不高的困境还有赖于实施环境系统其他要素的改变。

2. 难获投入的条件性资源困境

就两个科目比较来说，信息技术好于通用技术，但与目标落实的实际需要相比，信息技术的条件性资源也是不足的。在关于教师感到实施教学有哪些困难的问卷调查中，教学资源被认为是技术课程实施的最大困难。在 N 实验区，91.7% 的教师对通用技术有这样的感受，83.3% 的教师对信息技术有这样的感受。

实施课程的水平高低与课程的条件性资源密不可分。特别是通用技术，其基本的物质资源建设几乎是伴随技术新课程的实施而刚刚开始，很多学校没有任何基础，更重要的是，动手做的实践型课程内容需要特定场所，这更显现出课程资源对技术课程实施的前提性和保障性。

课程的条件性资源需要地方教育政策和学校的决策与资金投入，关涉到学校的态度和地方行政的支持。教师问卷数据显示的学校在技术课程资源建设方面的支持不容乐观，对通用技术，感受到校方积极准备必要资源的教师人数还不到3%，信息技术方面略高一点，也不到8%。这一数字反映了技术课程在学校艰难实施的现状。学校课程表上存在通用技术课程，但是行动上的支持与落实却难以到位，其中各种因素交错复杂，但学校的教室不够，场地缺乏，再加上高考因素，这些是至关重要的，直接影响到校长的态度与决策。虽然上级主管部门的干预能够在一定程度上影响到校长的决策，但是巧妇难为无米之炊，校长的态度与决策不能使其成为魔术师，变出房舍、场地，更无力左右高考取向的高中教育文化。所以，目前来看，条件性资源是学校水平技术课程实施的一个困境。

3. 课程制度文化重建的困境

对技术课程的深入实施与健康持续的发展来说，在学校层面存在着的文化困境，主要就是技术课程在学校中的"小科"地位和教师所遭遇的"不公平"待遇。这种困境放大到社会上的高考教育文化背景中，就成为技术课程实施环境系统中的又一个"黑洞"。

首先，在学校课程实施层面，争取技术课程地位很难。技术课程课时缩水、被挤占甚至"让路"停课，技术课只是严格存在于学校课程计划或课程表上而教室中是可有可无，技术选修课无法开设等，在技术课程实施的初期阶段是较为普遍的现象。就目前的学校课程文化来看，一个学科的课程地位能否被社会认同与是否能在选拔性评价中出现直接相关，同时也与学校目前对课程的常规管理制度是否能够重建相关。

其次，国家课程政策在地方落实中遇到尴尬，且导致尴尬的原因复杂。一方面，以考试为中心的高中教育文化影响根深蒂固。高中校园里，从校长到教师、学生，考试成为这些生命主体全部教育信念的基石，也是他们多数行为决策的根本依据，一切教育的态度、言论和行为的结果都可以在这里找到归结。另一方面，高考文化对地方行政教育决策的影响重大。地方政府的态度和课程决策的重要出发点之一是更多的本地学生进入大学，这是一个与家长共享的教育利益，技术课程实施不能摆脱地方政府意志的影响。因此，一切围绕高考进行决策的高中教育文化对技术课程实施形成的强力冲击就可想而知。

最后，技术的学科地位与技术教师的专业化（专业地位、专业自主、专业报酬等）有着很大的相关性。事实告诉我们，技术新课程的有效实施有赖于学校内部课程制度文化的重建。改变技术学科在学校的"小科"地位，组织内部要靠校长的权力，组织外部要靠地方教育政策的干预，通过政治与权力的支援和制约，可能促使高中技术课程在一定程度上走出学校小科歧视文化的困境。但是，让技术课程实施走出学校小科文化的困境更有赖于高考文化的重构，这在我国现实教育制度下似乎是难以赋予期望的事情。

（三）教室中运作的课程样态多样

课堂中的技术课程抑或学术性样式，抑或实用性样式，抑或应用性样式。在笔者亲历的课堂上，信息技术课主要体现了应用性特征，操作学习是主要的方式；通用技术更多地体现了学术性课程的特征，讲授和设计学习是主要的方式，少部分课程体现了操作学习的实用性课程特点。

（1）从课堂教学模式的角度所呈现的课堂样态（详见第四章问题二）如下。在通用技术课堂上，教师中心、教材中心是主要课程样态，学术性讲授倾向明显，且师生互动单向的多而多向的少。极少数课堂呈现探究倾向，简单合作和小组讨论有所体现。只有 ST1、HT4 老师运作的课程真正体现了"动手做"的实用性课程特点。通用技术的多数教师坚信"动手操作""培养用好技术的能力"是课程的核心价值取向，但受到资源、条件限制和教材文本的导向，实际运作的课程更多的是具有学术课程的性格。

在信息技术课堂教学中，主要体现以学生为本、尊重学习基础差异、重视个别指导的教育理念；操作体验、基于任务的探究是学生主要的学习方式，以师生、生机多向互动为主。从主要流程和主要目标上看，教师运作的信息技术课程重在技能与方法的掌握、运用和表达问题的解决，应用性是主要的课程性格。

（2）从教师角色和决策的角度看，课堂运作的技术课程情境化、个人化、经验性特征同在，对预期课程的被动"消费"与积极的"消费"同在，积极、理智的改造与理解有误的异变共存，对课程知识的创造与课程知识的接受共存。

具体地说，信息技术教师对预期课程的积极"消费"、理智改变、主动调适是主流，通用技术教师被动的课程行为、忠实观的课程意识明显。这两个学科的教师都存在对课程理解有误而决策所带来的负向变异结果。

（3）从教师自身特征的角度看，技术课程的调适与创生的程度同教师的课程知识、专业能力、教育信念、个人经验和技术素养密切相关。从本研究所观察的 16 节课中可以发现，新教师运作的课程主要是忠实取向的，他们大多是按照课程规定、按照教材内容设计教学和实施教学，如通用技术教师 ST5；专业能力强、技术素养高、有着自己个性特长和教学才能的教师运作的课程更多地体现出调适和创生的特点，如通用技术教师 ST1、HT4、HT3，信息技术教师 ST3 和 ST7 等；专业能力强、技术素养高、有一定教学才能但缺少个性特长的教师，主要是根据学生的实际和课程实施的具体环境条件来设计课堂上运作的课程，因此，体现着调适的特征。

无论怎样，学校水平的技术课程让我们看到了师生课堂行为的变化，而且在一些课堂中，这种行为变化是显著的，如个别课堂让学生体验了融入老师个人经验、个人信念和个人专长的再创造课程，这是符合课程改革要求的。当然，这些教室中的教学创新行为还没有形成"集体行动"的迹象，也就是说，还没有转化为广大技术教师的课程运作行为。这种我们期待的改革成果是建立在学校或教师个人的教育信念基础之上的，在学校文化真正重建到来之前，它还只能是我们为之努力的理想和目标。

（四）归因：最关键的影响因素

在课程实施初期阶段，学校水平的技术课程实施受到多种且多重因素的影响，各种因素之间互动关联、相互影响，构成了一个复杂的因素网（webs of factors）（见图 8-1），作用于教室中实施的技术课程，使技术课程在艰难中匍匐前行。

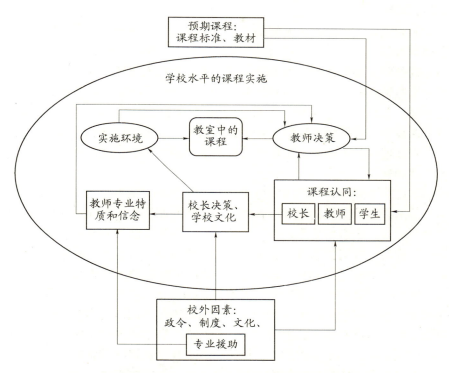

图 8－1　学校水平的技术课程实施影响因素网

1. 校长决定技术课程在学校的地位

　　在地方教育行政决定采纳新课程方案后，校长决定了技术课程能否从课程表到达课堂，以及到达课堂的技术课程实施到什么水平。怎样安排技术教师？是长远的计划还是临时的应对？安排怎样的教师任教通用技术课？是选择精良的教师还是随便找人顶位？是以对待国家课程的态度来对待技术课程，还是在课表中真实存在而让教室中可有可无？这些关涉技术课程能否在学校中生存和真正实施的问题都取决于校长的课程决策。尽管技术课程实施受到诸多外部因素的影响，实施课程时间缩水、通用技术课程一些最基本的教学需要得不到满足、"小科轻视文化"造成信息技术教师过重的心理负担等，这些责任校长却必须担当。如果说，在技术课程实施的初期阶段，技术课程实施的内在驱动力难以获得，校长则是第一个重要的因素。

　　研究也表明，对技术课程的认识与态度是校长技术课程决策的基础，上级教育行政部门的干预行为是校长技术课程决策的条件，学校高考升学率是校长技术课程决策的根本与关键，校长对技术课程的决策常常是在两难中辛苦地抉择。笔者在与校长和教师的访谈中清晰感到，新课程实施初期阶段，多数校长是在被迫、自主与无奈的"三角形"体验中做出各种技术课程实施决策的，他们夹在个人的认识、外部的思想、上级的意志之中，不断地在处于冲突与困境的情况下，负荷着沉重，调和着复杂，运作着艰难和疑惑。

　　2. 教师专业特质与信念制约技术课程实施的"深度"

　　技术课程的实际运作要求教师具备一种专业特质。然而，通用技术教师面对的是一个全新的学科，意味着他们学科教学经历和学科专门知识的缺少。同时，通用技术教师队伍组建的特殊性决定了这些学科教师学科背景的"非专业性"。这种"非专业性"制约了教室中运作的通用技术课程实践性特征的体现，从而影响到实施的"深度"或"强度"，也造成教师在课堂上的巨大心理压力和课程决策中的困惑与苦恼，最终影响到学生对通用技术课程应有价值的正确体验，从而降低学生的课程认同感。

　　研究表明，一个称职的技术教师应该表现出良好的专业特质，在具体的课程运作中，这将从教学技能、学科知识与实践动手能力和课堂氛围三个方面得到体现。教学技能是实施技术课程的"黏合剂"，学科知识与实践动手能力是技术课程得以实施的"砥柱"，课堂氛围是技术课程对学生发展产生影响的"土壤"。技术课程是一门实践性的、应用性的课程，而非学术性的课程，那么，在教室中运作的课程样态、教学模式、学习方式和评价方式方法等，都应该与学术性课程有很多区别，而这些区别的出现必须在教师具备良好专业特质时才有可能。

　　在实际课程运作中，教师必须面对多方面的决策或决定，对于同样的课程内容，同一学校的教师却运作出完全不同样态的课程，这除了教师在专业特质上存在某种程度的差别外，另一个重要因素就是教师在信念方面的差异。教师具有怎样的学科信念、教学信念和学生信念，就会运作出呈现怎样特征的技术课堂，让学生产生怎样的课程体验。可以说，教师信念是技术课程决策的起点，也是后继所有有关技术课程决策的基础，甚至成为决定技术课程目标、模式或手段以及学习结果的标准。因为，技术课程目标是以哲学信念为基础的价值声明，技术课堂教学模式或手段是学习过程中采用的方式方法，反映的是教师基于哲学信念的某种选择，而结果是学生获得的关于技术的知识和操作经验，是教师的信念指示着哪些内容是重要的和值得学习的。

3. 校外因素对成功实施技术课程的制约

本研究结果表明，一些超越学校的因素对技术课程实施具有更根本性的影响。这些因素能够直接作用于校长和教师等关键的内部因素，而对实施课程产生重要的影响。这些作用有的是显性的，有的是隐性的。政治性因素对学校的技术课程决策有制约性的作用，政策、制度性因素对学校的技术课程实施有保障性作用。同时，对于当下的高中技术课程实施状况来说，与内部因素相比，这些外部因素的影响力更大，有的可以成为引擎式的动力，有的也可以成为摩擦式的阻力。

（1）政治的：行政权威、权力的推动与保障作用。

要使技术课程全面实施，行政权力的运用是至关重要的。在技术课程实施初期阶段，非常需要政府力量和行政权力的大量介入，特别是对通用技术课程在学校中真正落脚，必须有较强的"权力—强制"策略的色彩。因为学校校长的课程决策，其政治取向的特征是非常明显的，这意味着通过行政权力或权威的利用，能够在一定程度上促进技术课程早些走出真正实施所面临的某些困境。被访的教研员、教师和校长，都普遍感到技术课程要想得到全面深入的实施，地方行政的强势推动是必需的。

从课程实施初期来看，行政权威、权力的运用主要表现在行政手段和开展培训，个别实验区如 H 实验区也表现出了行政命令的高强度干预。这对于地方和学校增加本土实施方案的清晰度，使学校与教师有较明确的行动计划，并促使其在短时间内接受新方案起到十分积极的作用。对于技术课程来说，在实施全面启动后，还会继续需要行政手段的运用并维持其权威性。只有这样，才能够使技术课程特别是通用技术课程有力量在困境与沼泽中获得生存，可以在高考文化的藩篱下占住一席之地。H 实验区的教育行政部门通过法令及其强硬执行，推动了技术课程特别是通用技术课程的深入实施，在一期开课的学校根据课程计划基本保证了技术教师的配备，这与教育大省 S 实验区形成较大反差。同时，行政的权威或权力对学校水平的技术课程，特别是课堂运作的实施课程难以起到直接的效用。因为课程改革并不仅仅是技术或行政的工作，真正改革的实施在于导致学校的制度和文化的重建或再生。

（2）政策的：配套机制和"执法"效力的制约作用。

本研究结果表明，地方教育行政部门的政策、制度及其执行态度，对学校的课程管理和实施与发展的决策具有重要影响。对于技术课程特别是通用技术课程的实施，只靠宣讲和说服是不够的，必须要有上级制定的政策、监督制度甚至是课程法作为保证。

被访的教研员和教师，都毫无例外地有技术课程在一些学校的教室中可有可无的看法，并归因于地方教育行政政策支持和制度保障的力度不足。他们认为，教育行政部门没有明确的条文规定或政策制度来约束学校，使技术课程的开设与发展失去了基本保障。同时，要促进技术课程的落实，不仅在于制定红头文件，还在于监督、检查，以督导检查机制来保证课程政策的贯彻并落到实处。他们一再强调上级教育行政主管部门缺乏落实性做法，普遍呼吁以地方行政的"有效力"的干预作为保障，这正说明了课程改革中政治取向的真实存在及其对技术课程实施的重要影响作用。

在 H 实验区的研究中，我们可以看到教育行政通过命令、政策、制度和机制对技术课程推行所体现的积极作用。这种积极作用不是停留在政策、命令的发布和要求层层落实的过程上，而是在于保证政策、命令贯彻落实的保障机制、政策制度以及"执法"的效能。在 S 实验区，我们看到了技术课程实施过程中教育政策遇到的尴尬，也听到了对实施国家层面的技术必修课程必须上升到法律、国家意志高度的认识及其对地方教育行政"执法"保障的呼唤。

行政激励措施和完善的督导机制，对有着政治取向和功利取向特征的学校课程决策具有特别有效的作用。法令策略以激励措施和监督机制作为保证，使得这种作用会在一个阶段得到持续发挥。H 实验区教育行政的"执法"和保障效能，在通用技术课程的有效实施上得到充分的显示，并且这种保障功能是通过行政在推动绩效责任、支持与施压和促进能力建设这三种角色担当中而得以实现的。

研究也表明，在技术课程实施的不同阶段，影响因素的作用特征和效果会发生变化。对于技术课程特别是通用技术课实施，在应试教育的文化氛围中，与政策制度相配套的、保证政令或制度的效能的执法机制必须以教育行政的线索坚持下去。否则，通用技术课程实施的初步成果可能会遭遇颠覆。因为，一项改革，特别是一项重大的教育改革，风险与追求的教育效益并存，二者之间的比例关系让改革的参与者或实施主体担心不已。同时，教育改革从来就是一个系统工程，其中相关要素的配套改革跟不上，也会使风险成倍扩大。行政干预会使改革的协同、协调性问题得到解决，从而减小学校作为改革的一线组织的压力与风险承担。这应该就是课程决策政治取向存在的理由。

（3）技术的：专业援助层面的支持作用。

从实验实施的推广模式来看，专业援助作为推广过程中技术层面的因素，存在培训缺位、获得专业援助困难和专家主导的研修方式绩效不高等问题。培训缺位导致两种结果，第一是参加培训的骨干教师没有或很少获得有关技术学科的专门知识与技能，从培训时间、次数到内容都与实际需要有相当程度的背离；第二是大部分技术教师在承担技术课程实施的过程中，没有接受过有关技术课程的任何培训。获得援助的困难来自于两个方面，一是学科背景、专业能力状况不同的技术教师（特别是通用技术）有着不同要求，专业能力强一些的要补教育知识，有教育背景的要补技术基础知识；二是专家主导的研修培训学术品质突出，由于时间、任务和力量等因素，使得培训者并不能在了解需求的情况下按照适当的策略提供培训需要的内容。霸权的、非民主的、一厢情愿的专业援助性格，带来培训绩效的降低。因此，从技术课程实施过程中的技术保障层面，有计划、持续的、针对性强、组织管理到位的专业援助培训，对提高技术教师的专业能力，增强教师的专业归属感和自信心，缓解技术教师的紧张情绪和心理压力具有重要的作用。

培训是为教师提供专业帮助的主要途径。从培训的层次、培训的频数、培训的方式等方面看，技术教师所获得的专业援助与技术课程实施的复杂程度相比是远远不够的，特别是我国目前还没有技术教育专业来承担对技术教师培养的情况下，技术学科对专业援助性质的培训需求远超出其他学科。利用信息技术构建支援系统，通过网络互动在线，可以开展"体贴"的专业技术指导。

（4）社会的：评价与地方课程政策的导向作用。

社会的课程评价与地方课程政策对技术课程实施有着导向性的影响，成为技术课程实施的中枢，指引、牵动、决定着技术课程向哪里走、走到哪里、能不能向前走的问题。具体地说，一方面关涉到技术课程在高中课堂上的真正生存，另一方面关涉到技术课程落入应试教育的后果。

高考和地方对技术课程的"会考"，对教室中的技术课程走向哪里有着突出的导向性作用，其影响的深度与地方课程政策相关。从第六章问题四可以看到，实验区在努力改革课程政策，把技术课程变成高考科目，以便推动技术课程的良好实施。这种课程政策带给技术课程获得成功实施的希望，也带来选修课无法实现、必修课整体目标落实大打折扣的结果。因为高考成为学校课程决策的根本依据，在没有强硬的行政命令制约下，学校为了升学率怎样的课程行为都可能有其合理性，这使非高考科目或高考分值很小的技术课程在教室中的真实存在受到威胁。另外，各省（自治区）组织的信息技术"会考"有着种种弊端，教师不得不把更多的注意力转移到会考分数上，使信息技术也变成重分数轻能力的学科课程。

此外，从第三章问题三"对技术课程作为高考科目的看法"的分析中我们也可以看到教师、教研员和校长所表现出的矛盾状态，他们担心技术课程加入高考会沦为应试教育课程，但也为技术学科的地位、生存与发展焦虑不已。他们把技术课程走出困境、走向未来的出路定在成为高考科目上，尽管这有蹈入应试教育覆辙的危险。这正好可以说明课程的社会评价对技术课程实施的影响。一方面对通用技术课程来说，成为高考科目可能是"保障"，可能提升技术学科的地位，另一方面可能成为信息技术课程的"陷阱"，阻碍课程的健康发展。

本研究认为，在"学校一切必须配合高考"课程决策的指导思想下，可以断言"纳入高考"这种课程政策对技术课程实施的影响会弊大于利，但是，如果行政干预得足够积极与持久，监督机制完善，学校的课程政策意识得到增强，这种情况下，会使利弊的比例关系发生转换，虽然这需要一个很长的过程。

（五）课程标准和教材的影响

本研究结果表明，课程标准存在着不明确的因素（详见第七章问题二），如课程性质的定位不够明朗，会让不同的教师形成不同的理解；一些重要概念的内涵缺少明确的界定，造成了教师在实际课程运作中的疑难和困惑，信息技术教师对信息素养目标的质疑，首先就源于对信息素养及其培养途径认识上的分歧。同时，也存在一定程度的复杂性因素，如课程价值赋予过于丰富，实施中难以落实，以致成为虚化；课程目标新、涵盖面全、内容宽泛（总共 3 个层面 29 条，其中信息技术 11 条，通用技术 18 条），实际落实时对物质和信息资源的使用、对教师做出改变的要求多和高而造成困难等，增加了教师适应课程改革的难度。还有，在可行性方面也受到了实际情境的挑战。这三方面的因素对教师的课程认同感表现出消解和抑制的作用，进而影响到教室中的课程决策和运作。

本研究结果也表明，尽管研制者已经考虑到我国幅员辽阔，经济和文化水平不平衡的基本国情，尽管为提高课程内容的适应性，研制者以结构化、简洁和弹性的方式来表达技术课程标准，但教师等使用者仍对课程标准的弹性特征表现出很大的不适应。在他们看来，文本中的弹性表达体现的是不明确、不具体的要求，带来教学转化过程的很多困惑与困难，使教师产生专业困惑和焦虑感。而且，尽管课程标准的可操作性对教师的改革适应性构成某种消极的影响，根据课标而来的教材/教科书的实用性实际影响更大。就技术课程实施来说，对教师的改革适应性，教材是高相关因素。在技术教师眼里，教材已经更好地体现了课标的思想、精神和种种规定与要求，这对于没有任何学科经验的通用技术教师来说，"照教材教"和"教教材"都属正常，也是必然。其实，不仅是通用技术教师，就是信息技术教师在新课程面前，即使理论上懂得教材只是一种课程资源，即使已经内化了新的教材观，但处于具体教育情境之中的种种限制中和受自身的能力局限时，多数仍然以教材为根本依据。因此，在课程实施初期阶段，课标和教材在可操作性和实用性方面表现出的"不强"特征，无论对教师的课程认同、课程的教学转化，还是课程的适应性都构成了不同程度的消解影响。

二、推动技术课程有效实施的建议

本研究是在技术课程实施初期阶段进行的，所认识到的学校水平的技术课程实施特征还不能成为整体实施状况推论的依据，但是，从课程实施初期阶段所深刻反映的实施困境和内外部影响因素及其之间的相互作用关系来看，却是具有普遍意义的。因此，本研究从得出的结论出发，思考与技术课程全面、深入实施的有关问题，对我国普通高中全面推行技术课程改革并深入、健康地实施提出以下一些建议。

（一）充分运用好"政令"干预，努力改善实施环境的保障性

对于技术课程实施来说，政治的权威、权力和"命令"规定是一种强力的"引擎"，在真正发挥作用时能够有效地实现推动与支持。而"政令"作用真实有效的发挥必须有控制制度或制约机制作为贯彻落实的保障，这样才能使权威、权力通过制度或规定的制约机制到达学校课程层面，并产生政令的影响，这种影响会通过校长的课程决策到达学校组织内部而作用于内部变革的因素，形成促进变革的内部力量。因此，技术预期课程的全面采纳，技术课程独特教育价值的发挥，必须以坚强的行政干预来保障实施环境从困境状态中获得改善。

"干预是变革时成功的关键性行动和事件"，"命令（mandate）能对变革发挥一定作用"，"由于命令是自上而下的，尽管人们不断地批评它的效果不好，但是它们还是能发挥出一定的作用的"。（霍尔等，2004）[11-17]对技术课程在不同实验区推行过程的研究，使我们看到了教育行政命令的积极作用，听到了对教育行政干预的热切呼唤，体会到了教育行政不作为对技术课程实施的消极影响。研究表明，在有上级命令和要求的情况下，学校领导能够明确眼下当务之急，因为校长对学校课程与一些事务决策的政治取向决定了行政命令的实效性。通用技术能在一些学校开课，首先是地方教育行政干预或上级命令这一宏观策略运用的结果。当然，如果行政领导仅仅在宣布命令的时候对技术课程实施进行支持，那么，命令这种策略就会失色、失效甚至会失败。S实验区与H实验区的技术课程推行效果足以说明这一点。命令之后需要跟进相应的干预，比如持续的敦促与交流，经常性的培训，教研部门的现场指导、观摩和讲评教学，建立促进课程发展的机制，给实施以充足的时间与体现重视的机制等一系列行为。只有这样，才能有较好的收效和运作。命令这种策略如果没有收到好的效果，不是因为该策略本身的缺点，而是因为命令下达之后没有跟进其他一系列必要的干预方式的支持，即缺失了制度和强化"执法"

效力的保障机制。因此，要保障技术课程全面、深入、健康持久地发展，必须运用好权威、权力，运用好行政"命令"干预方式。

当然，干预也应该是适当的，适当的干预才是有作为的。适当的干预应该是在明白推动技术课程实施的基础、要求和条件的情况下采取必要的干预行为，同时不忘配套措施的配合。正如美国学者吉纳·E. 霍尔和雪莱·M. 霍德指出的："适当的干预行为可以减少变革带来的挑战。"（霍尔 等，2004）[19]

第一，运用好"政令"对技术课程管理制度的干预。

任何一项变革都必须有相应的制度作为支撑，作为一项复杂的系统工程的课程改革更是如此。课程管理制度具有规约、保障和促进的功能，这对于处于实施困境中的技术课程来说正可谓是与其急需相吻合。

应通过行政政策的导引和管理制度的制约，完成对技术教师队伍组建与稳定的干预，让转行到通用技术学科的教师安心于这一学科的教学，杜绝校长采取临时代课一年的权宜之计，解决通用技术教师不断"变脸"的现象。

应通过行政部门的政策引导、秩序确立来干预学校技术课程管理制度的建立与革新，消解"小科歧视文化"生存的土壤，保障技术课时和技术教师评奖、评优和培训进修等专业发展方面应有的权利，规定学校要为技术课程实施提供基本的教学支持和建设发展的保障。学校关于学科课程的常规管理制度中有些是关涉到教师切身利益的制度，包括工作量制度、奖金制度、评优制度、公开课及其参赛制度等，应通过适当的外力介入（如教育行政部门的某些职能）促进学校相关课程制度的重建，从而改善技术学科的地位，提高技术教师的专业身份认同感，进而促进观念层面的学校文化重建。

任何改革，其成功与否的关键都在于既有的学校文化对新思想、新观念的制约作用。"如果不考虑既有的主流文化因素，不彻底地质疑、挑战或替代学校教育中隐含的价值、信念和假定，就必然要导致新技巧适应旧规范，使改革流于形式，甚至失败。"（唐丽芳，2005）[10] 从技术课程实施面临的文化困境中我们认识到了目前学校"大科""小科"这种制度文化的普遍性，要通过教育行政的政策、制度或激励等强制手段和措施，促使学校构建新的有利于技术课程实施的规范和机制，以使这种学校文化现象得以转变和消除。

第二，运用好"政令"对培训的干预。

教师培训是推动课程改革持续发展的动力源泉。研究发现，技术教师感到通过培训获得需要的援助非常困难，实际上，组织培训的部门要提供有效的培训也是困难的。一方面，高校或社会团体支持技术课程改革的促进者团队还没有真正形成，热情参与相关研究的人员还很少；另一方面，由于学科轻视的存在，从学校到教师，再到教育行政部门，都有应付培训的心理和行为，如果没有强硬的行政管理制约，培训将失去应有的效果。因此，要通过政治和政策上的干预介入到从技术层面来有效地解决技术课程培训存在的错位、缺失、形式单一、针对性不足问题，以加强对教师的专业援助，快速发展技术教师的课程决策能力；要从专业援助的技术层面，在培训内容设计上下工夫，研修内容的安排上要尽量考虑对学员学习需求的切合，增加微观的、案例性的课堂教学指导，同时开展教师观课、校本教研和校际交流等多种形式的培训活动；在专家队伍构成上考虑实力、多元化和层次化，在研修班的组织保障上做到妥当；通过有力的行政管理制约，不让培训因为组织管理上的影响而使效果大打折扣，从而促使质量和成效的全面提高。

第三，运用好"政令"对课程信息化资源开发的干预。

技术课程实施过程创生的新型的课程后援系统，成为课程实施专业援助环境的有利组成要素，也将成为解困课程资源的有效途径。通过行政干预能够促进学校对技术课程资源建设的投入与支持。在 H 实验区，通过教育行政和教研部门的统一规划、组织、管理和相应的政策支持，出现了新型的学习/研究共同体互动系统，如 H 实验区区域教研网（http://res. cersp. com/hi）、通用技术课程网、成长博客（http://blog. cersp. com），它们在技术课程实施过程中起到了对教育行政支持体系的补充、完善和在一定程度上解决技术课程资源短缺的作用。这种课程后援系统体现了网络环境的行动学习模式、网络互动的专家在线对话模式、网站专业支持和学习共同体，对增强教师实际运作课程的信心，化解新课程实施对技术教师专业知识与能力的高要求带来的不适应感和焦虑感有着积极的作用。同时，也出现了信息化学案系统（如 S 实验区 JN 中学的教师自己组织开发的）。学校对技术课程的信息化资源的建设在行政的干预下会加大投入与支持，进而加快进程，保证规范，整合力量，并且技术教师的作为容易得到学校方面的认同与支持。

第四，运用好"政令"的同时，关注学校内部的变革力量。

富兰曾指出，"任何课程实施至少涉及五个层面的变革，即学科内容或材料；组织机构；角色/行为；知识与理解；价值内化"（Fullan，1977）。很明显，作为学校层面之外的政府力量对前三个层面的变革也许是十分有效的，但是对涉及变革更深层次的后两项而言，学校外部的行政力量则是心有余而力不足。即以行政权威、权力的运用为重要特征的"研究—开发—推广"实施模式在实施的初期阶段确实非常有效，但无法长期有效。我们需要在运用行政权力、权威的同时，采用富兰倡导的变革模式以补不足，并让政治的权力和权威在形成学校内部变革的组织动力上也产生积极的作用和影响。

富兰的变革实施模式是一种针对学校内部的组织动力模式，它不再只注意技术和行政权力的因素，更强调学校内部一些鼓励变革的组织变量，关心变革过程中教师的信念、理解、需要与能力，以及学校的情境特征，鼓励课程方案与学校情境之间的相互调适，主张通过使用者之间的互动与调适，使课程方案的目标与方法等能够适应学校情境及教师的个人需要。显然，这种关注学校内部变革力量的实施会促使教室中的技术课程真实、深入和持久地存在，但同时也会为技术课程实施增加新的不确定的因素，它要求教师具有较高的课程能力和技术素质，要求校长具备课程领导能力，也使技术课程评价产生新的难度。这种不确定因素的转换或消解，还需要政府力量或行政的介入，让政治的权威和权力在推动学校水平的技术课程的深层次和持久性实施中也能发挥应有的辐射与穿透作用。

当然，政府权力的力量在触及学校水平课程实施的深层次和长期性方面还是有局限的。只是对技术课程实施来说，政府部门的积极参与和权力运用是其成功实施的重要前提与保证，虽无法成为干预学校制度与文化重建的利器，但有可能成为消解学校中其他障碍因素的催化剂。如果能将政策与"执法"监督的权力运用到底，它在学校层面或组织内部的积极作用空间还是完全存在的。

第五，运用好"政令"，需要教育行政部门坚持"三种角色"同在。

本研究结果表明，教育行政部门如果坚持推动绩效责任、制定激励措施、促进能力建设（详见第六章问题一）等三种角色同在，则会对技术课程在学校中全面、深入的实施真正起到保驾护航的作用。如果仅履行第一项或者第二项职责的话，技术课程的实施所取得的结果只能是肤浅和短暂的。如果能够同时履行三项职责，技术课程便有机会向纵深的有效实施的方向发展。但是，现在实验区中的教育行政部门大多数将自己的所有精力投入到推动绩效责任的角色扮演中，只有少数善于既提供支持也给予压力（H 实验区的教育行政部门就是这样的一个例子）。

尽管国家层面正在努力致力于学校特别是教师的能力建设的推动，对于技术学科教师的能力建设的责任却没有被严肃地对待。在实验区的地方教育行政部门，只有少数予以特别的重视，多数还只是在依赖国家层面的指令或决策。因此，建议教育行政部门能够坚持三种角色同在，否则，如果仅强调履行第一项或第二项职责，教育行政部门对于学校技术课程的实施的动力将产生某种程度的消解作用。

技术课程是本次高中课程改革的亮点也是难点，技术课程的成功实施应该成为高中新课程改革成效的标志之一。因此，我们必须坚持以政治的、文化的观点来考虑解决技术课程实施问题的策略、措施，通过行政干预和文化的力量来推动技术课程实施的深入，保证技术课程变革的成功。

（二）以研究为基础，做好预期课程的修订

本研究在本节的第一个问题中表达了这样的观点，即对学校水平的技术课程实施，需要在运用行政权力、权威和"政令"的同时，采用富兰倡导的变革模式以补不足，并让"政令"在形成学校内部变革的组织动力上也产生积极的作用和影响，并宣布了本研究在分析和探讨问题时所秉持的互动调适课程实施研究的价值取向。

高中技术课程是本次课程改革刚刚纳入国家高中课程体系的新科目。这种"新"不仅表达了它在高中课程体系中的首次出现，更表达了课程设计研制过程中的探索、开拓与创新，蕴含了课程历史的短暂和积累的微薄以至课程设计者获得的成熟经验的支持与帮助极为有限，也蕴含了存在更多不确定因素的影响。探索、开拓与创新的过程以及不确定因素的影响，昭示了预期课程的局限和不完善的必然，以及适应性、实用性受到广泛而复杂的教育情境挑战的必然。因此，以互动调适的课程实施观来

研究技术课程的实施，来认识和理解技术课程实施的特征，探索促进学校层面技术课程实施的对策与措施，才是科学的和唯物主义的，是必须倡导的。

按照互动调适取向的观点，教师和课程设计者在班级或学校实际情境中对课程目标、内容、方法、组织模式做出诸方面的调整、改变与适应，是课程实施内容的组成部分，都是合理的也是合法的。因此，笔者站在研究的立场上，同课程使用者和课程设计者进行对话，根据本研究对大量技术课程实施相关问题资料的分析及通过分析得出的有关结论，在对实施课程与文件课程的契合分析的基础上，对预期课程的调整建议如下。

从课程实施的初期阶段看，教室中运作的实施课程与预期课程（仅从课程文本的角度看）要相互适应，需要相互调整、改变的空间很大。从学校整体作为使用者的立场和学校难以做出进一步调整以期适应的角度来看，以下几方面是预期课程应该进行调整的方面和内容，同时这种调整对成功实施技术课程具有实际意义和价值。

1. 价值与定位

应调整课程价值定位，窄化价值赋予范围，更偏重强调对未来生活和学习方面的价值，并明确课程的属性，确立技术的应用性课程样式。从研究结果看，整体上学生对技术课程的学习，普遍喜欢"动手、操作和解决一些实际问题"。具体建议如下。

（1）通用技术课程应当定位为实用性课程。

按照课程设计的理论，现代课程划分为三个板块，即学术性课程、实用性课程和人文社会课程。实用性课程的宗旨是为生活准备。"学校生活必须在各个方面为每一个个体加入社会生活做好准备"，这是现代社会的一个重要信念。然而，以往的学术类课程价值体系中对于学生未来的生活能力很少关照，或许与社会生存需要的其他能力相比，生活能力在学校课程学习中显得很微不足道。但是，本研究表明了学生和教师对"提高动手能力"和"感受生活中的技术"课程价值的最普遍认可。

应该明确界定技术课程的实用性课程属性，以操作学习为主，通过体验生活中的技术和技能，培养学生解决日常生活中的技术问题的动手能力。当然，课程设计没有必要在非此即彼的观念之间做出选择。如果每一个任课教师都能运用多样化的课程观和课程设计，则学校课程就会变得对学生更有吸引力，更具挑战性，也会更加切合学生的实际，作为一个过程的高中教育也许就能更好地满足学生的个别需求，同时也能更好地满足社会的需求。这对教师的要求将会更高，以目前技术教师队伍的整体水平来说这只能是一个理想。因此，从这个意义上说，应该给通用技术课程定性以使其有型。一方面让通用技术课程区别于学术性课程的特征更加鲜明，另一方面，明确地定性以减小技术课程实施的难度。更重要的是，实际"动手能力"是学生整体素质发展的重要部分，既关系到学生的成长和发展，也关系到学生未来的生活能力。

（2）技术课程的主要价值应当在于生活的准备。

从文本中解读到的课程价值来看，预期课程中赋予技术课程的五方面价值，在一定层面兼容了学术性、实用性和人文性，但实施课程如何能够落实这丰富、兼容的价值？技术学科的本体特征具有鲜明的应用性，体现技术的应用性教育价值是必需的，但赋予课程更多价值期望的意义在哪里？或许是对扩充国民素质或"基本文化水准"的内涵具有意义？预期课程的价值指向不在生活，也不在职业，体现的是一种"技术准备"教育，是为进一步的学习和人生发展打必要基础的教育，这点在课程目标中体现的技术知识与技能、技术过程与方法以及技术态度的要求中足以见证。但是本研究发现，这种宽泛而丰富的价值赋予给实施课程带来了一些困扰，尤其是通用技术课程呈现的明显的学术性课程倾向与此有着很大关系。本研究认为，在高中阶段，技术课程的价值应该指向生活，将价值期望窄化为感受"生活中的技术"，做好未来"生活的技术准备"。

艾斯纳和瓦兰斯（Eisner & Vallance，1974）提出了四种课程观，即认知过程观（cognitive processes）、自我实现观（selfactualization）、社会改造观（social reconstruction）和学术理性主义观（academic rationalism），这四种课程观提出了一些工艺学观所没有关注的东西，如关注人们所渴求的一些结果、重视课程的本质。可以想见，如果我们在目前单一的"常规课程"的"课程食品"里，加进去来自各种备择课程观和课程设计的多样化的营养成分，那么让学生体验的课程实践的健康水平就会大大提高。因此，本研究认为，技术课程不要向学术性课程靠拢，不要追求学术课程的样式与效果，要明确其实用性或应用性的课程属性。

2. 目标与评价

应加强对信息素养本体理论的研究，转化学术概念为可操作性目标体系，建议在思维培养层面探讨信息技术课程的核心价值。应该说，信息技术课程的理念、价值正在得到广大信息技术教师的逐步认识和实践。但是，要得到真正的领悟、理解、内化和广泛认同，还需要课程研制者和教师经历一段共同奋斗和努力的时期。有关本建议的具体思考如下。

本研究表明，信息技术教师和教研员对信息技术科目的信息素养这一课程定位取向存在较为强烈的质疑，以至于成为课程实施中很多问题的间接根源，因为教师和教研员们对信息素养的理解，影响到他们对课程定位和课程目标的理解，也影响到对教材的理解。

信息素养培养作为高中信息技术课程基本定位的出发点和高中信息技术课程目标的最终归宿点，是高中信息技术课程标准研制在学科方面的基本理论支点。在课程实施初期阶段，课程主体通过规定的课程的文本认识和理解新课程时，特别关注信息素养理论及其体现在课程中的相关问题。在访谈教师和教研员时，信息素养这一课程价值定位不断被提出、被追寻、被质疑。研究发现，分歧的焦点有两个，一是对信息素养内涵的理解及对培养途径的认识，典型的认识是信息素养培养体现在所有的学科教育之中，不是信息技术课程独到的不可替代的价值；二是指向课程的学科性质定位，"到底是技术学科还是科学学科、文化学科？"技术学科与科学和人文学科是明显不一样的，那么，其课程化成为学生学习的技术课程时，也应该体现鲜明的区别于其他学科课程的特点（不仅在内容层面）。这也正是本技术课程在设计阶段没有清晰地陈述明白的问题。

本研究认为，信息技术教师和教研员所表现出的对信息素养概念理解上的差异，以及由此概念迁移到课程价值定位认识上的分歧从某种角度告诉我们，对信息素养的基础研究国内做得还不够，信息技术课标组的研究也很不够。尽管在课程标准解读中，我们对信息素养的认识做出了陈述（顾建军，2004a）[45-46]，但是，在从学术研究的思维中走出来，针对实施层面的课程实际，对信息素养做出本土化的理解和诠释，以及从概念定义式转化为具体的可操作性强的结构化目标体系方面，我们还有很多工作没有做或者没做到位，甚至还要诘问这些到底应该是什么。因此，以信息素养的理论与操作层面的结构化转化为线索，对信息技术课程的价值认识与目标定位进行探讨，还是一个非常有实际价值而且迫切需要研究的课题。

课程目标的明确、具体和可操作性是技术课程需要不断追求的，目标问题既涉及内容、教材，更涉及评价。教室中实际运作的技术课程在学生学业评价方面存在的问题，目标设计是其中的成因之一。从目标的具体和可操作这一实用目的出发，研究技术课程学习评价问题是根本性的，研究的结果对技术课程的有效实施是极有价值的。

3. 模块、内容与学分

应合并通用技术的两个必修模块，调整必修的内容，减少学术性课程内容的呈现样式，增加动手制作的内容和着眼解决日常生活技术问题的内容。减少通用技术课的必修学分，增加到信息技术的必修学分中。信息技术必修模块增加"技术成分"，突出技术操作学习和实践应用学习的特征。

需要说明的是，在技术课程实施中出现的关于课程内容的种种看法与争议，其实质是我们依据什么标准选择课程内容的问题，如果大家在统一原则的前提下展开对话，看法和争议就会有章可循。新课程倡导的基本理念告诉我们，在不同的课程决策层面，需要秉承多种知识观来进行课程内容的选择。按照对知识认识的分析，理性主义、经验主义、建构主义和实用主义四种知识观影响的课程知识倾向在技术课程内容选择上，应该有某种平衡或统一性，这样或许才是科学的。当然有关课程内容选择问题应该是课程实施研究的一个重要问题，在本研究中无法深入地探讨与解决，但是知识观主导课程知识内容选择的明显影响在此也是无法回避的问题。因此，课程标准研制者、教材编写者和技术教师在课程目标理解方面可能就会存在差异，加上知识观的不同，在课程内容确定以及材料选择方面就一定会有不同。因此，应该重视技术课程内容选择方面的研究。

4. 教材的实用性

本研究看到了因教材的"实用性不高"带给教师、学生的困扰，所以修订课程标准的同时，必须重视对教材编制的研究，以提高教材的适应性和实用性。对信息技术教材，应该改变"有些空洞，理论化倾向严重"的状态，避免出现"有些东西比较匆忙，和实际有所脱离，没考虑教师，没在教学过程中产生案例……"以及"编写者不懂得学生"的问题。

当然，教材的实用性与否是个相对的概念，在使用情境存在较大差异的情况下，笼统地说实用与否并不可靠。而且，教材的编写确实受制于多方面的因素，与编写者自身情况、课程方案、编写周期、编写队伍组成结构等都不无相关。特别是教材开发周期，开发人员对教材使用情境的前期研究，对选用材料、例子或案例在实际课堂中的使用或实施，关注特定群体和情境的差异性与独特性等，更是影响教材"实用性"的重要因素。因此，编写或开发教材时，第一，应该考虑确保教材"实用性"或"适应性"的控制策略，并且要满足一定的开发时间；第二，教材等课程资源的建设必须纳入课程改革计划，在政策上确保各种课程资源的开发以及责任主体能够落到实处；第三，应该发挥地方、学校和教师乃至学生等进行课程资源开发的主体作用，以提升技术课程教材的实用性，使之能够适应地区、学校以及学生的差异，特别是为学生提供更多的选择；第四，由于教材的实用性影响到教师对课程内容的认同，最终会影响到教室中实施课程的深度和范围，所以要保证和提高技术课程实施的质量，必须重视技术教材的研究和开发，应该说这是技术课程建设与发展面临的重大课题。在教材内容材料的选取上，对古老的问题"什么知识最有价值"应该赋予新的答案，而这样的问题在技术学科教材编写时是否得到了编写者的充分认识与关注还难以说清。我们应有的认识是，学校应该成为课程资源开发的重要力量，网络等数字化资源的异军突起，应该成为补足和优化技术课程教学资源的希望性"力量"。

（三）加快解决技术教师的专业化问题

技术教师的专业化是技术课程成功实施面临的最迫切的问题。研究中笔者深深感受到了专业性标志对一门新兴课程的重要性，而这种标志在教室中的体现必须有赖于教师的专业知识，对于技术课程来说，有赖于技术教师的学科专业知识和"动手操作"能力。但是，在技术课程实施初期阶段，技术教师的专业化水平与技术课程实施需要严重失配，通用技术教师几乎都是"非专业"出身，还不具备一些作为技术教师必须具备的专业特质，尤其是稳定的通用技术教师队伍还没形成。因此，技术教师专业知识和教学能力的发展受到相当大的限制。

要提高学校的技术课程实施品质，提升学生对技术课程的认同与投入的一致性，教师的培养与专业化发展是关键。而作为国家课程设置的技术学科，通用技术教育专业在高等师范院校目前还没得到建设，信息技术教育专业在部分地方院校刚刚开始设置，而技术教师队伍的培养、培训以至专业化成长与发展都成为燃眉之急。因此，本研究强烈呼吁，高等师范院校要加速技术学科的专业建设，以为高中技术教育课程的实施与发展培养专门的合格的师资。

（四）关注校长的专业发展，促进有效的课程领导运作

"一个无法回避的结论是：领导层的建设将会使课堂发生很大的变化。"（霍尔 等，2004）[290]本研究的结论也证明了这一点：校长对技术课程的实施有着很高的决策权力，是学校水平的技术课程成功实施的关键因素。但是，作为学校水平运作课程的决策者，校长必须发挥课程领导的职能，这要求校长具备一定的课程哲学观和课程知识，能够认识和理解各学科的课程，并能通过领导行为促进教师的专业发展。对于技术课程实施来说，校长只有对技术课程有充分的认识和理解，才能有坚定的实施技术课程新方案的行为。所以，必须加强对校长的专业发展的关注，提升校长作为课程领导者的能力和素质。

有研究提出了有效的课程领导的十大指标和校长进行课程领导的主要举措（杨明全，2003）[178-179]，在主要举措中提出了校长进行课程领导应该做的四方面工作，包括规划学校发展前景以及领导设置学校课程；健全学校的课程组织；组织合作的教师团队，形成制度化的工作模式；促进教师的专业发展和学生的个性发展等。这些研究结果告诉我们，新课程改革要求学校校长从管理者走向课程领导，需要校长做出很大的转变，校长需要学习、培训和发展专业能力，以形成有效的课程领导运作。

然而就目前来看，直接针对新课程实施工作而进行的系统专业培训还不多，将特定的专业发展与校长成功领导新课程实施工作相联系的研究也没有见到。本研究的结果告诉我们，必须有校长的认同与重视，技术课程的实施才有可能在学校从肤浅、临时的实施状态走向深入、长久的开展。同时，本研究也启示我们"必须有学校领导的专业发展与教师的专业发展同步进行的系统"。换言之，应该为学校校长及与技术新课程实施相联系的评估和发展制定标准。在美国，类似的标准体系正在建立之中，例

如，州际学校领导者许可联合体（the Interstate School Leaders Licensure Consortium，ISLLC）目前已经建立了约有 200 项指标的校长标准的综合体系，"该联合体已将这些标准与学校领导的专业发展、培训、认证及评价等结合起来"（富兰，2005）[284]。

（五）重视教研部门，发挥教研员研究、引领和培训的作用

本研究发现，对于学校水平的技术课程实施，地方的教研员是一支不可忽视的援助力量。要推动高中技术课程的全面建设与发展，必须重视教研部门，加强教研员队伍的建设，使其在研究、引领和培训三重角色上发挥作用。H 实验区教研院的做法值得提倡和推广，他们的工作伴随新课程的改革而创新，将工作定位转变为"教研兴课，科学实施新课程"。在研究方面的具体体现是，开展与模块教学同步进行研究的常规教研，针对问题开展专题研究引领教研，组织有明确目标指向性和问题针对性的课改专项培训。与此同时，组织建设和普及网络教研，开展区域性协作，重视改革学生评价，用好学分管理，开展推动构建多样化的课堂活动等，为初期阶段的技术课程实施提供了坚实而丰富的援助。学校课堂层面实施的技术课程，处于一个复杂的张力网中，重视教研员队伍建设，发挥好教研机构的作为，就有希望通过专业援助增加教育行政方面的牵引力量，进而消解阻力，促进技术课程的有效实施。

参 考 文 献

一、中文部分

雅琪·雷森南. 2005a. 六国技术教育比较分析（上）——六国技术教育课程概观［J］. 张来春，译. 信息技术教育（7）：27 – 30.

雅琪·雷森南. 2005b. 六国技术教育比较分析（下）——六国技术教育课程系统分析与讨论［J］. 张来春，译. 信息技术教育（8）：34 – 36.

阿伦·C. 奥恩斯坦，费朗西斯·P. 汉金斯. 2002. 课程：基础、原理和问题［M］. 柯森，译. 2 版. 南京：江苏教育出版社.

阿伦·C. 奥恩斯坦. 2004. 当代课程问题［M］. 余强，译. 杭州：浙江教育出版社.

白月桥. 2004. 课程标准实验稿课程目标订定的探讨［J］. 课程·教材·教法（9）：3 – 10.

操太圣. 2005. 学校变革进程中的教育领导：一种角色的期待［C］. 中国教育改革高层论坛——多元视角中的教育质量问题：123 – 128.

陈昌曙. 1999. 技术哲学引论［M］. 北京：教育科学出版社.

陈天顺. 2002. 课程意识：现代教师的必备素养［J］. 教育发展研究（7，8）：115 – 116.

陈伟强. 2010. 通用技术课程实施中的若干关键问题［J］. 中国电化教育（11）：84 – 88.

陈伟强. 2011. 通用技术课程教学评价应把握的几个要点［J］. 教育理论与实践（12）：12 – 14.

陈友松. 1982. 当代西方教育哲学［M］. 北京：教育科学出版社.

陈向明. 2002. 质的研究方法与社会科学研究［M］. 北京：教育科学出版社.

陈玉琨 等. 2001. 课程改革与课程评价［M］. 北京：教育科学出版社.

丛立新.2000. 课程论问题［M］. 北京：教育科学出版社.

崔允漷，夏雪梅.2007. 试论基于课程标准的学生学业成就评价［J］. 课程·教材·教法（1）：13 - 18.

崔鑫治，秦健，夏维.2010. 通用技术教师培养问题的解决［J］. 现代教育技术（11）：76 - 78.

大卫·杰费里·史密斯.2000. 全球化与后现代教育学［M］. 郭洋生，译. 北京：教育科学出版社.

代建军，段作章.2006. 课程制度创新［C］. 课程理论发展与实践进展——第五次全国课程学术研讨会论文集：139 - 144.

丹尼斯·劳顿.1985. 课程研究的理论与实践［M］. 张渭城 等，译. 北京：人民教育出版社.

邓立言.2001. 中小学信息技术学科建设之我见［J］. 教育研究（4）：52 - 54.

底亚楠，王海燕，米伟娜.2010. 浙江省高中信息技术教师对新课程的适应性研究［J］. 中国教育信息化（7）：12 - 14.

丁俊丽，赵国杰，李光泉.2002. 对技术本质认识的历史考察与新界定［J］. 天津大学学报社会科学版（3）：88 - 92.

董玉琦.2003. 信息教育课程设计原理：要因与取向［D］. ［博士学位论文］. 长春：东北师范大学.

董玉琦.2004. 信息技术课程实施：取向、教学与教师［J］. 中国电化教育（12）：31 - 35.

董玉琦.2005a. 信息技术课程设计：构成要因与价值取向［J］. 教育研究（4）：62 - 67.

董玉琦.2005b. 信息技术课程与教学研究［M］. 北京：人民教育出版社.

董玉琦，解月光，孙启林.2005. 信息技术教育国际比较研究［M］. 北京：人民教育出版社.

杜海琼，张剑平.2008. 人工智能教育专题网站的构建与研究［J］. 中国教育信息化（4）：64 - 67.

段青.2004. 基于网络环境的普通高中通用技术课程教师培训及校本研究［EB/OL］. http://tech. cersp. com，2004 年 8 月 14 日 23：02：11.

范良火.2003. 教师教学知识发展研究［M］. 上海：华东师范大学出版社.

费雷斯特·W. 帕克，格伦·哈斯.2004. 课程规划——当代之取向［M］. 谢登斌，俞红珍 等，译. 杭州：浙江教育出版社：561 - 562.

冯生尧，李子建.2001. 香港课程实施影响因素之分析［J］. 全球教育展望（5）：30 - 35。

冯蔚蔚.2009.普通高中通用技术课程终结性评价的研究［D］.［硕士学位论文］.南京：南京师范大学.

傅建明.2005.教育原理与教学技术［M］.广州：广东教育出版社.

傅维利，刘民.1988.文化变迁与教育发展［M］.成都：四川教育出版社.

顾国麒.1996.普通高中劳动技术教育的探讨［J］.课程·教材·教法（12）：48－51.

顾建军.2004a.《普通高中技术课程标准（实验)》解读［M］.武汉：湖北教育出版社.

顾建军.2004b.技术与设计1［M］.南京：江苏教育出版社.

顾建军.2004c.技术与设计2［M］.南京：江苏教育出版社.

顾建军.2005a.技术课程：实现学生创新的载体［N］.中国教育报.

顾建军.2005b.普通高中技术课程设计中的几个基本问题［J］.课程·教材·教法（2）：52－58.

顾明远，檀传宝.2004.2004：中国教育发展报告——变革中的教师与教师教育［M］.北京：北京师范大学出版社.

郭凤广.2006.山东省高中信息技术会考与学业水平考试的比较与启示［J］.中小学信息技术教育（6）：13－15.

郭艳丽.2009.信息技术课中作品评价法的使用［J］.中国电化教育（8）：99－101.

郭元祥.2003.教师的课程意识及其生成［J］.教育研究（6）：33－37.

郭元祥.2006.学校课程制度及其创生［C］.课程理论发展与实践进展——第五次全国课程学术研讨会论文集：357－363.

国家教委社会科学研究所与艺术教育司.1991.自然辩证法［M］.北京：高等教育出版社.

国家研究理事会.1999.美国国家科学教育标准［M］.戢守志 等，译.北京：科学技术文献出版社.

郝德永.2002.课程与文化：一个后现代的检视［M］.北京：教育科学出版社.

郝德永.2004.新课程改革中的文化学研究［J］.课程·教材·教法（11）：17－21.

郝德永.2005.课程认识论的冲突与澄清［J］.全球教育展望（1）：15－19.

郝明君，靳玉乐.2006.教师文化的变革［J］.中国教育学刊（3）：70－71.

和学新.2005.课程意识与教学改革［J］.当代教育科学（4）：88－91.

黄济.1986.普通中学如何开展职业技术教育［J］.教育与职业（1）：8－9.

黄济.2002.教育哲学通论［M］.太原：山西教育出版社.

黄济，郭齐家．2003．中国教育传统与教育现代化基本问题研究［M］．北京：北京师范大学出版社．

黄洪杰．2009．任务驱动教学模式在通用技术课程中的应用研究［D］．［硕士学位论文］．济南：山东师范大学．

黄瑞琴．1991．质的教育研究方法［M］．台北：心理出版社．

黄松爱，董玉琦．2010．高中学生信息素养现状调查与分析［J］．中国电化教育（8）：10－13．

黄显华，朱嘉颖．2003．一个都不能少：个别差异的处理［M］．上海：上海科技教育出版社．

黄政杰．1995．多元社会课程取向［M］．台北：师大书苑．

霍尔姆斯·M．麦克莱恩．2001．比较课程论［M］．张文军，译．北京：教育科学出版社．

霍化德·加德纳．2005 未来的教育：教育的科学基础和价值基础［J］．教育研究（2）：12－19．

吉纳·E．霍尔，雪莱·M．霍德．2004．实施变革：模式、原则与困境［M］．吴晓玲，译．杭州：浙江教育出版社．

江山野．1997．简明国际教育百科全书——课程［M］．北京：教育科学出版社．

杰姆斯·加略特．2004．设计与技术［M］．常初芳，译．北京：科学出版社．

靳玉乐．1997．试论文化传统与课程价值取向［J］．西南师范大学学报（6）：62－67．

靳玉乐．2001．课程实施：现状、问题与展望［J］．山东教育科研（11）：3－7．

靳玉乐，陈妙娥．2003．新课程改革的文化哲学探讨［J］．教育研究（3）：67－71．

克里夫·贝克．2003．优化学校教育——一种价值的观点［M］．戚万学，赵文静等，译．上海：华东师范大学出版社．

拉尔夫·泰勒．1994．课程与教学的基本原理［M］．施良方，译．北京：人民教育出版社．

黎福祥，苏斌，樊红珍．2009．电子学档在信息技术课程评价中的应用［J］．中国教育信息化（8）：36－39．

李臣之．2001．课程实施：意义与本质［J］．课程·教材·教法（9）：13－17．

李德顺．1993．价值新论［M］．北京：中国青年出版社．

李德顺．1995．价值学大辞典［M］．北京：中国人民大学出版社．

利福德·格尔兹．1999．文化的解释［M］．纳日碧力戈 等，译．上海：上海人民出版社．

李连科．1999．价值哲学引论［M］．北京：商务印书馆．

李鹏程．1995．当代文化哲学沉思［M］．北京：人民出版社．

李雁冰．2002．课程评价论［M］．上海：上海教育出版社．

李艺，殷雅竹．2001．中小学信息技术教育的文化内化问题［J］．教育研究（10）：57－61．

李艺，张义兵．2002．信息技术教育的双本体观分析［J］．教育研究（11）：70－73．

李艺，钟柏昌．2003．信息素养详解［J］．课程·教材·教法（10）：25－28．

李艺．2003a．高中信息技术会考研究的价值［J］．中小学信息技术教育（11）：5．

李艺．2003b．信息技术课程：设计与建设［M］．北京：高等教育出版社．

李艺．2004a．信息技术基础［M］．北京：教育科学出版社．

李艺．2004b．新课标下的信息技术课程建设［J］．中小学信息技术教育（9）：5－6．

李子建．2003．后现代视野中的课程实施［J］．华东师范大学学报（教育科学版）（1）：21－33．

刘畅．2009．北京市通用技术教师现状研究［D］．［硕士学位论文］．北京：首都师范大学．

刘启迪．2002．试论学生与课程实施的关系［J］．课程·教材·教法（2）：8－11．

刘向永，董玉琦．2009．高中信息技术教学方法的评析与应用策略［J］．现代教育技术（2）：42－44．

刘向永，董玉琦．2011．价值哲学视野下的信息技术课程的价值体系构建［J］．课程·教材·教法（11）：87－91．

刘旭东．2001．论20世纪课程价值取向的嬗变［J］．青海师范大学学报（4）：47－51．

刘旭东．2002．现代课程的价值取向研究［M］．兰州：甘肃教育出版社．

卢乃桂，操太圣．2002．论教师的内在改变与外在支持［J］．教育研究（12）：55－59．

陆有铨．1997．躁动的百年——20世纪的教育历程［M］．济南：山东教育出版社．

罗晓欢，黄甫全．2006．试论课程实施的不确定性及其启示［C］．课程理论发展与实践进展——第五次全国课程学术研讨会论文集：528－544．

吕立杰．2004．课程设计的范式与方法——中国基础教育"新课程"设计的个案研究［D］．［博士学位论文］．长春：东北师范大学．

马和民，高旭平．2000．教育社会学研究［M］．上海：上海教育出版社．

马开剑．2006．普通高中技术教育研究［D］．［博士学位论文］．上海：华东师范大学．

马云鹏．1998．国外关于课程取向的研究及对我们的启示［J］．外国教育研究（3）：38－43．

马云鹏，林智中．1999．质的研究方法及其在教育研究中的应用［J］．中国教育学刊（2）：59－62．

马云鹏．2000．基础教育课程发展——政策的反思［J］．教育发展研究（12）：23－26．

马云鹏．2001．课程实施及其在课程改革中的作用［J］．课程·教材·教法（9）：1－2．

马云鹏，唐丽芳．2002．课程实施策略的选择［J］．比较教育研究（1）：16－20．

马云鹏．2003a．课程实施探索——小学数学课程实施的个案研究［M］．长春：东北师范大学出版社．

马云鹏．2003b．课程与教学论［M］．北京：中央广播电视大学出版社．

马凌诺斯基．2002．文化论［M］．费孝通，译．北京：华夏出版社．

麦克·扬．2003．未来的课程［M］．谢维和，王晓阳，译．上海：华东师范大学出版社．

麦克·F. D. 扬．2002．知识与控制［M］．谢维和，朱旭东，译．上海：华东师范大学出版社．

迈克尔·W. 阿普尔．2001．意识形态与课程［M］．黄忠敬，译．上海：华东师范大学出版社．

迈克尔·富兰．2004．变革的力量——深度变革［M］．中央教科所，加拿大多伦多国际学院，译．北京：教育科学出版社．

迈克尔·富兰．2005．教育变革新意义［M］．赵建中，陈霞，李敏，译．北京：教育科学出版社．

毛广夫．1986．劳动技术教育是中学教育不可缺少的组成部分［J］．天津教育（6）：2－3．

梅雷迪斯·D. 高尔，沃尔特·R. 博格．2002．教育研究方法导论［M］．许庆豫等，译．6 版．南京：江苏教育出版社．

米伟娜，王海燕，王劲松．2009．新课程实施中教师的情感状态研究——来自宁波市高中信息技术教师的调查［J］．现代教育技术（7）：63－67．

聂馥玲．2003．技术本质研究综述［J］．内蒙古社会科学（汉文版）（5）：78－81．

钱旭升，童莉．2010．信息技术课程实施过程的文化阐释［J］．课程·教材·教法（7）：78－81．

乔治·A．比彻姆．1989．课程理论［M］．黄明皖，译．北京：人民教育出版社．

冉磊．2011．通用技术课程中技术设计学习的表现性评价研究［D］．［硕士学位论文］．南京：南京师范大学．

任远．2007．普通高中通用技术教师知识结构建构的研究［D］．［硕士学位论文］．南京：南京师范大学．

塞缪尔·亨廷顿，劳伦斯·哈里森．2002．文化的重要作用——价值观如何影响人类进步［M］．程克雄，译．北京：新华出版社．

石鸥，彭慧芳．2004．课程改革：在实施中异变的原因与对策［J］．课程·教材·教法（3）：3－7．

施良方．1996．课程理论［M］．北京：教育科学出版社．

宋光辉，周媛．2004．高中信息技术学习评价的实践意义及若干原则［J］．电化教育研究（8）：79－80．

孙淑晶，张兵，徐恩芹．2008．高中信息技术教师职业倦怠的现状调查及对策分析［J］．中小学信息技术教育（3）：25－27．

唐丽芳．2005．课程改革中的学校文化［D］．［博士学位论文］．长春：东北师范大学．

汪霞．2003a．课程实施：一个值得关注的问题［J］．教育科学研究（3）：1－9．

汪霞．2003b．课程研究：现代与后现代［M］．上海：上海科技教育出版社．

王德如．2004．试论课程文化自觉与创新［J］．课程·教材·教法（11）：7－11．

王爱胜．2006．高中信息技术教材中存在的问题与思考［J］．中国电化教育（6）：64－66．

王克胜．2008．高中信息技术教学中的五种"流行病"及其防治［J］．中国电化教育（3）：92－94．

王吉．2011．高中信息技术课程的现状、问题与对策［J］．课程·教材·教法（1）：52－55．

王吉庆．2001．信息素养论［M］．上海：上海教育出版社．

王吉庆．2004．信息技术课程论［M］．保定：河北大学出版社．

王小亮．2011．高中通用技术课程中项目引导教学模式的研究［D］．［硕士学位论文］．南京：南京师范大学．

王治河．2003．全球化与后现代性［M］．桂林：广西师范大学出版社．

吴刚．2002．知识演化与社会控制——中国教育知识史的比较社会学分析［M］．北京：教育科学出版社．

吴刚平 . 2002. 课程改革需要强化课程意识［J］. 教育发展研究（7，8）：37－40.

吴国盛 . 2003. 技术哲学的基本问题［EB/OL］. http：//www. jeast. net/user/zxian/archives/002230. html

吴康宁 . 1998 . 教育社会学［M］. 南京：江苏教育出版社 .

吴也显，刁培 . 2005. 课堂文化重建的研究中心：学习力生成的探索［J］. 课程·教材·教法（1）：19－24.

吴畏 . 2011. 欧盟五国中小学技术教育的评价研究——基于 Virtanen 技术教育课程分析框架［J］. 上海教育科研（5）：30－33.

魏雄鹰，李永前 . 2008. 浙江省高中信息技术新课程实验的现状、问题与对策［J］. 中国电化教育（4）：90－93.

魏振楠 . 1996. 劳动·技能·素质——中学劳技课教学经验谈［M］. 北京：北京教育出版社 .

夏洪文 . 2006. 信息技术教育中人文精神的培养［J］. 教育研究（5）：63－66.

肖川 . 2005. 教师的课程意识［J］. 河南教育（8）：1.

小威廉姆·E. 多尔 . 2000. 后现代课程观［M］. 王红宇，译 . 北京：教育科学出版社 .

谢翌 . 2006. 教师信念：学校教育中的“幽灵”——一所普通中学的个案研究［D］.［博士学位论文］. 长春：东北师范大学，44－46.

解月光 . 2004a. 对经历信息技术过程的解读［J］. 电化教育研究（3）：23－26.

解月光 . 2004b. 多媒体技术应用［M］. 北京：教育科学出版社 .

解月光，邢志芳 . 2006a. 普通高中学生通用技术课程认同现状调查与分析［C］. 课程理论发展与实践进展——第五次全国课程学术研讨会论文集：387－393.

解月光 . 2006b. 高中信息技术课程实施阶段的教师课程认同研究［J］. 中国电化教育（1）：20－24.

解玉嘉 . 2008. 对通用技术课程的理解与实践［J］. 现代教育论丛（4）：68－71.

辛继湘 . 1998. 人文价值——科学课程价值取向的必然选择［J］. 教育评论（2）：33－35.

邢志芳 . 2011. 普通高中通用技术课程价值及实现研究［D］.［博士学位论文］. 长春：东北师范大学 .

徐碧美 . 2003. 追求卓越——教师专业发展案例研究［M］. 陈静，李忠如，译 . 北京：人民教育出版社 .

徐福荫 . 2005. 普通高中信息技术新课程改革与实践研究［J］. 中国电化教育（12）：32－37.

徐辉.2001.科学技术社会［M］.北京：北京师范大学出版社.

叶澜.1989.试论当代中国教育价值取向之偏差［J］.教育研究（8）：28－32.

杨明全.2003.革新的课程实践者——教师参与课程变革研究［M］.上海：上海科技教育出版社.

佚名.1958.综合技术教育问题讨论的几个结论［J］.教育译报（2）.

佚名.1999.中共中央国务院关于深化教育改革全面推进素质教育的决定［J］.中国职业技术教育（7）：5－9.

尹弘飚，靳玉乐.2003.课程实施的策略与模式［J］.比较教育研究（2）：11－15.

尹弘飚，李子建.2004.基础教育新课程实施的影响因素分析［J］.南京师大学报（社会科学版）（2）：62－70.

尹弘飚，李子建.2005a.论学生参与课程实施及其研究［J］.课程·教材·教法（1）：12－17.

尹弘飚，李子建.2005b.再论课程实施取向［J］.高等教育研究（1）：67－73.

尹弘飚.2006.高中课程改革中的教师困境：根源、类型与消解［C］.课程理论发展与实践进展——第五次全国课程学术研讨会论文集：753－762.

俞国良.1999.学校文化新论［M］.长沙：湖南教育出版社.

余文森，吴刚平.2005.关注资源、学科与课堂的统整［M］.上海：华东师范大学出版社：15.

于慧颖.2001.深化劳动技术教育课程改革的思考［J］.教育研究（12）：47－51.

约翰·D.布兰斯福特，安·L.布朗，罗德尼·R.科金 等.2002.人是如何学习的——大脑、心理、经验及学校［M］.程可拉 等，译.上海：华东师范大学出版社.

袁海泉，刘电芝.2006.论课程内容的选择原则［C］.课程理论发展与实践进展.

曾国屏 等.2002.赛博空间的哲学探索［M］.北京：清华大学出版社.

詹姆士·G.亨德森，理查德·D.霍索恩.2005.革新的课程领导［M］.志平，李静，译.杭州：浙江教育出版社.

赵建军.2001.追问技术悲观主义［M］.沈阳：东北大学出版社.

赵厚福，刘兆臻.2005.教育技术的技术本质与定义［J］.中国电化教育（2）：9－13.

赵小段.2004.后现代教育思潮的超越与挑战——我国学者关于后现代教育研究综述［J］.当代教育科学（11）：13－16.

张楚廷.2003.课程与教学哲学［M］.北京：人民教育出版社.

张芳. 2010. 通用技术课程教学资源的选择与应用 [J]. 北京教育学院学报（自然科学版）(3)：57 – 60.

张华. 1999. 论课程实施的含义与基本取向 [J]. 外国教育资料 (2)：28 – 32.

张克松. 2011. 中学信息技术课程的后现代转向 [J]. 课程·教材·教法 (4)：87 – 90.

张青. 2005. 现行高中信息技术教材评述 [J]. 课程·教材·教法 (2)：59 – 64.

张瑞梅. 2011. 基于问题的学习（PBL）在通用技术课程教学中的应用研究 [D]. [硕士学位论文]. 南京：南京师范大学.

张善培. 1998. 课程实施程度的测量 [J]. 教育学报 (26)：149 – 170.

张天宝. 1995. 论育人是课程设计之本 [J]. 教育研究与实验 (2)：21 – 24.

张廷凯. 2004. 革新课程领导的现实意义和策略 [J]. 课程·教材·教法 (2)：13 – 18.

张怡，郦全民，陈敬全. 2003. 虚拟认识论 [M]. 北京：学林出版社.

张义兵，李艺. 2003. "信息素养"新界说 [J]. 教育研究 (3)：78 – 81.

张燕，董玉琦，景维华. 2011. 高中信息技术教师专业知识来源的调查与分析 [J]. 现代教育技术 (11)：43 – 37.

张志勇. 2004. 创新教育——中国教育范式的转型 [M]. 济南：山东教育出版社.

甄晓兰. 2003. 教师的课程意识与教学实践 [J]. 教育研究集刊 (1)：63 – 94.

郑金洲. 2000. 教育文化学 [M]. 北京：人民教育出版社.

钟启泉. 2000. "学校知识"与课程标准 [J]. 教育研究 (11)：50 – 54.

钟启泉 等. 2001. 为了中华民族的复兴，为了每位学生的发展——《基础教育课程改革纲要（试行）》解读 [M]. 上海：华东师范大学出版社.

钟启泉. 2003a. 寻求课程范式的转型——中国大陆基础教育课程改革的进展与问题 [J]. 比较教育研究 (1)：6 – 10.

钟启泉，李雁冰. 2003b. 课程设计基础 [M]. 济南：山东教育出版社.

钟启泉. 2004. 高中学分制如何作为 [N]. 中国教育报，2004 – 03 – 25 (8).

钟志贤. 2005. 信息化教学模式——理论构建与实践例说 [M]. 北京：教育科学出版社.

仲建雍. 2005. 观念的价值和表达：学生在教学中的权力思考 [J]. 全球教育展望 (1)：20 – 24.

朱彩兰，李艺. 2005. 信息技术课程技能倾向的原因分析及对策研究 [J]. 教育探索 (3)：20 – 22.

朱彩兰. 2005. 文化教育视野下的信息技术课程建构 [D]. [博士学位论文]. 南京：南京师范大学.

二、外文部分

Beher L S. 1994. The Knowledge Base of Curriculum：An Empirical Analysis ［M］. Maryland：University Press of America，Inc.

Calderhead J. 1996. Teachers：Beliefes and Knowledge ［M］. In D. C. Berliner and R. C. Calfee（ed.）. Handbook of Educational Psychology. New York：Macmillan.

Clark C M，Peterson P L. 1986. Teachers' Thought Process ［M］. In M. Wittrock（ed.），Handbook of Research on Teaching（3rd ed）. New York：Macmillan，255－296.

Fielding M. 2001. Students as Radical Agents of Change ［J］. Journal of Educational Change（2）：123－141.

Fullan M，Pomfret A. 1977. Research on Curriculum and Instruction Implementation ［J］. Review of Educational Research，47（1）：335－397.

Fullan M. 1982. The Meaning of Educational Change ［M］. New York：Teachers College Press.

Fullan M. 1988. Research into Education Innovation ［M］. in Clatter R et al. Understanding School Management. Milton Keynes：Open University Press.

Fullan M. 1991. Curriculum Implementation ［A］. Lewy A. The International Encyclopedia of Curriculum ［M］. Oxford，New York：Pergamon Press，378－384.

Fullan M，Hargreaves A. 1992. Teacher Development and Educational Change ［M］. London：The Falmer Press.

Fullan M，2001. The Meaning of Educational Change ［M］. 3rd ed. New York：Teachers College Press.

Gay G. 1995. A Multicultural School Curriculum ［M］. In C. A. Grant & M. Gomez（Eds.），Making School Multicultural：Campus and Classroom. Englewood Cliffs. NJ：Merrill/Prentice Hall，37－54.

Goldman G，Newman J B. 1998. Empowering Students to Transform Schools ［M］. Thousand Oaks，CA：Corwin Press，Inc.

Goodlad J I. 1979. Curriculum Inquiry. The Study of Curriculum Practice ［M］. McGraw-Hill Book Company.

Goodlad J I. 1991. Curriculum as a Field of Study ［A］. Lewy A. The International Encyclopedia of Curriculum ［C］. Oxford：Pergamon Press.

Hargreaves L，Comber C & Galton M. 1996. The National Curriculum：Can Small School Deliver Confidence and Competence Levels of Teachers in Small Rural Primary Schools ［J］. British Educational Research Journal ，22：89－99.

Huberman M, Ben-Peretz M. 1994. Disseminating and Using Research Knowledge [J]. Knowledge, Technology & Policy, 7 (4): 3 – 12.

House E R. 1979. Technology Versus Craft: A Ten Year Perspective on Innovation [J]. Journal of Curriculum Studies, 11 (1): 1 – 15.

House E R. 1981. Three Perspectives on Innovation: Technological, Political, and Cultural [A]. Lehming R, Kane M. 1981. Improving Schools: Using What We Know [C]. Beverly Hills: Sage Publications, 17 – 41.

Kagan D M. 1995. Research on Teacher Cognition [M]. In A. C. Ornstein. Teaching: Theory into Practice. Boston: Allyn and Bacon.

Jackson P. 1968. Life in Classrooms [M]. New York: Holt, Rinehart & Winston.

John Dewey. 1938. Experience and Education [M]. In: Caswell and Compbell, Curriculum Development. New York: MacMillan, 69.

Lawton D. 1975. Class, Culture and the Curriculum [M]. RKP.

Lam C C. 1991. The Implementation of Curriculum Change in Moral Education in Secondary Schools in Hong Kong [D]. A Thesis for the Degree of Doctor of Philosophy in the University of London Institute of Education.

Levin B. 2000. Putting Students at the Centre in Educational Reform [J]. Journal of Educational Change, 1: 155 – 172.

Marland M. 2003. The Transition from School to University: Who Prepares Whom, When, and How? Arts and Humanities in Higher Education, 2: 201 – 211.

McLaughlin M W. 1976. Implementation as Mutual Adaptation: Change in Classroom Organization [J]. Teachers College Record, 77 (3): 339 – 351.

McNeil J D. 1996. Curriculum: A Comprehensive Introduction [M]. New York: Harper-Collins College.

Nesper J. 1987. The Role of Beliefs in the Practice of Teaching [J]. Journal of Curriculum Studies, 19 (4): 317 – 328.

Nias J, Southworth G & Yeonmans R. 1989. Staff Relationship in the Primary School [M]. London: Cassell, 32 – 45.

Patton M Q. 1990. Qualitative Evaluation and Research Methods [M]. London: Sage, 53 – 54, 169.

Shavelson R J. 1973. What is the Basic Eaching Skill? [J]. Journal of Teacher Education (14): 144 – 151.

Shulman L S. 1986. Knowledge and Teaching-Foundations of New Reform [J]. Harvard Educational Review, 57 (1): 1 – 21.

Smylie M A. 1994. Curriculum Adaptation ［M］. In Thusen & T. N. Postlethwaite, The International Encyclopedia of Education. 2nd ed. Oxford：Pergamon Press.

Snyder J, Bolin F & Zumwalt K. 1992. Curriculum Complementation ［M］. In Jackson, P. W. （ed.）. Handbook of Research on Curriculum. New York：Macmillan Pub. Co.

Stake R E. 1995. The Art of Case Study Research ［M］. Thousand Oads：Sage Publications, 4.

Travers K J., Westbury I. 1989. The IEA Study of Mathematics I：Analysis of Mathematics Curricula ［M］. Oxford：Pergamon Press, 2 - 9.

Yin R K. 1994. Case Study Research：Design and Methods ［M］. Thousand Oaks：SAGE Publications.

附　　录

附录一　"普通高中技术课程实施"调查问卷
（信息技术教师）

尊敬的老师：

您好！为了了解高中技术课程实施的有关情况，特进行此次问卷调查。调查结果只用于技术课程标准的改进研究，不会给您的工作及生活带来任何不良影响。望您和我们共同完成这项调查。此问卷采用无记名方式进行，请您根据实际情况真实地填写。谢谢您的合作！

请您首先填写好以下项目：

性别：＿＿＿＿＿＿　学历：＿＿＿＿＿＿　教龄：＿＿＿＿＿＿

现任教年级：＿＿＿＿＿＿　现任教学科：＿＿＿＿＿＿

如果您同时是信息技术和通用技术两门课的老师，则需要回答所有的问题并在下面的中括号内打对号。

如果您额外回答了非任教学科的问卷内容，则问卷作废。

　　　　　　　　我同时教授信息技术和通用技术两门课程　［　　］

1. 基本概况调查，所有教师均请依据实际情况填写。（问卷结果仅用

于课程实施调查，不予公开）

（1）您是否除技术课外还兼任其他课程的教学工作？_____

　　A. 是　　　　　　　　B. 否

（2）您是否兼任行政职务？_____

　　A. 是　　　　　　　　B. 否

（3）您的周课时量为_____。

　　A. 八节以内　　　　B. 八到十二节　　　C. 十二节以上

（4）目前您的课时费与其他学科（例如英语、数学、语文等）老师相比差异_____。

　　A. 很大　　　　　　　B. 很小　　　　　　C. 无差异

（5）您参与过的教师培训是_____。

　　A. 脱产培训　　　　　　　　　　B. 半脱产培训

　　C. 业余培训　　　　　　　　　　D. 没有任何培训

（6）若您参加过培训，那么您认为培训内容的难易程度如何？_____

　　A. 很难　　　　　　　B. 较难　　　　　　C. 难易程度适当

　　D. 较容易　　　　　　E. 很容易

（7）您是由下列哪种专业毕业的？_____

　　A. 教育技术　　　　　　　　　　B. 计算机

　　C. 数学、物理或化学等相关专业　D. 其他非相关专业

2. 您认为学生学习信息技术课程的动机是_____。

　　A. 对技术课程有兴趣　　　　　　B. 迫于学分制的压力

　　C. 能解决问题　　　　　　　　　D. 其他（请写出）_____

3. 您认为信息技术课程评价学生的主要依据应该是_____。

　　A. 考试成绩　　　　　　　　　　B. 课堂表现

　　C. 作业情况　　　　　　　　　　D. 兴趣、态度等

4. 您认为信息技术课程应该达成的课程目标是_____。

　　A. 基础知识　　　　　　　　　　B. 基本技能

　　C. 思维能力　　　　　　　　　　D. 想象力

　　E. 解决实际问题的能力　　　　　F. 创造性思维能力

　　G. 收集、处理、利用信息的能力　H. 学会学习

　　I. 道德品质　　　　　　　　　　J. 其他（请写出）_____

5. 现行高中信息技术课程包括以下各部分内容。

您认为最有必要开设的是（可多选）：＿＿＿＿＿＿＿＿＿＿＿＿；

可以删减的是（可多选）：＿＿＿＿＿＿＿＿＿＿＿；

学生学习比较容易的是（可多选）：＿＿＿＿＿＿＿＿＿＿；

学生学习比较困难的是（可多选）：＿＿＿＿＿＿＿＿＿＿。

A. 信息获取　B. 信息加工与表达　C. 信息资源管理　D. 信息技术与社会　E. 算法与程序设计　F. 多媒体技术应用　G. 网络技术应用　H. 数据管理技术　I. 人工智能初步

6. 您认为根据社会、经济和学生发展的需要，高中信息技术课程应该增加什么教学内容？

（1）＿＿＿＿＿＿＿＿＿＿＿＿＿＿＿＿＿＿＿＿＿＿

（2）＿＿＿＿＿＿＿＿＿＿＿＿＿＿＿＿＿＿＿＿＿＿

（3）＿＿＿＿＿＿＿＿＿＿＿＿＿＿＿＿＿＿＿＿＿＿

7. 对于信息技术课程的开设，您的看法是＿＿＿＿＿＿。

A. 非常必要，应当作为必修课来开设

B. 很重要，但更适合作为选修内容开设

C. 没有必要开设，否则会造成资源浪费

D. 分为必修模块与选修模块能更好地被学生接受

E. 无所谓，学校的决定我没有异议

8. 您认为现在在高中开设信息技术课程面临的最大困难有＿＿＿＿＿＿。

A. 师资问题　　　　　　　　　B. 教学资源问题

C. 学生学习的积极性、主动性　　D. 家长及外界的阻力

E. 现行教育评价机制的制约　　F. 其他（请写出）＿＿＿＿

9. 对于信息技术课程涉及的材料、工具、仪器、设备、教室等需要，学校方面是如何做的？＿＿＿＿＿＿

A. 积极准备　　　　　　　　　B. 想办法满足

C. 让老师自己解决　　　　　　D. 没有什么态度

10. 假如您的学校只能在通用技术课与信息技术课之间选择一门来开设，那么您的选择是＿＿＿＿＿＿。

A. 通用技术　　　　　　　　　B. 信息技术

11. 您感觉信息技术必修模块中，学生未来最有可能运用到的知识有

哪些？理由是什么？按重要性顺序填写：

（1）＿＿＿＿＿＿；理由是＿＿＿＿＿＿＿＿＿＿＿＿＿＿＿＿＿＿＿＿。

（2）＿＿＿＿＿＿；理由是＿＿＿＿＿＿＿＿＿＿＿＿＿＿＿＿＿＿＿＿。

（3）＿＿＿＿＿＿；理由是＿＿＿＿＿＿＿＿＿＿＿＿＿＿＿＿＿＿＿＿。

12. 您对信息技术课程实施的总体感觉是＿＿＿＿＿＿。

A. 比较适应　　　　　　　　　　B. 很难适应

C. 很适应　　　　　　　　　　　D. 说不清楚

13. 您对信息技术课程实施中所得到的专业支援和政策支持感到＿＿＿＿＿。

A. 很满意　　　　B. 比较满意　　　　C. 不满意

14. 您对信息技术教学工作有满足感吗？＿＿＿＿＿

A. 有　　　　　　　　　　　　　B. 没有

C. 一般　　　　　　　　　　　　D. 说不清楚

15. 您对目前学生学习信息技术课程的状态感到满意吗？＿＿＿＿＿

A. 满意　　　　　　　　　　　　B. 比较满意

C. 不太满意　　　　　　　　　　D. 不满意

16. 信息技术课程实施以来，您感到自身最需要发展的是什么？理由是什么？

（1）＿＿＿＿＿＿；理由是＿＿＿＿＿＿＿＿＿＿＿＿＿＿＿＿＿＿＿＿。

（2）＿＿＿＿＿＿；理由是＿＿＿＿＿＿＿＿＿＿＿＿＿＿＿＿＿＿＿＿。

（3）＿＿＿＿＿＿；理由是＿＿＿＿＿＿＿＿＿＿＿＿＿＿＿＿＿＿＿＿。

17. 您对技术课程成为高考科目有什么看法？理由是什么？

18. 在信息技术课程实施中，您对学分制的作用和影响有什么看法？原因是什么？

19. 仅从学生发展的角度，您怎样看待信息技术课程的独特作用？

附录二　"普通高中技术课程实施"调查问卷
（通用技术教师）

尊敬的老师：

您好！为了了解高中技术课程实施的有关情况，特进行此次问卷调查。调查结果只用于技术课程标准的改进研究，不会给您的工作及生活带来任何不良影响。望您和我们共同完成这项调查。此问卷采用无记名方式进行，请您根据实际情况真实地填写。谢谢您的合作！

请您首先填写好以下项目：

性别：＿＿＿＿＿＿＿＿　学历：＿＿＿＿＿＿＿＿　教龄：＿＿＿＿＿＿＿＿

现任教年级：＿＿＿＿＿＿＿＿　现任教学科：＿＿＿＿＿＿＿＿

如果您同时是信息技术和通用技术两门课的老师，则需要回答所有的问题并在下面的中括号内打对号。

如果您额外回答了非任教学科的问卷内容，则问卷作废。

我同时教授信息技术和通用技术两门课程　[　　]

1. 基本概况调查，所有教师均请依据实际情况填写。（问卷结果仅用于课程实施调查，不予公开）

（1）您是否除技术课外还兼任其他课程的教学工作？＿＿＿＿＿＿

A. 是　　　　　　　B. 否

（2）您是否兼任行政职务？＿＿＿＿＿＿

A. 是　　　　　　　B. 否

（3）您的周课时量为＿＿＿＿＿＿。

A. 八节以内　　　B. 八到十二节　　　C. 十二节以上

（4）目前您的课时费与其他学科（例如英语、数学、语文等）老师相比差异＿＿＿＿＿＿。

A. 很大　　　　　B. 很小　　　　　C. 无差异

（5）您参与过的教师培训是＿＿＿＿＿＿。

A. 脱产培训　　　　　　　　　　B. 半脱产培训

C. 业余培训　　　　　　　　D. 没有任何培训

（6）若您参加过培训，那么您认为培训内容的难易程度如何？_____

A. 很难　　　　　　B. 较难　　　　　C. 难易程度适当

D. 较容易　　　　　E. 很容易

（7）您是由下列哪种专业毕业的？_____

A. 教育技术　　　　　　　　　B. 计算机

C. 数学、物理或化学等相关专业　　D. 其他非相关专业

2. 您认为学生学习通用技术课程的动机是_____。

A. 对技术课程有兴趣　　　　　B. 迫于学分制的压力

C. 能解决问题　　　　　　　　D. 其他（请写出）_____

3. 您认为通用技术课程评价学生的主要依据应该是_____。

A. 考试成绩　　　　　　　　　B. 课堂表现

C. 作业情况　　　　　　　　　D. 兴趣、态度等

4. 您认为通用技术课程应该达成的课程目标是_____。

A. 基础知识　　　　　　　　　B. 基本技能

C. 思维能力　　　　　　　　　D. 想象力

E. 解决实际问题的能力　　　　F. 创造性思维能力

G. 收集、处理、利用信息的能力　　H. 学会学习

I. 道德品质　　　　　　　　　J. 其他（请写出）_____

5. 现行高中通用技术课程包括以下各部分内容。

您认为最有必要开设的是（可多选）：_____；

可以删减的是（可多选）：_____；

学生学习比较容易的是（可多选）：_____；

学生学习比较困难的是（可多选）：_____。

A. 技术设计1（技术及其性质、设计过程、设计的交流、设计的评价）

B. 技术设计2（结构与设计、流程与设计、系统与设计、控制与设计）

C. 电子控制技术　　　　　　　D. 建筑与设计

E. 简易机器人制作　　　　　　F. 现代农业技术

G. 家政与生活技术　　　　　　H. 服装及其设计

I. 汽车驾驶与保养

6. 您认为根据社会、经济和学生发展的需要，高中通用技术课程应该增加什么教学内容？

（1）_____

（2）_____

（3）_____

7. 对于通用技术课程的开设，您的看法是_____。

A. 非常必要，应当作为必修课来开设

B. 很重要，但更适合作为选修内容开设

C. 没有必要开设，否则会造成资源浪费

D. 分为必修模块与选修模块能更好地被学生接受

E. 无所谓，学校的决定我没有异议

8. 您认为现在在高中开设通用技术课程面临的最大困难有_____。

A. 师资问题　　　　　　　　　B. 教学资源问题

C. 学生学习的积极性、主动性　D. 家长及外界的阻力

E. 现行教育评价机制的制约　　F. 其他（请写出）_____

9. 您认为通用技术课程教学效果评价中，最宜采取_____形式来评价学生的学习效果。

A. 口试　　　　　　B. 笔试　　　　　　C. 制作作品

10. 对于通用技术课程涉及的材料、工具、仪器、设备、教室等需要，学校方面是如何做的？_____

A. 积极准备　　　　　　　　　B. 想办法满足

C. 让老师自己解决　　　　　　D. 没有什么态度

11. 假如您的学校只能在通用技术课与信息技术课之间选择一门来开设，那么您的选择是_____。

A. 通用技术　　　　　　　　　B. 信息技术

12. 您感觉通用技术必修模块中，学生未来最有可能运用到的知识有哪些？理由是什么？按重要性顺序填写：

（1）_____；理由是_____。

（2）_____；理由是_____。

（3）＿＿＿＿＿＿；理由是＿＿＿＿＿＿＿＿＿＿＿＿＿＿＿＿＿＿＿。

13. 您对通用技术课程实施的总体感觉是＿＿＿＿＿＿。

A. 比较适应　　　　　　　　　　B. 很难适应

C. 很适应　　　　　　　　　　　D. 说不清楚

14. 您对通用技术课程实施中所得到的专业支援和政策支持感到＿＿＿＿＿＿。

A. 很满意　　　　B. 比较满意　　　　C. 不满意

15. 您对通用技术教学工作有满足感吗？＿＿＿＿＿＿

A. 有　　　　　B. 没有　　　　　C. 一般　　　　D. 说不清楚

16. 您对目前学生学习通用技术课程的状态感到满意吗？＿＿＿＿＿

A. 满意　　　　B. 比较满意　　　　C. 不太满意　　D. 不满意

17. 通用技术课程实施以来，您感到自身最需要发展的是什么？理由是什么？

（1）＿＿＿＿＿＿；理由是＿＿＿＿＿＿＿＿＿＿＿＿＿＿＿＿＿＿＿。

（2）＿＿＿＿＿＿；理由是＿＿＿＿＿＿＿＿＿＿＿＿＿＿＿＿＿＿＿。

（3）＿＿＿＿＿＿；理由是＿＿＿＿＿＿＿＿＿＿＿＿＿＿＿＿＿＿＿。

18. 您对技术课程成为高考科目有什么看法？理由是什么？

19. 在通用技术课程实施中，您对学分制的作用和影响有什么看法？原因是什么？

20. 仅从学生发展的角度，您怎样看待通用技术课程的独特作用？

附录三 "普通高中技术课程实施"调查问卷
（高一学生）

尊敬的同学：

　　您好！为了了解高中学生对技术课程的看法，特进行此次问卷调查。恳请您能在忙碌的学习之余，仔细阅读本问卷、认真作答。此调查结果只用于研究，您无需填写姓名，所以请如实填写问卷，不必有任何压力与顾虑。谢谢您的合作！

　　学校：＿＿＿＿＿＿　　性别：＿＿＿＿＿＿　　年龄：＿＿＿＿＿＿

　　所在年级：＿＿＿＿＿＿

　　1. 您会提前准备与技术课相关的学习资料，提前预习并经常向教师提出相关研究性问题吗？＿＿＿＿＿

　　A. 是　　　　　　　B. 偶尔是　　　　C. 一般都不

　　2. 技术课的目标要求对您来说，＿＿＿＿＿＿。

　　A. 过高，完成有困难

　　B. 能接受，能完成要求的任务

　　C. 过低，不能满足对知识的需求

　　D. 课程的开展没有什么实际意义

　　3. 以下两门课您更喜欢＿＿＿＿＿＿。

　　A. 信息技术课　　B. 通用技术课

　　第3题中您的选择依据是＿＿＿＿＿＿。

　　A. 自己的兴趣、爱好使然

　　B. 对学习现在的其他课程有帮助

　　C. 对将来的工作以及生活有帮助

　　D. 对将来的学习有帮助

　　E. 外在因素的影响（例如父母工作、自己的朋友、亲戚的影响）

　　F. 其他（请写出）＿＿＿＿＿＿＿＿＿＿＿＿＿＿＿＿＿

　　4. （可多选）您认为高中信息技术课程的开设＿＿＿＿＿＿；通用技术课程的开设＿＿＿＿＿＿。

A. 非常必要，每个人都应该学习

B. 应该变为选修性内容

C. 没有必要学

（可多选）信息技术课选择 A 的理由是 ＿＿＿＿＿＿；通用技术课选择 A 的理由是＿＿＿＿＿＿。

① 对生活及将来的工作有帮助　② 培养动手操作及创造能力　③ 在技术课堂上能展现自己的特长和才能　④ 要全面发展有必要掌握通用技术

⑤ 其他（请写出）：

信息技术课程：＿＿＿＿＿＿＿＿＿＿＿＿＿＿＿＿＿＿＿＿＿＿＿＿；

通用技术课程：＿＿＿＿＿＿＿＿＿＿＿＿＿＿＿＿＿＿＿＿＿＿＿＿。

（可多选）信息技术课选择 B 的理由是＿＿＿＿＿＿；通用技术课选择 B 的理由是＿＿＿＿＿＿。

① 课程内容并不是必须要学习掌握的　② 感兴趣才能学好

③ 学生个体的差异

④ 其他（请写出）：

信息技术课程：＿＿＿＿＿＿＿＿＿＿＿＿＿＿＿＿＿＿＿＿＿＿＿＿；

通用技术课程：＿＿＿＿＿＿＿＿＿＿＿＿＿＿＿＿＿＿＿＿＿＿＿＿。

（可多选）信息技术课选择 C 的理由是＿＿＿＿＿＿；通用技术课选择 C 的理由是＿＿＿＿＿＿。

① 学习它没有实际用途　② 高考不考，学习是浪费时间　③ 教师教得不好　④ 只有考不上大学的学生才学　⑤ 技术课简单，自学就可以，不用开课

⑥ 其他（请写出）：

信息技术课程：＿＿＿＿＿＿＿＿＿＿＿＿＿＿＿＿＿＿＿＿＿＿＿＿；

通用技术课程：＿＿＿＿＿＿＿＿＿＿＿＿＿＿＿＿＿＿＿＿＿＿＿＿。

5. （可多选）您选择未来专业的依据是＿＿＿＿＿＿。

A. 兴趣所在　　　　　　　　　　B. 收入的多少

C. 工作条件和工作环境　　　　　D. 个人发展需要

E. 国家及社会发展需要　　　　　F. 父母的建议

G. 热门学科，同学们都很想学习　H. 还没想好，船到桥头自然直

I. 无论哪个专业都行　　　　　　J. 其他（请写出）＿＿＿＿＿＿

6. 您对通用技术课＿＿＿＿＿＿。

A. 很感兴趣　　　　　　　　　　B. 感兴趣

C. 不感兴趣　　　　　　　　　　D. 很不感兴趣

如选择 A 或 B，那您会＿＿＿＿＿＿。

A. 经常参与配合老师在技术课上的演示和实践活动

B. 经常读一些与之相关的课外读物

C. 课前预习、课后复习

D. 喜欢在课外动手解决一些实际问题

E. 其他（请写出）＿＿＿＿＿＿＿＿＿＿＿＿＿＿＿＿＿＿＿＿

如选择 C 或 D，那原因是＿＿＿＿＿＿。

A. 课程不好理解　　　　　　　　B. 成绩不佳，没有动力

C. 枯燥乏味　　　　　　　　　　D. 学了没用

E. 其他（请写出）：＿＿＿＿＿＿＿＿＿＿＿＿＿＿＿＿＿＿

7. 您对信息技术课＿＿＿＿＿＿。

A. 很感兴趣　　　　　　　　　　B. 感兴趣

C. 不感兴趣　　　　　　　　　　D. 很不感兴趣

如选择 A 或 B，那您会＿＿＿＿＿＿。

A. 经常参与配合老师在技术课上的演示和实践活动

B. 经常读一些与之相关的课外读物

C. 课前预习、课后复习

D. 喜欢在课外动手解决一些实际问题

E. 其他：＿＿＿＿＿＿＿＿＿＿＿＿＿＿＿＿＿＿＿＿＿＿＿＿

如选择 C 或 D，那原因是＿＿＿＿＿＿。

A. 课程不好理解　　　　　　　　B. 成绩不佳，没有动力

C. 枯燥乏味　　　　　　　　　　D. 学了没用

E. 其他（请写出）：＿＿＿＿＿＿＿＿＿＿＿＿＿＿＿＿＿＿

8. 您使用的通用技术教材＿＿＿＿＿＿。

A. 内容新颖、实用　　　　　　　B. 内容新颖而不实用

C. 内容不新颖但实用　　　　　　D. 内容既不新颖也不实用

您使用的信息技术教材＿＿＿＿＿＿。

A. 内容新颖、实用　　　　　　　B. 内容新颖而不实用

C. 内容不新颖但实用　　　　　　D. 内容既不新颖也不实用

9.（可多选）您认为通用技术课程和信息技术课程的教学时数安排应该是_____。

　　A. 通用技术课程应得到更多的课时数

　　B. 信息技术课程应得到更多的课时数

　　C. 两者都应该减少课时数

　　D. 通用技术课程应减少课时数

　　E. 信息技术课程应减少课时数

10.（可多选）您认为技术课程教学的最大缺陷是_____。

　　A. 教学内容陈旧，不符合基础教学实际

　　B. 教学方式呆板，提不起学习兴趣

　　C. 教学内容超前，无法理解接受

　　D. 学习效果测评方式单一，无法反映真实水平

　　E. 没有什么特别的缺陷

　　F. 其他：_____

11.（可多选）您认为目前教授技术课程的教师的素质属于以下哪种情况？_____

　　A. 专业、理论水平高，可以解决学生在课程学习中的大部分困难，课程生动有趣，内容充实丰富

　　B. 上课专注认真，但是对课程的理解不是很充分，对学生随机问题的解决不是很令人满意

　　C. 对课程不够重视，经常讲一些题外话来打发课堂时间，不能很好地解决同学们课堂上的疑问

　　D. 对课程重视，教授认真，但是课程开设中遇到的困难学校总不能很好地帮助解决，导致授课中经常有遗憾的事情发生

12. 您感觉通用技术课的考试_____（可多选）；技术课的考试_____（可多选）。

　　A. 考试的难度较大，获得良好的成绩是很困难的

　　B. 考试的难度一般，简单复习即可通过

　　C. 内容简单，仅凭课堂学习就可充分应付考试，不用考前过多地

准备

　　D. 考试内容并不简单，但由于平时接受得很好，上课时总能专注于学习，因此都能获得良好的成绩

　　E. 虽然平时能够很好地理解课堂内容，积极参与课堂互动，但是考试时却总不能获得满意的成绩

　　13. 您对该课程的内容和课程的教学方式有何建议？

　　14. 举例说明您都在哪些地方应用过从技术课程中学到的内容？

　　15. 您是否曾因为很好地运用从技术课程中学到的内容解决了现实生活中的问题而得到别人的赞扬和认同？请举例说明。

附录四 "普通高中学生通用技术课程认同" 学生问卷

各位同学:

您好!为了了解高中学生对通用技术课程的态度和看法,以便为通用技术课程改革提供一些事实依据,特进行此次问卷调查。调查结果只用于研究,不会给您的学习及生活带来任何不良影响。望您配合我们共同完成这项调查,真实地填写问卷。谢谢大家的合作!

第一部分:以下6对表示您对通用技术课程的态度和看法的形容词,在从1到7的程度分布中,选择您认为合适的选项画"√",7是最肯定的评价,1是最否定的评价,4则表示没有明确的态度。

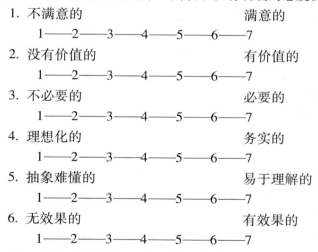

1. 不满意的　　　　　　　　　满意的
　　1——2——3——4——5——6——7
2. 没有价值的　　　　　　　　有价值的
　　1——2——3——4——5——6——7
3. 不必要的　　　　　　　　　必要的
　　1——2——3——4——5——6——7
4. 理想化的　　　　　　　　　务实的
　　1——2——3——4——5——6——7
5. 抽象难懂的　　　　　　　　易于理解的
　　1——2——3——4——5——6——7
6. 无效果的　　　　　　　　　有效果的
　　1——2——3——4——5——6——7

第二部分:以下由1到5的5个数字分别代表态度由"反对"到"赞同"之间的5种不同程度,请根据实际情况选出最能反映您真实情况的一个,并将数字填入各项后面的括号中。

5个等级:1表示完全反对,2表示比较反对,3表示不确定或中立,4表示比较同意,5表示完全同意。

行为意向：

1. 我赞成高中阶段开设通用技术课程（　　　）

2. 课下我坚持学习通用技术课的内容（　　　）

3. 我积极准备学习材料（　　　）

4. 我有信心学好这门课（　　　）

您心目中的通用技术课程的价值：

5. 可以提高技术素养（　　　）

6. 可以培养实践能力（　　　）

7. 可以开发创造潜能（　　　）

8. 可以联系现实解决问题（　　　）

9. 可以丰富学习方式（　　　）

10. 可以反映先进技术和文化（　　　）

通用技术课程目标：

11. 我完全了解课程要达到的目标（　　　）

12. 课程学习结束后，我能达到目标要求（　　　）

13. 课程目标适度，没有提出过高要求（　　　）

课程设置：

14. 如果在通用技术课应作为必修课程还是选修课程中进行选择，我更倾向于它是一门选修课（　　　）

15. 课程内容体现了课程目标（　　　）

教材内容：

16. 教材内容难度适中（　　　）

17. 教材内容具有实用性，在生活中有用处（　　　）

18. 教材内容新颖，能反映当代技术的发展（　　　）

任课教师：

19. 教师的知识储备丰富，能够胜任通用技术课程的教学（　　　）

20. 跟按照教材内容设计讲课相比，我更倾向于任课教师有自己独特的设计（　　　）

21. 教师教学内容联系到了我的生活实际，易于理解和掌握（　　　）

22. 教师教学有认真负责的态度（　　　）

课程评价方式：

23. 单一以期末考试评价学生 （　　）

24. 平时的上课表现计入成绩 （　　）

25. 通用技术课程是否进入高考对学习这门课的积极性和热情影响大

（　　）

附录五 "普通高中学生信息技术课程认同" 学生问卷

各位同学:

您好!为了了解高中学生对信息技术课程的态度和看法,以便为信息技术课程改革提供一些事实依据,特进行此次问卷调查。调查结果只用于研究,不会给您的学习及生活带来任何不良影响。望您配合我们共同完成这项调查,真实地填写问卷。谢谢大家的合作!

第一部分:以下6对表示您对信息技术课程的态度和看法的形容词,在从1到7的程度分布中,选择您认为合适的选项画"√",7是最肯定的评价,1是最否定的评价,4则表示没有明确的态度。

1. 不满意的　　　　　　　　　　　　满意的
   1——2——3——4——5——6——7

2. 没有价值的　　　　　　　　　　　有价值的
   1——2——3——4——5——6——7

3. 不必要的　　　　　　　　　　　　必要的
   1——2——3——4——5——6——7

4. 理想化的　　　　　　　　　　　　务实的
   1——2——3——4——5——6——7

5. 抽象难懂的　　　　　　　　　　　易于理解的
   1——2——3——4——5——6——7

6. 无效果的　　　　　　　　　　　　有效果的
   1——2——3——4——5——6——7

第二部分:以下由1到5的5个数字分别代表态度由"反对"到"赞同"之间的5种不同程度,请根据实际情况选出最能反映您真实情况的一个,并将数字填入各项后面的括号中。

5个等级:1表示完全反对,2表示比较反对,3表示不确定或中立,4表示比较同意,5表示完全同意。

行为意向：

1. 我赞成高中阶段开设信息技术课程（　　　）

2. 课下我坚持学习信息技术课的内容（　　　）

3. 我积极准备学习材料（　　　）

4. 我有信心学好这门课（　　　）

您心目中的信息技术课程的价值：

5. 可以提高技术素养（　　　）

6. 可以培养实践能力（　　　）

7. 可以开发创造潜能（　　　）

8. 可以联系现实解决问题（　　　）

9. 可以丰富学习方式（　　　）

10. 可以反映先进技术和文化（　　　）

信息技术课程目标：

11. 我完全了解课程要达到的目标（　　　）

12. 课程学习结束后，我能达到目标要求（　　　）

13. 课程目标适度，没有提出过高要求（　　　）

课程设置：

14. 如果在信息技术课应作为必修课程还是选修课程中进行选择，我更倾向于它是一门选修课（　　　）

15. 课程内容体现了课程目标（　　　）

教材内容：

16. 教材内容难度适中（　　　）

17. 教材内容具有实用性，在生活中有用处（　　　）

18. 教材内容新颖，能反映当代技术的发展（　　　）

任课教师：

19. 教师的知识储备丰富，能够胜任信息技术课程的教学（　　　）

20. 跟按照教材内容设计讲课相比，我更倾向于任课教师有自己独特的设计（　　　）

21. 教师教学内容联系到了我的生活实际，易于理解和掌握（　　　）

22. 教师教学有认真负责的态度（　　　）

课程评价方式：

23. 单一以期末考试评价学生（　　）

24. 平时的上课表现计入成绩（　　）

25. 信息技术课程是否进入高考对学习这门课的积极性和热情影响大（　　）

附录六　高中技术课程实施情况调查——
技术教师访谈参考提纲

所调查学校：_____省_____市（县）_____中学

访谈对象：_____（通用技术教师、信息技术教师）

访谈时间：_____年_____月_____日：____一____：____

访谈地点：_____

访谈人：_____

一、教师个人基本情况

1. 性别、年龄、教龄

2. 专业

3. 职称

二、访谈问题

（一）对课程功能、地位、作用、价值等的感受和看法

1. 开课以来有些什么感受？

2. 这个课程应该是什么样子？

3. 对课程本身和课程的发展有什么具体的看法或想法？

4. 您对技术课程的独特性是怎么看的？（课程的领悟）

5. 技术课程实施以来，您对技术课程的认识有什么样的变化？（有哪些因素导致了这种变化？最直接的因素是什么？）

（二）对技术课程资源现状的感受、看法和建议

1. 对文件课程（课程标准、课程方案等）的感受和看法是什么？

2. 对所用教材的感受和看法是什么？

3. 对其他课程资源的看法是什么？

4. 技术课程资源应该是什么样子的？有什么具体的建议和想法？

5. 您对教师自己开发课程资源是怎么看的？

（三）对学生学习状态的感受和看法

1. 学生对技术课程学习是什么状态？对这种状态怎么看？

2. 您对这种状态形成的原因怎么看？

3. 您对这种状态的保持或改善有什么具体的想法和建议？

（四）对教师教学状态的感受和看法

1. 您现在成为一个技术课程教师的感受怎样？（压力？压抑、不喜欢？困难？认同度低？）

2. 对技术课程教学有什么样的感受和看法？

3. 对学校的技术课程教研有怎样的感受和看法？

4. 对技术教师队伍现状及其专业发展有什么感受、看法和要求？

（五）对技术课程实施独特性方面的看法和认识

1. 您对学生的选课有什么看法？您感觉学生选课的主导因素和依据是什么？

2. 对学分制和高考问题您有什么看法？

3. 关于本地经济状况对技术课程实施的影响，您有什么看法？

4. 您是怎样看待本地地域文化的特点或特色的？关于这种文化特点对通用技术课程实施的影响，您有什么看法？

附录七　高中技术课程实施情况调查——
教研员访谈参考提纲

所调查学校：_____省_____市（县）_____中学
访谈对象：_____（职务）
访谈时间：_____年_____月_____日：____—____：____
访谈地点：_____
访谈人：_____

一、个人基本情况
1. 性别、年龄、教龄
2. 专业

二、访谈问题
（一）对课程功能、地位、作用、价值等的感受和看法
1. 学校开课以来您有些什么感受？
2. 您心目中的技术课程应该是什么样子？
3. 您对课程本身和课程的发展有什么具体的看法或想法？
4. 您对技术课程的独特性是怎么看的？（课程的领悟）
5. 技术课程实施以来，您对技术课程的认识有什么样的变化？（有哪些因素导致了这种变化？最直接的因素是什么？）
（二）对技术课程资源现状的感受、看法和建议
1. 对文件课程（课程标准、课程方案等）的感受和看法是什么？
2. 对所用教材的感受和看法是什么？
3. 对其他课程资源的看法是什么？
4. 对技术教师队伍有什么看法？
（三）对学生学习状态的感受和看法
1. 学生对技术课程学习是什么状态？对这种状态怎么看？
2. 您对这种状态形成的原因怎么看？
3. 您对这种状态的保持或改善有什么具体的想法和建议？

（四）对教师教学状态的感受和看法

1. 对技术课程教学有什么样的感受和看法？

2. 对学校的技术课程教研有怎样的做法、感受和看法？

3. 对技术教师队伍现状及其专业发展有什么感受、看法和预期？

（五）对技术课程实施独特性方面的看法和认识

1. 您对学生的选课有什么看法？您感觉学生选课的主导因素和依据是什么？

2. 对学分制和高考问题您有什么看法？

3. 关于本地经济状况对技术课程实施的影响，您有什么看法？

4. 您是怎样看待本地地域文化的特点或特色的？关于这种文化特点对通用技术课程实施的影响，您有什么看法？

附录八　高中技术课程实施情况调查——
校长访谈参考提纲

所调查学校：_____省_____市（县）_____中学

访谈对象：_____（职务）

访谈时间：_____年_____月_____日：___—___：___

访谈地点：_____

访谈人：_____

一、个人基本情况

1. 性别、年龄、教龄

2. 专业

二、访谈问题

（一）对课程功能、地位、作用、价值等的感受和看法

1. 学校开课以来您有些什么感受？

2. 您心目中的技术课程应该是什么样子？

3. 您对课程本身和课程的发展有什么具体的看法或想法？

4. 您对技术课程的独特性是怎么看的？（课程的领悟）

5. 技术课程实施以来，您对技术课程的认识有什么样的变化？（有哪些因素导致了这种变化？最直接的因素是什么？）

（二）对技术课程资源现状的感受、看法和建议

1. 对文件课程（课程标准、课程方案等）的感受和看法是什么？

2. 对所用教材的感受和看法是什么？

3. 对其他课程资源的看法是什么？

4. 对技术教师队伍有什么看法？

（三）对学生学习状态的感受和看法

1. 学生对技术课程学习是什么状态？对这种状态怎么看？

2. 您对这种状态形成的原因怎么看？

3. 您对这种状态的保持或改善有什么具体的想法和建议？

（四）对教师教学状态的感受和看法

1. 对技术课程教学有什么样的感受和看法？

2. 对学校的技术课程教研有怎样的做法、感受和看法？

3. 对技术教师队伍现状及其专业发展有什么感受、看法和预期？

（五）对技术课程实施独特性方面的看法和认识

1. 您对学生的选课有什么看法？您感觉学生选课的主导因素和依据是什么？

2. 对学分制和高考问题您有什么看法？

3. 关于本地经济状况对技术课程实施的影响，您有什么看法？

4. 您是怎样看待本地地域文化的特点或特色的？关于这种文化特点对通用技术课程实施的影响，您有什么看法？

附录九　高中技术课程实施情况调查——
学生访谈参考提纲

所调查学校：_____省_____市（县）_____中学
访谈对象：_____（高一、高二学生）
访谈时间：_____年_____月_____日：____—____：____
访谈地点：_____
访谈人：_____

一、学生个人基本情况

1. 性别、年龄

2. 是否是学生干部

3. 家长的职业

4. 初中技术课程学习基础

二、访谈问题

（一）对课程功能、地位、作用、价值等的感受和看法

1. 学习技术课以来有些什么感受？（收获、新奇、兴趣、喜欢、烦恼、压抑、压力、不适应）

2. 个人心目中的技术课程应该是什么样的？

3. 对技术课程本身有什么具体的看法或想法？（如对什么内容感兴趣、对什么学习方式感兴趣？为什么？对学时、教材等的看法）

4. 您认为技术课程应该是什么样的？技术课程对您个人发展的作用是什么？（课程的领悟）

5. 技术课程实施以来，您对技术课程的认识有什么样的变化？（有哪些因素导致了这种变化？最直接的因素是什么?）

（二）对技术课程资源现状的感受、看法和建议

1. 对文件课程（课程标准、课程方案等）的感受和看法是什么？

2. 对所用教材的感受和看法？（喜欢/不喜欢？好用/不好用？繁和简？难和易……）

3. 您希望的技术教材是什么样的？（起什么作用、有什么特点、内容

和形式、深度和广度、材料的选用等）

4. 对其他课程资源有什么看法？有什么具体的建议和想法？

（三）对自己学习状态的感受和看法

1. 您对自己学习技术课程时的状态怎么看？（例如是否感到满意，描述并举例说明自己的状态）为什么？

2. 对自己这种状态的保持或改善有什么具体的想法和建议？

（四）对教师教学状态的感受和看法

1. 对教师在技术课程教学中的教学状态怎么看？为什么？

2. 对教师的教学有什么具体的看法和建议？（如教师的教学要求严格和明确吗？作业的要求和评阅、考试的方式和难易感觉、学习活动的形式、动手实践的过程和条件……）

3. 对技术教师本身有什么期望？

（五）对技术课程实施独特性方面的看法和认识

1. 您是怎么选课的？选了什么？过程是怎样的？为什么选了这门课？对选课有什么看法和感受？

2. 对学分制和高考问题您有什么看法？

3. 您在学习技术课程时感到不能满足学习需要的是什么？

后　记

　　本书在我的博士论文基础上修改而成，基本保持了博士论文的全貌，是以我国普通高中技术课程实施为研究主题的阶段性成果。书中阐述的是以普通高中课程改革方案实验实施的第一批实验区整体作为个案研究的结果，包括普通高中技术预期课程在学校层面实施初期的特征和影响因素，以及推动其有效实施的途径和措施，希望能够从这些结果中为当前课程改革的深化提供一些启示。

　　2001 年 9 月，规模宏大的第八次基础教育课程改革从义务教育阶段开始实施。2004 年 9 月，普通高中课程改革方案开始在山东、广东、海南、宁夏四个实验区实验实施。与义务教育课程改革相比，普通高中课程改革更受到社会的关注，由于它涉及高考这个关涉学生和家长根本利益的问题，所以它的实验实施成为教育和社会共同关注的焦点。而技术课程作为我国基础教育对世界新技术革命的挑战和创新人才培养社会诉求的具体回应，成为高中新课程改革的一大亮点，也是整体方案实施的一大难点。

　　作为课程改革，其成效如何，实施过程至关重要。世界课程改革的历史警示人们，一个合乎时代发展的课程方案只有通过体现时代内涵的实施过程才能落到实处。许多重大的课程变革遭遇失败的结局，其主要原因不在于方案设计的完美与否，而在于实施上的种种问题。那么，技术课程改革方案在实际运行过程中究竟发生了什么？是什么引发了这些发生的和未发生的？到底应该发生些什么？怎样才能让应该发生的发生？等等，这些都是使技术课程改革最终走向成功所必须探索清楚和要回答的问题。

我的导师马云鹏教授，一位课程领域享誉盛名的学者，引领我国课程实施研究的先行者，也是本次义务教育阶段小学数学课程改革方案的研制者，以他深厚的课程研究造诣和敏锐的学术洞察力，力建我以技术课程的实施研究为博士论文选题，这对我来说是个不小的挑战，但同时也是一份不小的幸运。我深知，强度大、复杂程度高是这次高中技术课程改革方案的主要特征，应然的需要与实然的需求之间有着较大的反差；技术课程表现出的"第一"的特点，即第一次有技术"课标"，第一次出现通用技术概念，第一次单独作为一个学习领域，第一次将信息技术与通用技术包含在同一学习领域，使技术课程实施面临更独特的问题和难题，必然存有具有重大研究价值的课题，但也一定是缺少研究甚至是"拓荒性"的领域问题。因此，本选题对于我来说，一方面是很大的困难与压力，一方面是更强的诱惑与吸引。

事实上，我是课程实施研究领域的一名新兵。所幸的是，我作为普通高中技术课程标准研制组（信息技术）的核心成员，经历了技术课程标准研制的全过程，这对研究技术课程的实施来说，不能不算是个先天的条件和基础。正是这一点，给了我足够的勇气和信心，我想，或许也是这一点，成为导师坚定地让我做此选题的理由。总之，我始终认为，这个选题是导师给我的作为博士研究生的一份幸运和期待，也是导师给我的作为课程研究者的一份幸运和期待。

也正因为这份幸运和期待，才有了这份技术课程实验实施初期阶段的研究成果。

从选题确定到论文完成，整个研究历时近三年。全身心的投入建立起我与技术课程深深的研究情结，它回报性地延伸了我的学术视野，在呈交博士论文的时刻，未尽的研究思绪依然萦绕心头。与此同时，四年博士学习过程中不能忘怀的种种情景浮现眼前。今天的研究所获无不源于那些给予我指导、关心、支持、理解和帮助的尊师，朋友，同事，各位师弟师妹，实地考察的实验区的领导、校长、老师和学生们，还有我的学生们与家人。

　　我是物理专业出身，多年从事计算机教育应用和信息技术教育研究。到我开始博士学习之前，对课程领域所知甚微。衷心地感谢导师马云鹏教授，是他包容了我专业上的过去，给予我学习的机会，接纳并指引我踏进课程研究的领地。导师是一个善于通过人格、精神、思想放大对学生的指导和影响的人，他营造的民主、开放、和谐、互爱的"师门文化"，有效地援助了如我这样求学人的学术成长。他高深的学术造诣如一面旗帜，凝聚精神，指引方向，感召求学人不断求索和向上；他严谨、开放的治学方法，包容、平等的诲人态度，谦逊、宽厚的为人品格，都成为我的镜子，让我不断完善与提升着自己的学习、工作与生活。伴着导师的付出，四年的博士学习使我收获了太多，不仅收获了学识，强壮了学术，更收获了学友和情谊，让我深刻体验了学术成长带来的人生快乐。

　　在我的感受中，教育科学学院是片祥和向上的文化与学术的沃土。只要用心体验，时刻都能在这里得到熏陶和培育。非常感谢王逢贤教授，允许我聆听他为自己的学生开设的课程。在王老师的课堂上，他独到的思维和见解，他的忧患意识和强烈的使命感，不仅常常令我感慨，更让我放飞的思维能够在多向度上找到着陆点。非常感谢袁桂林教授、邬志辉教授、熊梅教授、柳海民教授在开题时为本论文提出的宝贵意见与建议。感谢曲铁华教授、陈旭远教授、张向葵教授、洪俊教授、李柏玲副教授给予我的鼓励和帮助。特别感谢于伟教授一直以来对我的鼓励、敦促与鞭策，使我坚定信心，实现了攻读博士学位的夙愿。非常感谢董玉琦教授，一直关注我的研究进展，特别是在百忙之中为我审读论文，提出宝贵的意见与建议。感谢教科院办公室的侯凤荣老师、阎文学老师、孙立军老师为我提供的各种帮助。

　　"师门"这个特别的团队培育了特别的"求学文化"。非常感谢吕立杰、唐丽芳、谢翌、李朝晖、刘学智、李广、张恰、王秀红、王永胜、于海波、陈蓉辉、侯恕、肖强、刘月霞、王萍、范巍、刘丽艳、韩继伟、王芳等诸位师弟师妹，耐心倾听我不成熟的研究，帮我梳理不完善的提纲，给予我论文写作过程中需要的帮助和力量。和他们在一起，除了让我感受到了这个群体的真挚与关爱，更让我感受到了这个群体的智慧和思想。我要特别感谢教育部基础司高中处的刘月霞处长为我开展实地研究所给予的大力帮助。还要特别感谢唐丽芳、吕立杰、谢翌、于海波牺牲自己的休息时间，为我审读论文初稿，并提出宝贵的修改建议。尤其难忘谢翌师弟在江西师范大学顾不上休息，通过长途电话与我讨论论文的问题。

我的研究涉及了新课程实验区的四省（自治区）、四市及其9所学校。衷心感谢所有为我的研究做出贡献的各位教育行政部门和教研部门的领导和教研员、高中学校的校长、老师和学生，是他们的接纳、理解和真诚帮助，才有我论文的完成。特别要感谢四个实验区教研部门的几位老师，是他们尽心尽力地鼎力相助，为我进行各方联系、协调安排，才有我走进现场，开展实地研究的可能。只是这里由于研究的需要，不能一一提到要感谢的各位的名字。

作为博士学位论文选题，本研究与早期开展的技术课程标准研制课题有着不解之缘，"课标组"的集体智慧成果奠定了本研究的一方基础。感谢普通高中技术课程标准研制组的每一位成员，是他们的学术与思想，时时鼓舞和启迪着我，让我能够延续我的研究，奉献这样的一份成果。

在学期间，有幸结识香港中文大学的林智中教授，聆听了他的报告并有幸得到他的赐教和解惑。我要特别感谢林智中教授在百忙之中为我论文的写作和修改提供的种种指导和帮助。

我是在职读书，除了教学与科研，还兼任行政和党务工作。如果没有软件学院的领导、同事们的大力支持、理解和帮助，我的学业将难以如期结束。非常感谢院长钟绍春教授及学院的全体同人一直以来给予我的多方关照和全力支持，让我能够静心地学习与研究。

非常感谢我的课题组团队——博士研究生刘向永、孙艳、曾水兵、姜荣华，几年来给予我朋友般的关心和无私的援助，特别是刘向永承担了我论文排版、编辑、校对和善后的一切工作。

非常感谢已经毕业的我的学生韩忠强、樊春运、王世军、陶李、王喆、王希英、王瑞荣、宋敏、苏鹏雨、李威、邢志芳、郑一、倪丹，为我论文访谈录音的转换所付出的辛苦劳动。也非常感谢杨斌老师和我的学生董双威、谷震对我论文校对所提供的帮助。

在这里要对我的家人表示深深的感谢。家既是我上路求学历程中休整的港湾，更是我的从未有过衰减的后援力量。我的论文中饱含着家人对我所做的一切——毫无保留的支持、理解和爱，更有辛劳、汗水和无怨的付出，包括女儿当初在炎炎盛夏为我的论文中的大量原始资料进行分类和编码。家人为我付出了太多，难以报答，本书的完成或许能作为一种回报。

再次感谢所有关心和帮助我的人们！

笔　者
2013 年 3 月于长春家中

出 版 人　所广一
责任编辑　贾立杰
版式设计　杨玲玲
责任校对　贾静芳
责任印制　曲凤玲

图书在版编目（CIP）数据

普通高中技术课程实施个案研究：学校水平的特征
与归因／解月光著．—北京：教育科学出版社，2013.8
ISBN 978 - 7 - 5041 - 7822 - 0

Ⅰ.①普…　Ⅱ.①解…　Ⅲ.①劳动课 – 教学研究 – 高
中　Ⅳ.①G633.932

中国版本图书馆 CIP 数据核字（2013）第 162588 号

普通高中技术课程实施个案研究——学校水平的特征与归因
PUTONG GAOZHONG JISHU KECHENG SHISHI GE'AN YANJIU
——XUEXIAO SHUIPING DE TEZHENG YU GUIYIN

出版发行	教育科学出版社			
社　　址	北京·朝阳区安慧北里安园甲 9 号	市场部电话	010 - 64989009	
邮　　编	100101	编辑部电话	010 - 64989637	
传　　真	010 - 64891796	网　　址	http://www.esph.com.cn	
经　　销	各地新华书店			
制　　作	国民灰色图文中心			
印　　刷	北京中科印刷有限公司	版　　次	2013 年 8 月第 1 版	
开　　本	169 毫米×239 毫米　16 开	印　　次	2013 年 8 月第 1 次印刷	
印　　张	26.75	印　　数	1—2 000 册	
字　　数	420 千	定　　价	54.00 元	

如有印装质量问题，请到所购图书销售部门联系调换。